합격은 단순히 운에 의해 얻어지는 것이 아니다. 순전히 숫자의 차이에서 갈린다. 시간을 아껴 남보다 더 많이 공부하면 된다. 1년이란 시간은 누구에게나 공평하지 않은가?

2024 최근 1년 기출 모의고사
전효진 경찰헌법

최근 1년 기출을 Base로 경찰 채용에 맞춰 변형 및 재배열

믿고 듣는 즐거움

JN371590

CONTENTS

문제편

01회 [2023. 06. 24. 시행 법원직 9급 BASE] ············ **006**
02회 [2023. 04. 24. 시행 국회직 8급 BASE] ············ **015**
03회 [2023. 07. 29. 시행 경찰간부1 BASE] ············ **024**
04회 [2023. 07. 29. 시행 경찰간부2 BASE] ············ **031**
05회 [2023. 09. 02. 시행 법무사 BASE] ············ **040**
06회 [2023. 08. 26. 시행 국회직 9급 BASE] ············ **050**
07회 [2023. 09. 02. 시행 경찰 경력채용 BASE] ············ **056**
08회 [2023. 09. 23. 시행 국가직 7급 BASE] ············ **062**
09회 [2023. 10. 21. 시행 해경간부1 BASE] ············ **071**
10회 [2023. 10. 21. 시행 해경간부2 BASE] ············ **078**
11회 [2023. 10. 21. 시행 해경 3차 BASE] ············ **085**

해설편

01회 [2023. 06. 24. 시행 법원직 9급 BASE] **092**
02회 [2023. 04. 24. 시행 국회직 8급 BASE] **098**
03회 [2023. 07. 29. 시행 경찰간부1 BASE] **106**
04회 [2023. 07. 29. 시행 경찰간부2 BASE] **113**
05회 [2023. 09. 02. 시행 법무사 BASE] **122**
06회 [2023. 08. 26. 시행 국회직 9급 BASE] **129**
07회 [2023. 09. 02. 시행 경찰 경력채용 BASE] **135**
08회 [2023. 09. 23. 시행 국가직 7급 BASE] **141**
09회 [2023. 10. 21. 시행 해경간부1 BASE] **147**
10회 [2023. 10. 21. 시행 해경간부2 BASE] **154**
11회 [2023. 10. 21. 시행 해경 3차 BASE] **159**

믿고 듣는 즐거움

전효진 경찰헌법

최근 1년 기출 모의고사

문제편

01

다음 설명 중 가장 옳지 않은 것은? (다툼이 있는 경우 판례에 의함)

① 절대적 종신형제도는 사형제도와는 또 다른 위헌성 문제를 야기할 수 있고, 현행 형사법령하에서도 가석방제도의 운영 여하에 따라 사회로부터의 영구적 격리가 가능한 절대적 종신형과 상대적 종신형의 각 취지를 살릴 수 있다는 점 등을 고려하면, 현행 무기징역형제도가 상대적 종신형 외에 절대적 종신형을 따로 두고 있지 않은 것이 형벌체계상 정당성과 균형을 상실하여 헌법 제11조의 평등원칙에 반한다거나 형벌이 죄질과 책임에 상응하도록 비례성을 갖추어야 한다는 책임원칙에 반한다고 단정하기 어렵다.

② 헌법은 절대적 기본권을 명문으로 인정하고 있지 아니하며, 헌법 제37조 제2항에서는 국민의 모든 자유와 권리는 국가안전보장·질서유지 또는 공공복리를 위하여 필요한 경우에 한하여 법률로써 제한할 수 있도록 규정하고 있어, 비록 생명이 이념적으로 절대적 가치를 지닌 것이라 하더라도 생명에 대한 법적 평가가 예외적으로 허용될 수 있다.

③ 생명권의 경우, 다른 일반적인 기본권 제한의 구조와는 달리, 생명의 일부 박탈이라는 것을 상정할 수 없고 생명권에 대한 제한은 필연적으로 생명권의 완전한 박탈을 의미하게 되기 때문에 생명권의 제한이 정당화될 수 있는 예외적인 경우라 하더라도 생명권의 박탈이 초래된다면 곧바로 기본권의 본질적인 내용을 침해하는 것이라 볼 수 있다.

④ 헌법 제12조 제1항의 신체의 자유는, 신체의 안정성이 외부로부터의 물리적인 힘이나 정신적인 위험으로부터 침해당하지 아니할 자유와 신체활동을 임의적이고 자율적으로 할 수 있는 자유를 말한다. 디엔에이감식시료 채취의 구체적인 방법은 구강점막 또는 모근을 포함한 모발을 채취하는 방법으로 하고, 위 방법들에 의한 채취가 불가능하거나 현저히 곤란한 경우에는 분비물, 체액을 채취하는 방법으로 한다. 그렇다면 디엔에이감식시료의 채취행위는 신체의 안정성을 해한다고 볼 수 있으므로 신체의 자유를 제한한다.

02

다음 설명 중 가장 옳지 않은 것은?

① 헌법 제18조로 보장되는 기본권인 통신의 자유란 통신수단을 자유로이 이용하여 의사소통할 권리이다. '통신수단의 자유로운 이용'이라 하더라도 자신의 인적 사항을 누구에게도 밝히지 않는 상태로 통신수단을 이용할 자유, 즉 통신수단의 익명성 보장은 포함된다고 볼 수 없다.

② 개인정보자기결정권은 자신에 관한 정보가 언제 누구에게 어느 범위까지 알려지고 또 이용되도록 할 것인지를 그 정보주체가 스스로 결정할 수 있는 권리로서, 인간의 존엄과 가치, 행복추구권을 규정한 헌법 제10조 제1문에서 도출되는 일반적 인격권 및 헌법 제17조의 사생활의 비밀과 자유에 의하여 보장된다.

③ 개인정보자기결정권의 보호대상이 되는 개인정보는 개인의 신체, 신념, 사회적 지위, 신분 등과 같이 개인의 인격주체성을 특징짓는 사항으로서 그 개인의 동일성을 식별할 수 있게 하는 일체의 정보라고 할 수 있다.

④ 통신제한조치에 대한 법원의 허가는 통신비밀보호법에 근거한 소송절차 이외의 파생적 사항에 관한 법원의 공권적 법률판단으로 헌법재판소법 제68조 제1항에서 헌법소원의 대상에서 제외하고 있는 법원의 재판에 해당하므로, 이에 대한 헌법소원심판청구는 부적법하다.

03

사생활의 비밀과 자유 또는 개인정보자기결정권에 관한 다음 설명 중 가장 옳지 않은 것은?

① 보안관찰처분대상자가 교도소 등에서 출소한 후 7일 이내에 출소사실을 신고하도록 정한 구 보안관찰법 제6조 제1항 전문 중 출소 후 신고의무에 관한 부분 및 이를 위반할 경우 처벌하도록 정한 보안관찰법 제27조 제2항 중 구 보안관찰법 제6조 제1항 전문 가운데 출소 후 신고의무에 관한 부분은 과잉금지원칙을 위반하여 사생활의 비밀과 자유 및 개인정보자기결정권을 침해하지 않는다.

② '가족관계의 등록 등에 관한 법률' 제14조 제1항 본문 중 '직계혈족이 제15조에 규정된 증명서 가운데 가족관계증명서 및 기본증명서의 교부를 청구'하는 부분이 가정폭력 피해자의 개인정보를 보호하기 위한 구체적 방안을 마련하지 아니하였다고 하더라도 가정폭력 피해자인 청구인의 개인정보자기결정권을 침해하는 것은 아니다.

③ 소년에 대한 수사경력자료의 삭제와 보존기간에 대하여 규정하면서 법원에서 불처분 결정된 소년부송치 사건에 대하여 규정하지 않은 구 '형의 실효 등에 관한 법률' 제8조의2 제1항 및 제3항과 '형의 실효 등에 관한 법률' 제8조의2 제1항 및 제3항은 과잉금지원칙에 반하여 개인정보자기결정권을 침해한다.

④ 초상권, 사생활의 비밀과 자유에 대한 부당한 침해는 불법행위를 구성하고 위 침해는 그것이 공개된 장소에서 이루어졌다거나 민사소송의 증거를 수집할 목적으로 이루어졌다는 사유만으로는 정당화되지 않는다.

04

다음 설명 중 가장 옳지 않은 것은?

① 노동조합 및 노동관계조정법상 근로자란 타인과의 사용종속관계하에서 근로를 제공하고 그 대가로 임금 등을 받아 생활하는 사람을 의미하며, 특정한 사용자에게 고용되어 현실적으로 취업하고 있는 사람뿐만 아니라 일시적으로 실업 상태에 있는 사람이나 구직 중인 사람을 포함하여 노동 3권을 보장할 필요성이 있는 사람도 여기에 포함되는 것으로 보아야 한다.

② 출입국관리 법령에서 외국인 고용제한 규정을 두고 있는 것은 취업활동을 할 수 있는 체류자격(이하 '취업자격'이라고 한다) 없는 외국인의 고용이라는 사실적 행위 자체를 금지하고자 하는 것뿐이지, 나아가 취업자격 없는 외국인이 사실상 제공한 근로에 따른 권리나 이미 형성된 근로관계에서 근로자로서의 신분에 따른 노동관계법상의 제반 권리 등의 법률효과까지 금지하려는 것으로 보기는 어렵다.

③ 타인과의 사용종속관계 하에서 근로를 제공하고 그 대가로 임금 등을 받아 생활하는 사람은 노동조합 및 노동관계조정법(이하 '노동조합법'이라고 한다)상 근로자에 해당하고, 노동조합법상의 근로자성이 인정되는 한, 그러한 근로자가 외국인인지 여부나 취업자격의 유무에 따라 노동조합법상 근로자의 범위에 포함되지 아니한다고 볼 수는 없다.

④ 헌법 제15조의 직업의 자유 또는 헌법 제32조의 근로의 권리, 사회국가원리 등에 근거하여 실업방지 및 부당한 해고로부터 근로자를 보호하여야 할 국가의 의무를 도출할 수 있으므로, 국가에 대한 직접적인 직장존속보장 청구권을 근로자에게 인정할 헌법상의 근거가 있다. 따라서 근로관계의 당연승계를 보장하는 입법을 반드시 하여야 할 헌법상의 의무를 인정할 수 있다.

05

다음 설명 중 가장 옳지 않은 것은?

① 헌법재판소는 국민참여재판을 받을 권리도 헌법 제27조 제1항에서 규정한 재판을 받을 권리의 보호범위에 속한다고 보고 있다.
② 헌법은 피고인의 반대신문권을 미국이나 일본과 같이 헌법상의 기본권으로까지 규정하지는 않았으나, 형사소송법은 제161조의2에서 피고인의 반대신문권을 포함한 교호신문권을 명문으로 규정하여 피고인에게 불리한 증거에 대하여 반대신문할 수 있는 권리를 원칙적으로 보장하고 있는바, 이는 헌법 제12조 제1항, 제27조 제1항, 제3항 및 제4항에 의한 공정한 재판을 받을 권리를 구현한 것이다.
③ 국가보안법 위반죄로 구속기소된 청구인의 변호인이 청구인의 변론준비를 위하여 피청구인인 검사에게 그가 보관중인 수사기록일체에 대한 열람·등사신청을 하였으나 피청구인은 국가기밀의 누설이나 증거인멸, 증인협박, 사생활침해의 우려 등 정당한 사유를 밝히지 아니한 채 이를 전부 거부한 것은 청구인의 신속·공정한 재판을 받을 권리와 변호인의 조력을 받을 권리를 침해하는 것으로 헌법에 위반된다 할 것이다.
④ 상고심에서 재판을 받을 권리를 헌법상 명문화한 규정이 없는 이상, 헌법 제27조에서 규정한 재판을 받을 권리에 모든 사건에 대해 상고심 재판을 받을 권리까지도 포함된다고 단정할 수 없고, 모든 사건에 대해 획일적으로 상고할 수 있게 할지 여부는 입법재량의 문제라고 할 것이므로 소액사건심판법 제3조가 소액사건에 대하여 상고의 이유를 제한하였다고 하여 그것만으로 재판청구권을 침해하였다고 볼 수 없다.

06

공무원제도에 관한 다음 설명 중 가장 옳지 않은 것은?

① 공무원의 기부금모집을 금지하고 있는 국가공무원법 조항은 선거의 공정성을 확보하기 위한 것이라 하더라도 직급이나 직무의 성격에 대한 검토 혹은 기부금 상한액을 낮추는 방법 등에 대한 고려 없이 일률적으로 모든 공무원의 기부금 모집을 전면적으로 금지함으로써 과도한 제한을 초래하므로 공무원의 정치적 의사표현의 자유를 침해하는 것이다.
② 서울교통공사의 상근직원은 서울교통공사의 경영에 관여하거나 실질적인 영향력을 미칠 수 있는 권한이 있다고 인정하기 어려우므로, 당원이 아닌 자에게도 투표권을 부여하여 실시하는 당내경선에서 서울교통공사의 상근직원이 경선운동을 할 수 없도록 일률적으로 금지·처벌하는 것은 정치적 표현의 자유를 과도하게 제한하는 것이다.
③ 사실상 노무에 종사하는 공무원 중 대통령령 등이 정하는 자에 한하여 근로 3권을 인정하는 국가공무원법 조항은, 근로 3권이 보장되는 공무원의 범위를 사실상 노무에 종사하는 공무원으로 한정하고 있으나, 이는 헌법 제33조 제2항에 근거한 것으로, 전체 국민의 공공복리와 사실상 노무에 종사하는 공무원의 직무의 내용, 노동조건 등을 고려해 보았을 때 입법자에게 허용된 입법재량권의 범위를 벗어난 것이라 할 수 없다.
④ 공무원의 정당가입이 허용된다면, 공무원의 정치적 행위가 직무 내의 것인지 직무 외의 것인지 구분하기 어려운 경우가 많고, 설사 공무원이 근무시간 외에 혹은 직무와 관련 없이 정당과 관련된 정치적 표현행위를 한다 하더라도 공무원의 정치적 중립성에 대한 국민의 기대와 신뢰는 유지되기 어렵다.

07

다음 설명 중 가장 옳지 않은 것은?

① 소액사건은 소액사건심판법이 절차의 신속성과 경제성에 중점을 두어 규정한 심리절차의 특칙에 따라 소송당사자가 소송절차를 남용할 가능성이 다른 민사사건에 비하여 크다고 할 수 있는바, 소송기록에 의하여 청구가 이유 없음이 명백한 때 법원이 변론 없이 청구를 기각할 수 있도록 규정한 소액사건심판법 조항은 소액사건에서 남소를 방지하고 이러한 소송을 신속히 종결하고자 필요적 변론 원칙의 예외를 규정한 것이므로 재판청구권의 본질적 내용을 침해한다고 볼 수 없다.

② 이해관계인에 대한 매각기일 및 매각결정기일의 통지는 집행기록에 표시된 이해관계인의 주소에 발송하도록 한 민사집행법 제104조 제3항의 이해관계인 중 '민사집행법 제90조 제3호의 등기부에 기입된 부동산 위의 권리자'에 관한 부분은 재판청구권을 침해한다.

③ 간이기각제도는 형사소송절차의 신속성이라는 공익을 달성하는 데 필요하고 적절한 방법으로써 즉시항고에 의한 불복도 가능하므로, 소송의 지연을 목적으로 함이 명백한 기피신청의 경우 그 신청을 받은 법원 또는 법관이 결정으로 기각할 수 있도록 한 형사소송법 제20조 제1항은 공정한 재판을 받을 권리를 침해하지 아니한다.

④ '사형, 무기 또는 10년 이상의 징역이나 금고가 선고된 사건'에 한하여 중대한 사실오인 또는 양형부당을 이유로 한 상고를 허용한 형사소송법(1963. 12. 13. 법률 제1500호로 개정된 것) 제383조 제4호는 재판청구권을 침해하지 아니한다.

08

입법부작위에 관한 다음 설명 중 가장 옳은 것은?

① 입법자가 불충분하게 규율한 이른바 부진정입법부작위에 대하여 헌법소원을 제기하려면 그것이 평등의 원칙에 위배된다는 등 헌법위반을 내세워 적극적인 헌법소원을 제기하여야 하며, 이 경우에는 기본권 침해 상태가 계속되고 있으므로 헌법재판소법 소정의 청구기간을 준수할 필요는 없다.

② 하위 행정입법의 제정 없이 상위 법령의 규정만으로도 법률의 집행이 이루어질 수 있는 경우라 하더라도 상위 법령이 행정입법에 위임하고 있다면 하위 행정입법을 하여야 할 헌법적 작위의무가 인정된다.

③ 법률에서 군법무관의 봉급과 그 밖의 보수를 법관 및 검사의 예에 준하여 지급하도록 하는 대통령령을 제정할 것을 규정하였다 하더라도, 군복무를 하고 있는 군장교들은 전투력의 확보를 위한 특수집단의 한 구성요소이므로 군조직 밖의 기준으로 군조직의 다른 요소와 분리시켜 기본적인 보수에 있어 우대적 차별을 하는 것은 불합리하므로, 대통령이 지금까지 해당 대통령령을 제정하지 않는다 하더라도 이는 군법무관의 재산권을 침해하지 아니한다.

④ 진정입법부작위에 대한 헌법소원은, 헌법에서 기본권 보장을 위하여 법령에 명시적인 입법위임을 하였음에도 입법자가 이를 이행하지 아니한 경우이거나, 헌법해석상 특정인에게 구체적인 기본권이 생겨 이를 보장하기 위한 국가의 행위의무 내지 보호의무가 발생하였음이 명백함에도 불구하고 입법자가 아무런 입법조치를 취하지 아니한 경우에 한하여 허용된다.

09

영장주의에 관한 다음 설명 중 가장 옳지 않은 것은?

① 헌법상 영장주의는 체포·구속·압수·수색 등 기본권을 제한하는 강제처분에 적용되므로, 강제력이 개입되지 않은 임의수사에 해당하는 수사기관 등의 통신자료 취득에는 영장주의가 적용되지 않는다.
② 기지국 수사를 허용하는 통신사실 확인자료 제공요청은 법원의 허가에 의해 해당 가입자의 동의나 승낙을 얻지 아니하고도 제3자인 전기통신사업자에게 해당 가입자에 관한 통신사실 확인자료의 제공을 요청할 수 있도록 하는 수사방법이므로 헌법상 영장주의가 적용되지 않는다.
③ 체포영장을 발부받아 피의자를 체포하는 경우에 필요한 때에는 영장 없이 타인의 주거 등 내에서 피의자 수사를 할 수 있도록 한 형사소송법 조항은 별도로 영장을 발부받기 어려운 긴급한 사정이 있는지 여부를 구별하지 않고 피의자가 소재할 개연성만 소명되면 영장 없이 타인의 주거 등을 수색할 수 있도록 허용하고 있어 헌법 제16조의 영장주의에 위반된다.
④ 형사재판에 계속 중인 사람에 대하여 출국을 금지할 수 있다고 규정한 출입국관리법 조항에 따른 법무부장관의 출국금지 결정은 형사재판에 계속 중인 국민의 출국의 자유를 제한하는 행정처분일 뿐이고, 영장주의가 적용되는 신체에 대하여 직접적으로 물리적 강제력을 수반하는 강제처분이라고 할 수 없다.

10

집회 및 결사의 자유에 관한 다음 설명 중 가장 옳은 것은?

① 집회는 일정한 장소를 전제로 하여 특정 목적을 가진 다수인이 일시적으로 회합하는 것을 말하는 것으로, 여기서의 다수인이 가지는 공동의 목적은 '내적인 유대 관계'로 족하지 않고 공통의 의사형성과 의사표현이라는 공동의 목적이 포함되어야 한다.
② 누구든지 선거기간 중 선거에 영향을 미치게 하기 위하여 그 밖의 집회나 모임을 개최할 수 없고, 이를 위반한 자를 처벌하도록 규정한 공직선거법 조항은 선거기간 중에도 국민들이 제기하는 건전한 비판과 여론 형성을 금지하는 것은 아니므로 집회의 자유를 침해한다고 할 수 없다.
③ 국회의장 공관의 경계지점으로부터 100미터 이내의 장소에서의 옥외집회 또는 시위를 일률적으로 금지하고, 이를 위반한 집회·시위의 참가자를 처벌하는 것은 해당 장소에서 옥외집회·시위가 개최되더라도 국회의장에게 물리적 위해를 가하거나 국회의장 공관으로의 출입 내지 안전에 위협을 가할 우려가 없는 장소까지 포함되어 있다는 점에서 입법목적 달성에 필요한 범위를 넘어 집회의 자유를 과도하게 제한하는 것으로 집회의 자유를 침해한다.
④ 사회복무요원이 정당 가입을 할 수 없도록 규정한 병역법 조항은 사회복무요원의 정치적 중립성 보장과 아무런 관련이 없는 사회적 활동까지 금지한다는 점에서 사회복무요원의 결사의 자유를 침해한다.

11

헌법개정에 관한 다음 설명 중 가장 옳지 않은 것은?

① 현행 대한민국헌법은 1987년 개정에 의한 것이다.
② 헌법개정은 국회재적의원 과반수 또는 대통령의 발의로 제안된다.
③ 국회는 헌법개정안이 공고된 날로부터 60일 이내에 의결하여야 하며, 국회의 의결은 재적의원 3분의 2 이상의 찬성을 얻어야 한다.
④ 헌법개정안은 국회가 의결한 후 30일 이내에 국민투표에 붙여 국회의원선거권자 과반수의 찬성을 얻어야 한다.

12

다음 설명 중 가장 옳지 않은 것은?

① 죄형법정주의에서 파생되는 명확성의 원칙은, 누구나 법률이 처벌하고자 하는 행위가 무엇이며 그에 대한 형벌이 어떠한 것인지를 예견할 수 있고 그에 따라 자신의 행위를 결정지을 수 있도록 구성요건이 명확할 것을 의미한다.

② 처벌법규의 구성요건을 일일이 세분하여 명확성의 요건을 모든 경우에 요구하는 것은 입법기술상 불가능하거나 현저히 곤란하므로, 처벌법규의 구성요건이 어느 정도 명확하여야 하는가는 일률적으로 정할 수 없고, 각 구성요건의 특수성과 그러한 법적 규제의 원인이 된 여건이나 처벌의 정도 등을 고려하여 종합적으로 판단하여야 하며, 다소 광범위하고 어느 정도의 범위에서는 법관의 보충적인 해석을 필요로 하는 개념을 사용하여 규정하였다고 하더라도 그 적용단계에서 다의적으로 해석될 우려가 없는 이상 그 점만으로 헌법이 요구하는 명확성의 요구에 배치된다고는 보기 어렵다.

③ 범죄의 처벌에 관한 문제, 즉 법정형의 종류와 범위의 선택은 입법자가 결정할 사항이지만, 광범위한 입법재량 내지 형성의 자유가 인정된다고 볼 수 없다.

④ 국회의 입법재량 내지 입법정책적 고려에 있어서도 국민의 자유와 권리의 제한은 필요 최소한에 그쳐야 하며, 기본권의 본질적인 내용을 침해하는 입법은 할 수 없으므로, 헌법이나 법률에 의하여 명시된 죄형법정주의와 소급효의 금지 및 이에 유래하는 유추해석금지의 원칙 외에 지켜져야 할 입법원칙이 있다.

13

통신의 자유에 관한 다음 설명 중 가장 옳지 않은 것은?

① 전기통신역무 제공에 관한 계약을 체결하는 경우 전기통신 사업자로 하여금 가입자에게 본인임을 확인할 수 있는 증서 등을 제시하도록 요구하고 부정가입방지 시스템 등을 이용하여 본인인지 여부를 확인하도록 한 전기통신사업법 조항은 과잉금지원칙에 반하여 익명으로 이동통신 서비스에 가입하여 통신하고자 하는 자들의 개인정보자기결정권 및 통신의 자유를 침해한다.

② 통신비밀보호법(2005. 5. 26. 법률 제7503호로 개정된 것) 제13조 제1항 중 '검사 또는 사법경찰관은 수사를 위하여 필요한 경우 전기통신사업법에 의한 전기통신사업자에게 제2조 제11호 가목 내지 라목의 통신사실 확인자료의 열람이나 제출을 요청할 수 있다'는 부분은 과잉금지원칙에 위반되어 개인정보자기결정권과 통신의 자유를 침해한다.

③ 교도소장이 수용자에게 온 서신을 개봉한 행위 및 법원, 검찰청 등이 수용자에게 보낸 문서를 열람한 행위는 수용자의 통신의 자유를 침해하지 않는다.

④ A구치소장이 당시 A구치소에 수용 중인 甲 앞으로 온 서신 속에 허가받지 않은 물품인 사진이 동봉되어 있음을 이유로 甲에게 해당 서신수수를 금지하고 해당 서신을 발신자로서 당시 B교도소에 수용 중인 乙에게 반송한 행위는 과잉금지원칙에 위반하여 乙의 통신의 자유를 침해하지 않는다.

14

헌법해석에 관한 다음 설명 중 가장 옳지 않은 것은?

① 헌법의 기본원리는 헌법의 이념적 기초인 동시에 헌법을 지배하는 지도원리로서 입법이나 정책결정의 방향을 제시하며 공무원을 비롯한 모든 국민과 국가기관이 헌법을 존중하고 수호하도록 하는 지침이 되며, 구체적 기본권을 도출하는 근거로 될 수 있다.

② 헌법은 전문과 각 개별조항이 서로 밀접한 관련을 맺으면서 하나의 통일된 가치체계를 이루고 있는 것으로서, 이념적·논리적으로 규범 상호간의 우열을 인정할 수 있다 하더라도, 그것이 헌법의 어느 특정규정이 다른 규정의 효력을 전면적으로 부인할 수 있을 정도의 개별적 헌법규정 상호간에 효력상의 차등을 의미하는 것이라고는 볼 수 없다.

③ 헌법해석은 헌법이 담고 추구하는 이상과 이념에 따른 역사적, 사회적 요구를 올바르게 수용하여 헌법적 방향을 제시하는 헌법의 창조적 기능을 수행하여 국민의 욕구와 의식에 알맞은 실질적 국민주권의 실현을 보장하는 것이어야 한다.

④ 헌법재판소가 행하는 구체적 규범통제의 심사기준은 원칙적으로 규범이 제정될 당시의 헌법이 아니라 헌법재판을 할 당시에 규범적 효력을 가지는 헌법이다.

15

지방자치단체에 관한 다음 설명 중 가장 옳지 않은 것은?

① 법령에서 조례로 정하도록 위임한 사항은 그 법령의 하위법령에서 그 위임의 내용과 범위를 제한하거나 직접 규정할 수 없다.

② 지방자치단체가 고유사무인 자치사무에 관하여 자치조례를 제정하는 경우에도 주민의 권리제한 또는 의무부과에 관한 사항에 해당하는 조례를 제정할 경우에는 법률의 위임이 있어야 하고 그러한 위임 없이 제정된 조례는 효력이 없다.

③ 지방의회 사무직원의 임용권을 지방자치단체의 장에게 부여하도록 규정한 것은 지방의회와 지방자치단체의 장 사이의 상호견제와 균형의 원리에 비추어 헌법상 권력분립원칙에 위반된다.

④ 지방자치단체의 자치권이 미치는 관할구역의 범위에는 육지는 물론 바다도 포함되므로, 공유수면에 대해서도 지방자치단체의 자치권한이 존재한다고 보아야 한다.

16

다음 설명 중 가장 옳지 않은 것은?

① 부모가 자녀의 이름을 지어주는 것은 자녀의 양육과 가족생활을 위하여 필수적인 것이고, 가족생활의 핵심적 요소라 할 수 있으므로, '부모가 자녀의 이름을 지을 자유'는 혼인과 가족생활을 보장하는 헌법 제36조 제1항과 행복추구권을 보장하는 헌법 제10조에 의하여 보호받는다.

② 이름은 인간의 모든 사회적 생활관계 형성의 기초가 된다는 점에서 중요한 사회질서에 속한다. 이름의 특정은 사회 전체의 법적 안정성의 기초이므로 이를 위해 국가는 개인이 사용하는 이름에 대해 일정한 규율을 가할 수 있다.

③ 헌법은 국가사회의 최고규범이므로 가족제도가 비록 역사적·사회적 산물이라는 특성을 지니고 있다 하더라도 헌법의 우위로부터 벗어날 수 없으며, 가족법이 헌법 이념의 실현에 장애를 초래하고, 헌법규범과 현실과의 괴리를 고착시키는 데 일조하고 있다면 그러한 가족법은 수정되어야 한다.

④ 헌법재판소는 8촌 이내의 혈족 사이에서는 혼인할 수 없도록 하는 민법 제809조 제1항이 혼인의 자유를 침해한다고 보았다.

17

다음 설명 중 가장 옳지 않은 것은?

① 헌법 제23조 제1항의 재산권보장에 의하여 보호되는 재산권은 사적 유용성 및 그에 대한 원칙적 처분권을 내포하는 재산가치 있는 구체적 권리이다. 그러므로 구체적인 권리가 아닌, 단순한 이익이나 재화의 획득에 관한 기회 등은 재산권보장의 대상이 아니다.
② 우리 헌법의 재산권 보장은 사유재산의 처분과 그 상속을 포함하는 것인바, 유언자가 생전에 최종적으로 자신의 재산권에 대하여 처분할 수 있는 법적 가능성을 의미하는 유언의 자유는 생전증여에 의한 처분과 마찬가지로 헌법상 재산권의 보호를 받는다.
③ 헌법재판소는 공법상의 권리가 재산권보장의 보호를 받기위해서는 '개인의 노력과 금전적 기여를 통하여 취득되고 자신과 그의 가족의 생활비를 충당하기 위한 경제적 가치가 있는 권리'여야 한다고 판시하고, 공무원연금법 및 군인연금법상의 연금수급권이 헌법상 보장되는 재산권에 포함됨을 밝힌 바 있다.
④ 국가는 납세자가 자신과 가족의 기본적인 생계유지를 위하여 꼭 필요로 하는 소득을 제외한 잉여소득 부분에 대해서만 납세의무를 부과할 수 있는 것은 아니므로, 소득에 대한 과세는 원칙적으로 최저생계비를 초과하는 소득에 대해서만 가능하다고 볼 수는 없다.

18

다음 설명 중 가장 옳지 않은 것은?

① 조례는 지방자치단체가 그 자치입법권에 근거하여 자주적으로 지방의회의 의결을 거쳐 제정한 법규이기 때문에 조례 자체로 인하여 직접 그리고 현재 자기의 기본권을 침해받은 자는 그 권리구제의 수단으로서 조례에 대한 헌법소원을 제기할 수 있다.
② 조례의 제정권자인 지방의회는 선거를 통해서 그 지역적인 민주적 정당성을 지니고 있는 주민의 대표기관이라 하더라도 조례에 대한 법률의 위임은 법규명령에 대한 법률의 위임과 다르기 때문에 반드시 구체적으로 범위를 정하여 할 필요가 있다.
③ 법령의 직접적인 위임에 따라 위임행정기관이 그 법령을 시행하는 데 필요한 구체적 사항을 정한 것이라면, 그 제정형식은 비록 법규명령이 아닌 고시, 훈령, 예규 등과 같은 행정규칙이더라도 그것이 상위법령의 위임 한계를 벗어나지 아니하는 한, 상위법령과 결합하여 대외적인 구속력을 갖는 법규명령으로서 기능하게 된다고 보아야 한다.
④ 행정규칙이 재량권행사의 준칙으로서 그 정한 바에 따라 되풀이 시행되어 행정관행을 이루게 되어 평등의 원칙이나 신뢰보호의 원칙에 따라 행정기관이 그 상대방에 대한 관계에서 그 규칙에 따라야 할 자기구속을 당하게 되는 경우에는 대외적인 구속력을 갖게 되어 헌법소원의 대상이 된다.

19

적법절차원칙에 관한 다음 설명 중 가장 옳지 않은 것은?

① 심급제도에 대한 입법재량의 범위와 범죄인인도심사의 법적 성격, 그리고 범죄인인도법에서의 심사절차에 관한 규정 등을 종합할 때, 범죄인인도심사를 서울고등법원의 단심제로 정하고 있는 것은 적법절차원칙에서 요구되는 합리성과 정당성을 결여한 것이라고 볼 수 없다.

② 헌법 제12조 제1항 후문과 제3항에 규정된 적법절차의 원칙은 형사절차상의 제한된 범위뿐만 아니라 국가작용으로서 모든 입법 및 행정작용에도 광범위하게 적용된다.

③ 검사만 치료감호를 청구할 수 있고, 법원은 검사에게 치료감호 청구를 요구할 수 있다고만 규정한 '치료감호 등에 관한 법률' 조항은 자의적 행정처분의 가능성을 초래하므로 적법절차원칙에 위반된다.

④ 행정상 즉시강제는 그 본질상 급박성을 요건으로 하고 있어 법관의 영장을 기다려서는 그 목적을 달성할 수 없어 원칙적으로 영장주의가 적용되지 않는다.

20

다음 설명 중 가장 옳지 않은 것은?

① 사람의 육체적·정신적 상태나 건강에 대한 정보, 성생활에 대한 정보와 같은 것은 인간의 존엄성이나 인격의 내적 핵심을 이루는 요소이다. 따라서 외부세계의 어떤 이해관계에 따라 그에 대한 정보를 수집하고 공표하는 것이 쉽게 허용되어서는 개인의 내밀한 인격과 자기정체성이 유지될 수 없다.

② 헌법 제17조는 "모든 국민은 사생활의 비밀과 자유를 침해받지 아니한다."고 규정하여 사생활의 비밀과 자유를 국민의 기본권의 하나로 보장하고 있다. 헌법 제17조가 보호하고자 하는 기본권은 사생활영역의 자유로운 형성과 비밀유지라고 할 것이다.

③ 헌법 제10조는 개인의 인격권과 행복추구권을 보장하고 있고, 인격권과 행복추구권은 개인의 자기운명결정권을 전제로 한다. 이러한 자기운명결정권에는 성행위 여부 및 그 상대방을 결정할 수 있는 성적자기결정권이 포함되어 있고, 경제적 대가를 매개로 하여 성행위 여부를 결정할 수 있는 것 또한 성적자기결정권과 관련되어 있다 볼 것이다.

④ 4급 이상의 공무원의 경우 모든 질병명을 예외 없이 공개토록 하는 것은 입법목적 실현을 위해 필요하기 때문에 해당 공무원들의 헌법 제17조가 보장하는 기본권인 사생활의 비밀과 자유를 침해한다고 보기는 어렵다.

01

책임과 형벌 간의 관계에 있어서 준수되어야 할 비례원칙에 대한 헌법재판소의 판시내용으로 적절하지 않은 것은?

① 정신적인 장애로 항거불능·항거곤란 상태에 있음을 이용하여 사람을 간음한 사람을 무기 또는 7년 이상의 징역에 처한다고 규정하여 집행유예를 선고할 수 없도록 한 성폭력범죄의 처벌 등에 관한 특례법 조항은 책임과 형벌의 비례원칙에 위배되지 아니한다.

② 자동차의 운전자는 고속도로 등에서 자동차의 고장 등 부득이한 사정이 있는 경우를 제외하고는 갓길(도로법에 따른 길어깨를 말한다)로 통행하여서는 아니 된다고 규정하고 이를 위반한 사람은 20만 원 이하의 벌금이나 구류 또는 과료에 처한다고 규정한 구 도로교통법 조항은 책임과 형벌 사이의 비례원칙에 위배된다.

③ 무신고 수출입의 경우 법인을 범인으로 보고 필요적으로 몰수·추징하도록 규정한 구 관세법 조항은, 법인이 그 위반행위를 방지하기 위하여 주의와 감독을 게을리하지 아니한 경우에는 몰수·추징 대상에서 제외되므로, 책임과 형벌 간의 비례원칙에 위반된다고 할 수 없다.

④ 밀수입 예비행위를 본죄에 준하여 처벌하도록 규정한 특정범죄 가중처벌 등에 관한 법률 조항은 구체적 행위의 개별성과 고유성을 고려한 양형판단의 가능성을 배제하는 가혹한 형벌로서 책임과 형벌 사이의 비례의 원칙에 위배된다.

02

통신의 자유에 대한 헌법재판소의 판시내용으로 적절하지 않은 것은?

① 교도소장이 수용자에게 온 서신을 개봉한 행위는 구 형의 집행 및 수용자의 처우에 관한 법률 및 구 형의 집행 및 수용자의 처우에 관한 법률 시행령 조항에 근거하여 수용자에게 온 서신의 봉투를 개봉하여 내용물을 확인한 행위로서 수용자의 통신의 자유를 침해하지 아니한다.

② 통신제한조치기간의 연장을 허가함에 있어 총연장기간 또는 총연장횟수의 제한을 두지 아니한 통신비밀보호법 조항은 통신의 비밀을 침해하여 헌법에 위반된다 할 것이다.

③ 전기통신역무제공에 관한 계약을 체결하는 경우 전기통신사업자로 하여금 가입자에게 본인임을 확인할 수 있는 증서 등을 제시하도록 요구하고 부정가입방지시스템 등을 이용하여 본인인지 여부를 확인하도록 한 전기통신사업법 조항은, 가입자의 인적사항이라는 정보는 통신의 내용·상황과 관계없는 '비 내용적 정보'이며 휴대전화 통신계약 체결 단계에서는 아직 통신수단을 통하여 어떠한 의사소통이 이루어지는 것이 아니므로 통신의 비밀에 대한 제한이라 할 수는 없다.

④ '육군 신병교육 지침서'(육군본부 2006. 12. 18. 교육참고 25-3) 중 전화사용의 통제에 관한 부분은 신병교육 훈련생들의 통신의 자유 등 기본권을 필요한 정도를 넘어 과도하게 제한하는 것이다.

03

공무담임권에 대한 헌법재판소의 판시내용으로 적절하지 않은 것은?

① 법무부장관이 2020. 7. 공고한 '2021년도 검사 임용 지원 안내' 중 '임용 대상' 가운데 '1. 신규 임용'에서 변호사 자격을 취득하고 2021년 사회복무요원 소집해제 예정인 사람을 제외한 부분은 '법학전문대학원 졸업연도에 실시된 변호사시험에 불합격하여 사회복무요원으로 병역의무를 이행하던 중 변호사자격을 취득하고 2021년 소집해제 예정인 사람'의 공무담임권을 과잉금지원칙에 반하여 침해한다.
② 금고 이상의 형의 선고유예를 받은 경우 공무원직에서 당연히 퇴직하는 것으로 규정한 국가공무원법 조항은 금고 이상의 선고유예의 판결을 받은 모든 범죄를 포괄하여 규정하고 있을 뿐 아니라, 심지어 오늘날 누구에게나 위험이 상존하는 교통사고 관련 범죄 등 과실범의 경우마저 당연퇴직의 사유에서 제외하지 않고 있으므로 최소침해성의 원칙에 반하여 헌법 제25조의 공무담임권을 침해한다.
③ 관련 자격증 소지자에게 세무직 국가공무원 공개경쟁 채용시험에서 일정한 가산점을 부여하는 구 공무원임용시험령 조항은 가산 대상 자격증을 소지하지 아니한 자의 공무담임권을 침해하지 아니한다.
④ 공무원이 징계처분을 받은 경우 대통령령등으로 정하는 기간 동안 승진임용 및 승급을 제한하는 국가공무원법 조항 중 공무원이 감봉처분을 받은 경우 12월간 승진임용을 제한하는 '승진임용'에 관한 부분 및 공무원임용령 제32조 제1항 제2호 나목은 공무담임권을 침해하지 않는다.

04

인간다운 생활을 할 권리에 대한 헌법재판소의 판시내용으로 적절하지 않은 것은?

① 직장가입자가 소득월액보험료를 일정 기간 이상 체납한 경우 그 체납한 보험료를 완납할 때까지 국민건강보험공단이 그 가입자 및 피부양자에 대하여 보험급여를 실시하지 아니할 수 있도록 한 구 국민건강보험법 조항은 해당 직장가입자의 인간다운 생활을 할 권리를 침해한다.
② 퇴직연금 수급자가 유족연금을 함께 받게 될 경우 그 유족연금액의 2분의 1을 빼고 지급하도록 하는 구 공무원연금법 조항은 입법형성의 한계를 벗어나 인간다운 생활을 할 권리를 침해하였다고 볼 수 없다.
③ 유족연금수급권은 그 급여의 사유가 발생한 날로부터 5년간 이를 행사하지 아니하면 시효로 인하여 소멸하도록 규정한 구 군인연금법 조항은 유족연금수급권자의 인간다운 생활을 할 권리를 침해한다고 볼 수 없다.
④ '개별가구 또는 개인의 여건'에 관한 조건 부과 유예 대상자로 '대학원에 재학 중인 사람'과 '부모에게 버림받아 부모를 알 수 없는 사람'을 규정하고 있지 않은 국민기초생활 보장법 시행령 조항은 인간다운 생활을 할 권리를 침해하지 않는다.

05

근로의 권리에 대한 헌법재판소의 판시내용으로 적절하지 않은 것은?

① 근로자 4명 이하 사용 사업장에 적용될 근로기준법 조항을 정하고 있는 근로기준법 시행령 조항이 정당한 이유 없는 해고를 금지하는 제23조 제1항과 노동위원회 구제절차에 관한 제28조 제1항을 근로자 4명 이하 사용 사업장에 적용되는 조항으로 나열하지 않은 것은, 근로자 4명 이하 사용 사업장에 종사하는 근로자의 근로의 권리를 침해한다.

② 동물의 사육 사업 근로자에 대하여 근로기준법 제4장에서 정한 근로시간 및 휴일 규정의 적용을 제외하도록 한 구 근로기준법 조항은 축산업에 종사하는 근로자의 근로의 권리를 침해하지 않는다.

③ 4주간을 평균하여 1주간의 소정근로시간이 15시간 미만인 근로자, 즉 이른바 '초단시간근로자'를 퇴직급여제도의 적용대상에서 제외하고 있는 근로자퇴직급여보장법 조항은 근로조건의 기준은 인간의 존엄성을 보장하도록 법률로 정하도록 한 헌법 제32조 제3항에 위배되는 것으로 볼 수 없다.

④ 일용근로자로서 3개월을 계속 근무하지 아니한 자를 해고예고제도의 적용제외사유로 규정하고 있는 근로기준법 조항은 일용근로자의 근로의 권리를 침해한다고 보기 어렵다.

06

국적에 대한 헌법재판소의 판시내용과 설명으로 옳은 것은?

① 대한민국의 민법상 미성년인 대한민국의 국민이 아닌 자는 대한민국 국민인 부 또는 모에 의하여 인지되고, 출생 당시에 그 부 또는 모가 대한민국의 국민이라는 요건을 모두 갖춘 때에 대한민국 국적을 취득한다.

② 대한민국 국적을 취득한 사실이 없는 외국인은 법무부장관의 귀화허가를 받아 대한민국 국적을 취득할 수 있으며, 법무부장관 앞에서 국민선서를 하고 귀화증서를 수여받은 때에 대한민국 국적을 취득한다.

③ 대한민국 국민의 양자로서 입양 당시 대한민국의 민법상 성년이었던 외국인으로서 대한민국에 2년간 계속하여 주소가 있는 자는 5년 이상 계속하여 대한민국에 주소가 없고 대한민국에 영주할 수 있는 체류자격이 없더라도 귀화허가를 받을 수 있다.

④ 대한민국 국적을 취득한 외국인으로서 외국 국적을 가지고 있는 자가 대한민국 국적을 취득한 날로부터 1년 내에 그 외국 국적을 포기하지 않아 국적을 상실한 경우 상실한 이후 2년 내에 그 외국 국적을 포기하면 대한민국 국적을 재취득할 수 있다.

07

직업의 자유에 대한 헌법재판소의 판시내용으로 적절하지 않은 것은?

① 택시운송사업 운전업무 종사자격을 취득한 자가 친족관계인 사람을 강제추행하여 금고 이상의 실형을 선고받은 경우 그 택시운전자격을 취소하도록 규정한 여객자동차 운수사업법 조항은 과잉금지원칙에 위배되어 헌법상 직업선택의 자유를 침해한다고 할 수 없다.
② 거짓이나 그 밖의 부정한 수단으로 운전면허를 받은 경우 모든 범위의 운전면허를 필요적으로 취소하도록 한 도로교통법 조항은 과잉금지원칙에 반하여 직업의 자유를 침해한다.
③ '약사 또는 한약사가 아닌 자연인'의 약국 개설을 금지하고 위반 시 형사처벌하는 약사법 조항은 과잉금지원칙에 반하여 직업의 자유를 침해한다고 할 수 없다.
④ 측량업의 등록을 한 측량업자가 등록기준에 미달하게 된 경우 측량업의 등록을 필요적으로 취소하도록 규정한 구 측량·수로조사 및 지적에 관한 법률 조항은 과잉금지원칙에 위배되어 직업의 자유를 침해한다.

08

위헌정당해산에 대한 헌법재판소의 판시내용과 설명으로 옳은 것만을 <보기>에서 모두 고르면?

─< 보 기 >─

㉠ 정당의 목적이나 활동이 민주적 기본질서에 위배될 때에는 정부는 국무회의의 심의를 거쳐 헌법재판소에 그 해산을 제소할 수 있고 당해 정당의 해산은 헌법재판소 재판관 6인 이상의 찬성으로 결정된다.
㉡ 정당해산심판에 있어서는 피청구인의 활동을 정지하는 가처분이 인정되지 않는다.
㉢ 정당의 해산을 명하는 헌법재판소의 결정은 정부가 정당법에 따라 집행한다.
㉣ 정당해산결정에 대해서는 재심을 허용하지 아니함으로써 얻을 수 있는 법적 안정성의 이익이 재심을 허용함으로써 얻을 수 있는 구체적 타당성의 이익보다 더 중하므로 재심에 의한 불복방법이 허용될 수 없다.
㉤ 헌법재판소의 정당해산결정이 있는 경우 그 정당 소속 국회의원의 의원직은 당선 방식을 불문하고 모두 상실된다.

① ㉠, ㉡
② ㉠, ㉤
③ ㉡, ㉢
④ ㉣, ㉤

09

법률에 대한 헌법합치적 해석에 대한 헌법재판소의 판시내용과 설명으로 적절하지 않은 것은?

① 법률에 대한 헌법합치적 해석이란 어떠한 법률이 다의적으로 해석될 가능성이 있을 경우, 위헌적 해석가능성은 배제하고, 합헌적 해석가능성을 택하여 법률의 효력을 유지시키는 해석방법이다.
② 법률 또는 법률의 조항은 원칙적으로 가능한 범위 안에서 합헌적으로 해석함이 마땅하나 그 해석은 법의 문구와 목적에 따른 한계가 있다. 즉, 법률의 조항의 문구가 간직하고 있는 말의 뜻을 넘어서 말의 뜻이 완전히 다른 의미로 변질되지 아니하는 범위 내이어야 한다는 문의적 한계와 입법권자가 그 법률의 제정으로써 추구하고자 하는 입법자의 명백한 의지와 입법의 목적을 헛되게 하는 내용으로 해석할 수 없다고 하는 법목적에 따른 한계가 바로 그것이다.
③ 헌법재판소에 의하면 민법 제764조 '명예회복에 적당한 처분'에 사죄광고를 포함시키는 것은 헌법에 위반된다.
④ 헌법재판소에 의하면 구 상속세법 제18조 제1항 본문 중 '상속인'의 범위에 '상속개시 전에 피상속인으로부터 상속재산가액에 가산되는 재산을 증여받고 상속을 포기한 자'를 포함하지 않은 것은 상속을 승인한 자의 헌법상 재산권을 침해하는 것은 아니다.

10

정당의 자유 및 정당제도에 대한 헌법재판소의 판시내용과 설명으로 옳은 것은?

① 18세 미만의 국민은 정당의 발기인 및 당원이 될 수 없다.
② 복수당적 보유를 금지하는 정당법 조항은 과잉금지원칙에 위배되어 정당 가입 및 활동의 자유를 침해한다.
③ 등록이 취소되거나 자진해산한 정당의 잔여재산 및 헌법재판소의 해산결정에 의하여 해산된 정당의 잔여재산은 국고에 귀속한다.
④ 등록신청을 받은 관할 선거관리위원회는 형식적 요건을 구비하는 한 이를 거부하지 못한다. 다만, 형식적 요건을 구비하지 못한 때에는 상당한 기간을 정하여 그 보완을 명하고, 2회 이상 보완을 명하여도 응하지 아니할 때에는 그 신청을 각하할 수 있다.

11

평등권에 대한 헌법재판소의 판시내용으로 적절하지 않은 것은?

① 평등위반 여부를 심사함에 있어 엄격한 심사척도에 의할 것인지, 완화된 심사척도에 의할 것인지는 입법자에게 인정되는 입법형성권의 정도에 따라 달라지게 될 것이다.
② 헌법이 스스로 차별의 근거로 삼아서는 아니 되는 기준을 제시하거나 차별을 특히 금지하고 있는 영역을 제시하고 있다면 그러한 기준을 근거로 한 차별이나 그러한 영역에서의 차별에 대하여 엄격하게 심사하는 것이 정당화된다.
③ 차별적 취급으로 인하여 관련 기본권에 대한 중대한 제한을 초래하게 된다면 입법형성권은 축소되어 보다 엄격한 심사척도가 적용되어야 할 것이다.
④ 국가유공자와 그 유족 등 취업보호대상자가 국가기관이 실시하는 채용시험에 응시하는 경우에 10%의 가산점을 주도록 한 가산점제도는 평등권을 침해하지 않는다고 하는 것이 헌법재판소의 입장이다.

12

헌법 제10조에 대한 헌법재판소의 판시내용으로 적절하지 않은 것은?

① 누구든지 금융회사 등에 종사하는 자에게 타인의 금융거래관련 정보를 요구하는 것을 금지하고 이를 처벌조항으로 강제하는 것은 과잉금지원칙에 위배되어 일반적 행동자유권을 침해한 것이다.
② 공직선거법이 선거운동을 위한 확성장치 사용에 따른 소음제한기준을 규정하지 않은 것은 적절하고 효율적인 최소한의 보호조치를 취하지 아니함으로써 국가의 기본권 보호의무를 과소하게 이행한 것이다.
③ 이륜자동차로 하여금 고속도로 통행을 금지하고 있는 도로교통법 제63조는 통행의 자유(일반적 행동의 자유)를 침해한다.
④ 본인의 생전 의사에 관계없이 인수자가 없는 시체를 해부용으로 제공하도록 규정한 것은 과잉금지원칙에 위배되어 시체처분에 대한 자기결정권을 침해한 것이다.

13

표현의 자유에 대한 헌법재판소의 판시내용으로 적절하지 않은 것은?

① 법률에 의하지 않는 방송편성에 관한 간섭을 금지하고 그 위반행위를 처벌하는 방송법 규정은 과잉금지원칙에 위배되어 표현의 자유를 침해한다고 볼 수 없다.

② 공직선거법상 대통령선거·국회의원선거·지방선거가 순차적으로 맞물려 돌아가는 현실에서 선거일 전 180일부터 선거일까지 장기간 광고물을 설치·게시하는 행위를 금지·처벌하는 것은 후보자와 일반 유권자의 정치적 표현의 자유를 과도하게 제한하는 것은 아니다.

③ 선거일 전 90일부터 선거일까지 후보자 명의의 칼럼을 게재하는 인터넷 선거보도에 대해, 그것이 불공정하다고 볼 수 있는지 구체적으로 판단하지 않은 채 이를 일률적으로 금지하는 것은 과잉금지원칙에 위배되어 표현의 자유를 침해한다.

④ 타인에게 경제적 대가를 지급하고 변호사를 광고·홍보·소개하는 행위를 금지하는 '변호사 광고에 관한 규정'은 과잉금지원칙에 위배되어 표현의 자유를 침해한다.

14

재산권에 대한 헌법재판소의 판시내용으로 적절하지 않은 것은?

① 명의신탁재산 증여의제로 인한 증여세 납세의무자에게 신고의무 및 납부의무 위반에 대한 제재인 가산세까지 부과하도록 하면 납세의무자는 원래 부담하여야 할 세금 이외에 부가적인 금전적 부담을 지게 되므로 과잉금지원칙에 반하여 납세의무자의 재산권을 침해한다.

② 댐건설관리법은 댐사용권을 물권으로 보며 댐건설관리법에 특별한 규정이 있는 경우를 제외하고는 '부동산에 관한 규정'을 준용하도록 하고 있으므로 댐사용권은 사적유용성 및 그에 대한 원칙적 처분권을 내포하는 재산가치 있는 구체적 권리로서 헌법상 재산권 보장의 대상이 된다.

③ 입법자는 재산권의 내용을 형성함에 있어 광범한 입법재량을 가지고 있으므로 헌법재판소가 재산권의 내용을 형성하는 사회적 제약이 비례원칙에 부합하는지 여부를 판단함에 있어서는 이미 형성된 기본권을 제한하는 입법의 경우에 비하여 보다 완화된 기준에 의하여 심사한다.

④ 법률조항에 의한 재산권 제한이 헌법 제23조 제1항, 제2항에 근거한 재산권의 내용과 한계를 정한 것인지, 아니면 헌법 제23조 제3항에 근거한 재산권의 수용을 정한 것인지를 판단함에 있어서는 전체적인 재산권 제한의 효과를 종합적이고 유기적으로 파악하여 그 제한의 성격을 이해하여야 한다.

15

위임입법에 대한 헌법재판소의 판시내용으로 적절하지 않은 것은?

① 법률이 행정입법을 당연한 전제로 규정하고 있고 그 법률의 시행을 위하여 그러한 행정입법이 필요함에도 불구하고 행정권이 그 취지에 따라 행정입법을 하지 아니함으로써 법령의 공백상태를 방치하고 있는 경우에는 행정권에 의하여 입법권이 침해될 수 있다.

② 행정부가 위임입법에 따른 시행명령을 제정하지 않거나 개정하지 않은 것에 정당한 이유가 있다고 하려면 그 위임입법 자체가 헌법에 위반된다는 것이 누가 보아도 명백하거나, 위임입법에 따른 행정입법의 제정이나 개정이 당시 실시되고 있는 전체적인 법질서 체계와 조화되지 아니하여 그 위임입법에 따른 행정입법 의무의 이행이 오히려 헌법질서를 파괴하는 결과를 가져옴이 명백할 정도는 되어야 한다.

③ 처벌법규의 위임은 특히 긴급한 필요가 있거나 미리 법률로써 자세히 정할 수 없는 부득이한 사정이 있는 경우에 한정되어야 하고, 이러한 경우에도 법률에서 범죄의 구성요건은 처벌대상인 행위가 어떠한 것일 것이라고 이를 예측할 수 있을 정도로 구체적으로 정하고 형벌의 종류 및 그 상한과 폭을 명백히 규정하여야 한다.

④ 포괄위임금지는 법규적 효력을 가지는 행정입법의 자의적인 제정으로 국민들의 자유와 권리를 침해할 수 있는 가능성을 방지하고자 엄격한 헌법적 기속을 받게 하는 것을 요구하므로 법률이 정관에 자치법적 사항을 위임한 경우에도 포괄위임입법금지의 원칙이 적용되어야 한다.

16

양심의 자유에 대한 헌법재판소의 판시내용으로 적절하지 않은 것은?

① 학교폭력의 가해학생에 대한 조치로 피해학생에 대한 서면사과를 규정한 것은 가해학생에게 반성과 성찰의 기회를 제공하고 피해학생의 피해 회복과 정상적인 학교생활로의 복귀를 돕기 위한 교육적 조치로 볼 수 있으므로 가해학생의 양심의 자유를 침해한다고 보기 어렵다.

② 양심의 자유에는 널리 사물의 시시비비나 선악과 같은 윤리적 판단에 국가가 개입해서는 안 되는 내심적 자유는 물론, 이와 같은 윤리적 판단을 국가권력에 의하여 외부에 표명하도록 강제받지 아니할 자유까지 포괄한다.

③ 육군참모총장이 상벌사항을 파악하는 일환으로 육군장교에게 민간법원에서 약식명령을 받아 확정된 사실을 자진신고하도록 명령하는 것은 개인의 인격형성에 관계되는 내심의 가치적·윤리적 판단이 개입될 여지가 없는 단순한 사실관계의 확인에 불과하다.

④ 특정한 내적인 확신 또는 신념이 양심으로 형성된 이상 그 내용 여하를 떠나 양심의 자유에 의해 보호되는 양심이 될 수 있으므로, 헌법상 양심의 자유에 의해 보호받는 양심으로 인정할 것인지의 판단은 그것이 깊고, 확고하며, 진실된 것인지 여부에 따르면 된다. 따라서 양심적 병역거부를 주장하는 사람은 자신의 양심을 외부로 표명하여 증명할 의무를 지지 않는다.

17

개인정보자기결정권에 대한 헌법재판소의 판시내용으로 적절하지 않은 것은?

① 정보주체의 배우자나 직계혈족이 정보주체의 위임 없이도 정보주체의 가족관계 상세증명서의 교부청구를 할 수 있도록 한 것은 현재의 혼인 외에서 얻은 자녀 등에 관한 내밀한 개인정보를 정보주체의 의사에 반하여 배우자나 직계혈족에게 공개 당하게 되므로 개인정보자기결정권을 침해한다.
② 전기통신역무제공에 관한 계약을 체결하는 경우 전기통신사업자로 하여금 가입자에게 본인임을 확인할 수 있는 증서 등을 제시하도록 요구하고 부정가입방지시스템 등을 이용하여 본인인지 여부를 확인하도록 하였더라도 잠재적 범죄 피해 방지 및 통신망 질서 유지라는 더욱 중대한 공익의 달성효과가 있으므로 개인정보자기결정권을 침해하지 않는다.
③ 효율적인 수사의 필요성을 고려하여 사전에 정보주체인 이용자에게 그 내역을 통지하지 않았는데 수사기관 등이 통신자료를 취득한 이후에도 수사 등 정보수집의 목적에 방해가 되지 않는 범위 내에서 통신자료의 취득사실을 이용자에게 통지하지 않았다면 적법절차원칙에 위배되어 개인정보자기결정권을 침해한다.
④ 거짓이나 그 밖의 부정한 방법으로 보조금을 교부받거나 보조금을 유용한 어린이집에 대하여 그 어린이집 대표자 또는 원장의 의사와 관계없이 어린이집의 명칭, 종류, 주소, 대표자 또는 어린이집 원장의 성명 등을 불특정 다수인이 알 수 있도록 공표하는 것은 공표대상자의 개인정보자기결정권을 제한한다.

18

대한민국 헌정사에 대한 설명으로 옳지 않은 것은?

① 제5차 헌법개정(1962년 헌법)에서는 정부형태가 의원내각제에서 대통령제로 환원되었으며, 인간존엄성 규정이 신설되었다.
② 제1차 헌법개정(1952년 헌법)에서는 대통령과 부통령 의직선제, 양원제 국회 등이 도입되었다.
③ 현행헌법(1987년 헌법)에서는 헌법재판소제도가 부활하고, 1972년에 폐지된 표현의 자유에 대한 허가와 검열 금지규정이 부활하였다.
④ 제8차 헌법개정(1980년 헌법)에서는 행복추구권과 무죄추정의 원리 그리고 적법절차조항이 도입되었다.

19

근로의 권리 및 근로 3권에 대한 설명으로 가장 적절하지 않은 것은? (다툼이 있는 경우 판례에 의함)

① 최저임금을 청구할 수 있는 권리가 바로 근로의 권리에 의하여 보장된다고 보기는 어렵다.
② 공무원인 근로자는 법률이 정하는 자에 한하여 단결권·단체교섭권 및 단체행동권을 가진다.
③ 퇴직급여제도가 갖는 사회보장적 급여의 성격과 근로자의 장기간 복무 및 충실한 근무를 요하는 기능을 감안하더라도, 소정근로시간이 1주간 15시간 미만인 이른바 '초단기근로자'에 대해 퇴직급여제도 적용대상에서 제외하는 것은 헌법 제32조 제3항에 위배된다.
④ 노동조합에는 헌법 제21조 제2항의 결사에 대한 허가제 금지원칙이 적용된다.

20

헌법의 개정에 대한 헌법재판소의 판시내용과 설명으로 옳은 것만을 <보기>에서 모두 고르면?

<보기>

㉠ 헌법개정안은 국회 재적의원 과반수 또는 대통령의 발의로 제안되며, 제안된 헌법개정안은 대통령이 30일 이상의 기간 이를 공고하여야 한다.
㉡ 헌법개정안은 국회가 의결한 후 30일 이내에 국민투표에 붙여 국회의원 선거권자 과반수의 투표와 투표자 과반수의 찬성을 얻어야 한다.
㉢ 헌법 제128조 제2항은 헌법개정의 한계를 규정한 조항이 아니라 헌법개정의 허용을 전제로 한 헌법개정의 효력을 제한하는 '헌법개정효력의 한계' 규정이다.
㉣ 국민투표에 의하여 확정된 현행 헌법의 성립과정과 헌법 제130조 제2항이 헌법의 개정을 국민투표에 의하여 확정하도록 하고 있으므로, 헌법은 그 전체로서 주권자인 국민의 결단 내지 국민적 합의의 결과라고 보아야 할 것으로, 헌법의 규정을 헌법재판소법 제68조 제1항 소정의 공권력 행사의 결과라고 볼 수 없다.

① ㉠
② ㉡, ㉢
③ ㉡, ㉣
④ ㉡, ㉢, ㉣

01

관습헌법에 대한 설명으로 가장 적절하지 않은 것은? (다툼이 있는 경우 헌법재판소 판례에 의함)

① 헌법은 국가의 기본법으로서 간결성과 함축성을 추구하기 때문에 형식적 헌법전에는 기재되지 아니한 사항이라도 이를 관습헌법으로 인정할 소지가 있다.
② 관습헌법이 성립하기 위하여서는 관습이 성립하는 사항이 단지 법률로 정할 사항이 아니라 반드시 헌법에 의하여 규율되어 법률에 대하여 효력상 우위를 가져야 할 만큼 헌법적으로 중요한 기본적 사항이 되어야 한다.
③ 관습헌법도 성문헌법과 마찬가지로 주권자인 국민의 헌법적 결단의 의사의 표현이지만, 관습헌법이 성문헌법과 동일한 효력을 가지는 것은 아니다.
④ 국민주권주의는 성문이든 관습이든 실정법 전체의 정립에 국민의 참여를 요구한다고 할 것이며, 국민에 의하여 정립된 관습헌법은 입법권자를 구속하며 헌법으로서 효력을 가진다.

02

「대한민국 헌법」 제정과 개정에 대한 설명으로 가장 적절하지 않은 것은?

① 1948년 제헌헌법에서 대한민국의 경제질서는 모든 국민에게 생활의 기본적 수요를 충족할 수 있게 하는 사회정의의 실현과 균형있는 국민경제의 발전을 기함을 기본으로 하며, 각인의 경제상 자유는 이 한계 내에서 보장된다고 규정하였다.
② 제3차 헌법개정(1960년 6월 헌법)에서는 대한민국의 주권의 제약 또는 영토의 변경을 가져올 국가안위에 관한 중대사항은 국회의 가결을 거친 후에 국민투표에 부하여 민의원의원 선거권자 3분지 2 이상의 투표와 유효투표 3분지 2 이상의 찬성을 얻어야 한다고 처음으로 규정하였다.
③ 제5차 헌법개정(1962년 헌법)에서 국회의원은 임기 중 당적을 이탈하거나 변경한 때 또는 소속정당이 해산된 때에는 그 자격을 상실하나, 합당 또는 제명으로 소속이 달라지는 경우에는 예외로 하도록 규정하였다.
④ 제7차 헌법개정(1972년 헌법)에서는 조국의 평화적 통일을 추진하기 위하여 온 국민의 총의에 의한 국민적 조직체로서 조국통일의 신성한 사명을 가진 국민의 주권적 수임기관으로서 통일주체국민회의를 설치하였다.

03

재외국민의 보호에 대한 설명으로 가장 적절하지 않은 것은? (다툼이 있는 경우 헌법재판소 판례에 의함)

① 헌법에서 재외국민에 대한 국가의 보호를 처음으로 명시한 것은 제5공화국 헌법(제8차 개헌)이다.
② 대한민국 국적을 갖고 있는 영유아 중에서 재외국민인 영유아를 보육료·양육수당의 지원대상에서 제외하는 것은 국내에 거주하면서 재외국민인 영유아를 양육하는 부모들의 평등권을 침해한다.
③ "이민"은 우리 국민이 생업에 종사하기 위하여 외국에 이주하거나 외국인과 혼인 및 연고관계로 인하여 이주하는 자를 의미하는데, 「국적법」 제12조 소정의 사유에 의하여 국적을 상실하지 않는 한 대한민국 재외국민으로서 기본권을 향유한다.
④ 정부수립이전 이주동포를 「재외동포의 출입국과 법적 지위에 관한 법률」의 적용대상에서 제외함으로써 정부수립이후 이주동포와 차별하는 것은 평등원칙에 위배되지 않는다.

04

헌법 제3조에 대한 설명으로 가장 적절한 것은? (다툼이 있는 경우 판례에 의함)

① 국민의 기본권 침해에 대한 권리구제를 위한 전제조건으로서 영토에 관한 권리를 영토권이라 구성하여 기본권의 하나로 간주하는 것은 불가능하다.
② 독도 등을 중간수역으로 정한 '대한민국과 일본국 간의 어업에 관한 협정'의 해당 조항은 배타석 경세수역을 식접 규정한 것이고, 영해문제와 직접적인 관련을 가지므로 헌법상 영토조항을 위반한 것이다.
③ 북한이 국제사회에서 하나의 주권국가로 존속하고 있고, 우리 정부가 북한 당국자의 명칭을 쓰면서 정상회담 등을 제의하였다 하여 북한이 대한민국의 영토고권을 침해하는 반국가단체가 아니라고 단정할 수 없다.
④ 「저작권법」의 효력은 헌법 제3조에도 불구하고 대한민국의 주권 범위 밖에 있는 북한지역에 미치지 않는다.

05

정당제도에 대한 설명으로 가장 적절하지 않은 것은? (다툼이 있는 경우 헌법재판소 판례에 의함)

① 헌법에서 정당조항이 처음 채택된 것은 1960년 제2공화국 헌법(제3차 개헌)이며, 제5공화국 헌법(제8차 개헌)에서 정당에 대한 국고보조금 조항을 신설하였다.
② 당론과 다른 견해를 가진 소속 국회의원을 당해 교섭단체대표 의원의 요청에 따라 다른 상임위원회로 전임(사·보임)하는 국회의장의 조치는 특별한 사정이 없는 한 헌법상 용인될 수 있는 "정당내부의 사실상 강제"의 범위 내에 해당한다.
③ 정당의 법적 성격은 일반적으로 사적·정치적 결사 내지는 법인격 없는 사단으로 파악되고, 정당의 법률관계에는 「정당법」의 관계 조문 이외에 일반 사법(私法) 규정이 적용된다.
④ 헌법 제8조 제4항의 '민주적 기본질서'는 현행 헌법이 채택한 민주주의의 구체적 모습과 동일하게 보아야 한다.

06

문화국가원리에 대한 설명으로 가장 적절하지 않은 것은? (다툼이 있는 경우 헌법재판소 판례에 의함)

① 우리나라는 건국헌법 이래 문화국가의 원리를 헌법의 기본원리로 채택하고 있다.
② 헌법은 문화국가를 실현하기 위하여 보장되어야 할 정신적 기본권으로 양심과 사상의 자유, 종교의 자유, 언론·출판의 자유, 학문과 예술의 자유 등을 규정하고 있는 바, 이들 기본권은 문화국가원리의 불가결의 조건이다.
③ 국가의 문화육성의 대상에는 원칙적으로 모든 사람에게 문화창조의 기회를 부여한다는 의미에서 엘리트문화뿐만 아니라 서민문화, 대중문화도 포함하여야 한다.
④ 문화는 사회의 자율영역을 바탕으로 하지만, 이를 근거로 혼인과 가족의 보호가 헌법이 지향하는 자유민주적 문화국가의 필수적인 전제조건이라 하기는 어렵다.

07

기본권 주체에 대한 설명으로 가장 적절하지 않은 것은? (다툼이 있는 경우 헌법재판소 판례에 의함)

① 법률이 교섭단체를 구성한 정당에 정책연구위원을 두도록 하여 그렇지 못한 정당을 차별하는 경우 교섭단체를 구성하지 못한 정당은 기본권을 침해받을 가능성이 있다.
② 법인 등 결사체도 그 조직과 의사형성, 업무수행에 있어서 자기결정권을 가지고 있어 결사의 자유의 주체가 된다.
③ 헌법상 기본권의 주체가 될 수 있는 법인은 원칙적으로 사법인(私法人)에 한하는 것이고 공법인(公法人)은 헌법의 수범자이지 기본권의 주체가 될 수 없다.
④ 축산업협동조합중앙회(이하 '축협중앙회')는 공법인성과 사법인성을 겸유한 특수한 법인으로서 기본권의 주체가 될 수 있으며, 이 경우 축협중앙회의 공법인적 특성이 축협중앙회의 기본권 행사에 제약요소로 작용하지 않는다.

08

기본권 경합에 대한 설명으로 가장 적절하지 않은 것은? (다툼이 있는 경우 헌법재판소 판례에 의함)

① 기본권 경합의 경우에는 기본권 침해를 주장하는 청구인의 의도 및 기본권을 제한하는 입법자의 객관적 동기 등을 참작하여 사안과 가장 밀접한 관계에 있고 또 침해의 정도가 큰 주된 기본권을 중심으로 그 제한의 한계를 살핀다.
② 청구인은 의료인이 아니라도 문신시술업을 합법적인 직업으로 영위할 수 있어야 함을 주장하고 있고, 「의료법」 조항의 1차적 의도도 보건위생상 위해 가능성이 있는 행위를 규율하고자 하는 경우에는 직업선택의 자유를 중심으로 위헌 여부를 살피는 이상 예술의 자유 침해 여부는 판단하지 아니한다.
③ 선거기간 중 모임을 처벌하는 「공직선거법」 조항에 대한 입법자의 1차적 의도는 선거기간 중 집회를 금지하는 데 있으며, 헌법상 결사의 자유보다 집회의 자유가 두텁게 보호되고, 위 조항에 의하여 직접 제약되는 자유 역시 집회의 자유이므로 집회의 자유를 침해하는지를 살핀다.
④ 국립대학교 총장임용후보자 선거 시 투표에서 일정 수 이상을 득표한 경우에만 기탁금 전액이나 일부를 후보자에게 반환하고, 반환되지 않은 기탁금은 국립대학교발전기금에 귀속시키는 기탁금귀속조항에 대해서는 재산권보다 공무담임권을 중심으로 살핀다.

09

기본권 충돌에 대한 설명으로 가장 적절하지 않은 것은? (다툼이 있는 경우 헌법재판소 판례에 의함)

① 단체협약을 매개로 한 조직강제[이른바 유니언 샵(Union Shop) 협정 체결]를 용인하는 경우 근로자 개인의 단결하지 않을 자유는 노동조합의 적극적 단결권보다 중시된다.
② 국민의 수학권과 교사의 수업의 자유는 다 같이 보호되어야 하겠지만 양자가 충돌하는 경우 국민의 수학권이 더 우선적으로 보호되어야 한다.
③ 흡연권은 사생활의 자유를 실질적 핵으로 하는 것이고 혐연권은 사생활의 자유뿐만 아니라 생명권에까지 연결되는 것이므로 혐연권이 흡연권보다 상위의 기본권이다.
④ 피해자의 반론게재청구권으로 해석되는 정정보도청구권제도는 언론의 자유와는 서로 충돌되는 면이 있으나 전체적으로는 상충되는 기본권 사이에 합리적인 조화를 이루고 있다.

10

수용자의 기본권 제한에 대한 설명으로 가장 적절하지 않은 것은? (다툼이 있는 경우 헌법재판소 판례에 의함)

① 수형자와 소송대리인인 변호사의 접견을 일반접견에 포함시켜 시간은 30분 이내로, 횟수는 월 4회로 제한한 것은 수형자의 재판청구권을 침해한다.
② 금치처분을 받은 수형자에게 금치기간 중 실외운동을 원칙적으로 제한하는 것은 수형자의 신체의 자유를 침해한다.
③ 금지처분을 받은 수형자에게 금치기간 중 신문·도서·잡지 외자비구매물품의 사용을 제한하는 것은 수형자의 일반적 행동의 자유를 침해하지 아니한다.
④ 구치소에 종교행사 공간이 1개뿐이고, 종교행사는 종교, 수형자와 미결수용자, 성별, 수용동 별로 진행되며, 미결수용자는 공범이나 동일사건 관련자가 있는 경우 분리하여 참석하게 해야 하는 점을 고려하더라도, 구치소장이 종교행사를 4주에 1회 실시한 것은 미결수용자의 종교의 자유를 침해한다.

11

기초지방자치단체 A의 자치사무에 대한 광역지방자치단체 B, 행정안전부 및 감사원의 감사에 대한 설명으로 가장 적절하지 않은 것은? (다툼이 있는 경우 헌법재판소 판례에 의함)

① A의 자치사무에 대한 B의 감사과정에서 사전에 감사대상으로 특정되지 않은 사항에 관하여 위법사실이 발견된 경우, 당초 특정된 감사대상과 관련성이 있어 함께 감사를 진행해도 A가 절차적인 불이익을 받을 우려가 없고, 해당 감사대상을 적발하기 위한 목적으로 감사가 진행된 것으로 볼 수 없는 사항에 대하여는 감사대상의 확장 내지 추가가 허용된다.
② B가 A의 자치사무에 대한 감사에 착수하기 위해서는 감사대상을 특정하고, 특정된 감사대상을 A에게 사전 통보해야 한다.
③ A의 자치사무에 대한 행정안전부 감사는 합법성 감사로 제한되어야 하고, 포괄적·사전적 일반감사나 법령 위반사항을 적발하기 위한 감사는 허용되지 않는다.
④ A의 자치사무에 대한 감사원의 감사는 합법성 감사에 한정되지 않고, 합목적성 감사가 가능하여 사전적·포괄적 감사가 인정된다.

12

부담금에 대한 설명으로 가장 적절하지 않은 것은? (다툼이 있는 경우 헌법재판소 판례에 의함)

① 「한강수계 상수원수질개선 및 주민지원 등에 관한 법률」이 규정한 '물사용량에 비례한 부담금'은 수도요금과 구별되는 별개의 금전으로서 한강수계로부터 취수된 원수를 정수하여 직접 공급받는 최종 수요자라는 특정 부류의 집단에만 강제적·일률적으로 부과되므로 재정조달 목적 부담금에 해당한다.

② 경유차 소유자로부터 부과·징수하도록 한 「환경개선비용 부담법」상 환경개선부담금은 '경유차 소유자'라는 특정 부류의 집단에만 특정한 반대급부 없이 강제적·일률적으로 부과되는 정책실현목적의 유도적 부담금으로 분류될 수 있다.

③ 주택재개발사업의 경우 학교용지부담금 부과 대상에서 '기존거주자와 토지 및 건축물의 소유자에게 분양하는 경우'에 해당하는 개발사업분만 제외하고, 현금청산의 대상이 되어 제3자에게 일반분양됨으로써 기존에 비하여 가구 수가 증가하지 아니하는 개발사업분을 학교용지부담금 부과 대상에서 제외하지 아니한 것은 평등원칙에 위배되지 않는다.

④ 「의료사고 피해구제 및 의료분쟁 조정 등에 관한 법률」의 해당 조항이 보건의료기관개설자에게 부과하도록 하는 대불비용 부담금은 보건의료기관개설자라는 특정한 집단이 반대급부 없이 납부하는 공과금의 성격을 가지므로 재정조달목적 부담금에 해당한다.

13

공무담임권에 대한 설명으로 가장 적절한 것은? (다툼이 있는 경우 헌법재판소 판례에 의함)

① 미성년자에 대하여 성범죄를 범하여 형을 선고받아 확정된 자와 성인에 대한 성폭력범죄를 범하여 벌금 100만 원 이상의 형을 선고받아 확정된 자는 「초·중등교육법」상의 교원에 임용될 수 없도록 한 부분은 그 제한의 범위가 지나치게 넓고 포괄적이어서 공무담임권을 침해한다.

② 「국가공무원법」해당 조항 중 「아동복지법」제17조 제2호 가운데 '아동에게 성적 수치심을 주는 성희롱 등의 성적 학대행위로 형을 선고받아 그 형이 확정된 사람은 일반직 공무원으로 임용될 수 없도록 한 부분은 아동·청소년 대상 성범죄의 재범률을 고려해 볼 때 공무담임권을 침해하지 않는다.

③ 비위공무원에 대한 징계를 통해 불이익을 줌으로써 공직기강을 바로 잡고 공무수행에 대한 국민의 신뢰를 유지하고자 하는 공익은 제한되는 사익 이상으로 중요하므로, 공무원이 감봉 처분을 받은 경우 12월간 승진임용을 제한하는 「국가공무원법」조항 중 '승진임용'에 관한 부분은 공무담임권을 침해하지 않는다.

④ 피성년후견인인 국가공무원은 당연퇴직한다고 정한 구 「국가공무원법」조항 중 '피성년후견인'에 관한 부분은 정신상의 장애로 직무를 감당할 수 없는 국가공무원을 부득이 공직에서 배제하는 불가피한 조치로서 공무담임권을 침해하지 않는다.

14
청원권에 대한 설명으로 가장 적절한 것은? (다툼이 있는 경우 헌법재판소 판례에 의함)

① 국가유공자가 철도청장에게 자신을 기능직공무원으로 임용하여 줄 것을 청원하는 경우에 취업보호대상자의 기능직공무원 채용의무비율 규정이 있는 때에는 그 국가유공자가 채용시험 없이 바로 자신을 임용해 줄 것을 요구할 수 있는 구체적인 신청권을 갖고 있는 것으로 볼 수 있다.
② 정부에 제출 또는 회부된 정부의 정책에 관계되는 청원의 심사는 국무회의의 심의를 거쳐야 한다.
③ 국민이 여러 가지 이해관계 또는 국정에 관해서 자신의 의견이나 희망을 해당 기관에 직접 진술하여야 하며, 본인을 대리하거나 중개하는 제3자를 통해 진술하는 것은 청원권으로서 보호되지 않는다.
④ 「청원법」에 따르면 청원기관의 장은 청원이 허위의 사실로 타인으로 하여금 형사처분 또는 징계처분을 받게 하는 사항에 해당하는 경우에는 처리를 하지 아니한다.

15
재판청구권에 대한 설명으로 가장 적절한 것은? (다툼이 있는 경우 헌법재판소 판례에 의함)

① 「범죄인인도법」 제3조가 법원의 범죄인인도심사를 서울고등법원의 전속관할로 하고 그 심사결정에 대한 불복절차를 인정하지 않은 것은 재판청구권을 침해한다.
② '피고인 스스로 치료감호를 청구할 수 있는 권리'뿐만 아니라 '법원으로부터 직권으로 치료감호를 선고받을 수 있는 권리'는 헌법상 재판청구권의 보호범위에 포함된다.
③ 행정심판이 재판의 전심절차로서 기능할 뿐만 아니라 사실확정에 관한 한 사실상 최종심으로 기능하더라도 재판청구권을 침해하는 것은 아니다.
④ 「국세기본법」 해당 조항 중 「주세법」 규정에 따른 의제주류 판매업면허의 취소처분에 대하여 필요적 행정심판전치주의를 채택한 것이 재판청구권을 침해하는 것은 아니다.

16
국가배상청구권에 대한 설명으로 가장 적절한 것은? (다툼이 있는 경우 판례에 의함)

① 「국가배상법」에 따른 손해배상의 소송은 배상심의회에 배상신청을 하지 아니하면 제기할 수 없다.
② 5·18 민주화운동과 관련하여 사망하거나 행방불명된 자 및 상이를 입은 자 또는 그 유족이 적극적·소극적 손해의 배상에 상응하는 보상금 등 지급결정에 동의하였다는 사정만으로 재판상 화해의 성립을 간주하는 것은 국가배상청구권에 대한 과도한 제한이다.
③ 법관의 재판에 법령의 규정을 따르지 않은 잘못이 있다면 이로써 바로 그 재판상 직무행위가 「국가배상법」에서 말하는 위법한 행위로 되어 국가의 손해배상책임이 발생하는 것이다.
④ 행위의 근거가 된 법률조항에 대하여 위헌결정이 선고된 경우에는 위 법률조항에 따라 행위한 당해 공무원에게 고의 또는 과실이 있는 것이므로 국가배상책임이 성립한다.

17
형사보상청구권에 대한 설명으로 가장 적절하지 않은 것은? (다툼이 있는 경우 헌법재판소 판례에 의함)

① 외형상·형식상으로 무죄의 재판이 없는 경우에는 형사사법절차에 내재하는 불가피한 위험으로 인하여 국민의 신체의 자유에 관하여 피해가 발생하였더라도 형사보상청구권을 인정할 수는 없다.
② 형사보상청구는 무죄재판이 확정된 사실을 안 날부터 3년, 무죄재판이 확정된 때부터 5년 이내에 하여야 한다.
③ 「형사보상 및 명예회복에 관한 법률」에 따른 보상을 받을 자가 같은 원인에 대하여 다른 법률에 따라 손해배상을 받은 경우에 그 손해배상의 액수가 「형사보상 및 명예회복에 관한 법률」에 따라 받을 보상금의 액수와 같거나 그보다 많을 때에는 보상하지 아니한다.
④ 사형 집행에 대한 보상을 할 때에는 집행 전 구금에 대한 보상금 외에 3천만 원 이내에서 모든 사정을 고려하여 법원이 타당하다고 인정하는 금액을 더하여 보상하며, 이 경우 본인의 사망으로 인하여 발생한 재산상의 손실액이 증명되었을 때에는 그 손실액도 보상한다.

18

범죄피해자구조청구권 및 「범죄피해자 보호법」에 대한 설명으로 가장 적절한 것은? (다툼이 있는 경우 헌법재판소 판례에 의함)

① 구조대상 범죄피해를 받은 사람 또는 그 유족과 가해자 사이의 관계, 그 밖의 사정을 고려하여 구조금의 전부 또는 일부를 지급하는 것이 사회통념에 위배된다고 인정될 때에는 구조금의 전부 또는 일부를 지급하지 아니한다.
② 국가의 주권이 미치지 못하고 국가의 경찰력 등을 행사할 수 없거나 행사하기 어려운 해외에서 발생한 범죄에 대하여 국가에 그 방지책임이 없다고 보기는 어렵다.
③ 구조대상 범죄피해를 받은 사람이나 유족이 해당 구조대상 범죄피해를 원인으로 하여 「국가배상법」이나 그 밖의 법령에 따른 급여 등을 받을 수 있는 경우에는 대통령령으로 정하는 바에 따라 구조금을 지급하지 아니한다.
④ 범죄피해구조금의 지급신청은 해당 구조대상 범죄피해의 발생을 안 날부터 2년간 행사하지 아니하면 시효로 인하여 소멸된다.

19

인간다운 생활을 할 권리에 대한 설명으로 가장 적절하지 않은 것은? (다툼이 있는 경우 헌법재판소 판례에 의함)

① 재혼을 유족연금수급권 상실사유로 규정한 구 「공무원연금법」 해당 조항 중 '유족연금'에 관한 부분은 입법재량의 한계를 벗어나 재혼한 배우자의 인간다운 생활을 할 권리를 침해하였다고 볼 수 없다.
② 연금보험료를 낸 기간이 그 연금보험료를 낸 기간과 연금보험료를 내지 아니한 기간을 합산한 기간의 3분의 2보다 짧은 경우 유족연금 지급을 제한한 구 「국민연금법」 해당 조항 중 '유족연금'에 관한 부분은 인간다운 생활을 할 권리를 침해한다고 볼 수 없다.
③ 「노인장기요양보험법」은 요양급여의 실시와 그에 따른 급여비용 지급에 관한 기본적이고도 핵심적인 사항을 이미 법률로 규정하고 있으므로, '시설 급여비용의 구체적인 산정방법 및 항목 등에 관하여 필요한 사항'을 보건복지부령에 위임하였다고 하여 그 자체로 법률유보원칙에 반한다고 볼 수는 없다.
④ 생계급여를 지급함에 있어 자활사업 참가조건의 부과를 유예할 수 있는 대상자를 정하면서 입법자가 '대학원에 재학 중인 사람'과 '부모에게 버림받아 부모를 알 수 없는 사람'을 포함시키지 않은 것은 인간다운 생활을 보장하기 위한 조치를 취함에 있어서 국가가 실현해야 할 객관적 내용의 최소한도의 보장에 이르지 못한 것이다.

20

교육을 받을 권리에 대한 설명으로 가장 적절한 것은? (다툼이 있는 경우 헌법재판소 판례에 의함)

① 검정고시응시자격을 제한하는 것은 국민의 교육받을 권리 중 그 의사와 능력에 따라 균등하게 교육을 받을 것을 국가로부터 방해받지 않을 권리를 제한하는 것이므로 과소보호금지의 원칙에 따른 심사를 받아야 할 것이다.
② 고시 공고일을 기준으로 고등학교에서 퇴학된 날로부터 6월이 지나지 아니한 자를 고등학교 졸업학력 검정고시를 받을 수 있는 자의 범위에서 제외하고 있는 '고등학교 졸업학력 검정고시 규칙'의 조항은 교육을 받을 권리를 침해한다.
③ 자율형 사립고등학교(이하 '자사고'라 함)와 일반고등학교(이하 '일반고'라 함)가 동시선발을 하게 되면 해당 자사고의 교육에 적합한 학생을 선발하는 데 지장이 있고 자사고의 사학운영의 자유를 침해하므로 자사고를 후기학교로 정하여 신입생을 일반고와 동시에 선발하도록 한 「초·중등교육법 시행령」 해당 조항은 국가가 학교 제도를 형성할 수 있는 재량 권한의 범위를 일탈하였다.
④ '서울대학교 2023학년도 대학 신입학생 입학전형 시행계획' 중 저소득학생 특별전형의 모집인원을 모두 수능위주전형으로 선발하도록 정한 부분이 저소득학생 특별전형에 응시하고자 하는 수험생들의 기회를 불합리하게 박탈하는 것은 아니다.

01

근로의 권리에 대한 설명으로 가장 적절하지 않은 것은? (다툼이 있는 경우 헌법재판소 판례에 의함)

① 매월 1회 이상 정기적으로 지급하는 상여금 등이나 복리후생비는 그 성질이나 실질적 기능 면에서 기본급과 본질적인 차이가 있다고 보기 어려우므로, 기본급과 마찬가지로 이를 최저임금에 산입하는 것은 그 합리성을 수긍할 수 있다.

② 최저임금의 적용을 위해 주(週) 단위로 정해진 근로자의 임금을 시간에 대한 임금으로 환산할 때, 해당 임금을 1주 동안의 소정근로시간 수와 법정 주휴시간 수를 합산한 시간 수로 나누도록 한 「최저임금법 시행령」 해당 조항은 사용자의 계약의 자유 및 직업의 자유를 침해한다.

③ 고용허가를 받아 국내에 입국한 외국인근로자의 출국만기보험금을 출국 후 14일 이내에 지급하도록 한 「외국인근로자의 고용 등에 관한 법률」의 해당 조항 중 '피보험자등이 출국한 때부터 14일 이내' 부분이 청구인들의 근로의 권리를 침해한다고 보기 어렵다.

④ '가구 내 고용활동'에 대해서는 「근로자퇴직급여 보장법」을 적용하지 않도록 규정한 같은 법 제3조 단서 중 '가구 내 고용활동' 부분은 합리적 이유가 있는 차별로서 평등원칙에 위배되지 아니한다.

02

근로 3권에 대한 설명으로 가장 적절한 것은? (다툼이 있는 경우 판례에 의함)

① 「교원의 노동조합 설립 및 운영 등에 관한 법률」의 적용대상을 「초·중등교육법」 제19조 제1항의 교원이라고 규정함으로써 「고등교육법」에서 규율하는 대학 교원들의 단결권을 인정하지 않는 것은 그 입법목적의 정당성을 인정하기 어렵다.

② 출입국관리법령에서 외국인고용제한규정을 두고 있으므로 취업자격 없는 외국인은 「노동조합 및 노동관계조정법」 상의 근로자의 범위에 포함되지 아니한다.

③ 근로자가 노동조합을 결성하지 아니할 자유나 노동조합에 가입을 강제당하지 아니할 자유, 그리고 가입한 노동조합을 탈퇴할 자유는 근로자에게 보장된 단결권의 내용에 포섭되는 권리이다.

④ 공항·항만 등 국가중요시설의 경비업무를 담당하는 특수경비원에게 경비업무의 정상적인 운영을 저해하는 일체의 쟁의행위를 금지하는 「경비업법」 해당 조항에 의한 단체행동권의 제한은 근로 3권에 관한 헌법 제33조 제2항과 제3항의 개별유보조항에 의한 제한이다.

03

환경권에 대한 설명으로 가장 적절하지 않은 것은? (다툼이 있는 경우 헌법재판소 판례에 의함)

① 국가가 국민의 건강하고 쾌적한 환경에서 생활할 권리에 대한 보호의무를 다하지 않았는지 여부를 헌법재판소가 심사할 때에는 국가가 이를 보호하기 위하여 적어도 적절하고 효율적인 최소한의 보호조치를 취하였는가 하는 이른바 '과소보호금지원칙'의 위반 여부를 기준으로 삼아야 한다.
② 헌법 제35조 제1항은 "모든 사람은 건강하고 쾌적한 환경에서 생활할 권리를 침해받지 아니하며, 국가는 환경보전을 위하여 노력하여야 한다."라고 규정하고 있다.
③ 환경권을 행사함에 있어 국민은 국가로부터 건강하고 쾌적한 환경을 향유할 수 있는 자유를 침해당하지 않을 권리를 행사할 수 있고, 일정한 경우 국가에 대하여 건강하고 쾌적한 환경에서 생활할 수 있도록 요구할 수 있는 권리가 인정되기도 하는바, 환경권은 그 자체 종합적 기본권으로서의 성격을 지닌다.
④ 일상생활에서 소음을 제거·방지하여 '정온한 환경에서 생활할 권리'는 환경권의 한 내용을 구성한다.

04

혼인과 가족생활에 대한 설명으로 가장 적절한 것은? (다툼이 있는 경우 판례에 의함)

① 8촌 이내의 혈족 사이에서는 혼인할 수 없도록 하는 「민법」 제809조 제1항은 입법목적의 달성에 필요한 범위를 넘는 과도한 제한으로서 침해의 최소성을 충족하지 못하므로 혼인의 자유를 침해한다.
② 육아휴직신청권은 비록 헌법에 명문으로 규정되어 있지는 아니하지만, 이는 모든 인간이 누리는 불가침의 인권으로서 혼인과 가족생활을 보장하는 헌법 제36조 제1항, 행복추구권을 보장하는 헌법 제10조 및 '국민의 자유와 권리는 헌법에 열거되지 아니한 이유로 경시되지 아니한다.'고 규정한 헌법 제37조 제1항에서 나오는 중요한 기본권이다.
③ 헌법 제36조 제1항은 혼인과 가족을 보호해야 한다는 국가의 일반적 과제를 규정하였을 뿐, 청구인들의 주장과 같이 양육비 채권의 집행권원을 얻었음에도 양육비 채무자가 이를 이행하지 아니하는 경우 그 이행을 용이하게 확보하도록 하는 내용의 구체적이고 명시적인 입법의무를 부여하였다고 볼 수 없다.
④ 대한민국 국민으로 태어난 아동은 태어난 즉시 '출생등록될 권리'를 가지며, 이러한 권리는 '법 앞에 국민으로 인정받을 권리'로서 법률로써 제한할 수 있을 뿐이다.

05

진술거부권에 대한 설명으로 가장 적절한 것은? (다툼이 있는 경우 헌법재판소 판례에 의함)

① 육군 장교가 민간법원에서 약식명령을 받아 확정되면 자진신고할 의무를 규정한 '2020년도 장교 진급 지시' 중 '민간법원에서 약식명령을 받아 확정된 사실이 있는 자'에 관한 부분은 육군 장교인 청구인의 진술거부권을 침해한다.

② 피의자가 수사기관에서 신문을 받음에 있어서 진술거부권을 제대로 행사하기 위해서뿐만 아니라 진술거부권을 행사하지 않고 적극적으로 진술하기 위해서는 변호인이 피의자의 후방에 착석하는 것으로도 충분하다.

③ '대체유류'를 제조하였다고 신고하는 것이 곧 석유사업법위반죄를 시인하는 것이나 마찬가지라고 할 수 없고, 신고의무 이행 시 과세절차가 곧바로 석유사업법위반죄의 처벌을 위한 자료의 수집·획득 절차로 이행되는 것도 아니므로 유사석유제품을 제조하여 조세를 포탈한 자를 처벌하도록 규정한 구 「조세범처벌법」 조항이 형사상 불리한 진술을 강요하는 것이라고 볼 수 없다.

④ 성매매를 한 자를 형사처벌 하도록 규정한 「성매매알선 등 행위의 처벌에 관한 법률」상 자발적 성매매와 성매매피해자를 구분하는 차별적 범죄화는 성판매자로 하여금 성매매피해자로 구제받기 위하여 성매매 사실을 스스로 진술하게 하므로 성판매자의 진술거부권을 침해한다.

06

행복추구권에 대한 설명으로 적절하지 않은 것은 몇 개인가? (다툼이 있는 경우 헌법재판소 판례에 의함)

> 가. 협의상 이혼을 하고자 하는 경우 부부가 함께 관할 가정법원에 출석하여 협의이혼의사확인신청서를 제출하도록 하는 「가족관계의 등록 등에 관한 규칙」상 조항은 청구인의 일반적 행동자유권을 침해하지 않는다.
>
> 나. 누구든지 금융회사 등에 종사하는 자에게 타인의 금융거래의 내용에 관한 정보 또는 자료를 요구하는 것을 금지하고 이를 위반시 형사처벌하는 구 「금융실명거래 및 비밀보장에 관한 법률」상 조항은 과잉금지원칙에 반하여 일반적 행동자유권을 침해하지 않는다.
>
> 다. 어린이보호구역에서 제한속도 준수의무 또는 안전운전의무를 위반하여 어린이를 상해에 이르게 한 경우 가중처벌하는 「특정범죄 가중처벌 등에 관한 법률」상 조항은 과잉금지원칙에 위반되어 청구인들의 일반적 행동자유권을 침해한다.
>
> 라. 만성신부전증환자에 대한 외래 혈액투석 의료급여수가의 기준을 정액수가로 규정한 '의료급여수가의 기준 및 일반기준' 상 조항은 과잉금지원칙에 반하여 수급권자인 청구인의 의료행위선택권을 침해한다.

① 1개   ② 2개
③ 3개   ④ 4개

07

평등권 및 평등원칙에 대한 설명으로 가장 적절한 것은? (다툼이 있는 경우 헌법재판소 판례에 의함)

① 국공립어린이집, 사회복지법인어린이집, 법인·단체등 어린이집 등과 달리 민간어린이집에는 보육교직원 인건비를 지원하지 않는 '2020년도 보육사업안내(2020. 1. 10. 보건복지부지침)'상 조항은 합리적 근거 없이 민간어린이집을 운영하는 청구인을 차별하여 청구인의 평등권을 침해한다.

② 국립묘지 안장 대상자의 사망 당시의 배우자가 재혼한 경우에는 국립묘지에 안장된 안장대상자와 합장할 수 없도록 규정한 「국립묘지의 설치 및 운영에 관한 법률」상 조항은 재혼한 배우자를 불합리하게 차별한 것으로 평등원칙에 위배된다.

③ 사관생도의 사관학교 교육기간을 현역병 등의 복무기간과 달리 연금 산정의 기초가 되는 군 복무기간으로 산입할 수 있도록 규정하지 아니한 구 「군인연금법」상 조항은 현저히 자의적인 차별이라고 볼 수 없다.

④ 1991년 개정 「농어촌의료법」이 적용되기 전에 공중보건의사로 복무한 사람이 사립학교 교직원으로 임용된 경우 공중보건의사로 복무한 기간을 사립학교 교직원 재직기간에 산입하도록 규정하지 않은 「사립학교교직원 연금법」상 조항은 공중보건의사가 출·퇴근을 하며 병역을 이행한다는 점에서 그 복무기간을 재직기간에 산입하지 않는 것에 합리적 이유가 있다.

08

책임과 형벌의 비례원칙에 위반되지 않는 것은? (다툼이 있는 경우 헌법재판소 판례에 의함)

① 음주운항 전력이 있는 사람이 다시 음주운항을 한 경우 2년 이상 5년 이하의 징역이나 2천만 원 이상 3천만 원 이하의 벌금에 처하도록 규정한 「해사안전법」상 조항

② 예비군대원의 부재시 예비군훈련 소집통지서를 수령한 같은 세대 내의 가족 중 성년자가 정당한 사유 없이 소집통지서를 본인에게 전달하지 아니한 경우 6개월 이하의 징역 또는 500만 원 이하의 벌금에 처하도록 규정한 「예비군법」상 조항

③ 주거침입강제추행죄 및 주거침입준강제추행죄에 대하여 무기징역 또는 7년 이상의 징역에 처하도록 한 「성폭력범죄의 처벌 등에 관한 특례법」상 조항

④ 금융회사 등의 임직원이 그 직무에 관하여 금품이나 그 밖의 이익을 수수, 요구 또는 약속한 경우 5년 이하의 징역 또는 10년 이하의 자격정지에 처하도록 규정한 「특정경제범죄 가중처벌 등에 관한 법률」상 조항

09

성범죄자의 신상정보 등록과 개인정보자기결정권에 대한 설명으로 가장 적절한 것은? (다툼이 있는 경우 헌법재판소 판례에 의함)

① 통신매체이용음란죄로 유죄판결이 확정된 자를 신상정보 등록대상자로 규정한 조항은 청구인의 개인정보자기결정권을 침해하지 않는다.

② 공중밀집장소추행죄로 유죄판결이 확정된 자를 신상정보 등록대상자로 규정한 조항은 청구인의 개인정보자기결정권을 침해한다.

③ 카메라등이용촬영죄로 유죄판결이 확정된 자의 신상등록정보를 최초 등록일부터 20년간 법무부장관이 보존·관리하여야 한다고 규정한 조항은 청구인들의 개인정보자기결정권을 침해한다.

④ 강제추행죄로 유죄판결이 확정된 자는 신상정보 등록대상자로서 성명, 주민등록번호 등을 제출하여야 하고, 이 정보가 변경된 경우 그 사유와 변경내용을 제출하여야 한다고 규정한 조항은 청구인의 개인정보자기결정권을 침해한다.

10

표현의 자유에 대한 설명으로 가장 적절한 것은? (다툼이 있는 경우 헌법재판소 판례에 의함)

① 인터넷언론사는 선거운동기간 중 당해 홈페이지 게시판 등에 정당·후보자에 대한 지지·반대의 정보를 게시하는 경우 실명을 확인받는 기술적 조치를 하도록 정한 「공직선거법」 조항 중 "인터넷언론사" 및 "지지·반대" 부분은 명확성원칙에 위배된다.

② 변호사 또는 소비자로부터 대가를 받고 법률상담 또는 사건들을 소개·알선·유인하기 위하여 변호사등을 광고·홍보·소개하는 행위를 금지하는 대한변호사협회의 '변호사광고에 관한 규정' 중 대가수수 광고금지규정은 과잉금지원칙을 위반하여 청구인들의 표현의 자유를 침해한다.

③ 공공기관 등이 설치·운영하는 모든 게시판에 본인확인조치를 한 경우에만 정보를 게시하도록 하는 것은 게시판에 자신의 사상이나 견해를 표현하고자 하는 사람에게 표현의 내용과 수위 등에 대한 자기검열 가능성을 높이는 것이므로 익명표현의 자유를 침해한다.

④ '인터넷선거보도 심의기준 등에 관한 규정' 중 선거일 전 90일부터 선거일까지 인터넷 언론에 후보자 명의의 칼럼 등의 게재를 금지하는 시기제한조항은 과잉금지원칙에 반하여 청구인의 표현의 자유를 침해하지 않는다.

11

집회의 자유에 대한 설명으로 가장 적절하지 않은 것은? (다툼이 있는 경우 헌법재판소 판례에 의함)

① 막연히 폭력·불법적이거나 돌발적인 상황이 발생할 위험이 있다는 가정만을 근거로 하여 대통령 관저 인근이라는 특정한 장소에서 열리는 모든 집회를 금지하는 것은 헌법적으로 정당화되기 어렵다.

② 미신고 시위로 인하여 타인의 법익이나 공공의 안녕질서에 대한 직접적이고 명백한 위험이 발생한 경우에 해산명령을 발할 수 있도록 하고 이에 응하지 아니하는 행위에 대해 처벌하는 「집회 및 시위에 관한 법률」상 조항은 달성하려는 공익과 이로 인해 제한되는 청구인의 기본권 사이의 균형을 상실하였다고 보기 어렵다.

③ 신고 범위를 뚜렷이 벗어난 집회·시위로 인하여 질서를 유지할 수 없어 해산을 명령하였음에도 불구하고 이에 불응한 경우에 처벌하는 「집회 및 시위에 관한 법률」상 조항은 과잉금지원칙을 위반하여 집회의 자유를 침해한다고 볼 수 없다.

④ 재판에 영향을 미칠 염려가 있거나 미치게 하기 위한 집회 또는 시위를 금지하고 이를 위반한 자를 형사처벌하는 구 「집회 및 시위에 관한 법률」상 조항은 과잉금지원칙을 위반하여 집회의 자유를 침해한다고 볼 수 없다.

12

양심의 자유에 대한 설명으로 적절하지 않은 것은 몇 개인가? (다툼이 있는 경우 헌법재판소 판례에 의함)

> 가. 양심적 병역거부는 실상 당사자의 양심에 따른 혹은 양심을 이유로 한 병역거부를 가리키는 것이며 병역거부가 도덕적이고 정당하다는 의미도 갖는다.
> 나. 보호되어야 할 양심에는 세계관·인생관·주의·신조 등은 물론 널리 개인의 인격형성에 관계되는 내심에 있어서의 가치적·윤리적 판단이나 단순한 사실관계의 확인과 같이 가치적·윤리적 판단이 개입될 여지가 없는 경우까지도 포함될 수 있다.
> 다. 양심상의 결정이 이성적·합리적인가, 타당한가 또는 법질서나 사회규범, 도덕률과 일치하는가 하는 관점은 양심의 존재를 판단하는 기준이 될 수 있다.
> 라. 의사로 하여금 환자의 진료비 내역 정보를 국세청에 제출하도록 하는 「소득세법」 해당 조항으로 얻게 되는 납세자의 편의와 사회적 제비용의 절감을 위한 연말정산 간소화라는 공익이 이로 인하여 제한되는 의사들의 양심실현의 자유에 비하여 결코 적다고 할 수 없다.
> 마. 병역의 종류를 현역, 예비역, 보충역, 병역준비역, 전시근로역의 다섯 가지로 한정하여 규정하는 병역종류조항은 대체복무제라는 대안이 있음에도 불구하고 군사훈련을 수반하는 병역의무만을 규정하고 있으므로 정당한 입법목적을 달성하기 위한 적합한 수단에 해당한다고 보기는 어렵다.
> 바. 수범자가 스스로 수혜를 포기하거나 권고를 거부함으로써 법질서와 충돌하지 아니한 채 자신의 양심을 유지, 보존할 수 있는 경우에는 양심의 자유에 대한 침해가 될 수 없다.

① 2개
② 3개
③ 4개
④ 5개

13

자격·면허·허가의 취소가 직업의 자유를 침해하는 경우가 아닌 것은? (다툼이 있는 경우 헌법재판소 판례에 의함)

① 아동학대관련범죄로 처벌받은 어린이집 원장 또는 보육교사의 자격을 행정청으로 하여금 취소할 수 있도록 규정한 「영유아보육법」상 조항
② 거짓이나 그 밖의 부정한 수단으로 운전면허를 받은 경우 부정취득하지 않은 기존 보유 운전면허까지 필요적으로 취소하도록 규정한 「도로교통법」상 조항
③ 조종면허를 받은 사람이 동력수상레저기구를 이용하여 범죄행위를 하는 경우 조종면허를 필요적으로 취소하도록 규정한 구 「수상레저안전법」상 조항
④ 시설경비업을 허가받은 경비업자로 하여금 허가받은 경비업무 외의 업무에 경비원을 종사하게 하는 것을 금지하고 이를 위반한 경비업자에 대한 허가를 취소하도록 규정한 「경비업법」상 조항

14

인격권에 대한 설명으로 가장 적절한 것은? (다툼이 있는 경우 헌법재판소 판례에 의함)

① 학교폭력 가해학생에 대한 조치로 피해학생에 대한 서면사과를 규정한 구 「학교폭력예방 및 대책에 관한 법률」상 조항은 가해학생의 인격권을 침해한다.
② 지역아동센터 시설별 신고정원의 80% 이상을 돌봄취약아동으로 구성하도록 정한 '2019년 지역아동센터 지원 사업안내' 규정은 돌봄취약아동이 일반아동과 교류할 기회를 제한하므로 청구인 아동들의 인격권을 침해한다.
③ 경찰이 보도자료 배포 직후 기자들의 취재요청에 응하여 경찰서 조사실에서 얼굴과 수갑이 드러난 채 조사받는 보험사기 피의자의 모습을 촬영할 수 있도록 허용한 행위는 보도를 실감나게 제공하려는 공익적 목적이 크므로 피의자의 인격권을 침해하지 않는다.
④ 출국 수속 과정에서 일반적인 보안검색을 마친 승객을 상대로 촉수검색(patdown)과 같은 추가적인 보안검색 실시를 예정하고 있는 '국가항공보안계획'은 청구인의 인격권을 침해하지 않는다.

15

변호인의 조력을 받을 권리에 대한 설명으로 가장 적절하지 않은 것은? (다툼이 있는 경우 헌법재판소 판례에 의함)

① 수형자가 형사사건의 변호인이 아닌 민사사건, 행정사건, 헌법소원사건 등에서 변호사와 접견할 경우에는 원칙적으로 헌법상 변호인의 조력을 받을 권리의 주체가 될 수 없다.
② 살인미수 등 사건의 수형자이면서 공무집행방해 등 사건의 미결수용자와 같은 지위에 있는 수형자의 변호인이 위 수형자에게 보낸 서신을 교도소장이 금지물품 동봉 여부를 확인하기 위하여 개봉한 후 교부한 행위는 위 수형자가 갖는 변호인의 조력을 받을 권리를 침해하지 않는다.
③ 별건으로 공소제기 후 확정되어 검사가 보관하고 있는 서류에 대해 법원의 열람·등사 허용 결정이 있었음에도 불구하고 청구인에 대한 형사사건과 별건이라는 이유로 검사가 해당 서류의 열람·등사를 허용하지 아니한 행위는 청구인이 갖는 변호인의 조력을 받을 권리를 침해한다.
④ 난민인정신청을 하였으나 난민인정심사불회부 결정을 받고 인천공항 송환대기실에 계속 수용된 외국인의 경우 형사절차에서 구속된 자로는 볼 수는 없으므로 변호인의 조력을 받을 권리는 보장되지 않는다.

16

알 권리 및 정보공개청구권에 대한 설명으로 가장 적절하지 않은 것은? (다툼이 있는 경우 헌법재판소 판례에 의함)

① 신문의 편집인 등으로 하여금 아동보호사건에 관련된 아동학대행위자를 특정하여 파악할 수 있는 인적사항 등을 신문 등 출판물에 싣거나 방송매체를 통하여 방송할 수 없도록 하는 「아동학대범죄의 처벌 등에 관한 특례법」상 보도금지조항은 국민의 알 권리를 침해하지 않는다.
② 「정치자금법」에 따라 회계보고된 자료의 열람기간을 3월간으로 제한한 동법상 열람기간제한 조항은 청구인의 알 권리를 침해한다.
③ 인터넷 등 전자적 방법에 의한 판결서 열람·복사의 범위를 개정법 시행 이후 확정된 사건의 판결서로 한정하고 있는 「군사법원법」 부칙조항은 청구인의 정보공개청구권을 침해한다.
④ 변호사시험성적 공개청구기간을 「변호사시험법」 시행일부터 6개월 내로 제한하는 동법 부칙조항은 청구인의 정보공개청구권을 침해한다.

17

결사의 자유를 침해하는 경우로 가장 적절한 것은? (다툼이 있는 경우 헌법재판소 판례에 의함)

① 지역농협 이사 선거의 경우 전화·컴퓨터통신을 이용한 지지·호소의 선거운동방법을 금지하고 이를 위반한 자에 대한 형사처벌을 규정한 구 「농업협동조합법」상 조항
② 새마을금고 임원선거와 관련하여 법률에서 정하고 있는 방법 이외의 방법으로 선거운동을 할 수 없도록 하고 이를 위반한 자에 대한 형사처벌을 규정한 「새마을금고법」상 조항
③ 변리사의 변리사회 가입의무를 규정한 「변리사법」상 조항
④ 대한민국고엽제전우회와 대한민국월남전참전자회의 중복가입을 금지하는 「참전유공자예우 및 단체설립에 관한 법률」상 조항

18

헌법상 형벌불소급원칙 또는 소급입법금지원칙에 대한 설명으로 가장 적절하지 않은 것은? (다툼이 있는 경우 헌법재판소 판례에 의함)

① "이 법 시행 전의 행위에 대한 벌칙의 적용에 있어서는 종전의 규정에 따른다."는 「도로교통법」 부칙(2010. 7. 23. 법률 제10382호) 조항은 헌법 제13조 제1항의 형벌불소급원칙 보호영역에 포섭된다.
② 노역장유치조항의 시행 전에 행해진 범죄행위에 대해서 공소제기의 시기가 노역장유치조항의 시행 이후이면 노역장유치조항을 적용하도록 하는 것은 헌법상 형벌불소급원칙에 위반된다.
③ 디엔에이신원확인정보의 수집·이용이 범죄의 예방효과를 가지는 보안처분으로서의 성격을 일부 지닌다고 하더라도 이는 비형벌적 보안처분으로서 소급입법금지원칙이 적용되지 않는다.
④ 「아동·청소년의 성보호에 관한 법률」이 정하고 있는 아동·청소년 대상 성범죄자의 아동·청소년 관련 교육기관 등에의 취업제한 제도는 「형법」이 규정하고 있는 형벌에 해당되지 않으므로 헌법 제13조 제1항 전단의 형벌불소급원칙이 적용되지 않는다.

19

적법절차 및 영장주의에 대한 설명으로 가장 적절하지 않은 것은? (다툼이 있는 경우 헌법재판소 판례에 의함)

① 구 「도시 및 주거환경정비법」 조항이 정비예정구역 내 토지 등 소유자의 100분의 30 이상의 해제 요청이라는 비교적 완화된 요건만으로 정비예정구역 해제 절차에 나아갈 수 있도록 하였다고 하여 적법절차원칙에 위반된다고 보기는 어렵다.
② 강제퇴거명령을 받은 사람을 보호할 수 있도록 하면서 보호기간의 상한을 마련하지 아니한 「출입국관리법」상 보호는 그 개시 또는 연장단계에서 공정하고 중립적인 기관에 의한 통제절차가 없고 당사자에게 의견을 제출할 기회도 보장하고 있지 아니하므로 헌법상 적법절차원칙에 위배된다.
③ 기지국 수사를 허용하는 통신사실 확인자료 제공요청의 경우 관할 지방법원 또는 지원의 허가를 받도록 규정한 「통신비밀보호법」상 조항은 헌법상 영장주의에 위배되지 않는다.
④ 서울용산경찰서장이 국민건강보험공단에 청구인들의 요양급여내역의 제공을 요청한 사실조회행위는 임의수사에 해당하나 이에 응해 이루어진 정보제공행위에 대해서는 헌법상 영장주의가 적용된다.

20

통신의 비밀과 자유에 대한 설명으로 가장 적절하지 않은 것은? (다툼이 있는 경우 헌법재판소 판례에 의함)

① 전기통신역무제공에 관한 계약을 체결하는 경우 전기통신사업자로 하여금 가입자에게 본인임을 확인할 수 있는 증서 등을 제시하도록 요구하고 부정가입방지시스템 등을 이용하여 본인인지 여부를 확인하도록 규정한 「전기통신사업법」상 조항은 자신들의 인적 사항을 밝히지 않은 채 통신하고자 하는 자들의 통신의 자유를 침해한다.

② 검사 또는 사법경찰관이 수사를 위하여 필요한 경우 「전기통신사업법」에 의한 전기통신사업자에게 위치정보 추적자료의 열람이나 제출을 요청할 수 있도록 하는 「통신비밀보호법」상 조항은 과잉금지원칙에 반하여 정보주체의 통신의 자유를 침해한다.

③ 범죄 수사 목적을 이유로 통신제한조치 허가 대상 중 하나로 정하는 인터넷회선 감청의 경우 그 집행단계나 집행 이후에 수사기관의 권한 남용을 통제하고 관련 기본권의 침해를 최소화하기 위한 제도적 조치가 제대로 마련되지 않은 상태에서는 침해의 최소성 요건을 충족하지 않는다.

④ 미결수용자와 변호인 아닌 자와의 접견내용을 녹음·녹화함으로써 증거인멸이나 형사 법령 저촉 행위의 위험을 방지하고 교정시설 내의 안전과 질서유지에 기여하려는 공익은 미결수용자가 받게 되는 사익의 제한보다 훨씬 크고 중요한 것이므로 법익의 균형성이 인정된다.

01

다음 설명 중 가장 옳지 않은 것은? (다툼이 있는 경우 대법원 판례 및 헌법재판소 결정에 의함. 이하 같음)

① 국가배상법 제2조 소정의 "공무원"이라 함은 국가공무원법이나 지방공무원법에 의하여 공무원으로서의 신분을 가진 자에 국한하지 않고, 널리 공무를 위탁받아 실질적으로 공무에 종사하고 있는 일체의 자를 가리키는 것이라고 봄이 상당하다.
② 헌법재판소는 헌법 제28조는 형사보상청구권의 내용을 법률에 의해 구체화하도록 규정하고 있으므로 형사보상법에서 형사보상청구의 제척기간을 1년의 단기로 규정하거나, 형사보상의 청구에 대하여 한 보상의 결정에 대하여 불복을 할 수 없도록 하여 단심재판으로 규정한 것은 형사보상청구권을 침해하는 것이 아니라고 보았다.
③ 대법원은 국회의원의 입법행위는 그 입법내용이 헌법의 문언에 명백히 위반됨에도 불구하고 국회가 굳이 당해 입법을 한 것과 같은 특수한 경우가 아닌 한 국가배상법 제2조 제1항 소정의 위법행위에 해당된다고 볼 수 없다고 보았다.
④ 대법원은 국가 또는 지방자치단체라 할지라도 공권력의 행사가 아니고 단순한 사경제의 주체로 활동하였을 경우에는 그 손해배상책임에 국가배상법이 적용될 수 없고 민법상의 사용자책임 등이 인정된다고 보고 있다.

02

재산권에 관한 다음 설명 중 가장 옳지 않은 것은?

① 헌법이 규정한 '정당한 보상'이란 손실보상의 원인이 되는 재산권의 침해가 기존의 법질서 안에서 개인의 재산권에 대한 개별적인 침해인 경우에 원칙적으로 피수용재산의 객관적인 재산가치를 완전하게 보상하는 것을 의미하는 것이고, 개발이익은 그 성질상 완전보상의 범위에 포함되지 아니한다.
② 헌법 제23조 제3항은 재산권 수용의 주체를 한정하지 않고 있으므로, 수용의 주체를 국가 등 공적 기관에 한정하여 해석할 이유가 없다.
③ 사회부조와 같이 국가의 일방적인 급부에 대한 권리라 하더라도 그것이 금전의 급부로서 주어지는 경우 원칙적으로 재산권의 보호대상에 포함된다.
④ 공용수용에 관하여 규정하고 있는 헌법 제23조 제3항의 '공공필요'의 의미에 비추어 볼 때, 행정기관이 개발촉진지구 지역개발사업으로 실시계획을 승인하고 이를 고시하기만 하면 고급골프장 사업과 같이 공익성이 낮은 사업에 대해서까지도 시행자인 민간개발자에게 수용권한을 부여하는 법률조항은 헌법 제23조 제3항에 위반된다.

03

지방자치에 대한 설명으로 옳지 않은 것은?

① 조례 제정은 지방자치단체의 고유사무인 자치사무와 국가사무로서 지방자치단체의 장에게 위임된 기관위임사무에 관해서 허용되며, 개별 법령에 의하여 지방자치단체에 위임된 단체위임사무에 관해서는 조례를 제정할 수 없다.

② 조례의 제정권자인 지방의회는 지역적인 민주적 정당성을 지니고 있으며, 헌법이 지방자치단체에 대해 포괄적인 자치권을 보장하고 있는 취지에 비추어, 조례에 대한 법률의 위임은 반드시 구체적으로 범위를 정하여 할 필요가 없으며 포괄적인 것으로 족하다.

③ 주민투표권이나 조례제정·개폐청구권은 법률에 의하여 보장되는 권리에 해당하고, 헌법상 보장되는 기본권이라거나 헌법 제37조 제1항의 '헌법에 열거되지 아니한 권리'로 보기 어렵다.

④ 법령에서 조례로 정하도록 위임한 사항은 그 법령의 하위 법령에서 그 위임의 내용과 범위를 제한하거나 직접 규정할 수 없다.

04

민사소송법상 재심제도에 관한 다음 설명 중 가장 옳지 않은 것은?

① 민사소송법상 재심사유를 어떻게 정하여 재심을 허용할 것인가는 입법자가 확정판결에 대한 법적 안정성, 재판의 신속·적정성, 법원의 업무부담 등을 고려하여 결정하여야 할 입법정책의 문제이다.

② 판결주문에 영향이 없는 당사자의 공격방어방법에 대한 판단이 누락된 경우에는, 판결주문에 간접적으로만 연관되는 판단이유가 누락된 경우와 달리 재심의 소를 통하여 기판력 등 확정된 판결의 효력을 배제하는 것을 허용해야 할 만큼 정의의 요청이 절박하다고 할 수 없다.

③ 재심사유의 위헌성은 입법자가 분쟁의 신속한 해결을 통한 법적 안정성의 확보에만 매몰되어 재판의 적정성이라는 법치주의의 또 다른 이념을 현저히 희생함으로써, 제반 기본권의 실현을 위한 기본권으로서의 재판청구권의 본질을 심각하게 훼손하는 등 입법형성권의 한계를 일탈하여 그 내용이 현저히 자의적인 것이 아닌 한 인정되기 어렵다.

④ 재심은 판결에 대한 불복방법의 하나인 점에서는 상소와 마찬가지라고 할 수 있지만, 확정판결에 대한 불복방법인 점에서 상소와 다르고, 확정판결에 대한 법적 안정성의 요청은 미확정 판결에 대한 그것보다 훨씬 크기 때문에, 상소보다 더 예외적으로 인정되어야 한다는 점에서 본질적인 차이가 있다.

05

변호사 광고 금지에 관한 다음 설명 중 가장 옳지 않은 것은?

① 변호사 또는 소비자로부터 금전·기타 경제적 대가를 받고 법률상담 또는 사건 등을 소개·알선·유인하기 위하여 변호사 등을 광고·홍보·소개하는 행위를 금지하는 대한변호사협회의 변호사 광고에 관한 규정은 헌법소원의 대상이 되는 공권력의 행사에 해당한다.

② 대한변호사협회의 유권해석에 반하는 내용의 광고를 금지하고, 대한변호사협회의 유권해석에 위반되는 행위를 목적 또는 수단으로 하여 행하는 법률상담과 관련한 광고를 하거나 그러한 사업구조를 갖는 타인에게 하도록 하는 것을 금지하는 변호사 광고에 관한 규정은 법률유보원칙을 위반하여 변호사들의 표현의 자유, 직업의 자유를 침해한다.

③ 변호사 등이 아님에도 변호사 등의 직무와 관련한 서비스의 취급·제공 등을 표시하거나 소비자들이 변호사 등으로 오인하게 만들 수 있는 자에게 광고를 의뢰하거나 참여·협조하는 행위를 금지하는 변호사광고에 관한 규정은 변호사자격제도를 유지하고 소비자의 피해를 방지하기 위한 적합한 수단이다.

④ 변호사 또는 소비자로부터 금전·기타 경제적 대가를 받고 법률상담 또는 사건 등을 소개·알선·유인하기 위하여 변호사 등을 광고·홍보·소개하는 행위를 금지하는 변호사 광고에 관한 규정은 변호사법이 금지하는 특정 변호사에 대한 소개·알선·유인행위의 실질을 갖춘 광고행위를 금지하는 것으로 과잉금지원칙에 위배되지 아니한다.

06

평등원칙에 관한 다음 설명 중 가장 옳지 않은 것은?

① 공무원이 지위를 이용하여 범한 공직선거법위반죄에 대하여 일반인이 범한 공직선거법위반죄와 달리 해당 선거일 후 10년으로 공소시효를 정한 공직선거법 규정은 합리적인 이유 있는 차별로서 평등원칙에 위반되지 않는다.

② 반복적으로 범행을 저지르는 절도 사범에 관한 가중처벌 규정인 특정범죄가중처벌 등에 관한 법률(2016. 1. 6. 법률 제13717호로 개정된 것) 제5조의4 제5항 제1호는 불법성의 정도가 같다고 보기 어려운 형법상 절도죄, 야간주거침입 절도죄, 특수절도죄를 동등하게 취급하는 것으로 평등원칙에 위반된다.

③ 선거와 무관하게 후원회를 설치 및 운영할 수 있는 자를 중앙당과 국회의원으로 한정하여 국회의원과 지방의회의원을 달리 취급하는 것은, 불합리한 차별에 해당한다.

④ 동일한 밀수입 예비행위에 대하여 수입하려던 물품의 원가가 2억 원 미만인 때에는 관세법이 적용되어 본죄의 2분의 1을 감경한 범위에서 처벌하는 반면, 물품원가가 2억 원 이상인 경우에는 특정범죄 가중처벌 등에 관한 법률이 적용되어 가중처벌하는 것은 합리적 이유가 있다고 보기 어렵다.

07

헌법 제10조에 관한 다음 설명 중 가장 옳지 않은 것은?

① 부모가 자녀의 이름을 지어주는 것은 자녀의 양육과 가족생활을 위하여 필수적인 것이고, 가족생활의 핵심적 요소라 할 수 있으므로, '부모가 자녀의 이름을 지을 자유'는 혼인과 가족생활을 보장하는 헌법 제36조 제1항과 행복추구권을 보장하는 헌법 제10조에 의하여 보호받는다.

② 초등학교 정규교과에서 영어를 배제하거나 영어교육 시수를 제한하는 것은 학생들의 인격의 자유로운 발현권을 제한하나, 이는 균형적인 교육을 통해 초등학생의 전인적 성장을 도모하고 영어과목에 대한 지나친 사교육의 폐단을 막기 위한 것으로 초등학생들의 인격의 자유로운 발현권을 침해하지 않는다.

③ 거짓이나 그 밖의 부정한 수단으로 운전면허를 받은 경우 모든 범위의 운전면허를 필요적으로 취소하도록 규정하여 부정 취득하지 않은 운전면허까지 필요적으로 취소하도록 한 것은 운전면허 소유자의 일반적 행동의 자유를 침해한다.

④ 친일반민족행위반민규명위원회의 조사대상자 선정 및 친일반민족행위결정이 이루어지면 조사대상자의 사회적 평가에 영향을 미치므로 헌법 제10조에서 유래하는 일반적 인격권이 제한받는다고 할 수 있겠으나, 조사대상자가 사자(死者)인 경우 이들의 청구인능력은 인정되지 않으며, 이로 인하여 그 후손의 법적 지위에 아무런 영향을 미치지 않는 만큼 후손의 인격권이 제한된다고도 볼 수 없다.

08

평등권에 대한 설명으로 옳은 것만을 모두 고르면?

㉠ 치과전문의 자격 인정 요건으로 '외국의 의료기관에서 치과의사 전문의 과정을 이수한 사람'을 포함하지 아니한 치과의사 전문의의 수련 및 자격 인정 등에 관한 규정 제18조 제1항은 청구인들의 평등권을 침해한다.

㉡ 공직선거 후보자의 배우자가 그와 함께 다니는 사람 중에서 지정한 1명도 명함을 교부할 수 있도록 한 공직선거법 제93조 제1항 제1호 중 제60조의3 제2항 제3호 관련 부분이 배우자 없는 후보자에게 결과적으로 다소 불리한 상황이 발생하더라도, 이는 입법자가 선거운동의 자유를 확대하는 입법을 함으로써 해결되어야 할 문제이므로 배우자 없는 청구인의 평등권을 침해하지 않는다.

㉢ 대한민국 국적을 가지고 있는 영유아 중에서 재외국민인 영유아를 보육료·양육수당의 지원대상에서 제외함으로써, 청구인들과 같이 국내에 거주하면서 재외국민인 영유아를 양육하는 부모를 차별하는 보건복지부지침은 청구인들의 평등권을 침해한다.

㉣ 자율형 사립고등학교를 지원한 학생에게 평준화지역 후기학교에 중복지원하는 것을 금지한 초·중등교육법 시행령 제81조 제5항 중 '제91조의3에 따른 자율형 사립고등학교는 제외한다' 부분은 고교별 특성을 고려한 것으로 청구인 학생의 평등권을 침해하지 않는다.

① ㉠, ㉡
② ㉠, ㉢
③ ㉡, ㉣
④ ㉢, ㉣

09

개인정보자기결정권에 관한 다음 설명 중 가장 옳지 않은 것은?

① 형제자매는 언제나 본인과 이해관계를 같이하는 것은 아닌데도 형제자매가 본인에 대한 친족·상속 등과 관련된 증명서를 편리하게 발급받을 수 있도록 규정한 법률조항은 개인정보자기결정권을 제한하고, 그 제한은 입법목적 달성을 위해 필요한 범위를 넘어선 것으로 개인정보자기결정권을 침해한다.

② 형법상 강제추행죄로 유죄판결이 확정된 자는 신상정보 등록대상자가 되도록 규정한 법률조항은 등록대상자 선정에 있어 재범의 위험성을 전혀 요구하지 않고 행위 태양의 특성이나 불법성의 경중을 고려하여 등록대상자의 범위를 축소하고 있지도 않으므로, 과잉금지원칙에 반하여 개인정보자기결정권을 침해한다.

③ 법무부장관은 변호사시험 합격자가 결정되면 즉시 명단을 공고하여야 한다고 규정한 법률조항은 공공성을 지닌 전문직인 변호사에 관한 정보를 널리 공개하여 법률서비스 수요자가 필요한 정보를 얻는 데 도움을 주기 위한 것으로 응시자들의 개인정보자기결정권을 침해한다고 볼 수 없다.

④ 인터넷언론사는 선거운동 기간 중 당해 홈페이지 게시판 등에 정당·후보자 등에 대한 지지·반대등의 정보를 게시하는 경우 실명을 확인받는 기술적 조치를 하도록 규정한 법률 조항은 익명표현이 허용될 경우 발생할 수 있는 부정적 효과를 막기 위한 것이라 하더라도 모든 익명표현을 규제함으로써 대다수 국민의 개인정보자기결정권도 광범위하게 제한하므로 인터넷언론사 홈페이지 게시판 등 이용자의 개인정보자기결정권을 침해한다.

10

통신의 자유에 대한 설명으로 옳지 않은 것은?

① 3인 간의 대화에 있어서 그중 한 사람이 그 대화를 녹음하는 경우에 다른 두 사람의 발언은 그 녹음자에 대한 관계에서 '타인 간의 대화'라고 볼 수 없어 이런 녹음은 통신비밀보호법 제3조 제1항에 위배되지 않는다.

② 자유로운 의사소통은 통신내용의 비밀을 보장하는 것만으로는 충분하지 아니하고 구체적인 통신관계의 발생으로 야기된 모든 사실관계, 특히 통신관여자의 인적 동일성·통신장소·통신횟수·통신시간 등 통신의 외형을 구성하는 통신이용의 전반적 상황의 비밀까지도 보장한다.

③ 전기통신사업자는 검사, 사법경찰관 또는 정보수사기관의 장에게 통신사실 확인자료를 제공한 때에는 자료제공현황 등을 연 2회 과학기술정보통신부장관에게 보고하고, 해당 통신사실 확인자료 제공사실등 필요한 사항을 기재한 대장과 통신사실확인자료제공요청서등 관련자료를 통신사실확인자료를 제공한 날부터 7년간 비치하여야 한다.

④ 통신비밀보호법상 국가안전보장을 위한 통신제한조치를 하는 경우에 대통령령이 정하는 정보수사기관의 장은 고등법원장의 허가를 받아야 감청할 수 있다.

11

평등권에 관한 다음 설명 중 가장 옳지 않은 것은?

① 현역병 및 사회복무요원과 달리 공무원의 초임호봉 획정에 인정되는 경력에 산업기능요원의 경력을 제외하도록 한 공무원보수규정은 산업기능요원의 평등권을 침해하지 않는다.

② 근로자가 사업주의 지배관리 아래 출퇴근하던 중 발생한 사고로 부상 등이 발생한 경우만 업무상 재해로 인정하는 산업재해보상보험법(2007. 12. 14. 법률 제8694호로 전부 개정된 것) 제37조 제1항 제1호 다목은 평등원칙에 위반된다.

③ 실업급여에 관한 고용보험법의 적용에 있어 '65세 이후에 새로이 고용된 자'를 그 적용대상에서 배제한 고용보험법(2013. 6. 4. 법률 제11864호로 개정된 것)은 65세 이후 고용된 사람의 평등권을 침해하지 않는다.

④ 공무원의 시간외·야간·휴일근무수당의 산정방법을 정하고 있는 구 '공무원 수당 등에 관한 규정'은 공무원에 대한 수당 지급을 근로기준법보다 불리하게 규정하고 있는바, 공무원과 일반근로자를 합리적 이유 없이 차별하는 것으로서 평등권을 침해한다.

12

직업공무원제도에 관한 다음 설명 중 가장 옳지 않은 것은?

① 헌법 제7조 제2항이 규정한 직업공무원제도는 엽관제를 지양함으로써 정치와 공직을 분리하고 이를 통하여 공무수행의 안정성, 전문성을 꾀하려는 데에 그 목적이 있다.

② 공무원은 정당의 발기인 및 당원이 될 수 없으나, 예외적으로 대통령, 국무총리, 국무위원, 국회의원, 지방의회의원, 선거에 의하여 취임하는 지방자치단체의 장이나 교육감에게는 이를 허용하고 있다.

③ 직업공무원의 신분을 보장하는 것은 소신과 능력에 따라 국민 전체를 위한 직무수행이 가능하도록 하기 위한 것으로, 생계보호, 직업보호의 의미도 아울러 지니며, 이러한 신분보장은 헌법 제25조의 공무담임권의 보호영역에도 포함된다.

④ 직무의 내외를 불문하고 체면이나 위신을 손상하는 행위를 징계사유로 규정한 국가공무원법 규정은 명확성원칙에 위배되거나 과잉금지원칙에 반한다고 볼 수 없다.

13

다음 설명 중 가장 옳지 않은 것은?

① 헌법 제12조 제1항 후문과 제3항에 규정된 적법절차의 원칙은 형사절차상의 제한된 범위에만 적용되고, 행정작용 등에는 적용되지 않는다.
② 개인정보자기결정권은 자신에 관한 정보가 언제 누구에게 어느 범위까지 알려지고 또 이용되도록 할 것인지를 그 정보주체가 스스로 결정할 수 있는 권리로서, 헌법 제10조 제1문에서 도출되는 일반적 인격권 및 헌법 제17조의 사생활의 비밀과 자유에 의하여 보장된다.
③ 헌법 제12조 제3항은 "체포·구속·압수 또는 수색을 할 때에는 적법한 절차에 따라 검사의 신청에 의하여 법관이 발부한 영장을 제시하여야 한다."라고 규정하고, 헌법 제16조는 "주거에 대한 압수나 수색을 할 때에는 검사의 신청에 의하여 법관이 발부한 영장을 제시하여야 한다."라고 규정함으로써 영장주의를 헌법적 차원에서 보장하고 있다. 우리 헌법이 채택하여 온 영장주의는 형사절차와 관련하여 체포·구속·압수·수색의 강제처분을 함에 있어서는 사법권 독립에 의하여 신분이 보장되는 법관이 발부한 영장에 의하지 않으면 아니 된다는 원칙이다.
④ 헌법재판소는 법무부장관의 일방적 명령에 의하여 변호사 업무를 정지시키는 것은 당해 변호사가 자기에게 유리한 사실을 진술하거나 필요한 증거를 제출할 수 있는 청문의 기회가 보장되지 아니하여 적법절차를 존중하지 아니한 것이 된다고 보았다.

14

진술거부권에 대한 설명으로 옳지 않은 것은?

① '2020년도 장교 진급지시' Ⅳ. 제4장 5. 가. 2) 나) 중 '민간법원에서 약식명령을 받아 확정된 사실이 있는 자'에 관한 부분은 육군 장교가 민간법원에서 약식명령을 받아 확정된 사실만을 자진신고 하도록 하고 있는바, 위 사실 자체는 형사처벌의 대상이 아니고 약식명령의 내용이 된 범죄사실의 진위 여부를 밝힐 것을 요구하는 것도 아니므로, 범죄의 성립과 양형에서의 불리한 사실 등을 말하게 하는 것이라 볼 수 없다.
② 교통·에너지·환경세의 과세물품 및 수량을 신고하도록 한 교통·에너지·환경세법 제7조 제1항은 진술거부권을 제한하는 것이다.
③ 민사집행법상 재산명시의무를 위반한 채무자에 대하여 법원이 결정으로 20일 이내의 감치에 처하도록 규정하는 것은 감치의 제재를 통해 이를 강제하는 것이 형사상 불이익한 진술을 강요하는 것이라고 할 수 없으므로, 위 채무자의 양심의 자유 및 진술거부권을 침해하지 아니한다.
④ 헌법 제12조 제2항은 "모든 국민은 형사상 자기에게 불리한 진술을 강요당하지 아니한다."라고 하여 진술거부권을 보장하였는바, 이러한 진술거부권은 형사절차뿐만 아니라 행정절차나 국회에서의 조사절차에서도 보장된다.

15

공무담임권에 관한 다음 설명 중 가장 옳지 않은 것은?

① 공무담임권의 보장은 모든 국민이 현실적으로 국가나 공공단체의 직무를 담당할 수 있다고 하는 의미가 아니라, 국민이 공무담임에 관한 자의적이지 않고 평등한 기회를 보장받는 것, 즉 공직취임의 기회를 자의적으로 배제당하지 않음을 의미하며, 공무담임권의 보호영역에는 공직취임 기회의 자의적인 배제와 공무원 신분의 부당한 박탈 등이 포함된다.

② 선출직 공무원과 달리 직업공무원에게는 정치적 중립성과 더불어 효율적으로 업무를 수행할 수 있는 능력이 요구되므로, 직업공무원의 공직진출에 관한 규율은 임용희망자의 능력·전문성 등 능력주의를 바탕으로 이루어져야 한다. 헌법은 이를 명시적으로 밝히고 있지 않지만 헌법 제7조에서 보장하는 직업공무원제도의 기본적 요소에 능력주의가 포함되는 점에 비추어 공무담임권은 모든 국민이 그 능력과 적성에 따라 공직에 취임할 수 있는 균등한 기회를 보장함을 내용으로 한다.

③ 교육의원 후보자가 되려는 사람으로 하여금 5년 이상의 교육경력 또는 교육행정경력을 갖추도록 규정한 법률조항은 전문성이 담보된 교육의원이 교육위원회의 구성원이 되도록 하여 헌법 제31조 제4항이 보장하고 있는 교육의 자주성·전문성·정치적 중립성을 보장하면서도 지방자치의 이념을 구현하기 위한 것으로서 공무담임권을 침해하는 것이라 볼 수 없다.

④ 금고 이상의 형의 선고유예를 받은 경우에는 군무원직에서 당연퇴직하도록 규정한 법률조항은, 임용결격사유에 해당하는 사람을 공무원의 직무로부터 배제함으로써 그 직무수행에 대한 국민의 신뢰, 공무원직에 대한 신용 등을 유지하고 그 직무의 정상적인 운영을 확보하기 위한 것으로서 헌법 제25조에 규정된 공무담임권을 침해하지 아니한다.

16

지방자치제도에 관한 다음 설명 중 가장 옳지 않은 것은?

① 지방자치법상 공법인인 지방자치단체의 기관으로는 대의기관인 지방의회, 집행기관인 지방자치단체장이 있다.

② 지방의회는 조례·규칙의 제정·개정 및 폐지, 예산의 심의·확정, 결산의 승인, 행정사무감사 및 조사권을 가진다.

③ 지방자치단체가 기관위임사무에 관한 권한쟁의심판을 청구하는 것은 허용되지 아니한다.

④ 감사원은 지방자치단체에 대하여 합목적성 감사도 실시할 수 있으나, 중앙행정기관은 지방자치단체에 대하여 합법성 감사만을 할 수 있다.

17

입법부작위에 관한 다음 설명 중 가장 옳지 않은 것은?

① 양육비 대지급제 등 양육비 이행의 실효성을 더 높이는 내용의 법률을 제정할 헌법의 명시적인 입법위임이 존재한다고 볼 수 없고, 헌법해석상 기존의 양육비 이행을 확보하기 위하여 마련된 여러 입법 이외에 양육비 대지급제 등과 같은 구체적·개별적 사항에 대한 입법의무가 새롭게 발생된다고도 볼 수 없다.

② 의료인이 아닌 사람도 문신시술을 업으로 행할 수 있도록 그 자격 및 요건을 법률로 제정하도록 하는 내용의 명시적인 입법위임은 헌법에 존재하지 않으며, 문신시술을 위한 별도의 자격제도를 마련할지 여부는 여러 가지 사회적·경제적 사정을 참작하여 입법부가 결정할 사항으로, 그에 관한 입법의무가 헌법해석상 도출된다고 보기는 어렵다.

③ 가정폭력 가해자인 전 남편이 이혼 후 추가 가해 목적으로 자녀의 가족관계증명서 및 기본증명서의 교부를 청구하는 것이 분명한 경우에도 이를 제한하는 규정을 제정하지 아니한 '가족관계의 등록 등에 관한 법률'의 입법부작위는 청구인의 개인정보자기결정권을 침해하는 진정입법부작위에 해당한다.

④ 가족이 북한 내 정치범수용소에 억류되어 있는 북한이탈주민 등이 이른바 '북한인권법'을 제정하지 아니한 입법부작위가 청구인들의 기본권을 침해한다고 주장하며 제기한 헌법소원심판 계속 중에 국회가 북한인권법을 제정하였다면, 더 이상 권리 보호이익이 존재한다고 보기 어렵고, 달리 헌법적 해명의 필요성도 찾아보기 어려우므로 헌법소원심판청구는 부적법하다.

18

다음 설명 중 가장 옳지 않은 것은?

① 근로자의 날을 관공서의 공휴일에 포함시키지 않은 '관공서의 공휴일에 관한 규정' 제2조 본문은 공무원의 평등권을 침해하지 않는다.

② 공무원연금법에서 유족급여수급권의 대상을 19세 미만의 자녀로 한정한 것은 19세 이상 자녀들의 재산권과 평등권을 침해하지 않는다.

③ 사법보좌관에게 민사소송법에 따른 독촉절차에서의 법원의 사무를 처리할 수 있도록 규정한 법원조직법 제54조 제2항 제1호 중 '민사소송법에 따른 독촉절차에서의 법원의 사무'에 관한 부분은 법관에 의한 재판받을 권리를 침해하지 않는다.

④ 사법보좌관의 지급명령에 대한 이의신청 기간을 2주 이내로 규정한 민사소송법 제470조 제1항 중 '사법보좌관의 지급명령'에 관한 부분은 재판청구권을 침해한다.

19

다음 설명 중 가장 옳지 않은 것은?

① 특정한 정당이나 정치인에 대한 정치자금의 기부는 그의 정치활동에 대한 지지·지원인 동시에 정책적 영향력 행사의 의도 또는 가능성을 내포하고 있다는 점에서 일종의 정치활동 내지 정치적인 의사표현이라 할 것인바, 누구든 지 단체와 관련된 자금으로 정치자금을 기부할 수 없도록 한 기부금지 조항은 정치활동의 자유 내지 정치적 의사표현의 자유에 대한 제한이 된다고 볼 수 있다.

② 우리 헌법은 제21조 제1항에서 "모든 국민은 언론·출판의 자유 …… 를 가진다."라고 규정하여 현대 자유민주주의의 존립과 발전에 필수불가결한 기본권으로 언론·출판의 자유를 강력하게 보장하고 있으나, 광고물은 상업적 목적으로 제작된 것으로서 언론·출판의 자유에 의한 보호를 받는 대상이 된다고 볼 수 없다.

③ '청소년이용음란물' 역시 의사형성적 작용을 하는 의사의 표현·전파의 형식 중 하나임이 분명하므로 언론·출판의 자유에 의하여 보호되는 의사표현의 매개체에 해당한다.

④ 헌법 제21조에서 보장하고 있는 언론·출판의 자유 즉 표현의 자유는 전통적으로는 사상 또는 의견의 자유로운 표명(발표의 자유)과 그것을 전파할 자유(전달의 자유)를 의미하고, 개인이 인간으로서의 존엄과 가치를 유지하고 행복을 추구하며 국민주권을 실현하는 데 필수불가결한 것으로서, 종교의 자유, 양심의 자유, 학문과 예술의 자유 등의 정신적인 자유를 외부적으로 표현하는 자유라고 할 수 있다.

20

다음 설명 중 가장 옳지 않은 것은?

① 집회의 자유는 개인의 인격발현의 요소이자 민주주의를 구성하는 요소라는 이중적 헌법적 기능을 가지고 있다. 뿐만 아니라, 집회를 통하여 국민들이 자신의 의견과 주장을 집단적으로 표명함으로써 여론의 형성에 영향을 미친다는 점에서, 집회의 자유는 표현의 자유와 더불어 민주적 공동체가 기능하기 위하여 불가결한 근본요소에 속한다.

② 집회의 자유는 민주국가에서 정신적 대립과 논의의 수단으로서 보호되므로, 집회의 자유에 의하여 보호되는 것은 '평화적' 또는 '비폭력적' 집회뿐 아니라 폭력을 사용한 의견의 강요에 해당할지라도 헌법적으로 보호받을 수 있다.

③ 집회의 목적·내용과 집회의 장소는 일반적으로 밀접한 내적인 연관관계에 있기 때문에, 집회의 장소에 대한 선택이 집회의 성과를 결정짓는 경우가 적지 않다. 집회장소가 바로 집회의 목적과 효과에 대하여 중요한 의미를 가지기 때문에, 누구나 '어떤 장소에서' 자신이 계획한 집회를 할 것 인가를 원칙적으로 자유롭게 결정할 수 있어야만 집회의 자유가 비로소 효과적으로 보장되는 것이다. 따라서 집회의 자유는 다른 법익의 보호를 위하여 정당화되지 않는 한, 집회장소를 항의의 대상으로부터 분리시키는 것을 금지한다.

④ 집회의 자유는 집회의 시간, 장소, 방법과 목적을 스스로 결정할 권리를 보장한다. 집회의 자유에 의하여 구체적으로 보호되는 주요행위는 집회의 준비 및 조직, 지휘, 참가, 집회장소·시간의 선택이다. 따라서 집회의 자유는 개인이 집회에 참가하는 것을 방해하거나 또는 집회에 참가할 것을 강요하는 국가행위를 금지할 뿐만 아니라, 예컨대 집회 장소로의 여행을 방해하거나, 집회장소로부터 귀가하는 것을 방해하거나, 집회참가자에 대한 검문의 방법으로 시간을 지연시킴으로써 집회장소에 접근하는 것을 방해하는 등 집회의 자유행사에 영향을 미치는 모든 조치를 금지한다.

01

문화국가원리에 대한 설명으로 옳은 것은?

① 국가의 문화육성은 국민에게 문화창조의 기회를 부여한다는 의미에서 서민문화, 대중문화는 그 가치를 인정하고 정책적인 배려의 대상으로 하여야 하지만, 엘리트문화는 이에 포함되지 않는다.
② 문화국가원리는 국가의 문화정책과 밀접 불가분의 관계를 맺고 있는바, 오늘날 문화국가에서의 문화정책은 문화풍토의 조성이 아니라 문화 그 자체에 초점을 두어야 한다.
③ 국가가 민족문화유산을 보호하고자 하는 경우 이에 관한 헌법적 보호법익은 민족문화유산의 훼손 등에 관한 가치보상에 있는 것이지 '민족문화유산의 존속' 그 자체를 보장하는 것은 아니다.
④ 헌법 제9조의 정신에 따라 우리가 진정으로 계승·발전시켜야 할 전통문화는 이 시대의 제반 사회·경제적 환경에 맞고 또 오늘날에 있어서도 보편타당한 전통윤리 내지 도덕관념이라 할 것이다.

02

기본권의 제한과 한계에 대한 설명으로 옳지 않은 것은? (다툼이 있는 경우 판례에 의함)

① 기본권 제한에 관한 법률유보의 원칙은 '법률에 의한 규율'을 요청하는 것이므로, 기본권 제한의 형식은 반드시 법률이어야 한다.
② 경찰서장이 동시에 접수한 두 개의 옥외집회 신고서를 상호충돌을 피한다는 이유로 모두 반려한 행위는 법률의 근거없이 집회의 자유를 침해한 것으로서 헌법에 위반된다.
③ 식품에 숙취해소 효과가 있음에도 불구하고, '숙취해소' 표시를 금지하고 있는 「식품등의표시기준」은 광고표현의 자유를 침해한다.
④ 입법자는 기본권행사의 '방법'에 관한 규제로써 공익을 실현할 수 있는가를 시도하고 이러한 방법으로는 공익 달성이 어렵다고 판단되는 경우에 비로소 그 다음 단계인 기본권행사의 '여부'에 관한 규제를 선택해야 한다.

03

인간의 존엄과 가치에 대한 설명으로 옳지 않은 것은? (다툼이 있는 경우 판례에 의함)

① 인간의 존엄과 가치는 모든 기본권의 이념적 출발점이며, 헌법의 근본규범이므로 헌법개정의 한계이다.
② 미결수용자가 수감되어 있는 동안 구치소 등 수용시설에서 사복을 입지 못하게 하고 재소자용 의류를 입게 하는 것은 무죄추정의 원칙에 반하고, 인간의 존엄과 가치에서 유래하는 인격권의 침해이다.
③ 교정시설의 1인당 수용면적이 인간으로서의 최소한의 품위를 유지할 수 없을 정도로 과밀하다면 인간으로서의 존엄과 가치를 침해한다.
④ 수용자를 교정시설에 수용할 때마다 전자영상 검사기를 이용하여 수용자의 항문 부위를 검사하는 행위는 인격권의 침해가 아니다.

04

공무원제도에 대한 설명으로 옳지 않은 것은? (다툼이 있는 경우 판례에 의함)

① 공무원은 국민 전체에 대한 봉사자이며, 직업공무원제도를 통해 정치적 중립성과 신분보장을 확보하고 있다.
② 직제가 폐지되어 해당 공무원을 직권면직할 때는 합리적인 근거를 요한다.
③ 직업공무원제도는 헌법이 보장하는 제도적 보장 중의 하나로서 입법자는 직업공무원제도에 관하여 '최소한 보장'의 원칙의 한계 안에서 입법형성의 자유를 가진다.
④ 공무원이 집단, 연명으로 또는 단체의 명의를 사용하여 국가의 정책을 반대하거나 국가정책의 수립·집행을 방해하는 정치적 주장을 표시·상징하는 복장을 직무수행 중 착용하지 못하게 하는 것은 정치적 표현의 자유의 침해이다.

05

인간으로서의 존엄과 가치 및 행복추구권에 대한 설명으로 옳지 않은 것은?

① 정당한 사유 없는 예비군 훈련 불참을 형사처벌하는 예비군법 제15조 제9항 제1호 중 "제6조 제1항에 따른 훈련을 정당한 사유 없이 받지 아니한 사람"에 관한 부분은 청구인의 일반적 행동자유권을 침해하지 않는다.
② 임신한 여성의 자기낙태를 처벌하는 형법 조항은 모자보건법이 정한 일정한 예외를 제외하고는 임신기간 전체를 통틀어 모든 낙태를 전면적·일률적으로 금지하고, 이를 위반할 경우 형벌을 부과하도록 정함으로써 임신한 여성에게 임신의 유지·출산을 강제하고 있으므로, 과잉금지원칙을 위반하여 임신한 여성의 자기결정권을 침해한다.
③ 운전 중 휴대용 전화를 사용하지 아니할 의무를 지우고 이에 위반했을 때 형벌을 부과하는 것은 운전자의 일반적 행동자유권을 제한한다고 볼 수 없다.
④ 전동킥보드의 최고속도는 25km/h를 넘지 않도록 규정한 것은 자전거도로에서 통행하는 다른 자전거보다 속도가 더 높아질수록 사고위험이 증가할 수 있는 측면을 고려한 기준 설정으로서, 전동킥보드 소비자의 자기결정권 및 일반적 행동자유권을 침해하지 아니한다.

06

국가의 조세 및 재정에 대한 설명으로 옳지 않은 것은? (다툼이 있는 경우 판례에 의함)

① 이혼시 재산분할을 청구하여 상속세 인적공제액을 초과하는 재산을 취득한 경우 그 초과부분에 대하여 증여세를 부과하는 것은 재산권보장의 헌법이념에 부합하지 않으므로 실질적 조세법률주의에 위배된다.
② 부담금은 조세에 대한 관계에서 예외적으로 인정되어야 하지만, 어떤 공적 과제에 관한 재정조달을 조세로 할 것인지 아니면 부담금으로 할 것인지에 관한 입법자의 자유로운 선택권은 허용된다.
③ 자산소득이 있는 모든 납세의무자 중에서 부부가 혼인하였다는 이유만으로 혼인하지 않은 자보다 더 많은 조세부담을 하여 소득을 재분배하도록 강요받는 것은 부당하다.
④ 입법자는 소득세법에 있어서 반드시 누진세율을 도입할 의무를 지는 것은 아니다.

07

헌법개정에 대한 설명으로 옳지 않은 것은?

① 헌법개정은 국회재적의원 과반수 또는 대통령의 발의로 제안된다.
② 대통령은 제안된 헌법개정안을 20일 이상 공고하여야 한다.
③ 국회는 헌법개정안이 공고된 날로부터 60일 이내에 의결하여야 한다.
④ 헌법개정안에 대한 국회의 의결은 출석의원 3분의 2 이상의 찬성을 얻어야 한다.

08

선거제도에 대한 설명으로 옳은 것만을 모두 고르면?

㉠ 지역구국회의원선거 예비후보자가 정당의 공천심사에서 탈락한 후 후보자등록을 하지 않은 경우를 기탁금 반환사유로 규정하지 않은 공직선거법 조항은 과잉금지원칙에 반하여 예비후보자의 재산권을 침해한다.
㉡ 예비후보자 선거비용을 후보자가 부담한다고 하더라도 그것이 지나치게 다액이라서 선거공영제의 취지에 반하는 정도에 이른다고 할 수는 없고, 예비후보자의 선거비용을 보전해 줄 경우 선거가 조기에 과열되어 악용될 소지가 있으므로 지역구국회의원선거에서 예비후보자의 선거비용을 보전대상에서 제외하고 있는 공직선거법 조항은 청구인들의 선거운동의 자유를 침해하지 않는다.
㉢ 부재자투표시간을 오전 10시부터 오후 4시까지로 정하고 있는 공직선거법 제155조 제2항 본문 중 "오전 10시에 열고" 부분은 투표관리의 효율성을 도모하고 행정부담을 줄이며, 부재자투표의 인계·발송절차의 지연위험 등을 경감하기 위한 것이므로 청구인의 선거권이나 평등권을 침해하지 않는다.
㉣ 신체의 장애로 인하여 자신이 기표할 수 없는 선거인에 대해 투표보조인이 가족이 아닌 경우 반드시 2인을 동반하여서만 투표를 보조하게 할 수 있도록 정하고 있는 공직선거법 조항은 선거의 공정성을 확보하는 데 치우친 나머지 비밀선거의 중요성을 간과하고 있으므로 과잉금지원칙에 반하여 청구인의 선거권을 침해한다.

① ㉠, ㉡
② ㉠, ㉢
③ ㉡, ㉣
④ ㉢, ㉣

09

직업의 자유에 관한 다음 설명 중 가장 옳지 않은 것은?

① 소송사건의 대리인인 변호사라 하더라도 소송계속 사실 소명자료를 제출하지 못하면 수형자와 변호사접견을 하지 못하도록 규정한 '형의 집행 및 수용자의 처우에 관한 법률 시행규칙' 제29조의2 제1항 제2호 중 '수형자 접견'에 관한 부분은 변호사의 직업수행의 자유를 침해하지 아니한다.
② 변호사의 자격이 있는 자에게 더 이상 세무사 자격을 부여하지 않는 구 세무사법 제3조는 시행일 이후 변호사 자격을 취득한 자들의 직업선택의 자유를 침해하지 아니한다.
③ 노래연습장에서 주류를 판매·제공하는 행위를 금지하고 이를 위반한 경우 형사처벌하도록 하는 음악산업진흥에 관한 법률 조항은 노래연습장 운영자의 직업수행의 자유를 침해하지 아니한다.
④ 헌법은 직업의 자유를 보장하고 국민의 보건에 관한 국가의 의무를 인정하고 있으나, 시·도지사들이 한약업사 시험을 시행하여야 할 헌법상 작위의무가 규정되어 있다고 볼 수 없다.

10

헌정사에 대한 설명으로 옳은 것은?

① 1954년 제2차 개헌에서는 헌법개정의 한계 사항을 규정하였다.
② 1960년 제3차 개헌에서는 양원제 국회를 처음으로 규정하며 의원내각제 정부형태를 채택하였다.
③ 1969년 제6차 개헌에서는 "그 헌법 개정 제안 당시의 대통령에 한해서 계속 재임은 3기로 한다."고 규정하였다.
④ 1972년 제7차 개헌에서는 정당운영자금의 국고보조조항을 신설하였다.

11

국민투표에 대한 설명으로 옳지 않은 것은? (다툼이 있는 경우 판례에 의함)

① 특정의 국가정책에 대하여 다수의 국민들이 국민투표를 원하고 있다 하더라도 국민에게 그 국가정책에 관하여 국민투표에 회부할 것을 요구할 권리는 인정되지 않는다.
② 헌법은 대통령이 필요하다고 인정할 때에 외교·국방·통일 기타 국가안위에 관한 중요정책을 국민투표에 부칠 수 있도록 규정한다.
③ 국민투표의 효력에 관하여 이의가 있는 투표인은 중앙선거관리위원장을 피고로 하여 국민투표무효소송을 대법원에 제소할 수 있다.
④ 헌법 제72조의 국민투표는 입법 수단적이라기보다는 정치대립 상황에서 국민에 의한 중재적 성격을 가지고 있으므로 대통령은 자신의 신임을 국민투표에 부칠 수 있다.

12

법적 안정성에 대한 설명으로 옳지 않은 것은? (다툼이 있는 경우 판례에 의함)

① 일반적으로 과거에 시작된 구성요건사항에 대한 신뢰는 더 보호될 가치가 있는 것이므로 부진정소급입법의 신뢰보호의 원칙에 대한 심사는 장래 입법의 경우보다 일반적으로 더 강화되어야 한다.
② 친일재산의 취득 경위에 내포된 민족배반적 성격, 대한민국 임시정부의 법통 계승을 선언한 헌법전문 등에 비추어 친일반민족 행위자 측으로서는 친일재산의 소급적 박탈을 충분히 예상할 수 있었고, 친일재산 환수 문제는 그 시대적 배경에 비추어 역사적으로 매우 이례적인 공동체적 과업이므로 이러한 소급입법의 합헌성을 인정한다고 하더라도 이를 계기로 진정소급입법이 빈번하게 발생할 것이라는 우려는 충분히 불식될 수 있다.
③ 국세관련 경력공무원 중 구법 규정상의 자격부여요건을 충족한 자들에게만 세무사 자격이 부여되도록 규정한 개정된 「세무사법」 규정은 관련자들의 신뢰이익을 침해한 것이 아니다.
④ 사법연수원의 소정 과정을 마치더라도 바로 판사임용 자격을 취득할 수 없고 일정 기간 이상의 법조경력을 갖추어야 판사로 임용될 수 있도록 한 「법원조직법」 개정 조항은, 동법 개정 시점에 이미 사법연수원에 입소하여 사법연수원생의 신분을 갖고 있었던 자에게 사법연수원을 수료하는 해의 판사임용에 지원하는 경우에 적용되는 한 신뢰보호의 원칙에 위반된다.

13

재산권에 대한 설명으로 옳은 것만을 <보기>에서 모두 고르면? (다툼이 있는 경우 판례에 의함)

<보기>
㉠ 토지재산권에 대한 규제 조치는 헌법 제23조 제3항과 제37조 제2항에 의한 제한을 받는다.
㉡ 재산권 보장은 재산권을 보장한다는 의미와 법 제도로서의 사유재산제도를 보장한다는 이중적 의미를 가지고 있다.
㉢ 재산권의 본질적 내용의 침해란 그 침해로 인하여 사유재산권이 유명무실해지거나 형해화되어 재산권보장의 궁극적 목적을 달성할 수 없는 경우를 말한다.
㉣ 헌법 제23조 제3항의 정당한 보상이란 원칙적으로 완전보상을 의미한다.

① ㉠
② ㉡
③ ㉡, ㉢
④ ㉠, ㉡, ㉢, ㉣

14

사생활의 비밀과 자유에 대한 설명으로 옳지 않은 것은? (다툼이 있는 경우 판례에 의함)

① 교도소 엄중격리대상자의 수용거실에 CCTV를 설치하여 24시간 감시하는 행위는 일반적인 계호활동의 범위를 넘어서는 것으로 사생활의 비밀과 자유를 침해한다.
② 4급 이상 공무원들의 병역 면제사유인 질병명을 관보와 인터넷을 통해 공개하도록 하는 것은 사생활의 비밀과 자유를 침해한다.
③ 자동차를 도로에서 운전하는 중에 좌석안전띠를 착용할 것인가 여부는 더 이상 사생활영역의 문제가 아니므로, 운전할 때 운전자가 좌석안전띠를 착용할 의무는 청구인의 사생활의 비밀과 자유를 침해하는 것이라 할 수 없다.
④ 오늘날 이메일, 메신저 등 통신뿐 아니라 각종 구매, 금융서비스 이용 등 생활의 전 영역이 인터넷을 기반으로 이루어지기 때문에 인터넷 회선을 감청하는 것은 사생활의 비밀과 자유를 제한하게 된다.

15

알 권리에 대한 설명으로 옳지 않은 것은?

① 재판이 확정되면 속기록 등을 폐기하도록 규정한 형사소송규칙 제39조가 청구인의 알 권리를 침해하였다고 볼 수 없다.
② 신문의 편집인 등으로 하여금 아동보호사건에 관련된 아동학대 행위자를 특정하여 파악할 수 있는 인적 사항 등을 신문 등 출판물에 싣거나 방송매체를 통하여 방송할 수 없도록 하는 아동학대범죄의 처벌 등에 관한 특례법 제35조 제2항 중 '아동학대행위자'에 관한 부분은 언론·출판의 자유와 국민의 알 권리를 침해하지 않는다.
③ 정치자금의 수입과 지출명세서 등에 대한 사본교부 신청이 허용된다고 하더라도, 검증자료에 해당하는 영수증, 예금통장을 직접 열람함으로써 정치자금 수입·지출의 문제점을 발견할 수 있다는 점에서 이에 대한 접근이 보장되어야 한다.
④ 공시대상정보로서 교원의 교원단체 및 노동조합 가입 현황(인원 수)만을 규정할 뿐 개별 교원의 명단은 규정하고 있지 아니한 구 교육관련기관의 정보공개에 관한 특례법 시행령 제3조 제1항 별표1 제15호 아목 중 "교원" 부분은 과잉금지원칙에 반하여 학부모들의 알 권리를 침해한다.

16

행복추구권에 대한 설명으로 옳지 않은 것은? (다툼이 있는 경우 판례에 의함)

① 행복추구권에는 일반적 행동의 자유권, 개성의 자유로운 발현권, 자기결정권, 계약의 자유 등이 포함된다.
② 일반적 행동의 자유권에는 적극적으로 자유롭게 행동할 권리는 물론 소극적으로, 행동하지 않을 부작위의 자유도 포함된다.
③ 행복추구권으로부터 죽음에 임박한 환자의 연명치료 중단에 대한 자기결정권이 도출될 수 있다.
④ 행복추구권에서 파생되는 개성의 자유로운 발현권의 내용에는 지역 방언의 선택 및 사용도 포함되므로 공문서 및 교과용 도서에 표준어만을 사용하는 것은 이에 대한 침해이다.

17
1962년의 제5차 개정헌법의 내용으로 옳은 것만을 <보기>에서 모두 고르면?

<보기>
㉠ 헌법부칙에 반민주행위자처벌을 위한 소급입법의 근거 마련
㉡ 인간의 존엄과 가치 조항 신설
㉢ 간접선거에 의한 임기 6년의 대통령제
㉣ 기본권 제한의 사유로 국가안전보장 추가

① ㉡
② ㉣
③ ㉠, ㉢
④ ㉡, ㉣

18
정당해산심판에 대한 설명으로 옳지 않은 것은? (다툼이 있는 경우 판례에 의함)

① 헌법재판소의 정당해산결정에는 재판관 6인 이상의 찬성이 있어야 한다.
② 헌법재판소가 정당해산심판의 청구를 받은 때에는 직권 또는 청구인의 신청에 의하여 종국결정의 선고 시까지 피청구인의 활동을 정지하는 결정을 할 수 있다.
③ 정당이 헌법재판소의 결정으로 해산된 때에는 해산된 정당의 강령과 동일하거나 유사한 것으로 정당을 창당하지 못한다.
④ 헌법재판소의 해산결정에 의하여 해산된 정당의 잔여재산은 해당 정당의 구성원에게 공정하게 분배한다.

19
대통령의 법률안 재의요구권에 대한 설명으로 옳지 않은 것은?

① 국회에서 의결된 법률안이 정부에 이송되면 대통령은 법률안을 15일 이내에 환부할 수 있고 이는 폐회 중에도 가능하다.
② 대통령의 재의요구가 있을 때에는 국회는 재의에 부치고, 재적의원 과반수의 출석과 출석의원 3분의 2 이상의 찬성으로 전과 같은 의결을 하면 그 법률안은 법률로서 확정된다.
③ 대통령은 법률안의 일부에 대하여 또는 법률안을 수정하여 재의를 요구할 수는 없다.
④ 헌법은 대통령의 재의요구 사유로 헌법위반, 기본권 침해의 법률안, 실현불가능한 법률안, 국익에 위배되는 법률안의 경우라고 명문으로 규정한다.

20
선거제도에 대한 설명으로 옳지 않은 것은? (다툼이 있는 경우 판례에 의함)

① 헌법은 법률이 정하는 바에 따라 모든 국민이 선거권을 가지도록 하고 있는데, 이는 보통선거의 원칙을 의미한다.
② 선거제도가 민주주의원리 나아가 국민주권의 원리에 부합하기 위해서 국민의 의사를 제대로 반영하고 국민의 자유로운 선택을 보장하여야 한다.
③ 우리나라는 선거의 공정성과 선거운동의 기회균등을 보장하기 위해 선거공영제를 채택하여 선거에 관한 경비를 법률이 정하는 경우를 제외하고는 정당 또는 후보자에게 부담시킬 수 없다.
④ 우리나라 국회의원선거는 소선거구제, 절대다수대표제 및 비례대표제를 함께 채택하고 있다.

01

헌법의 개념에 관한 설명으로 가장 적절하지 않은 것은? (다툼이 있는 경우 판례에 의함)

① 불문헌법 내지 관습헌법도 성문헌법과 동일한 법적 효력을 가진다.
② 실질적 의미의 헌법과 형식적 의미의 헌법은 입법기술적으로나 헌법정책적 이유로 인하여 일치할 수 없다.
③ 헌법은 국민적 합의에 의해 제정된 국민생활의 최고 도덕규범이며 정치생활의 가치규범으로서 정치와 사회질서의 지침을 제공하고 있기 때문에 민주사회에서는 헌법의 규범을 준수하고 그 권위를 보존하는 것을 기본으로 한다.
④ 우리 헌법은 헌법의 개정이 통상의 법률개정보다 까다로운 절차와 방법을 요구하는 연성헌법에 속한다.

02

헌법개정에 관한 설명으로 가장 적절하지 않은 것은? (다툼이 있는 경우 판례에 의함)

① 우리 헌법은 헌법개정절차의 대상을 단지 '헌법'이라고만 하고 있으므로, 관습헌법도 헌법에 해당하는 이상 헌법개정의 대상인 헌법에 포함된다고 보아야 한다.
② 한미무역협정은 우호통상항해조약의 하나로서 성문헌법을 개정하는 효력이 없으므로 한미무역협정의 체결로 헌법개정절차에서의 국민투표권 침해의 가능성은 인정될 수 없다.
③ 대통령의 임기연장 또는 중임변경을 위한 헌법개정은 그 헌법개정 공고 당시의 대통령에 대하여는 효력이 없다.
④ 헌법개정의 한계에 관한 규정을 직접 두고 있지 않은 우리 헌법체계에서는 어떤 규정이 헌법핵 내지는 헌법제정규범으로서 상위규범이고 어떤 규정이 단순한 헌법개정규범으로서 하위규범인지를 구별하는 것이 가능하지 아니하며, 달리 헌법의 각 개별규정 사이에 그 효력상의 차이를 인정하여야 할 아무런 근거도 찾을 수 없다.

03

대한민국 헌정사에 관한 설명으로 가장 적절한 것은? (다툼이 있는 경우 판례에 의함)

① 우리 헌법은 제헌헌법 이래 신체의 자유를 보장하는 규정을 두었는데, 원래 '구금'이라는 용어를 사용해 오다가 현행 헌법개정시에 이를 '구속'이라는 용어로 바꾸었다.
② 1980년 개정헌법에서는 주권적 수임기관인 통일주체국민회의가 토론 없이 무기명투표로 대통령을 선거하며, 국회의원 정수의 3분의 1에 해당하는 수의 국회의원을 선거한다고 규정하였다.
③ 1972년 개정헌법에서는 인간의 존엄과 가치에 관한 규정을 처음 도입하였다.
④ 1960년 개정헌법에서는 국회가 단원제였으며, 재적국회의원 3분지 2 이상의 투표로 대통령을 선출하고, 대통령이 지명한 국무총리에 대한 동의권을 가진다고 규정하였다.

04

우리 헌법의 기본원리에 관한 설명으로 가장 적절하지 않은 것은? (다툼이 있는 경우 판례에 의함)

① 진정소급입법은 원칙적으로 허용되지만 소급효를 요구하는 공익상의 사유와 신뢰보호의 요청 사이의 교량과정에서 신뢰보호의 관점이 입법자의 형성권에 제한을 가하게 된다.
② 위헌정당해산심판사유 중에서 민주적 기본질서의 '위배'란, 민주적 기본질서에 대한 단순한 위반이나 저촉을 의미하는 것이 아니라, 민주사회의 불가결한 요소인 정당의 존립을 제약해야 할 만큼 그 정당의 목적이나 활동이 우리 사회의 민주적 기본질서에 대하여 실질적인 해악을 끼칠 수 있는 구체적 위험성을 초래하는 경우를 가리킨다.
③ 오늘날 문화국가에서의 문화정책은 그 초점이 문화 그 자체에 있는 것이 아니라 문화가 생겨날 수 있는 문화풍토를 조성하는 데 두어야 한다.
④ 자유민주적 기본질서 및 시장경제원리는 헌법의 지배원리로서 모든 법령의 해석기준이 된다.

05

외국인의 기본권 주체성에 관한 설명으로 가장 적절하지 않은 것은? (다툼이 있는 경우 판례에 의함)

① 인간의 존엄과 가치 및 행복추구권 등과 같이 단순히 '국민의 권리'가 아닌 '인간의 권리'로 볼 수 있는 기본권에 대해서는 외국인도 기본권 주체가 될 수 있다.

② 최소한의 근로조건을 요구할 수 있는 권리는 자유권적 기본권의 성격도 아울러 가지므로 이러한 경우 외국인 근로자에게도 그 기본권 주체성을 인정함이 타당하다.

③ 외국국적동포가 국내에서 누리는 직업의 자유는 법률 이전에 헌법에 의해서 부여된 기본권이다.

④ 인천공항 출입국·외국인청장이 행한 인천국제공항 송환대기실에 수용된 난민에 대한 변호인 접견거부는 현행법상 아무런 법률상 근거가 없이 송환대기실에 수용된 난민의 변호인의 조력을 받을 권리를 제한한 것이므로, 송환대기실에 수용된 난민의 변호인의 조력을 받을 권리를 침해한 것이다.

06

기본권의 효력에 관한 설명으로 옳은 것을 모두 고른 것은? (다툼이 있는 경우 판례에 의함)

> ㉠ 기본권의 대국가적 효력은 국가권력에 대한 개인의 방어적 권리라는 기본권의 성격에서 비롯된다.
> ㉡ 기본권의 제3자적 효력(대사인적 효력)은 기본권의 객관적 가치질서로서의 성격과 밀접한 관련이 있다.
> ㉢ 기본권 규정은 그 성질상 사법관계에 직접 적용될 수 있는 예외적인 것을 제외하고는 사법상의 일반원칙을 규정한 「민법」 제2조, 제103조, 제750조, 제751조 등의 내용을 형성하고 그 해석의 기준이 되어 간접적으로 사법관계에 효력을 미치게 된다.
> ㉣ 평등권이라는 기본권의 침해도 「민법」 제750조의 일반규정을 통하여 사법상 보호되는 인격적 법익 침해의 형태로 구체화되어 논하여질 수 있지만, 그 위법성 인정을 위하여는 반드시 사인간의 평등권 보호에 관한 별개의 입법이 있어야 한다.

① ㉠
② ㉠, ㉡
③ ㉠, ㉡, ㉢
④ ㉠, ㉡, ㉢, ㉣

07

기본권의 충돌에 관한 설명으로 가장 적절하지 않은 것은? (다툼이 있는 경우 판례에 의함)

① 기본권의 충돌이란 상이한 복수의 기본권 주체가 서로의 권익을 실현하기 위해 하나의 동일한 사건에서 국가에 대하여 서로 대립되는 기본권의 적용을 주장하는 경우를 말하는데, 한 기본권 주체의 기본권행사가 다른 기본권 주체의 기본권행사를 제한 또는 희생시킨다는데 그 특징이 있다.

② 흡연자와 비흡연자가 함께 생활하는 공간에서의 흡연행위는 필연적으로 흡연자의 기본권과 비흡연자의 기본권이 충돌하는 상황이 초래된다. 이 경우 혐연권은 흡연권을 침해하지 않는 한에서 인정되어야 한다.

③ 근로자의 단결하지 아니할 자유와 노동조합의 적극적 단결권이 충돌하는 경우 단결권 상호간의 충돌은 아니라고 하더라도 여전히 헌법상 보장된 일반적 행동의 자유 또는 결사의 자유와 적극적 단결권 사이의 기본권 충돌의 문제가 제기될 수 있다.

④ 국가가 태아의 생명 보호를 위해 확정적으로 만들어 놓은 자기낙태죄 조항의 위헌성을 심사함에 있어 동 조항의 존재와 역할을 간과한 채, 임신한 여성의 자기결정권과 태아의 생명권의 직접적인 충돌을 해결해야 하는 사안으로 보는 것은 적절하지 않다.

08

코로나19 팬데믹 상황에서의 기본권 제한에 관한 설명으로 가장 적절하지 않은 것은? (다툼이 있는 경우 판례에 의함)

① 감염병의 유행은 일률적이고 광범위한 기본권 제한을 허용하는 면죄부가 될 수 없고, 감염병의 확산으로 인하여 의료자원이 부족할 수도 있다는 막연한 우려를 이유로 확진환자 등의 국가시험응시를 일률적으로 금지하는 것은 직업선택의 자유를 과도하게 제한한 것이다.

② 고위험자의 정의나 판단기준을 정하고 있지 않다고 하더라도, 시험장 출입 시 또는 시험 중에 37.5도 이상의 발열이나 기침 또는 호흡곤란 등의 호흡기 증상이 있는 응시자 중 국가시험 주관부서의 판단에 따른 고위험자를 의료기관에 일률적으로 이송하도록 하는 것은 피해의 최소성을 충족한다.

③ 「감염병예방법」에 근거한 집합제한 조치로 인하여 일반음식점 영업이 제한되어 영업이익이 감소되었다고 하더라도, 일반음식점 운영자가 소유하는 영업시설·장비 등에 대한 구체적인 사용·수익 및 처분권한을 제한 받는 것은 아니므로, 보상규정의 부재가 일반음식점 운영자의 재산권을 제한한다고 볼 수 없다.

④ 코로나19 팬데믹 사태로 약사가 환자에게 의약품을 교부함에 있어 그 교부방식을 환자와 약사가 협의하여 결정할 수 있도록 한시적 예외를 인정하였다고 해도 의약품의 판매장소를 약국 내로 제한하는 것은 국민의 건강과 직접 관련된 보건의료 분야라는 점을 고려할 때, 과잉금지원칙을 위반하여 약국개설자의 직업수행의 자유를 침해한다고 볼 수 없다.

09

「학교폭력예방 및 대책에 관한 법률」에 관한 헌법재판소의 판단으로 가장 적절하지 않은 것은?

① 가해학생에 대한 조치로 피해학생에 대한 서면사과를 규정한 조항은 가해학생의 양심의 자유와 인격권을 과도하게 침해한다고 본다.

② 가해학생에 대한 조치로 피해학생 및 신고·고발한 학생에 대한 접촉, 협박 및 보복행위의 금지를 규정한 조항은 가해학생의 일반적 행동자유권을 침해한다고 보기 어렵다.

③ 피해학생이 가해학생과 동일한 학급 내에 있으면서 지속적으로 학교폭력의 위험에 노출된다면 심대한 정신적, 신체적 피해를 입을 수 있으므로, 가해학생에 대한 조치로 학급교체를 규정한 조항은 가해학생의 일반적 행동자유권을 과도하게 침해한다고 보기 어렵다.

④ 가해학생에 대한 조치별 적용 기준의 기본적인 내용을 법률에서 직접 규정하고 있으며, 사건 조치별 적용기준 위임규정에 따라 대통령령에 규정될 내용은 세부적인 기준에 관한 내용이 될 것임을 충분히 예측할 수 있으므로, 사건 조치별 적용기준 위임규정은 포괄위임금지원칙에 위배되지 않는다.

10

자기결정권에 관한 설명으로 가장 적절하지 않은 것은? (다툼이 있는 경우 판례에 의함)

① 무연고 시신을 생전 본인의 의사와 무관하게 해부용 시체로 제공될 수 있도록 한 법률 규정은 자기결정권을 침해한다고 보기 어렵다.

② 교원의 교원단체 및 노동조합 가입정보는 사생활의 비밀과 자유 및 이를 구체화한 개인정보자기결정권에 의하여 보장된다.

③ 혼인빙자간음죄는 과잉금지원칙을 위반하여 남성의 성적자기결정권 및 사생활의 비밀과 자유를 과잉제한하는 것으로 헌법에 위반된다.

④ 환자가 장차 죽음에 임박한 상태에 이를 경우를 대비하여 미리 의료인 등에게 연명치료 거부 또는 중단에 관한 의사를 밝히는 등의 방법으로 죽음에 임박한 상태에서 인간으로서의 존엄과 가치를 지키기 위하여 연명치료의 거부 또는 중단을 결정할 수 있다 할 것이고, 위 결정은 헌법상 기본권인 자기결정권의 한 내용으로서 보장된다.

11

평등권에 관한 설명으로 가장 적절하지 않은 것은? (다툼이 있는 경우 판례에 의함)

① 법 앞에서의 평등의 원칙은 법을 적용함에 있어서뿐만 아니라, 입법을 함에 있어서도 불합리한 차별대우를 하여서는 아니 된다는 것을 의미하는 것이다.
② 헌법에서 규정하고 있는 평등의 원칙은 절대적 평등을 의미하는 것이 아니라 상대적 평등을 뜻한다.
③ 헌법 제11조 제1항의 사회적 신분이란 사회에서 장기간 점하는 지위로서 일정한 사회적 평가를 수반하는 것을 의미한다 할 것이므로 전과자도 사회적 신분에 해당된다.
④ 존속살해죄에 대한 가중처벌은 형벌체계상 균형을 잃은 자의적 입법으로서 평등의 원칙에 위반된다.

12

출생등록과 관련된 내용으로 가장 적절하지 않은 것은? (다툼이 있는 경우 판례에 의함)

① 태어난 즉시 '출생등록될 권리'는 '출생 후 아동이 보호를 받을 수 있을 최대한 빠른 시점'에 아동의 출생과 관련된 기본적인 정보를 국가가 관리할 수 있도록 등록할 권리이다.
② '출생등록될 권리'는 헌법에 명시되지 아니한 독자적 기본권으로서, 자유로운 인격실현을 보장하는 자유권적 성격과 아동의 건강한 성장과 발달을 보장하는 사회적 기본권의 성격을 함께 지닌다.
③ 태어난 즉시 '출생등록될 권리'는 입법자가 출생등록제도를 통하여 형성하고 구체화하여야 할 권리이며, 입법자는 출생등록제도를 형성함에 있어 단지 출생등록의 이론적 가능성을 허용하는 것에 그쳐서는 아니 되며, 실효적으로 출생등록될 권리가 보장되도록 하여야 한다.
④ 혼인중인 여자와 남편 아닌 남자 사이에서 출생한 자녀의 경우에 모와 생부를 차별하여 혼인외 출생자의 신고의무를 모에게만 부과하고, 남편 아닌 남자인 생부에게 자신의 혼인외 자녀에 대해서 출생신고를 하도록 규정하지 아니한 것은 합리적인 이유가 없어 생부의 평등권을 침해한다.

13

신체의 자유에 관한 설명으로 가장 적절하지 않은 것은? (다툼이 있는 경우 판례에 의함)

① 「출입국관리법」에 따라 강제퇴거대상자를 대한민국 밖으로 송환할 수 있을 때까지 보호시설에 인치·수용하여 강제퇴거명령을 효율적으로 집행할 수 있도록 함으로써 외국인의 출입국과 체류를 적절하게 통제하고 조정하여 국가의 안전과 질서를 도모하는 것은, 입법목적의 정당성과 수단의 적합성이 인정된다.
② 「출입국관리법」에 따른 보호시설 인치·수용의 경우 보호기간의 상한을 두지 아니함으로써 강제퇴거대상자를 무기한 보호하는 것을 가능하게 하는 것은 보호의 일시적·잠정적 강제조치로서의 한계를 벗어나는 것이라는 점 등을 고려할 때 침해의 최소성과 법익균형성을 충족하지 못한다.
③ 적법절차의 원칙은 형사절차상의 제한된 범위 내에서만 적용되는 것이 아니라 국가작용으로서 기본권 제한과 관련되는 경우에 한해 모든 입법작용 및 행정작용에도 광범위하게 적용된다고 해석하여야 한다.
④ 평시에 일어난 군대 내 상관살해를 그 동기와 행위태양을 묻지 아니하고 무조건 사형으로 다스리는 것은 형벌체계상의 정당성을 잃은 것이다.

14

직업의 자유에 관한 설명으로 가장 적절하지 않은 것은? (다툼이 있는 경우 판례에 의함)

① 직업선택의 자유는 자신이 원하는 직업 내지 직종을 자유롭게 선택하는 직업선택의 자유와 그가 선택한 직업을 자기가 결정한 방식으로 자유롭게 수행할 수 있는 직업수행의 자유를 포함한다.
② 직업선택의 자유는 헌법상 사법인에게도 인정되는 기본권이다.
③ 직업의 선택 혹은 수행의 자유는 각자의 생활의 기본적 수요를 충족시키는 방편이 되고, 또한 개성신장의 바탕이 된다는 점에서 주관적 공권의 성격이 두드러진 것이기는 하나, 다른 한편으로는 국민 개개인이 선택한 직업의 수행에 의하여 국가의 사회질서와 경제질서가 형성된다는 점에서 사회적 시장경제질서라고 하는 객관적 법질서의 구성요소이기도 하다.
④ 직업결정의 자유나 전직의 자유는 직업종사(직업수행)의 자유에 비하여 공익을 위해 상대적으로 더 넓은 법률상의 규제가 가능하다.

15

통신의 자유 및 개인정보자기결정권에 관한 설명으로 가장 적절하지 않은 것은? (다툼이 있는 경우 판례에 의함)

① 개인정보자기결정권은 자신에 관한 정보가 언제 누구에게 어느 범위까지 알려지고 또 이용되도록 할 것인지를 그 정보주체가 스스로 결정할 수 있는 권리이다.
② 통신의 자유란 통신수단을 자유로이 이용하여 의사소통할 권리이다.
③ 자유로운 의사소통은 통신내용의 비밀을 보장하는 것만으로 충분하다.
④ 통신의 비밀이란 서신·우편·전신의 통신수단을 통하여 개인 간에 의사나 정보의 전달과 교환(의사소통)이 이루어지는 경우, 통신의 내용과 통신이용의 상황이 개인의 의사에 반하여 공개되지 아니할 자유를 의미한다.

16

'알 권리'에 관한 설명으로 가장 적절하지 않은 것은? (다툼이 있는 경우 판례에 의함)

① 자유로운 의사의 형성은 정보에의 접근이 충분히 보장됨으로써 비로소 가능한 것이며, 그러한 의미에서 정보에의 접근·수집·처리의 자유, 즉 '알 권리'는 표현의 자유와 표리일체의 관계에 있으며 자유권적 성질과 청구권적 성질을 공유하는 것이다.
② '알 권리'의 자유권적 성질은 일반적으로 정보에 접근하고 수집·처리함에 있어서 국가권력의 방해를 받지 아니한다는 것을 말한다.
③ '알 권리'의 청구권적 성질은 의사형성이나 여론 형성에 필요한 정보를 적극적으로 수집하고 수집을 방해하는 방해제거를 청구할 수 있다는 것을 의미하는바, 이는 정보수집권 또는 정보공개청구권으로 나타난다.
④ '알 권리'는 표현의 자유에 당연히 포함되는 것으로 보아야 하지만 생활권적 성질까지도 획득해 나가고 있다고 보기는 어렵다.

17

집회의 자유에 관한 설명으로 가장 적절하지 않은 것은? (다툼이 있는 경우 판례에 의함)

① 개인이 집회의 자유를 집단적으로 행사함으로써 불가피하게 발생하는 일반대중에 대한 불편함이나 법익에 대한 위험은 보호법익과 조화를 이루는 범위 내에서 국가와 제3자에 의하여 수인되어야 한다.
② 집회의 자유는 개인의 인격발현의 요소이자 민주주의를 구성하는 요소라는 이중적 헌법적 기능을 가지고 있다.
③ 집회의 자유에 의하여 구체적으로 보호되는 주요행위는 집회의 준비 및 조직, 지휘, 참가, 집회장소·시간의 선택이므로 집회를 방해할 의도로 집회에 참가하는 것도 보호된다.
④ 집회장소가 바로 집회의 목적과 효과에 대하여 중요한 의미를 가지기 때문에, 누구나 '어떤 장소에서' 자신이 계획한 집회를 할 것인가를 원칙적으로 자유롭게 결정할 수 있어야만 집회의 자유가 비로소 효과적으로 보장되는 것이다. 따라서 집회의 자유는 다른 법익의 보호를 위하여 정당화되지 않는 한, 집회장소를 항의의 대상으로부터 분리시키는 것을 금지한다.

18

생존권적 기본권에 관한 설명으로 가장 적절하지 않은 것은? (다툼이 있는 경우 판례에 의함)

① 사회보장수급권은 개인에게 직접 주어지는 헌법적 차원의 권리이며, 사회적 기본권의 하나이다.
② 8촌 이내 혈족 사이의 혼인금지조항을 위반한 혼인을 전부 무효로 하는 「민법」 조항은 과잉금지원칙을 위배하여 혼인의 자유를 침해한다.
③ 입양신고 시 신고사건 본인이 시·읍·면에 출석하지 아니하는 경우에는 신고사건 본인의 신분증명서를 제시하도록 한 「가족관계등록법」 규정은 입양당사자의 가족생활의 자유를 침해한다고 보기 어렵다.
④ 직장가입자가 소득월액보험료를 일정 기간 이상 체납한 경우 그 체납한 보험료를 완납할 때까지 국민건강보험공단이 그 가입자 및 피부양자에 대하여 보험급여를 실시하지 아니할 수 있도록 한 것은 인간다운 생활을 할 권리나 재산권을 침해하지 아니한다.

19

청원권에 관한 설명으로 가장 적절하지 않은 것은? (다툼이 있는 경우 판례에 의함)

① 청원권의 행사는 자신이 직접 하든 아니면 제3자인 중개인이나 대리인을 통해서 하든 청원권으로서 보호된다.
② 「청원법」상 청원기관의 장은 청원을 접수한 때에는 특별한 사유가 없으면 60일 이내에 처리결과를 청원인에게 알려야 한다.
③ 청원권의 보호범위에는 청원사항의 처리결과에 심판서나 재결서에 준하여 이유를 명시할 것까지를 요구하는 것은 포함되지 않는다.
④ 「청원법」상 국민은 공무원의 위법·부당한 행위에 대한 시정이나 징계의 요구에 대하여 청원기관에 청원할 수 있다.

20

환경권에 관한 설명으로 가장 적절하지 않은 것은? (다툼이 있는 경우 판례에 의함)

① 환경권은 생명·신체의 자유를 보호하는 토대를 이루며, 궁극적으로 '삶의 질' 확보를 목표로 하는 권리이다.
② 환경권을 행사함에 있어 국민은 국가로부터 건강하고 쾌적한 환경을 향유할 수 있는 자유를 침해당하지 않을 권리를 행사할 수 있고, 일정한 경우 국가에 대하여 건강하고 쾌적한 환경에서 생활할 수 있도록 요구할 수 있는 권리가 인정되기도 하는바, 환경권은 그 자체 종합적 기본권으로서의 성격을 지닌다.
③ 환경침해는 사인에 의해서 빈번하게 유발되므로 입법자가 그 허용 범위에 관해 정할 필요가 있는 점, 환경피해는 생명·신체의 보호와 같은 중요한 기본권적 법익 침해로 이어질 수 있는 점 등을 고려할 때, 일정한 경우 국가는 사인인 제3자에 의한 국민의 환경권 침해에 대해서도 적극적으로 기본권 보호조치를 취할 의무를 부담한다.
④ 국가가 국민의 건강하고 쾌적한 환경에서 생활할 권리에 관한 보호의무를 다하지 않았는지를 헌법재판소가 심사할 때에는 국가가 이를 보호하기 위하여 적절하고 효율적인 최대한의 보호조치를 취하였는가 여부를 기준으로 삼아야 한다.

01

경찰이 경찰청예규인 채증활동규칙에 따라 집회참가자를 촬영한 행위에 대한 설명으로 옳지 않은 것은?

① 채증활동규칙은 집회·시위 현장에서 불법행위의 증거자료를 확보하기 위해 행정조직의 내부에서 상급행정기관이 하급행정기관에 대하여 발령한 내부기준으로 행정규칙이지만 직접 집회참가자들의 기본권을 제한하므로 이에 대한 헌법소원심판청구는 기본권 침해의 직접성 요건을 충족하였다.
② 경찰의 촬영행위는 개인정보자기결정권의 보호대상이 되는 신체, 특정인의 집회·시위 참가 여부 및 그 일시·장소 등의 개인정보를 정보주체의 동의 없이 수집하였다는 점에서 개인정보자기결정권을 제한할 수 있다.
③ 근접촬영과 달리 먼 거리에서 집회·시위 현장을 전체적으로 촬영하는 소위 조망촬영이 기본권을 덜 침해하는 방법이라는 주장도 있으나, 최근 기술의 발달로 조망촬영과 근접촬영 사이에 기본권 침해라는 결과에 있어서 차이가 있다고 보기 어려워, 경찰이 집회·시위에 대해 조망촬영이 아닌 근접촬영을 하였다는 이유만으로 헌법에 위반되는 것은 아니다.
④ 옥외집회·시위에 대한 경찰의 촬영행위에 의해 취득한 자료는 '개인정보'의 보호에 관한 일반법인 개인정보 보호법이 적용될 수 있다.

02

명확성원칙에 대한 설명으로 옳지 않은 것은?

① 전기통신사업법 제83조 제3항에 규정된 '국가안전보장에 대한 위해를 방지하기 위한 정보수집'은 국가의 존립이나 헌법의 기본질서에 대한 위험을 방지하기 위한 목적을 달성함에 있어 요구되는 최소한의 범위 내에서의 정보수집을 의미하는 것으로 명확성원칙에 위배되지 않는다.
② 선거운동기간 중 당해 홈페이지 게시판 등에 정당·후보자에 대한 지지·반대 등의 정보를 게시하는 경우 실명을 확인받는 기술적 조치를 하도록 정한 공직선거법 조항 중 '인터넷언론사'는 공직선거법 및 관련 법령이 구체적으로 '인터넷언론사'의 범위를 정하고 있고, 중앙선거관리위원회가 설치·운영하는 인터넷선거 보도 심의위원회가 심의대상인 인터넷언론사를 결정하여 공개하는 점 등을 종합하면 명확성원칙에 반하지 않는다.
③ 국가공무원법 조항 중 초·중등교원인 교육공무원의 가입 등이 금지되는 '그 밖의 정치단체'에 관한 부분은 '특정 정당이나 특정 정치인을 지지·반대하는 단체로서 그 결성에 관여하거나 가입하는 경우 공무원의 정치적 중립성 및 교육의 정치적 중립성을 훼손할 가능성이 높은 단체'로 한정할 수 있어 명확성원칙에 반하지 않는다.
④ 의료인이 아닌 자의 문신시술업을 금지하고 처벌하는 의료법 조항 중 '의료행위'는, 의학적 전문지식을 기초로 하는 경험과 기능으로 진찰, 검안, 처방, 투약 또는 외과적 시술을 시행하여 하는 질병의 예방 또는 치료행위 이외에도 의료인이 행하지 아니하면 보건위생상 위해가 생길 우려가 있는 행위로 분명하게 해석되어 명확성원칙에 위배된다고 할 수 없다.

03

청원권에 대한 설명으로 옳은 것은?

① 현행 헌법규정에 의하면 청원은 문서 또는 구두(口頭)로 할 수 있다.
② 국민은 지방자치단체와 그 소속 기관에 청원을 제출할 수 있다.
③ 청원서의 일반인에 대한 공개를 위해 30일 이내에 100명 이상의 찬성을 받도록 하고, 청원서가 일반인에게 공개되면 그로부터 30일 이내에 10만 명 이상의 동의를 받도록 한 국회청원심사규칙 조항은 청원의 요건을 지나치게 까다롭게 설정하여 국민의 청원권을 침해한다.
④ 국민은 공무원의 위법·부당한 행위에 대한 시정이나 징계의 요구를 청원할 수 없다.

04

지방자치제도에 대한 설명으로 옳지 않은 것은?

① 국가기본도에 표시된 해상경계선은 그 자체로 불문법상 해상경계선으로 인정되는 것은 아니나, 관할 행정청이 국가기본도에 표시된 해상경계선을 기준으로 하여 과거부터 현재에 이르기까지 반복적으로 처분을 내리고, 지방자치단체가 허가, 면허 및 단속 등의 업무를 지속적으로 수행하여 왔다면 국가기본도상의 해상경계선은 여전히 지방자치단체 관할 경계에 관하여 불문법으로서 그 기준이 될 수 있다.
② 헌법이 감사원을 독립된 외부감사기관으로 정하고 있는 취지, 중앙정부와 지방자치단체는 서로 행정기능과 행정책임을 분담하면서 중앙행정의 효율성과 지방행정의 자주성을 조화시켜 국민과 주민의 복리증진이라는 공동목표를 추구하는 협력관계에 있다는 점을 고려하면 지방자치단체의 자치사무에 대한 합목적성 감사의 근거가 되는 감사원법 조항은 지방자치권의 본질적 내용을 침해하였다고는 볼 수 없다.
③ 연간 감사계획에 포함되지 아니하고 사전조사가 수행되지 아니한 감사의 경우 지방자치법에 따른 감사의 절차와 방법 등에 관한 관련 법령에서 감사대상이나 내용을 통보할 것을 요구하는 명시적인 규정이 없어, 광역지방자치단체가 기초지방자치단체의 자치사무에 대한 감사에 착수하기 위해서는 감사대상을 특정하여야 하나, 특정된 감사대상을 사전에 통보할 것까지 요구된다고 볼 수는 없다.
④ 감사 과정에서 사전에 감사대상으로 특정되지 아니한 사항에 관하여 위법사실이 발견된 경우, 당초 특정된 감사대상과 관련성이 인정되는 것으로서 당해 절차에서 함께 감사를 진행하더라도 감사대상 지방자치단체가 절차적인 불이익을 받을 우려가 없고, 해당 감사대상을 적발하기 위한 목적으로 감사가 진행된 것으로 볼 수 없는 사항이라 하더라도, 감사대상을 확장하거나 추가하는 것은 허용되지 않는다.

05

문화국가의 원리에 대한 설명으로 옳지 않은 것은?

① 우리나라는 건국헌법 이래 문화국가의 원리를 헌법의 기본원리로 채택하고 있다.
② 헌법은 제9조에서 "문화의 영역에 있어서 각인의 기회를 균등히" 할 것을 선언하고 있을 뿐 아니라, 국가에게 전통문화의 계승 발전과 민족문화의 창달을 위하여 노력할 의무를 지우고 있다.
③ 헌법 제9조의 규정취지와 민족문화유산의 본질에 비추어 볼 때, 국가가 민족문화유산을 보호하고자 하는 경우 이에 관한 헌법적 보호법익은 '민족문화유산의 존속' 그 자체를 보장하는 것이고, 원칙적으로 민족문화유산의 훼손등에 관한 가치보상이 있는지 여부는 이러한 헌법적 보호법익과 직접적인 관련이 없다.
④ 국가는 학교교육에 관한 한, 교육제도의 형성에 관한 폭넓은 권한을 가지고 있지만, 학교교육 밖의 사적인 교육영역에서는 원칙적으로 부모의 자녀교육권이 우위를 차지하고, 국가 또한 헌법이 지향하는 문화국가이념에 비추어, 학교교육과 같은 제도교육 외에 사적인 교육의 영역에서도 사인의 교육을 지원하고 장려해야 할 의무가 있으므로 사적인 교육영역에 대한 국가의 규율권한에는 한계가 있다.

06

국적에 대한 설명으로 옳지 않은 것은?

① 국적법 조항 중 거짓이나 그 밖의 부정한 방법으로 국적회복허가를 받은 사람에 대하여 그 허가를 취소할 수 있도록 규정한 부분은 과잉금지원칙에 위배하여 거주·이전의 자유 및 행복추구권을 침해하지 아니한다.
② 1978. 6. 14.부터 1998. 6. 13. 사이에 태어난 모계출생자(모가 대한민국 국민이거나 모가 사망할 당시에 모가 대한민국 국민이었던 자)가 대한민국 국적을 취득할 수 있는 특례를 두면서 2004. 12. 31.까지 국적취득신고를 한 경우에만 대한민국 국적을 취득하도록 한 국적법 조항은, 모계출생자가 권리를 남용할 가능성을 억제하기 위하여 특례기간을 2004. 12. 31.까지로 한정하고 있는 바, 이를 불합리하다고 볼 수 없고 평등원칙에 위배되지 않는다.
③ 국적법 조항 중 "외국에 주소가 있는 경우"는 입법취지 및 사전적 의미 등을 고려할 때 다른 나라에 생활근거가 있는 경우를 뜻함이 명확하므로 명확성원칙에 위배되지 아니한다.
④ 복수국적자가 외국에 주소가 있는 경우에만 국적이탈을 신고할 수 있도록 정한 국적법 조항은 복수국적자에게 과도한 불이익을 발생시켜 과잉금지원칙에 위배되어 국적이탈의 자유를 침해한다.

07

정당제도에 대한 설명으로 옳지 않은 것은?

① 1980년 제8차 헌법개정에서 국가는 법률이 정하는 바에 의하여 정당의 운영에 필요한 자금을 보조할 수 있다고 규정하였다.
② 정당의 법적 지위는 적어도 그 소유재산의 귀속관계에 있어서는 법인격 없는 사단(社團)으로 보아야 하고, 중앙당과 지구당과의 복합적 구조에 비추어 정당의 지구당은 단순한 중앙당의 하부조직이 아니라 어느 정도의 독자성을 가진 단체로서 역시 법인격 없는 사단에 해당한다.
③ 위헌정당해산제도의 실효성을 확보하기 위하여 헌법재판소의 위헌정당 해산결정에 따라 해산된 정당 소속 비례대표 지방의회 의원은 해산결정 시 의원의 지위를 상실한다.
④ "누구든지 2 이상의 정당의 당원이 되지 못한다."라고 규정하고 있는 정당법 조항은 정당의 정체성을 보존하고 정당 간의 위법·부당한 간섭을 방지함으로써 정당정치를 보호·육성하기 위한 것으로서, 정당 당원의 정당 가입·활동의 자유를 침해한다고 할 수 없다.

08

헌법재판에 대한 설명으로 옳지 않은 것은? (다툼이 있는 경우 헌법재판소 결정에 의함)

① 한정위헌결정의 기속력을 부인하여 청구인들의 재심청구를 기각한 법원의 재판은 '법률에 대한 위헌결정의 기속력에 반하는 재판'으로 이에 대한 헌법소원이 허용될 뿐 아니라 헌법상 보장된 재판청구권을 침해하였으므로 헌법재판소법 제75조 제3항에 따라 취소되어야 한다.
② 법률에 대한 헌법재판소의 한정위헌결정 이전에 그 법률을 적용하여 확정된 유죄판결은 '헌법재판소가 위헌으로 결정한 법령을 적용하여 국민의 기본권을 침해한 재판'에는 해당하지 않지만, '위헌결정의 기속력에 반하는 재판'이므로 그 판결을 대상으로 한 헌법소원심판청구는 적법하다.
③ 헌법재판소법 제68조 제1항의 헌법소원은 행정처분에 대하여도 청구할 수 있는 것이나, 그것이 법원의 재판을 거쳐 확정된 행정처분인 경우에는 당해 행정처분을 심판의 대상으로 삼았던 법원의 재판이 예외적으로 헌법소원심판의 대상이 되어 그 재판 자체가 취소되는 경우에 한하여 심판이 가능한 것이고, 이와 달리 법원의 재판이 취소될 수 없는 경우에는 당해 행정처분 역시 헌법소원심판청구의 대상이 되지 아니한다.
④ 헌법소원심판청구인이 심판대상 법률조항의 특정한 해석이나 적용 부분의 위헌성을 주장하는 한정위헌청구는 원칙적으로 적법하지만, 한정위헌청구의 형식을 취하고 있으면서도 실제로는 개별적·구체적 사건에서의 법률조항의 단순한 포섭·적용에 관한 문제를 다투거나 의미 있는 헌법문제를 주장하지 않으면서 법원의 법률해석이나 재판결과를 다투는 심판청구는 부적법하다.

09

역대 헌법에 대한 설명으로 옳지 않은 것은?

① 제헌헌법에서 모든 국민은 국가 각기관에 대하여 문서로써 청원을 할 권리가 있으며, 청원에 대하여 국가는 심사할 의무를 진다고 규정하였다.
② 1952년 제1차 헌법개정에서 단원제 국회가 규정되었고, 국무위원은 국무총리의 제청에 의하여 대통령이 임면한다고 규정하였다.
③ 1962년 제5차 헌법개정에서 중앙선거관리위원회는 대통령이 임명하는 2인, 국회에서 선출하는 2인과 대법원판사회의에서 선출하는 5인의 위원으로 구성하고, 위원장은 위원 중에서 호선한다고 규정하였다.
④ 1980년 제8차 헌법개정에서 모든 국민은 깨끗한 환경에서 생활할 권리를 가지며, 국가와 국민은 환경보전을 위하여 노력하여야 한다고 규정하였다.

10

탄핵심판에 대한 설명으로 옳지 않은 것은?

① 헌법 제65조 제1항은 탄핵사유를 '헌법이나 법률을 위배한 때'로 규정하고 있는데, '헌법'에는 명문의 헌법규정만이 포함되고, 헌법재판소의 결정에 의하여 형성되어 확립된 불문헌법은 포함되지 않는다.
② 탄핵심판에서는 국회 법제사법위원회 위원장이 소추위원이 되고, 소추위원은 헌법재판소에 소추의결서 정본을 제출하여 탄핵심판을 청구하며, 심판의 변론에서 피청구인을 신문할 수 있다.
③ 헌법 제65조 제1항은 '직무집행에 있어서'라고 하여, 탄핵사유의 요건을 '직무' 집행으로 한정하고 있으므로, 대통령의 직위를 보유하고 있는 상태에서 범한 법위반행위만 소추사유가 될 수 있다.
④ 국회의 탄핵소추절차는 국회와 대통령이라는 헌법기관 사이의 문제이고, 국회의 탄핵소추의결에 의하여 사인으로서의 대통령의 기본권이 침해되는 것이 아니라, 국가기관으로서의 대통령의 권한행사가 정지되는 것이므로, 국가기관이 국민과의 관계에서 공권력을 행사함에 있어서 준수해야 할 법원칙으로서 형성된 적법절차의 원칙을 국가기관에 대하여 헌법을 수호하고자 하는 탄핵소추절차에는 직접 적용할 수 없다.

11

대통령선거에 대한 설명으로 옳은 것은?

① 대통령 후보자가 1인일 때에는 그 득표수가 선거권자 총수의 과반수가 아니면 대통령으로 당선될 수 없다.
② 대통령선거 예비후보자등록을 신청하는 사람에게 대통령선거 기탁금의 100분의 20에 해당하는 금액인 6,000만 원을 기탁금으로 납부하도록 한 공직선거법 조항 중 해당 부분은 경제력이나 조직력이 약한 사람의 예비후보자등록을 억제하거나 예비후보자로 나서는 것 자체를 원천적으로 차단하게 되어 대통령선거 예비후보자의 공무담임권을 침해한다.
③ 헌법은 대통령의 임기가 만료되는 때에는 임기만료 70일 내지 40일 전에 후임자를 선거하고, 대통령이 궐위된 때 또는 대통령 당선자가 사망하거나 판결 기타의 사유로 그 자격을 상실한 때에는 60일 이내에 후임자를 선거한다고 규정한다.
④ 전임자의 임기가 만료된 후에 실시하는 선거와 궐위로 인한 선거에 의한 대통령의 임기는 선거일의 다음 날 0시부터 개시된다.

12

경제질서에 대한 설명으로 옳지 않은 것은?

① 헌법 제119조는 헌법상 경제질서에 관한 일반조항으로서 국가의 경제정책에 대한 하나의 헌법적 지침일 뿐, 그 자체가 기본권의 성질을 가진다거나 독자적인 위헌심사의 기준이 된다고 할 수 없다.

② 헌법 제119조 제2항은 독과점규제라는 경제정책적 목표를 개인의 경제적 자유를 제한할 수 있는 정당한 공익의 하나로 명문화하고 있는데, 독과점규제의 목적이 경쟁의 회복에 있다면 이 목적을 실현하는 수단 또한 자유롭고 공정한 경쟁을 가능하게 하는 방법이어야 한다.

③ '사영기업의 국유 또는 공유로의 이전'은 일반적으로 공법적 수단에 의하여 사기업에 대한 소유권을 국가나 기타 공법인에 귀속시키고 사회정책적·국민경제적 목표를 실현할 수 있도록 그 재산권의 내용을 변형하는 것을 말하며, 또 사기업의 '경영에 대한 통제 또는 관리'라 함은 비록 기업에 대한 소유권의 보유주체에 대한 변경은 이루어지지 않지만 사기업 경영에 대한 국가의 광범위하고 강력한 감독과 통제 또는 관리의 체계를 의미한다고 할 것이다.

④ 구 상속세 및 증여세법 제45조의3 제1항은 이른바 일감 몰아주기로 수혜법인의 지배주주 등에게 발생한 이익에 대하여 증여세를 부과함으로써 적정한 소득의 재분배를 촉진하고, 시장의 지배와 경제력의 남용 우려가 있는 일감 몰아주기를 억제하려는 것이지만, 거래의 필요성, 영업외손실의 비중, 손익변동 등 구체적인 사정을 고려하지 않은 채, 특수관계법인과 수혜법인의 거래가 있으면 획일적 기준에 의하여 산정된 미실현 이익을 수혜법인의 지배주주가 증여받은 것으로 보아 수혜법인의 지배주주의 재산권을 침해한다.

13

재산권에 대한 설명으로 옳지 않은 것은?

① 환매권의 발생기간을 제한하고 있는 공익사업을 위한 토지 등의 취득 및 보상에 관한 법률 조항 중 '토지의 협의취득일 또는 수용의 개시일부터 10년 이내에' 부분의 위헌성은 헌법상 재산권인 환매권의 발생기간을 제한한 것 자체에 있다.

② 유언자가 생전에 최종적으로 자신의 재산권에 대하여 처분할 수 있는 법적 가능성을 의미하는 유언의 자유는 생전증여에 의한 처분과 마찬가지로 헌법상 재산권의 보호를 받는다.

③ 지방의회의원으로 선출되어 받게 되는 보수가 기존의 연금에 미치지 못하는 경우에도 연금 전액의 지급을 정지하도록 정한 구 공무원연금법 조항은, 연금을 대체할 만한 적정한 소득이 있다고 할 수 없는 경우에도 일률적으로 연금전액의 지급을 정지하여 지급정지제도의 본질 및 취지에 어긋나 과잉금지원칙에 위배되어 재산권을 침해한다.

④ 제1차 투표에서 유효투표수의 100분의 10 이상 100분의 15 미만을 득표한 경우에는 기탁금 반액을 반환하고, 반환되지 않은 기탁금은 국립대학교발전기금에 귀속하도록 정한 국립대학 총장임용후보자 선정 규정은, 후보자의 진지성과 성실성을 담보하기 위한 최소한의 제한이므로 총장임용후보자선거의 후보자의 재산권을 침해하지 않는다.

14

변호인의 조력을 받을 권리에 대한 설명으로 옳지 않은 것은?

① 접촉차단시설이 설치되지 않은 장소에서의 수용자 접견 대상을 소송사건의 대리인인 변호사로 한정한 구 형의 집행 및 수용자의 처우에 관한 법률 시행령 조항은, 그로 인해 접견의 상대방인 수용자의 재판청구권이 제한되는 효과도 함께 고려하면 수용자의 대리인이 되려는 변호사의 직업수행의 자유와 수용자의 변호인의 조력을 받을 권리를 침해한다.

② '변호인이 되려는 자'의 접견교통권은 피의자 등을 조력하기 위한 핵심적인 부분으로서, 피의자 등이 가지는 헌법상의 기본권인 '변호인이 되려는 자'와의 접견교통권과 표리의 관계에 있어, 피의자 등이 가지는 '변호인이 되려는 자'의 조력을 받을 권리가 실질적으로 확보되기 위해서는 '변호인이 되려는 자'의 접견교통권 역시 헌법상 기본권으로서 보장되어야 한다.

③ 수사서류에 대한 법원의 열람·등사 허용 결정이 있음에도 검사가 열람·등사를 거부하는 경우 수사서류 각각에 대하여 검사가 열람·등사를 거부할 정당한 사유가 있는지를 심사할 필요 없이 그 거부행위 자체로써 청구인의 변호인의 조력을 받을 권리를 침해하는 것이 되고, 이는 법원의 수사서류에 대한 열람·등사 허용 결정이 있음에도 검사가 해당 서류에 대한 열람만을 허용하고 등사를 거부하는 경우에도 마찬가지이다.

④ 교도소장이 금지물품 동봉 여부를 확인하기 위하여 미결수용자와 같은 지위에 있는 수형자의 변호인이 위 수형자에게 보낸 서신을 개봉한 후 교부한 행위는 교정사고를 미연에 방지하고 교정시설의 안전과 질서 유지를 위한 것으로, 금지물품이 들어 있는지를 확인하기 위하여 서신을 개봉하는 것만으로는 미결수용자와 같은 지위에 있는 수형자의 변호인의 조력을 받을 권리를 침해하지 않는다.

15

적법절차원리에 대한 설명으로 옳지 않은 것은?

① 농림수산식품부장관 등 관련 국가기관이 국민의 생명·신체의 안전에 영향을 미치는 고시 등의 내용을 결정함에 있어서 이해관계인의 의견을 사전에 충분히 수렴하는 것이 바람직하기는 하지만, 그것이 헌법의 적법절차원칙상 필수적으로 요구되는 것이라고 할 수는 없다.

② 강제퇴거명령을 받은 사람을 보호할 수 있도록 하면서 보호기간의 상한을 마련하지 아니한 출입국관리법 조항에 의한 보호는 형사절차상 '체포 또는 구속'에 준하는 것으로 볼 수 있는 점을 고려하면, 보호의 개시 또는 연장 단계에서 그 집행기관인 출입국 관리공무원으로부터 독립되고 중립적인 지위에 있는 기관이 보호의 타당성을 심사하여 이를 통제할 수 있어야 한다.

③ 형사재판에 계속 중인 사람에 대하여 출국을 금지할 수 있다고 규정한 출입국관리법에 따른 법무부장관의 출국금지결정은 성질상 신속성과 밀행성을 요하므로, 출국금지 대상자에게 사전통지를 하거나 청문을 실시하도록 한다면 국가 형벌권 확보라는 출국금지제도의 목적을 달성하는 데 지장을 초래할 우려가 있으며, 출국금지 후 즉시 서면으로 통지하도록 하고 있고, 이의신청이나 행정소송을 통하여 출국금지결정에 대해 사후적으로 다툴 수 있는 기회를 제공하여 절차적 참여를 보장해 주고 있으므로 적법절차원칙에 위배된다고 보기 어렵다.

④ 효율적인 수사와 정보수집의 신속성, 밀행성 등을 고려하여 사전에 정보주체인 이용자에게 그 내역을 통지하는 것이 적절하지 않기 때문에, 수사기관 등이 통신자료를 취득한 이후에도 수사 등 정보수집의 목적에 방해가 되지 않도록 전기통신사업법 조항이 통신자료 취득에 대한 사후 통지절차를 두지 않은 것은 적법절차원칙에 위배되지 아니한다.

16

권한쟁의심판에 대한 설명으로 옳지 않은 것은?

① 국회가 제정한 국가경찰과 자치경찰의 조직 및 운영에 관한 법률에 의하여 설립된 국가경찰위원회는 국가기관 상호간의 권한쟁의심판의 당사자능력이 있다.
② 권한쟁의의 심판은 그 사유가 있음을 안 날부터 60일 이내에, 그 사유가 있은 날부터 180일 이내에 청구하여야 한다.
③ 헌법재판소의 권한쟁의심판의 결정은 모든 국가기관과 지방자치단체를 기속한다.
④ 헌법재판소가 권한쟁의심판의 청구를 받았을 때에는 직권 또는 청구인의 신청에 의하여 종국결정의 선고 시까지 심판 대상이 된 피청구인의 처분의 효력을 정지하는 결정을 할 수 있다.

17

다음 사례에 대한 설명으로 옳지 않은 것은?

> 공직선거법 조항이 한국철도공사와 같이 정부가 100분의 50 이상의 지분을 가지고 있는 기관의 상근직원은 선거운동을 할 수 없도록 규정하고 있음에도 불구하고, 甲은 한국철도공사 상근직원으로서, 특정 정당과 그 정당의 후보자에 대한 지지를 호소하는 내용의 메일을 한국철도공사 경기지부 소속 노조원에게 발송하였다는 이유로 기소되었다. 甲은 소송 계속 중 자신의 선거운동을 금지하고 있는 공직선거법 조항에 대하여 위헌법률심판제청신청을 하였으나 기각되자, 헌법재판소법 제68조 제2항의 헌법소원심판을 청구하였다.

① 선거운동의 자유는 선거권 행사의 전제 내지 선거권의 중요한 내용을 이룬다고 할 수 있으므로, 甲에 대한 선거운동의 제한은 선거권의 제한으로도 파악될 수 있다.
② 위 공직선거법 조항은 한국철도공사 상근직원의 직급이나 직무의 성격에 대한 검토 없이 일률적으로 모든 상근직원의 선거운동을 전면적으로 금지하는 것으로 선거운동의 자유를 침해한다.
③ 선거운동의 자유는 선거의 공정성이라는 또 다른 가치를 위하여 무제한 허용될 수는 없는 것이고, 선거운동이 허용되거나 금지되는 사람의 인적 범위는 입법자가 재량의 범위 내에서 직무의 성질과 내용 등 제반 사정을 종합적으로 검토하여 정할 사항이므로 제한입법의 위헌 여부에 대하여는 다소 완화된 심사기준이 적용되어야 한다.
④ 선거운동의 자유는 널리 선거과정에서 자유로이 의사를 표현할 자유의 일환이므로 표현의 자유의 한 태양이기도 한데, 이러한 정치적 표현의 자유는 선거과정에서의 선거운동을 통하여 국민이 정치적 의견을 자유로이 발표, 교환함으로써 비로소 그 기능을 다하게 된다 할 것이므로 선거운동의 자유는 헌법이 정한 언론·출판·집회·결사의 자유 및 보장규정에 의한 보호를 받는다.

18

헌법재판소 결정의 재심에 대한 설명으로 옳지 않은 것은?

① 공권력의 작용에 대한 권리구제형 헌법소원심판절차에 있어서 '헌법재판소의 결정에 영향을 미칠 중대한 사항에 관하여 판단을 유탈한 때'를 재심사유로 허용하는 것이 헌법재판의 성질에 반한다고 볼 수 없으므로 민사소송법 규정을 준용하여 '판단유탈'도 재심사유로 허용되어야 한다.
② 헌법재판은 그 심판의 종류에 따라 그 절차의 내용과 결정의 효과가 한결같지 아니하기 때문에 재심의 허용 여부 내지 허용 정도 등은 심판절차의 종류에 따라서 개별적으로 판단될 수밖에 없다.
③ 정당해산심판절차에서는 재심을 허용하지 아니함으로써 얻을 수 있는 법적 안정성의 이익이 재심을 허용함으로써 얻을 수 있는 구체적 타당성의 이익보다 더 크므로 재심을 허용하여서는 아니 된다.
④ 위헌법률심판을 구하는 헌법소원에 대한 헌법재판소의 결정에 대하여는 재심을 허용하지 아니함으로써 얻을 수 있는 법적 안정성의 이익이 재심을 허용함으로써 얻을 수 있는 구체적 타당성의 이익보다 훨씬 높을 것으로 예상할 수 있으므로 헌법재판소의 이러한 결정에는 재심에 의한 불복방법이 그 성질상 허용될 수 없다.

19

헌법재판소의 일반심판절차에 대한 설명으로 옳지 않은 것은?

① 당사자는 동일한 사건에 대하여 2명 이상의 재판관을 기피할 수 없다.
② 위헌법률의 심판과 헌법소원에 관한 심판은 구두변론에 의하고, 탄핵의 심판, 정당해산의 심판 및 권한쟁의의 심판은 서면심리에 의한다.
③ 법률의 위헌결정, 탄핵의 결정, 정당해산의 결정 또는 헌법소원에 관한 인용결정을 하는 경우에는 재판관 6명 이상의 찬성이 있어야 한다.
④ 헌법재판소의 심판절차에 관하여 헌법재판소법에 특별한 규정이 있는 경우를 제외하고는 헌법재판의 성질에 반하지 아니하는 한도에서 민사소송에 관한 법령을 준용하며, 탄핵심판의 경우에는 형사소송에 관한 법령을 준용하고, 권한쟁의심판 및 헌법소원심판의 경우에는 행정소송법을 함께 준용한다.

20

사법권에 대한 설명으로 옳지 않은 것은?

① 국회의원의 자격심사, 징계, 제명은 법원에의 제소가 금지된다.
② 비상계엄하의 군인·군무원의 범죄에 대한 군사재판은 사형을 선고한 경우에도 단심으로 할 수 있다.
③ 공유수면 관리 및 매립에 관한 법률에 따른 매립지가 속할 지방자치단체를 정하는 행정안전부장관의 결정에 대하여 이의가 있는 경우 관계 지방자치단체의 장은 그 결과를 통보받은 날부터 15일 이내에 대법원에 소송을 제기할 수 있다.
④ 상급법원 재판에서의 판단은 해당 사건에 관하여 하급심을 기속한다.

01

신체의 자유에 관한 설명으로 가장 옳지 않은 것은? (다툼이 있는 경우 판례에 의함)

① 강제퇴거명령을 받은 사람을 즉시 대한민국 밖으로 송환할 수 없으면 송환할 수 있을 때까지 보호시설에 보호할 수 있도록 규정한 「출입국관리법」 제63조 제1항은 과잉금지의 원칙에 반하여 신체의 자유를 침해하지 않는다.

② 체포영장을 발부받아 피의자를 체포하는 경우에 필요한 때에는 영장 없이 타인의 주거 등 내에서 피의자 수사를 할 수 있도록 한 「형사소송법」 규정은 별도로 영장을 발부받기 어려운 긴급한 사정이 있는지 여부를 구별하지 아니하고 피의자가 소재할 개연성만 소명되면 영장 없이 타인의 주거 등을 수색할 수 있도록 허용하고 있으므로 「헌법」 제16조의 영장주의에 위반된다.

③ 변호인이 피의자 신문에 자유롭게 참여할 수 있는 권리는 피의자가 가지는 변호인의 조력을 받을 권리를 실현하는 수단이므로 헌법상 기본권인 변호인의 변호권으로서 보호되어야 한다.

④ 누구든지 체포 또는 구속의 이유와 변호인의 조력을 받을 권리가 있음을 고지받지 아니하고는 체포 또는 구속을 당하지 아니한다. 체포 또는 구속을 당한 자의 가족 등 법률이 정하는 자에게는 그 이유와 일시·장소가 지체 없이 통지되어야 한다.

02

거주·이전의 자유에 관한 설명으로 가장 옳지 않은 것은? (다툼이 있는 경우 판례에 의함)

① 자경농지의 양도소득세 면제의 요건으로 농지소재지 거주요건을 둔 것은 거주·이전의 자유를 침해하는 것이 아니다.

② 법인의 대도시 내 부동산 취득에 대하여 통상보다 높은 세율인 5배의 등록세를 부과하는 규정은 법인의 거주·이전의 자유를 침해한다.

③ 영내에 기거하는 군인은 그가 속한 세대의 거주지에서 등록하여야 한다고 규정하고 있는 「주민등록법」 법률조항은 현역병의 거주·이전의 자유를 제한하지 않는다.

④ 거주·이전의 자유에는 국적을 이탈하거나 변경하는 것이 포함된다.

03

적법절차의 원칙에 관한 설명으로 가장 옳지 않은 것은? (다툼이 있는 경우 판례에 의함)

① 적법절차의 원칙은 법률이 정한 형식적 절차와 실체적 내용이 모두 합리성과 정당성을 갖춘 것이어야 한다는 실질적 의미를 지니는 것이다.

② 적법절차의 원칙은 형사소송절차에 국한되지 않고 모든 국가작용에 대하여 문제된 법률의 실체적 내용이 합리성과 정당성을 갖추고 있는지 여부를 판단하는 기준으로 적용된다.

③ 「범죄인 인도법」 제3조가 법원의 범죄인 인도심사를 서울고등법원의 전속관할로 하고 그 심사결정에 대한 불복절차를 인정하지 않은 것은 재판절차로서의 형사소송절차에서 상급심에의 불복절차를 자의적으로 배제하는 것으로 적법절차의 원칙에 위배된다.

④ 압수·수색의 사전통지나 집행 당시의 참여권의 보장은 압수·수색에 있어 국민의 기본권을 보장하고 헌법상의 적법절차원칙의 실현을 위한 구체적인 방법의 하나일 뿐 헌법상 명문으로 규정된 권리는 아니다.

04

소급입법에 관한 설명으로 가장 옳지 않은 것은? (다툼이 있는 경우 판례에 의함)

① 진정소급입법은 국민이 소급입법을 예상할 수 있었거나, 법적 상태가 불확실하고 혼란스러웠거나 하여 보호할 만한 신뢰의 이익이 적은 경우와 소급입법에 의한 당사자의 손실이 없거나 경미한 경우, 신뢰보호의 요청에 우선하는 심히 중대한 공익상의 사유가 소급입법을 정당화하는 경우에는 예외적으로 허용될 수 있다.
② 부진정소급입법은 원칙적으로 허용되지만 소급효를 요구하는 공익상의 사유와 신뢰보호 요청 사이의 교량과정에서 신뢰보호의 관점이 입법자의 형성권에 제한을 가하게 된다.
③ 모든 국민은 소급입법에 의하여 참정권의 제한을 받거나 재산권을 박탈당하지 아니한다.
④ 친일재산을 그 취득·증여 등 원인행위 시에 국가의 소유로 하도록 규정한 「친일반민족행위자 재산의 국가귀속에 관한 특별법」 조항은 진정소급입법에 해당하지 않는다.

05

영장주의에 관한 설명 중 가장 옳지 않은 것은? (다툼이 있는 경우 판례에 의함)

① 「헌법」 제12조 제3항이 정한 영장주의는 수사기관이 강제처분을 함에 있어 중립적 기관인 법원의 허가를 얻어야 함을 의미하는 것 외에 법원에 의한 사후 통제까지 마련되어야 함을 의미한다.
② 관계 행정청이 등급분류를 받지 아니하거나 등급분류를 받은 게임물과 다른 내용의 게임을 발견한 경우 관계 공무원으로 하여금 이를 수거·폐기하게 할 수 있도록 한 것은, 급박한 상황에 대처하기 위한 것으로서 그 불가피성과 정당성이 충분히 인정되는 경우이므로, 이 사건 법률조항이 영장 없는 수거를 인정한다고 하더라도 이를 두고 헌법상 영장주의에 위배된다고 볼 수 없다.
③ 구속집행정지결정에 대한 검사의 즉시항고를 인정하는 경우에는 검사의 불복을 그 피고인에 대한 구속집행을 정지할 필요가 있다는 법원의 판단보다 우선시킬 뿐 아니라 사실상 법원의 구속집행정지결정을 무의미하게 할 수 있는 권한을 검사에게 부여하게 되는 점에서 「헌법」 제12조 제3항의 영장주의원칙에 위배된다.
④ 수사기관이 공사단체 등에 범죄수사에 관련된 사실을 조회하는 행위는 강제력이 개입되지 아니한 임의수사에 해당하므로 이에 응하여 이루어진 국민건강보험공단의 개인정보제공행위에는 영장주의가 적용되지 않는다.

06

양심의 자유에 관한 설명 중 가장 옳은 것은? (다툼이 있는 경우 판례에 의함)

① 음주측정 요구와 그 거부는 양심의 자유의 보호영역에 해당한다.
② 헌법에 의해 보호받는 양심은 법질서와 도덕에 부합하는 사고를 가진 다수의 양심을 의미한다.
③ 내심적 자유, 즉 양심형성의 자유와 양심적 결정의 자유는 내심에 머무른다고 하더라도 법률에 의하여 제한될 수 있는 상대적 자유이다.
④ 재산목록을 제출하고 그 진실함을 법관 앞에서 선서하는 것은 개인의 인격형성에 관계되는 내심의 가치적·윤리적 판단에 해당하지 않아 양심의 자유의 보호대상이 아니므로 양심의 자유를 침해하지 아니한다.

07

사생활의 비밀과 자유에 관한 설명으로 가장 옳지 않은 것은? (다툼이 있는 경우 판례에 의함)

① 사생활의 자유란 사회공동체의 일반적인 생활 규범의 범위 내에서 사생활을 자유롭게 형성해 나가고 그 설계 및 내용에 대해서 외부로부터 간섭을 받지 아니할 권리를 의미한다.
② 사생활의 비밀과 자유에 관한 헌법규정은 개인의 사생활이 함부로 공개되지 아니할 소극적인 권리는 물론, 오늘날 고도로 정보화된 현대사회에서 자신에 대한 정보를 자율적으로 통제할 수 있는 적극적인 권리까지도 보장하려는 데에 그 취지가 있다.
③ 피보안관찰자에게 자신의 주거지 등 현황을 신고하게 하고 정당한 이유 없이 신고를 하지 아니할 경우 처벌하는 것은 사생활의 비밀과 자유에 대한 침해이다.
④ 흡연자들이 자유롭게 흡연할 권리를 흡연권이라고 한다면 이러한 흡연권은 인간의 존엄과 행복추구권을 규정한 「헌법」 제10조와 사생활의 자유를 규정한 「헌법」 제17조에 의하여 뒷받침된다.

08

개인정보자기결정권에 관한 설명으로 가장 옳지 않은 것은? (다툼이 있는 경우 판례에 의함)

① 자신의 주민등록표를 열람하거나 그 등·초본을 교부받는 경우에도 소정의 수수료를 부과하도록 하고 있는 규정은 개인정보자기결정권을 침해한다고 볼 수 없다.
② 직계혈족이기만 하면 아무런 제한 없이 자녀의 가족관계증명서 및 기본증명서의 교부를 청구하여 발급받을 수 있도록 규정한 「가족관계등록법」 조항은 과잉금지원칙에 위배되어 자녀의 개인정보자기결정권을 침해한다.
③ 주민등록번호 유출 또는 오·남용으로 인하여 발생할 수 있는 피해 등에 관한 아무런 고려 없이 주민등록번호 변경을 일체 허용하지 않는 것은 그 자체로 개인정보자기결정권에 대한 과도한 침해가 될 수 있다.
④ 법무부장관이 등록대상 성범죄자의 재범 위험성이 상존하는 20년 동안 그의 신상정보를 보존·관리하는 것은 정당한 목적을 위한 적합한 수단이므로, 모든 등록대상 성범죄자에 대하여 일률적으로 20년의 등록기간을 적용하고 있더라도 개인정보자기결정권을 침해한다고 볼 수 없다.

09

통신의 자유에 관한 설명으로 가장 옳지 않은 것은? (다툼이 있는 경우 판례에 의함)

① 신병훈련소에서 교육훈련을 받는 동안 신병의 전화사용을 통제하는 육군 신병교육지침은 통신의 자유를 과도하게 제한하여 통신의 자유를 침해한다.
② 통신의 자유란 통신수단을 자유로이 이용하여 의사소통할 권리이고, 이러한 '통신수단의 자유로운 이용'에는 자신의 인적사항을 누구에게도 밝히지 않은 상태로 통신수단을 이용할 자유, 즉 통신수단의 익명성 보장도 포함된다.
③ 수사를 위하여 필요한 경우 수사기관으로 하여금 법원의 허가를 얻어 전기통신사업자에게 특정시간대 특정 기지국에서 발신된 모든 전화번호의 제공을 요청할 수 있도록 하는 것은 그 통신서비스 이용자의 통신의 자유를 침해한다.
④ 미결수용자가 교정시설 내에서 규율위반 행위를 이유로 금지처분을 받은 경우 금치기간 중 서신 수수·접견·전화통화를 제한하는 것은 통신의 자유를 침해하지 아니한다.

10

표현의 자유에 관한 설명으로 가장 옳지 않은 것은? (다툼이 있는 경우 판례에 의함)

① 「금융지주회사법」 중 금융지주회사의 임·직원이 업무상 알게 된 공개되지 아니한 정보 또는 자료를 다른 사람에게 누설하는 것을 금지하는 부분은 표현의 자유를 침해한다.
② 저작자 아닌 자를 저작자로 하여 실명·이명을 표시하여 저작물을 공표한 자를 처벌하는 「저작권법」 규정은 표현의 자유를 침해하지 않는다.
③ 인터넷 언론사가 선거일 전 90일부터 선거일까지 후보자 명의의 칼럼이나 저술을 게재하는 보도를 할 수 없도록 한 것은 필요 이상으로 표현의 자유를 제한하여 헌법에 위반된다.
④ 표현이 어떤 내용에 해당한다는 이유만으로 표현의 자유의 영역에서 애당초 배제된다고 볼 수 없으므로 '허위사실의 표현'도 「헌법」 제21조가 규정하는 언론·출판의 자유의 보호영역에 해당된다.

11

재산권에 관한 설명으로 가장 옳지 않은 것은? (다툼이 있는 경우 판례에 의함)

① 잠수기어업허가를 받아 키조개 등을 채취하는 직업에 종사한다고 하더라도 이는 원칙적으로 자신의 계획과 책임하에 행동하면서 법제도에 의하여 반사적으로 부여되는 기회를 활용하는 것에 불과하므로 잠수기어업허가를 받지 못하여 상실된 이익 등 청구인 주장의 재산권은 「헌법」 제21조에서 규정하는 재산권의 보호범위에 포함된다고 볼 수 없다.

② 공무원연금은 기여금 납부를 통해 공무원 자신도 재원의 형성에 일부 기여한다는 점에서 후불임금의 성격도 가지고 있으므로 「공무원연금법」상 연금수급권은 사회적 기본권의 하나인 사회보장수급권의 성격과 재산권의 성격을 아울러 지니고 있다.

③ 교도소에 수용된 때에는 국민건강보험급여를 정지하도록 하는 것은 재산권을 침해하는 것이다.

④ 토지재산권은 그 강한 사회성 내지는 공공성으로 말미암아 다른 재산권에 비하여 보다 강한 제한과 의무가 부과될 수 있다.

12

기본권보호의무에 관한 설명 중 가장 옳지 않은 것은? (다툼이 있는 경우 판례에 의함)

① 「미국산 쇠고기 수입위생조건 고시」가 국민의 생명·신체의 안전을 보호하기에 전적으로 부적합하거나 매우 부족하여 그 보호의무를 명백히 위반한 것이라고 단정하기는 어렵다.

② 「민법」 제3조 및 제762조가 권리능력의 존재 여부를 출생시를 기준으로 확정하고 태아에 대해서는 살아서 출생할 것을 조건으로 손해배상청구권을 인정한다 할지라도, 이는 국가의 생명권 보호의무를 위반한 것이라 볼 수 없다.

③ 국가의 기본권보호의무의 이행은 입법자의 입법을 통하여 비로소 구체화되는 것이고, 국가가 그 보호의무를 어떻게 어느 정도로 이행할 것인지는 원칙적으로 한 나라의 정치·경제·사회·문화적인 제반여건과 재정사정 등을 감안하여 입법정책적으로 판단하여야 하는 입법재량의 범위에 속한다.

④ 「교통사고처리특례법」 중 업무상 과실 또는 중대한 과실로 인한 교통사고로 말미암아 피해자로 하여금 상해를 입게 한 경우 공소를 제기할 수 없도록 한 부분은 과소보호금지원칙에 위반한 것이다.

13

법률유보원칙에 관한 설명 중 가장 옳지 않은 것은? (다툼이 있는 경우 판례에 의함)

① 법률유보원칙은 '법률에 의한' 규율만을 뜻하는 것이 아니라 '법률에 근거한' 규율을 요청하는 것이므로 기본권 제한의 형식이 반드시 법률의 형식일 필요는 없고 법률에 근거를 두면서 「헌법」 제75조가 요구하는 위임의 구체성과 명확성을 구비하기만 하면 위임입법에 의하여도 기본권 제한을 할 수 있다.

② 「한국방송공사법」에서 국회의 결정이나 관여를 배제하고 한국방송공사로 하여금 수신료금액을 결정해서 문화관광부장관의 승인을 얻도록 하더라도 법률유보원칙에 위반되지는 않는다.

③ 여신전문금융회사의 임원이 문책경고를 받은 경우에는 법령에서 정한 바에 따라 일정기간 동안 임원선임의 자격제한을 받으므로 문책경고는 적어도 그 제한의 본질적 사항에 관한 한 법률에 근거가 있어야 하는데, 금융감독원의 직무범위를 규정한 조직규범은 법률유보원칙에서 말하는 법률의 근거가 될 수는 없다.

④ 사법시험 제2차 시험의 합격결정에 관하여 과락제도를 정하는 구 「사법시험령」의 규정은 사법시험의 실시를 집행하기 위한 시행과 절차에 관한 것이지, 새로운 법률사항을 정한 것이라고 보기 어려우므로, 모법의 수권 없이 규정하였다거나 집행명령의 한계를 일탈하였다고 볼 수 없다.

14

선거권에 관한 설명으로 가장 옳은 것은? (다툼이 있는 경우 판례에 의함)

① 주민등록과 국내거소신고를 기준으로 지역구 국회의원 선거권을 인정하는 것은 해당 국민의 지역적 관련성을 확인하는 합리적인 방법이라고 볼 수 없다.

② 「헌법」 제24조는 모든 국민은 '법률이 정하는 바에 의하여' 선거권을 가진다고 규정하고 있으므로 국민의 선거권은 '법률이 정하는 바에 따라서만 인정될 수 있다'는 포괄적인 입법권의 유보 아래에 있다.

③ 1년 이상의 징역형 선고를 받고 그 집행이 종료되지 않은 사람의 선거권을 제한하는 「공직선거법」 조항은 선거권을 침해하지 않는다.

④ 사법인적인 성격을 지니는 농협·축협의 조합장 선거에서 조합장을 선출하거나 선거운동을 하는 것은 헌법에 의하여 보호되는 선거권의 범위에 포함된다.

15

청원권에 관한 설명으로 가장 옳지 않은 것은? (다툼이 있는 경우 판례에 의함)

① 모든 국민은 법률이 정하는 바에 의하여 국가기관에 문서로 청원할 권리를 가진다.

② 국회에 청원을 할 때 국회의원의 소개를 얻도록 한 것은 청원을 하려는 자의 청원권을 침해하는 것이다.

③ 헌법상 보장된 청원권은 국가기관이 청원을 수리할 뿐만 아니라 이를 심사하여 청원자에게 적어도 그 결과를 통지할 것을 요구할 수 있는 권리이다.

④ 다수 청원인이 공동으로 청원을 하는 경우에는 그 처리결과를 통지받을 3명 이하의 대표자를 선정하여 이를 청원서에 표시하여야 한다.

16

환경권에 관한 설명으로 가장 옳은 것은? (다툼이 있는 경우 판례에 의함)

① 우리 헌법은 환경보전을 위해 노력할 의무를 국가에게만 부여할 뿐 국민에게는 부여하지 않고 있다.
② 환경권은 명문의 법률규정이나 관계 법령의 규정 취지 및 조리에 비추어 권리의 주체, 대상, 내용, 행사 방법 등이 구체적으로 정립될 수 있어야만 인정되는 것이므로, 사법상의 권리로서의 환경권을 인정하는 명문의 규정이 없는데도, 환경권에 기하여 직접 방해배제청구권을 인정할 수 없다.
③ 환경권 침해 내지 환경권에 대한 국가의 보호 의무 위반이 궁극적으로 생명·신체의 안전에 대한 침해로 귀결된다고 보기는 어렵다.
④ '건강하고 쾌적한 환경에서 생활할 권리'를 보장하는 환경권의 보호대상이 되는 환경에는 자연환경만 포함될 뿐 인공적 환경과 같은 생활환경은 포함되지 않는다.

17

국가배상청구권에 관한 설명으로 가장 옳은 것은? (다툼이 있는 경우 판례에 의함)

① 헌법상 국가배상청구권에 관한 규정은 국가배상청구권을 청구권적 기본권으로 보장하나, 그 요건에 해당하는 사유가 발생한 개별 국민에게는 금전청구권으로서의 재산권으로 보장되는 것은 아니다.
② 국가배상청구에 있어서도 오랜 기간의 경과로 인한 과거사실에 대한 증명의 곤란으로부터 채무자를 구제하고 또 권리행사를 게을리한 자에 대한 제재 및 장기간 불안정한 상태에 놓이게 되는 가해자의 보호를 위하여 소멸시효제도의 적용은 필요하다.
③ 생명·신체·재산의 침해로 인한 국가배상을 받을 권리는 양도하거나 압류하지 못한다.
④ 「국가배상법」에 따른 손해배상의 소송은 배상심의회에 배상신청을 하여야만 제기할 수 있다.

18

기본권의 제한에 관한 설명 중 가장 옳지 않은 것은? (다툼이 있는 경우 판례에 의함)

① 금지처분을 받은 수형자에 대하여 집필의 목적과 내용 등을 묻지 아니하고 일체의 집필행위를 금지하는 것은 입법목적 달성을 위한 필요최소한의 제한이라는 한계를 벗어난 것으로서 과잉금지원칙에 위반된다.
② 침해의 최소성 관점에서, 입법자는 그가 의도하는 공익을 달성하기 위하여 우선 기본권을 보다 적게 제한하는 단계인 기본권행사의 '방법'에 관한 규제로써 공익을 실현할 수 있는가를 시도하고 이러한 방법으로는 공익달성이 어렵다고 판단되는 경우에 비로소 그 다음 단계인 기본권 행사의 여부에 관한 규제를 선택해야 한다.
③ 헌법의 기본원리는 헌법의 이념적 기초인 동시에 헌법을 지배하는 지도원리로서 구체적 기본권을 도출하는 근거가 될 뿐만 아니라 기본권의 해석 및 기본권 제한입법의 합헌성 심사에 있어 해석 기준의 하나로서 작용한다.
④ 특정법률 또는 법률조항이 단지 하나의 사건만을 규율하려고 한다 하더라도 이러한 차별적 규율이 합리적인 이유로 정당화될 수 있는 경우에는 합헌적일 수 있다.

19

다음 <보기>에서 근로의 권리 및 근로 3권에 관한 설명으로 옳지 않은 것을 모두 고른 것은? (다툼이 있는 경우 판례에 의함)

─── <보기> ───

㉠ 근로의 권리는 사회적 기본권으로서 국가에 대하여 직접 일자리를 청구하거나 일자리에 갈음하는 생계비의 지급청구권을 의미하는 것이 아니라 고용증진을 위한 사회적·경제적 정책을 요구할 수 있는 권리에 그치며, 근로의 권리로부터 국가에 대한 직접적인 직장존속청구권이 도출되는 것도 아니다.

㉡ 근로의 권리는 일할 자리에 관한 권리일 뿐 일할 환경에 관한 권리는 내포하고 있지 않다.

㉢ 헌법상 보장된 근로자의 단결권은 단결할 자유뿐만 아니라, 단결하지 아니할 자유 이른바 소극적 단결권도 이에 포함된다.

㉣ 정리해고의 요건은 엄격하게 해석하여야 하므로 정리해고 요건 중 '긴박한 경영상의 필요'란 반드시 기업의 도산을 회피하기 위한 경우로 한정되고, 장래에 올 수도 있는 위기에 미리 대처하기 위하여 인원삭감이 필요한 경우는 포함되지 않는다.

① ㉠, ㉡
② ㉢, ㉣
③ ㉠, ㉡, ㉢
④ ㉡, ㉢, ㉣

20

형사보상청구권에 관한 설명으로 가장 옳지 않은 것은? (다툼이 있는 경우 판례에 의함)

① 형사피의자 또는 형사피고인으로서 구금되었던 자가 법률이 정하는 불기소처분을 받거나 무죄판결을 받은 때에는 법률이 정하는 바에 의하여 국가에 정당한 보상을 청구할 수 있다.

② 형사보상 결정에 대해서는 불복을 신청할 수 없도록 한 「형사보상법」 조항은 형사보상청구권을 침해한다.

③ 면소나 공소기각 재판을 받은 피고인도 일정한 경우 형사보상을 청구할 수 있다.

④ 형사보상청구를 무죄재판이 확정된 때로부터 1년 이내에 하도록 규정한 「형사보상법」은 입법재량의 한계를 일탈하지 않은 것으로 청구인들의 형사보상청구권을 침해하지 아니한다.

01

관습헌법에 관한 설명 중 가장 옳지 않은 것은? (다툼이 있는 경우 판례에 의함)

① 관습헌법은 그것을 지탱하고 있는 국민적 합의성을 상실하더라도 법적 효력을 상실하는 것은 아니다.
② 관습헌법도 성문헌법과 마찬가지로 주권자인 국민의 헌법적 결단의 의사표현이며 성문헌법과 동일한 효력을 가진다고 보아야 한다.
③ 성문헌법이라고 하여도 그 속에 모든 헌법사항을 빠짐없이 완전히 규율하는 것은 불가능하고 또한 헌법은 국가의 기본법으로서 간결성과 함축성을 추구하기 때문에 형식적 헌법전에서는 기재되지 아니한 사항이라도 이를 불문헌법 내지 관습헌법으로 인정할 소지가 있다.
④ 우리나라의 수도가 서울이라는 점에 대한 관습헌법을 폐지하기 위해서는 헌법이 정한 절차에 따른 헌법개정이 이루어져야 한다.

02

민주적 기본질서와 민주주의에 관한 설명 중 가장 옳지 않은 것은? (다툼이 있는 경우 판례에 의함)

① 정당의 목적이나 활동이 민주적 기본질서에 위배될 때에는 정부는 헌법재판소에 그 해산을 제소할 수 있고, 정당은 헌법재판소의 심판에 의하여 해산된다.
② 정당해산 사유로서의 '민주적 기본질서의 위배'란 민주적 기본질서에 대한 단순한 위반이나 저촉만으로도 족하며, 반드시 민주사회의 불가결한 요소인 정당의 존립을 제약해야 할 만큼 그 정당의 목적이나 활동이 우리 사회의 민주적 기본질서에 대하여 실질적인 해악을 끼칠 수 있는 구체적인 위험성을 초래하는 경우까지 포함하는 것은 아니다.
③ 자유민주적 기본질서에 위해를 준다 함은 모든 폭력적 지배와 자의적 지배 즉, 반국가단체의 일인독재 내지 일당독재를 배제하고 다수의 의사에 의한 국민의 자치, 자유·평등의 기본 원칙에 의한 법치주의적 통치질서의 유지를 어렵게 만드는 것이다.
④ 민주주의 원리는 개인의 자율적 판단능력을 존중하고 사회의 자율적인 의사결정이 궁극적으로 올바른 방향으로 전개될 것이라는 신뢰를 바탕으로 하고 있다.

03

국적에 관한 설명 중 가장 옳은 것은? (다툼이 있는 경우 판례에 의함)

① 대한민국의 국적을 취득한 외국인으로서 외국 국적을 가지고 있는 자는 대한민국 국적을 취득한 날부터 2년 내에 그 외국 국적을 포기하여야 한다.
② 대한민국 국민으로서 자진하여 외국 국적을 취득한 자는 그 외국 국적을 취득한 때부터 6개월이 지난 때에 대한민국 국적을 상실한다.
③ 외국인의 자(子)로서 대한민국 민법상 성년인 사람은 부(父) 또는 모(母)가 귀화허가를 신청할 때 함께 국적 취득을 신청할 수 있다.
④ 법무부장관은 귀화신청인이 귀화 요건을 갖추었다 하더라도 귀화를 허가할 것인지 여부에 관하여 재량권을 가진다고 보는 것이 타당하다.

04

헌법재판소의 결정 내용 중 가장 옳지 않은 것은?

① 선거에서의 중립의무가 부과되는 공무원에는 지방자치단체의 장은 물론 국회의원과 지방의회의원도 포함된다.
② 우리 헌법의 각 개별규정 가운데 무엇이 헌법제정규정이고 무엇이 헌법개정규정인지를 구분하는 것이 가능하지 아니할 뿐 아니라, 각 개별규정에 그 효력상의 차이를 인정하여야 할 형식적인 이유를 찾을 수 없다.
③ 부부의 자산소득을 합산하여 과세함으로써 누진율에 따른 추가적인 조세부담을 안기는 법률조항은 혼인한 자를 혼인하지 않은 자에 비해 불리하게 차별취급하는 조항으로서 허용되지 아니한다.
④ 국제협력요원이 병역의무를 이행하기 위하여 개발도상국 등에 파견되어 일정한 봉사업무에 종사하던 중 사망한 경우,「국가유공자법」에 의한 보상을 하지 않는다고 하여 국가가 헌법에 규정한 재외국민을 보호할 의무를 행하지 않은 경우라고는 볼 수 없다.

05

남북관계에 관한 설명 중 가장 옳지 않은 것은? (다툼이 있는 경우 판례에 의함)

① 북한은 조국의 평화적 통일을 위한 대화와 협력의 동반자임과 동시에, 대남적화노선을 고수하며 우리의 자유민주체제 전복을 획책하는 반국가단체라는 이중적 성격을 함께 가진다.
② 개별 법률의 적용 내지 준용에 있어서 남북한의 특수관계적 성격을 고려하더라도 북한지역을 외국에 준하는 지역으로, 북한주민 등을 외국인에 준하는 지위에 있는 자로 규정할 수는 없다.
③ 탈북의료인에게 국내 의료면허를 부여할 것인지 여부는 북한의 의학교육 실태와 탈북의료인의 의료수준, 탈북의료인의 자격증명방법 등을 고려하여 입법자가 그의 입법형성권의 범위 내에서 규율할 사항이지, 헌법조문이나 헌법해석에 의하여 바로 입법자에게 국내 의료면허를 부여할 입법의무가 발생한다고 볼 수는 없다.
④ 북한지역도 대한민국의 영토에 속하는 한반도의 일부를 이루는 것이어서 대한민국의 주권이 미치고 북한 주민도 대한민국 국적을 취득·유지하는 데 아무런 영향이 없다.

06

기본권의 주체에 관한 설명 중 가장 옳지 않은 것은? (다툼이 있는 경우 판례에 의함)

① 대통령도 국민의 한 사람으로서 제한적으로나마 기본권의 주체가 될 수 있는바, 대통령은 소속정당을 위하여 정당활동을 할 수 있는 사인으로서의 지위와 국민 모두에 대한 봉사자로서 공익 실현의 의무가 있는 헌법기관으로서의 지위를 동시에 갖는데 최소한 전자의 지위와 관련하여서는 기본권 주체성을 갖는다고 할 수 있다.
② 직장선택의 자유는 국민의 권리로 보아야 할 것이므로 외국인에게는 직장선택의 자유가 인정되지 않는다.
③ 평등권 및 평등선거의 원칙으로부터 나오는 기회균등의 원칙은 후보자는 물론 정당에 대해서도 보장된다.
④ 국가기관인 국회의 일부 조직인 노동위원회는 기본권의 주체가 될 수 없다.

07

헌법전문(前文)에 관한 설명 중 가장 옳지 않은 것은? (다툼이 있는 경우 판례에 의함)

① 헌법은 그 전문에서 기회균등을 선언하고 있는바, 그것은 우리 헌법의 최고원리로서 국가가 입법을 하거나 법을 해석하고 집행함에 있어 따라야 할 기준이다.
② '헌법전문에 기재된 3·1정신'은 우리나라 헌법의 연혁적·이념적 기초로서 헌법이나 법률해석에서의 해석기준으로 작용한다고 할 수 있지만, 그에 기하여 곧바로 국민의 개별적 기본권성을 도출해낼 수는 없다.
③ 사할린 지역 강제동원 희생자의 범위를 한·소 수교가 이루어진 1990. 9. 30.까지 사망 또는 행방불명된 사람으로 제한하고, 대한민국 국적을 갖고 있지 않은 유족을 위로금 지급 대상에서 제외한 것은 '정의·인도와 동포애로써 민족의 단결을 공고히' 할 것을 규정한 헌법전문의 정신에 위반된다.
④ 국가가 일제로부터 조국의 자주독립을 위하여 공헌한 독립유공자와 그 유족에 대하여는 응분의 예우를 하여야 할 헌법적 의무를 헌법전문으로부터 도출할 수 있다.

08

인격권에 관한 설명 중 가장 옳지 않은 것은? (다툼이 있는 경우 판례에 의함)

① 사법경찰관이 보도자료 배포 직후 기자들의 취재요청에 응하여 피의자가 경찰서 조사실에서 양손에 수갑을 찬 채 조사받는 모습을 촬영할 수 있도록 허용한 행위는 잠재적인 피해자의 발생을 방지하고 범죄를 예방할 필요성이 있다는 점에서 피의자의 인격권을 침해하지 않는다.
② 민사법정에 출석하는 수형자에게 운동화 착용을 불허하고 고무신을 신게 하였더라도 신발의 종류를 제한하는 것에 불과하여 인격권을 침해하였다고 볼 수 없다.
③ 성명은 개인의 정체성과 개별성을 나타내는 인격의 상징으로서 개인이 사회 속에서 자신의 생활영역을 형성하고 발현하는 기초가 되는 것이라 할 것이므로 자유로운 성의 사용 역시 헌법상 인격권으로부터 보호된다고 할 수 있다.
④ 범죄행위 당시에 없었던 위치추적 전자장치 부착명령을 출소예정자에게 소급적용할 수 있도록 한 「특정 범죄자에 대한 위치추적 전자장치 부착등에 관한 법률」 부칙 경과조항은 피부착자의 인격권을 침해하지 않는다.

09

국민투표권에 관한 설명으로 가장 옳은 것은? (다툼이 있는 경우 판례에 의함)

① 국민투표는 선거와 달리 국민이 직접 국가의 정치에 참여하는 절차이므로, 국민투표권은 대한민국 국민의 자격이 있는 사람에게 반드시 인정되어야 하는 권리이다.
② 대의기관의 선출 주체가 곧 대의기관의 의사결정에 대한 승인 주체가 되는 것이 원칙이나, 국민투표권자의 범위가 대통령선거권자·국회의원선거권자와 반드시 일치할 필요는 없다.
③ 국민은 특정의 국가정책에 관하여 국민투표에 회부할 것을 대통령에게 요구할 권리가 있다.
④ 국민투표의 본질상 '대표자에 대한 신임'은 국민투표의 대상이 될 수 있으므로 대통령이 자신에 대한 재신임을 묻기 위해 국민투표제도를 이용하는 것은 허용된다.

10

다음 <보기>에서 기본권의 범위 또는 보호영역에 관한 설명 중 옳은 것을 모두 고른 것은? (다툼이 있는 경우 판례에 의함)

─── <보기> ───

㉠ 지방자치단체의 장 선거권은 법률이 보장하는 권리이며, 헌법이 보장하는 기본권으로 볼 수 없다.
㉡ 열 손가락 지문날인의 의무를 부과하는 「주민등록법 시행령」 조항은, 국가가 개인의 윤리적 판단에 개입한다거나 그 윤리적 판단을 표명하도록 강제하는 것으로 볼 여지가 있으므로 양심의 자유의 침해가능성이 있다.
㉢ 헌법상의 여러 통일 관련 조항들은 국가의 통일의무를 선언하는 것이기는 하지만, 그로부터 국민 개개인의 통일에 대한 기본권, 특히 국가기관에 대하여 통일과 관련된 구체적인 행동을 요구하거나 일정한 행동을 할 수 있는 권리가 도출된다고 볼 수 없다.
㉣ 인터넷 언론사의 공개된 게시판·대화방에서 스스로의 의사에 의하여 정당·후보자에 대한 지지·반대의 글을 게시하는 행위가 양심의 자유나 사생활 비밀의 자유에 의하여 보호되는 영역이라고 할 수 없다.

① ㉠, ㉡
② ㉠, ㉢
③ ㉡, ㉣
④ ㉢, ㉣

11

문화국가원리에 관한 설명 중 가장 옳지 않은 것은? (다툼이 있는 경우 판례에 의함)

① 국가의 문화육성대상에는 원칙적으로 모든 사람에게 문화창조의 기회를 부여한다는 의미에서 모든 문화가 포함된다. 따라서 엘리트문화뿐만 아니라 서민문화·대중문화도 그 가치를 인정하고 정책적인 배려의 대상으로 하여야 한다.

② 학교정화구역 내에서 극장시설 및 운영을 예외 없이 금지한다고 해서 초·중·고등학생의 자유로운 문화향유에 관한 권리 등을 침해한다고 할 수 없다.

③ 일부 지나친 고액과외교습을 방지하기 위하여 모든 학생으로 하여금 오로지 학원에서만 사적으로 배울 수 있도록 규율하는 것은, 자기결정과 자기책임을 생활의 기본원칙으로 하는 헌법의 인간상이나 개성과 창의성·다양성을 지향하는 문화국가원리에도 위반되는 것이다.

④ 헌법에서 말하는 '전통', '전통문화'란 역사성과 시대성을 띤 개념으로 이해하여야 한다. 따라서 가족제도에 관한 전통·전통문화란 적어도 그것이 가족제도에 관한 헌법이념인 개인의 존엄과 양성의 평등에 반하는 것이어서는 아니 된다.

12

위임입법에 관한 설명 중 가장 옳지 않은 것은? (다툼이 있는 경우 판례에 의함)

① 위임조항 자체에서 위임의 구체적 범위를 명백히 규정하고 있지 않다고 하더라도 당해 법률의 전반적 체계와 관련규정에 비추어 위임조항의 내재적인 위임의 범위나 한계를 객관적으로 분명히 확정할 수 있다면 이를 포괄적인 백지위임에 해당하는 것으로 볼 수 없다.

② 「전기통신사업법」 규정 중 '공공의 안녕질서'나 '미풍양속'의 개념은 추상적이고 불명확하여, 수범자인 국민으로 하여금 어떤 내용들이 대통령령에 정하여질지 그 기준과 대강을 예측할 수도 없게 되어 있고, 행정입법자에게도 적정한 지침을 제공하지 못한다.

③ 운전면허를 받은 사람이 자동차 등을 이용하여 살인 또는 강간 등 행정안전부령이 정하는 범죄행위를 한 때 운전면허를 취소하도록 하는 구 「도로교통법」 조항은 포괄위임금지원칙에 위배되지 아니한다.

④ 위임의 구체성 요구 정도는 규제대상의 종류와 성격에 따라 다른 것으로 급부행정영역이 침해행정영역보다 구체성의 요구가 강화된다.

13

법치주의에 관한 설명 중 가장 옳지 않은 것은? (다툼이 있는 경우 판례에 의함)

① 근대의 입헌적 민주주의 체제는 사회의 공적 자율성에 기한 정치적 의사결정을 추구하는 민주주의원리와, 국가권력이나 다수의 정치적 의사로부터 개인의 권리, 즉 개인의 사적 자율성을 보호해 줄 수 있는 법치주의원리라는 두 가지 원리에 따라 구성되고 운영된다.

② 자유민주적 법치국가는 모든 국민에게 사상의 자유와 법질서에 대하여 비판할 수 있는 자유를 보장하고 정당한 절차에 의하여 헌법과 법률을 개정할 수 있는 장치를 마련하고 있는 만큼 그에 상응하여 다른 한편으로 국민의 국법질서에 대한 자발적인 참여와 복종을 그 존립의 전제로 하고 있다.

③ 체계정당성의 원리는 동일 규범 내에서 또는 상이한 규범 간에 그 규범의 구조나 내용 또는 규범의 근거가 되는 원칙 면에서 상호 배치되거나 모순되어서는 아니 된다는 헌법적 요청이지만 입법자를 기속하는 원리라고는 볼 수 없다.

④ 범죄행위의 무게 및 그 범행자의 책임에 상응하는 정당한 비례성을 감안하여, 기본권의 제한은 필요한 최소한에 그쳐야 한다는 것은 헌법상 법치국가의 원리에서 나온다.

14

사회국가원리에 관한 설명 중 가장 옳지 않은 것은? (다툼이 있는 경우 판례에 의함)

① 「주택건설촉진법」이 지역조합과 직장조합의 조합원 자격에서 유주택자를 배제하는 것은 평등의 이념에 반한다.

② 우리 헌법은 사회국가원리를 명문으로 규정하고 있지는 않지만, 헌법의 전문, 사회적 기본권의 보장, 경제 영역에서 적극적으로 계획하고 유도하고 재분배해야 할 국가의 의무를 규정하는 경제에 관한 조항 등과 같이 사회국가원리의 구체화된 여러 표현을 통하여 사회국가원리를 수용하였다.

③ 사회국가란 경제·사회·문화의 모든 영역에서 정의로운 사회질서의 형성을 위하여 사회현상에 관여하고 간섭하고 분배하고 조정하는 국가이며, 궁극적으로는 국민 각자가 실제로 자유를 행사할 수 있는 그 실질적 조건을 마련해 줄 의무가 있는 국가를 의미한다.

④ 사회적 기본권은 입법과정이나 정책결정과정에서 사회적 기본권에 규정된 국가목표의 무조건적인 최우선적 배려가 아니라 단지 적절한 고려를 요청하는 것이다.

15

헌법상 경제질서에 관한 설명 중 가장 옳지 않은 것은? (다툼이 있는 경우 판례에 의함)

① 특정의료기관이나 특정의료인의 기능 진료방법에 관한 광고를 금지하는 것은 새로운 의료인들에게 자신의 기능이나 기술 혹은 진단 및 치료방법에 관한 광고와 선전을 할 기회를 배제함으로써 기존의 의료인과의 경쟁에서 불리한 결과를 초래하므로 자유롭고 공정한 경쟁을 추구하는 헌법상의 시장경제질서에 부합되지 않는다.
② 「헌법」 제119조 제2항에 규정된 '경제주체간의 조화를 통한 경제민주화'의 이념은 경제영역에서 정의로운 사회질서를 형성하기 위하여 추구할 수 있는 국가목표로서 개인의 기본권을 제한하는 국가행위를 정당화하는 헌법규범이다.
③ 독과점규제의 목적은 궁극적으로 경쟁의 회복에 있으므로 독과점 규제의 목적을 실현하는 수단 또한 자유롭고 공정한 경쟁을 가능하게 하는 방법이어야 한다.
④ 「헌법」 제119조 제2항은 국가가 경제영역에서 실현하여야 할 목표의 하나로서 '적정한 소득의 분배'를 들고 있으므로, 이로부터 소득에 대하여 누진세율에 따른 종합과세를 시행하여야 할 구체적인 헌법적 의무가 조세입법자에게 부과되는 것이다.

16

조약에 관한 설명 중 가장 옳지 않은 것은? (다툼이 있는 경우 판례에 의함)

① 마라케쉬협정에 의하여 「관세법」 위반자의 처벌이 가중된다고 하더라도 이를 들어 법률에 의하지 아니한 형사처벌이라거나 행위시의 법률에 의하지 아니한 형사처벌이라고 할 수 없다.
② 대통령이 외교통상부장관에게 위임하여 미합중국 국무장관과 발표한 '동맹 동반자 관계를 위한 전략대화 출범에 관한 공동성명'은 구체적인 법적 권리·의무를 창설하는 내용이 포함되어 있으므로 조약에 해당한다.
③ 헌법재판소의 위헌심사대상에는 형식적 의미의 법률과 동일한 효력을 갖는 조약도 포함된다.
④ 국제법적으로, 조약은 국제법 주체들이 일정한 법률효과를 발생시키기 위하여 체결한 국제법의 규율을 받는 국제적 합의를 말하며 서면에 의한 경우가 대부분이지만 예외적으로 구두합의도 조약의 성격을 가질 수 있다.

17

평등권에 관한 설명 중 가장 옳지 않은 것은? (다툼이 있는 경우 판례에 의함)

① 존속상해치사죄에 대한 가중처벌을 규정한 형법 규정은 그 차별적 취급에 합리적 근거가 있어 평등원칙에 반하지 않는다.
② 평등위반 여부를 심사함에 있어 엄격한 심사척도에 의할 것인지는 입법자에게 인정되는 입법형성권의 정도에 따라 달라진다.
③ 국민참여재판 배심원의 자격을 만 20세 이상으로 정한 것은, 민법상 성년연령이 만 19세로 개정된 점이나 선거권 연령이 만 18세로 개정된 점을 고려해 볼 때, 만 19세 및 만 18세의 국민을 합리적 이유 없이 차별취급하는 것이다.
④ 사회적 신분이란 사회에서 장기간 점하는 지위로서 일정한 사회적 평가를 수반하는 것을 의미한다 할 것이므로 전과자도 사회적 신분에 해당한다.

18

범죄피해자구조청구권에 관한 설명으로 가장 옳지 않은 것은? (다툼이 있는 경우 판례에 의함)

① 타인의 범죄행위로 인하여 생명 신체에 대한 피해를 받은 국민은 법률이 정하는 바에 의하여 국가로부터 구조를 받을 수 있다.
② 외국인이 구조피해자이거나 유족인 경우에는 해당 국가의 상호보증이 있는 경우에 한하여 범죄피해자구조청구권을 행사할 수 있다.
③ 범죄피해자구조청구권의 대상이 되는 범죄피해에 해외에서 발생한 범죄피해의 경우를 포함하고 있지 아니한 것이 현저하게 불합리한 자의적인 차별이라고 볼 수 없어 평등원칙에 위배되지 아니한다.
④ 범죄행위 당시 구조피해자와 가해자 사이에 사실상의 혼인관계가 있는 경우에도 구조피해자에게 구조금을 지급한다.

19

직업의 자유에 관한 설명으로 가장 옳지 않은 것은? (다툼이 있는 경우 판례에 의함)

① 청원경찰이 법원에서 금고 이상의 형의 선고유예를 받은 경우 당연퇴직하도록 규정한 조항은 청원경찰의 직업의 자유를 침해한다.
② 건설업자가 명의대여행위를 한 경우 그 건설업 등록을 필요적으로 말소하도록 규정한 것은 건설업자의 직업수행의 자유 및 재산권을 침해한다.
③ 의료기기 수입업자가 의료기관 개설자에게 리베이트를 제공하는 경우 처벌하는 조항은 의료기기 수입업자의 직업의 자유를 침해한다고 볼 수 없다.
④ 변호사가 변리사 업무를 수행하는 수행하는 경우 변리사 연수교육을 받을 의무를 부과하는 조항은 변호사의 직업수행의 자유를 침해하지 않는다.

20

다음 <보기>에서 제9차 헌법개정에 관한 설명 중 옳은 것을 모두 고른 것은?

─< 보 기 >─

㉠ 국가의 적정임금보장 규정을 신설하였다.
㉡ 범죄피해자구조청구권을 신설하였다.
㉢ 대통령직선제로 변경하면서 5년단임제를 채택하였고, 대통령의 국회해산권은 폐지하였다.
㉣ 자유민주적 기본질서에 입각한 평화적 통일정책의 수립·추진 규정을 신설하였다.

① ㉠, ㉡
② ㉢, ㉣
③ ㉠, ㉡, ㉣
④ ㉡, ㉢, ㉣

01
국적에 관한 설명 중 가장 옳지 않은 것은? (다툼이 있는 경우 판례에 의함)

① 출생 당시에 모(母)가 자녀에게 외국 국적을 취득하게 할 목적으로 외국에서 체류 중이었던 사실이 인정되는 자는 외국 국적을 포기하더라도 대한민국 국적을 선택할 수 없다.
② 대한민국의 국민이 아닌 자로서 대한민국의 국민인 부(父) 또는 모(母)에 의하여 인지(認知)된 자가 대한민국 국적을 취득하려면 대한민국 민법상 미성년자이어야 한다.
③ 정부수립 이전에 국외로 이주한 구 소련 거주동포와 중국 거주동포를 「재외동포의 출입국과 법적 지위에 관한 법률」의 수혜 대상에서 배제한 것은 평등의 원칙에 위배된다.
④ 외국인이 귀화허가를 받기 위해서는 '품행이 단정할 것'의 요건을 갖추도록 한 「국적법」 조항은 명확성원칙에 위배되지 않는다.

02
생명권에 관한 설명으로 가장 옳은 것은? (다툼이 있는 경우 판례에 의함)

① 생명권의 본질에 비추어 법인이 아닌 자연인만이 그 주체가 될 수 있다.
② 태아는 헌법상 생명권의 주체가 아니다.
③ 생명권은 일반적 법률유보의 대상이 될 수 없다.
④ 사형제도는 최소침해성 원칙에 어긋난다.

03
무죄추정의 원칙에 관한 설명 중 가장 옳지 않은 것은? (다툼이 있는 경우 판례에 의함)

① 형사재판에 계속 중인 사람이 국가의 형벌권을 피하기 위하여 해외로 도피할 우려가 있는 경우 법무부장관으로 하여금 출국을 금지할 수 있도록 한 것은 무죄추정의 원칙에 위배된다.
② 수사 및 재판단계에서 유죄가 확정되지 아니한 미결수용자에게 수용시설 밖에서 재소자용 의류를 입게 하는 것은 무죄추정의 원칙에 위배된다.
③ 공소제기가 없는 피의자는 물론 공소가 제기된 피고인이라도 유죄의 확정판결이 있기 전까지는 원칙적으로 죄가 없는 자에 준하여 취급하여야 한다.
④ 형사기소된 국가공무원을 직위해제할 수 있도록 규정한 법률조항은 무죄추정의 원칙에 위배된다고 볼 수 없다.

04

신뢰보호원칙에 관한 설명 중 가장 옳지 않은 것은? (다툼이 있는 경우 판례에 의함)

① 「공무원연금법」상 퇴직연금수급자가 지방의회의원에 취임한 경우, '취임 당시의 연금제도가 그대로 유지되어 그 임기 동안 퇴직연금을 계속지급받을 수 있을 것'이라고 신뢰하였다 하더라도 이러한 신뢰는 보호가치가 크다고 보기 어렵다.
② 조세에 관한 법규·제도는 신축적으로 변할 수밖에 없다는 점에서 납세의무자로서는 구법질서에 의거한 신뢰를 바탕으로 적극적으로 새로운 법률관계를 형성하였다든지 하는 특별한 사정이 없는 한 원칙적으로 세율 등 현재의 세법이 변함없이 유지되리라고 기대하거나 신뢰할 수는 없다.
③ 법률에 따른 개인의 행위가 단지 법률이 반사적으로 부여하는 기회의 활용을 넘어서 국가에 의하여 일정 방향으로 유인된 것이라면 특별히 보호가치가 있는 신뢰이익이 인정될 수 있고, 원칙적으로 개인의 신뢰보호가 국가의 법률개정이익에 우선된다고 볼 여지가 있다.
④ 위법건축물에 대하여 이행강제금을 부과하도록 하면서 이행강제금제도 도입 전의 위법건축물에 대하여도 이행강제금제도 적용의 예외를 두지 아니한 것은 신뢰보호원칙에 위배된다.

05

헌법상 경제질서에 관한 설명 중 가장 옳지 않은 것은? (다툼이 있는 경우 판례에 의함)

① 국방상 또는 국민경제상 긴절한 필요로 인하여 법률이 정하는 경우를 제외하고는, 사영기업을 국유 또는 공유로 이전하거나 그 경영을 통제 또는 관리할 수 없다.
② 헌법상의 경제질서는 사유재산제를 바탕으로 하고 자유경쟁을 존중하는 자유시장경제질서를 기본으로 하는 것이므로, 국가적 규제와 조정을 용인하는 사회적 시장경제질서와는 양립할 수 없다.
③ 국가는 농지에 관하여 경자유전의 원칙이 달성될 수 있도록 노력하여야 하며, 농지의 소작제도는 금지된다.
④ 국가는 건전한 소비행위를 계도하고 생산품의 품질향상을 촉구하기 위한 소비자보호운동을 법률이 정하는 바에 의하여 보장한다.

06

헌법상의 국제질서에 관한 설명 중 가장 옳지 않은 것은? (다툼이 있는 경우 판례에 의함)

① 「헌법」 제6조 제1항의 국제법 존중주의는 우리나라가 가입한 조약과 일반적으로 승인된 국제법규가 국내법과 같은 효력을 가진다는 것으로서 조약이나 국제법규가 국내법에 우선한다는 것은 아니다.
② '한미주둔군지위협정(SOFA)'은 그 명칭이 협정으로 되어 있어 국회의 관여 없이 체결되는 행정협정처럼 보이기도 하나 우리나라의 입장에서 볼 때에는 외국군대의 지위에 관한 것이고, 국가에 재정적 부담을 지우는 내용과 입법사항을 포함하고 있으므로 국회의 동의를 요하는 조약으로 취급되어야 한다.
③ 평화적 생존권은 헌법에 열거되지 아니한 기본권으로서 새롭게 인정할 필요성이 있으며, 그 권리 내용이 비교적 명확하여 구체적 권리로서의 실질에 부합하므로 헌법상 보장된 기본권이라고 할 수 있다.
④ 국제연합(UN)의 '인권에 관한 세계선언'은 선언적인 의미를 가지고 있을 뿐 법적 구속력을 가진 것은 아니다.

07

변호인의 조력을 받을 권리에 관한 설명 중 가장 옳은 것은? (다툼이 있는 경우 판례에 의함)

① 법원의 수사서류 열람·등사 허용 결정에도 불구하고 검사가 이를 신속하게 이행하지 아니하는 경우에는 해당 증인 및 서류 등을 증거로 신청할 수 없는 불이익을 받는 것에 그치고, 변호인의 조력을 받을 권리까지 침해하게 되는 것은 아니다.
② 변호인의 조력을 받을 권리는 행정절차에서 구속을 당한 사람에게는 보장되지 않는다.
③ 가사소송에서 당사자가 변호사를 대리인으로 선임하여 그 조력을 받는 것은 변호인의 조력을 받을 권리의 보호영역에 포함된다.
④ 피고인에게 보장된 변호인의 조력을 받을 권리는 변호인과의 자유로운 접견교통권에 그치지 아니하고 더 나아가 변호인을 통하여 수사서류를 포함한 소송관계 서류를 열람·등사하고 이에 대한 검토결과를 토대로 공격과 방어의 준비를 할 수 있는 권리도 포함된다.

08

행복추구권에 관한 설명 중 가장 옳은 것은? (다툼이 있는 경우 판례에 의함)

① 아동·청소년 대상 성범죄자에게 1년마다 정기적으로 새로 촬영한 사진을 제출하도록 하고 정당한 사유 없이 사진제출의무를 위반한 경우 형사처벌하는 것은 아동·청소년 대상 성범죄자의 일반적 행동의 자유를 침해하는 것이다.
② 비어업인이 잠수용 스쿠버장비를 사용하여 수산자원을 포획·채취하는 것을 금지하는 「수산자원관리법 시행규칙」 규정 중 '잠수용 스쿠버장비 사용'에 관한 부분은 일반적 행동의 자유를 침해하지 않는다.
③ 의료인이 태아의 성별 정보에 대하여 임부나 그 가족 기타 다른 사람에게 고지하는 것을 금지하는 것은 부모의 행복추구권을 침해하는 것이다.
④ 이륜차의 고속도로 통행을 금지하는 것은 이륜차운전자의 행복추구권을 침해한다.

09

양심의 자유에 관한 설명으로 가장 옳은 것은? (다툼이 있는 경우 판례에 의함)

① 양심의 자유는 양심형성의 자유와 양심적 결정의 자유를 포함하는 내심적 자유만 해당되고, 양심적 결정을 외부로 표현하고 실현할 수 있는 양심실현의 자유를 포함하는 것은 아니다.
② 공정거래위원회가 「공정거래법」 위반행위를 한 사업자단체에 대하여 법 위반사실의 공표를 명할 수 있도록 한 법률규정은 양심의 자유를 침해한다고 볼 수 없다.
③ 국가가 수형자의 가석방 여부를 심사하면서 국법질서나 헌법체제를 준수하겠다는 취지의 준법서약서 제출을 요구한 조치는 양심의 자유를 침해하는 것이다.
④ 양심은 그 대상이나 내용 또는 동기에 의하여 판단될 수 있으므로, 양심상의 결정이 이성적·합리적인가, 타당한가 또는 법질서나 사회규범, 도덕률과 일치하는가 하는 관점은 양심의 존재를 판단하는 기준이 될 수 있다.

10

기본권의 갈등에 관한 설명 중 가장 옳지 않은 것은? (다툼이 있는 경우 판례에 의함)

① 기업의 경영에 관한 의사결정의 자유 등 영업의 자유와 근로자들이 누리는 일반적 행동자유권 등이 '근로조건' 설정을 둘러싸고 충돌하는 경우에는, 근로조건과 인간의 존엄성 보장 사이의 헌법적 관련성을 염두에 두고 구체적인 사안에서의 사정을 종합적으로 고려한 이익형량과 함께 기본권들 사이의 실제적인 조화를 꾀하는 해석 등을 통하여 이를 해결하여야 한다.
② 공무담임권은 직업선택의 자유에 대하여 특별 기본권이어서 후자의 적용을 배제하므로, 대학교원을 제외하고 교육공무원의 정년을 65세에서 62세로 단축한 「교육공무원법」 조항의 위헌 여부와 관련하여 직업선택의 자유는 문제되지 아니한다.
③ 공무담임권과 같이 우선적으로 적용되는 개별기본권이 존재하여 그 침해 여부를 판단하여도, 그 다음에는 포괄적인 기본권인 행복추구권 침해여부를 독자적으로 판단하여야 한다.
④ 하나의 규제로 인하여 여러 기본권이 동시에 제약을 받는다고 주장하는 경우에는 기본권 침해를 주장하는 청구인의 의도 및 기본권을 제한하는 입법자의 객관적 동기 등을 참작하여 먼저 사안과 가장 밀접한 관계에 있고 또 침해의 정도가 큰 주된 기본권을 중심으로 해서 그 제한의 한계를 따져 보아야 한다.

11

표현의 자유에 관한 설명으로 가장 옳지 않은 것은? (다툼이 있는 경우 판례에 의함)

① 일간신문과 뉴스통신·방송사업의 겸영을 금지하는 「신문법」 법률조항은 헌법에 위반되지 아니한다.
② 광고물도 사상·지식·정보 등을 불특정 다수인에게 전파하는 것으로서 언론·출판의 자유에 의한 보호를 받는 대상에 해당한다.
③ 의료광고는 국민들의 건강에 미치는 영향이 중대하므로 사전검열금지원칙이 적용되지 않는다.
④ 검열을 행정기관이 아닌 독립적인 위원회에서 행한다고 하더라도, 행정권이 주체가 되어 검열절차를 형성하고 검열기관의 구성에 지속적인 영향을 미칠 수 있는 경우라면 실질적으로 그 검열기관은 행정기관이라고 보아야 한다.

12

직업의 자유에 관한 설명으로 가장 옳지 않은 것은? (다툼이 있는 경우 판례에 의함)

① 직업의 자유는 영업의 자유와 기업의 자유를 포함하고, 이러한 영업 및 기업의 자유를 근거로 원칙적으로 누구나가 자유롭게 경쟁에 참여할 수 있다.
② 직업결정의 자유나 전직의 자유에 비하여 직업수행의 자유에 대하여는 상대적으로 더욱 넓은 법률상의 규제가 가능하다.
③ 금고 이상의 실형을 선고받고 그 집행이 종료된 날부터 3년이 경과되지 않은 경우 중개사무소 개설등록을 취소하도록 한 「공인중개사법」 조항은 직업선택의 자유를 침해한 것이다.
④ 직업의 자유에 '해당 직업에 합당한 보수를 받을 권리'까지 포함되어 있다고 보기는 어렵다.

13

다음 <보기>에서 정당제도에 관한 설명 중 옳은 것을 모두 고른 것은? (다툼이 있는 경우 판례에 의함)

―< 보 기 >―

㉠ 정당의 설립은 자유이나 복수정당제는 헌법상 바로 보장되는 것은 아니고, 구체적인 법률의 규정이 존재하여야 비로소 보장된다.
㉡ 정당의 자유는 국민이 개인적으로 갖는 기본권일 뿐만 아니라, 단체로서의 정당이 가지는 기본권이기도 하다.
㉢ 경찰청장 퇴임 후 2년간 정당의 발기인이 되거나 당원이 될 수 없도록 한 것이 정당설립 및 가입의 자유를 침해하였다고 볼 수 없다.
㉣ 정당의 기회균등원칙은 각 정당에 보조금을 균등하게 배분할 것을 요구하는 것이 아니라 보조금제도의 취지에 비추어 각 정당의 규모나 정치적 영향력, 정당이 선거에서 거둔 실적 등에 따라 어느 정도 차별을 할 수 있고, 그 내용이 현재의 각 정당들 사이의 경쟁상태를 현저하게 변경시킬 정도가 아니면 합리성을 인정할 수 있을 것이다.

① ㉠, ㉡
② ㉠, ㉢
③ ㉡, ㉣
④ ㉢, ㉣

14

재판청구권에 관한 설명으로 가장 옳지 않은 것은? (다툼이 있는 경우 판례에 의함)

① 헌법상 보장되는 기본권인 '공정한 재판을 받을 권리'에는 '공정한 헌법재판을 받을 권리'도 포함된다.
② 재판청구권을 규정한 「헌법」 제27조 제1항의 규정만으로 헌법이 기소유예처분에 대하여 피의자가 불복하여 재판을 받을 수 있는 절차를 마련하여야 할 명시적인 입법의무를 부여하였다고 볼 수 없다.
③ 헌법상 재판을 받을 권리의 보호범위에는 배심재판을 받을 권리가 포함되지 않는다.
④ 헌법과 법률이 정하는 법관에 의하여 재판을 받을 권리는 사건의 경중을 가리지 않고 모든 사건에 대하여 대법원을 구성하는 법관에 의한 균등한 재판을 받을 권리를 의미한다.

15

교육권 및 교육을 받을 권리에 관한 설명으로 가장 옳지 않은 것은? (다툼이 있는 경우 판례에 의함)

① 초·중등학교 교사인 청구인들이 교육과정에 따라 학생들을 가르치고 평가하여야 하는 법적인 부담이나 제약을 받는다고 하더라도 이는 헌법상 보장된 기본권에 대한 제한이라고 보기 어렵다.
② 학교폭력과 관련하여 학교가 가해학생에 대해 일정한 조치를 내렸을 경우, 그 조치가 적절하였는지 여부에 대해 가해학생의 학부모가 의견을 제시할 수 있는 권리는 학부모의 자녀교육권의 내용에 포함된다고 볼 수 없다.
③ 3년제 전문대학의 2년 이상의 이수자에게 의무교육기관이 아닌 대학에의 일반 편입학을 허용하지 않는 것이 교육을 받을 권리나 평생교육을 받을 권리를 본질적으로 침해하지 않는다.
④ 국민의 수학권과 교사의 수업의 자유는 다 같이 보호되어야 하겠지만 그중에서도 국민의 수학권이 더 우선적으로 보호되어야 한다.

16
기본권 제한에서 요구되는 과잉금지원칙의 내용이 아닌 것은? (다툼이 있는 경우 판례에 의함)

① 침해의 현재성
② 목적의 정당성
③ 법익의 균형성
④ 방법의 적정성

17
평등권 내지 평등원칙에 관한 설명 중 가장 옳지 않은 것은? (다툼이 있는 경우 판례에 의함)

① 평등의 원칙은 일체의 차별적 대우를 부정하는 절대적 평등을 의미하는 것이 아니라 입법과 법의 적용에 있어서 합리적 근거 없는 차별을 하여서는 아니 된다는 상대적 평등을 뜻하고 따라서 합리적 근거 있는 차별 내지 불평등은 평등의 원칙에 반하는 것이 아니다.
② 사회적 특수계급의 제도는 인정되지 아니하며, 어떠한 형태로도 이를 창설할 수 없다.
③ 훈장 등의 영전은 이를 받은 자에게만 효력이 있고, 어떠한 특권도 이에 따르지 아니한다.
④ 헌법에서 특별히 평등을 요구하고 있는 경우나 차별적 취급으로 인하여 관련 기본권에 중대한 제한을 초래하게 되는 경우에는 완화된 심사척도인 자의금지원칙이 적용된다.

18
사생활의 비밀과 자유에 관한 설명으로 가장 옳지 않은 것은? (다툼이 있는 경우 판례에 의함)

① 구치소장이 미결수용자와 그 배우자 사이의 접견내용을 녹음한 행위는 과잉금지원칙에 위반하여 미결수용자의 사생활의 비밀과 자유를 침해한다.
② 4급 이상 공무원들의 병역 면제 사유인 질병명을 관보와 인터넷을 통해 공개하도록 하는 것은 해당 공무원들의 사생활의 비밀과 자유를 침해한다.
③ 공직자의 자질·도덕성·청렴성에 관한 사실은 그 내용이 개인적인 사생활에 관한 것이라 할지라도 순수한 사생활의 영역에 있다고 보기 어렵다.
④ 구치소장이 수용자의 거실에 CCTV를 설치하여 계호한 행위가 수용자의 사생활의 비밀과 자유를 침해하는 것은 아니다.

19
기본권에 관한 설명 중 가장 옳지 않은 것은? (다툼이 있는 경우 판례에 의함)

① 인격권은 「헌법」 제10조의 인간의 존엄과 가치로부터 유래한다.
② 기본권을 제한하는 법률의 명확성에 관하여 법적 안정성과 예측가능성의 보장은 법치국가의 중요한 내용이기 때문에 법률의 규율 영역과 상관없이 동일하게 엄격한 기준이 적용된다.
③ 헌법에 열거되지 아니한 기본권을 새롭게 인정하려면, 그 필요성이 특별히 인정되고, 그 권리내용이 비교적 명확하여 구체적 기본권으로서의 실체, 즉 권리내용을 규범 상대방에게 요구할 힘이 있고 그 실현이 방해되는 경우 재판에 의하여 그 실현을 보장받을 수 있는 구체적 권리로서의 실질에 부합하여야 한다.
④ '부모의 자녀에 대한 교육권'은 비록 헌법에 명문으로 규정되어 있지는 아니하지만, 이는 모든 인간이 누리는 불가침의 인권으로서 혼인과 가족생활을 보장하는 「헌법」 제36조 제1항, 행복추구권을 보장하는 「헌법」 제10조 및 '국민의 자유와 권리는 헌법에 열거되지 아니한 이유로 경시되지 아니한다.'고 규정하는 「헌법」 제37조 제1항에서 나오는 기본권이다.

20
종교의 자유에 관한 설명으로 가장 옳지 않은 것은? (다툼이 있는 경우 판례에 의함)

① 종교전파의 자유는 국민에게 그가 선택한 임의의 장소에서 자유롭게 행사할 수 있는 권리까지 보장한다고 할 수 없다.
② 종교의 자유의 구체적 내용으로는 신앙의 자유, 종교적 행위의 자유 및 종교적 집회·결사의 자유가 포함된다.
③ 수용자 중 미결수용자에 대해서만 일률적으로 종교행사 등에의 참석을 불허한 것은 종교의 자유를 침해한 것으로 볼 수 없다.
④ 종교시설의 건축행위에만 기반시설부담금을 면제한다면 국가가 종교를 지원하여 종교를 승인하거나 우대하는 것으로 비칠 소지가 있어 국교금지·정교분리에 위배될 수 있다.

믿고 듣는 즐거움

전효진
경찰헌법

최근 1년 기출
모의고사

해설편

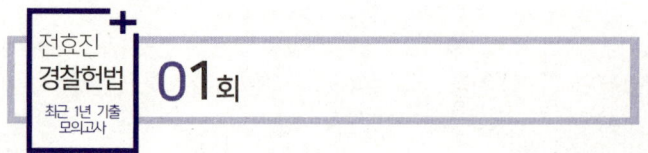

01 ③ 02 ① 03 ② 04 ④ 05 ① 06 ① 07 ② 08 ④ 09 ② 10 ③
11 ③ 12 ③ 13 ① 14 ① 15 ③ 16 ④ 17 ④ 18 ② 19 ③ 20 ④

01
정답 ③

③ ✘ 헌법은 절대적 기본권을 명문으로 인정하고 있지 아니하며, 헌법 제37조 제2항에서는 국민의 모든 자유와 권리는 국가안전보장·질서유지 또는 공공복리를 위하여 필요한 경우에 한하여 법률로써 제한할 수 있도록 규정하고 있어, 비록 생명이 이념적으로 절대적 가치를 지닌 것이라 하더라도 생명에 대한 법적 평가가 예외적으로 허용될 수 있다고 할 것이므로, 생명권 역시 헌법 제37조 제2항에 의한 일반적 법률유보의 대상이 될 수밖에 없다. 나아가 생명권의 경우, 다른 일반적인 기본권 제한의 구조와는 달리, 생명의 일부 박탈이라는 것을 상정할 수 없기 때문에 생명권에 대한 제한은 필연적으로 생명권의 완전한 박탈을 의미하게 되는바, 위와 같이 생명권의 제한이 정당화될 수 있는 예외적인 경우에는 생명권의 박탈이 초래된다 하더라도 곧바로 기본권의 본질적인 내용을 침해하는 것이라 볼 수는 없다(헌재 2010. 2. 25. 2008헌가23).

① ○ 절대적 종신형제도는 사형제도와는 또 다른 위헌성 문제를 야기할 수 있고, 현행 형사법령하에서도 가석방제도의 운영 여하에 따라 사회로부터의 영구적 격리가 가능한 절대적 종신형과 상대적 종신형의 각 취지를 살릴 수 있다는 점 등을 고려하면, 현행 무기징역형제도가 상대적 종신형 외에 절대적 종신형을 따로 두고 있지 않은 것이 형벌체계상 정당성과 균형을 상실하여 헌법 제11조의 평등원칙에 반한다거나 형벌이 죄질과 책임에 상응하도록 비례성을 갖추어야 한다는 책임원칙에 반한다고 단정하기 어렵다(헌재 2010. 2. 25. 2008헌가23).

② ○ 헌법은 절대적 기본권을 명문으로 인정하고 있지 아니하며, 헌법 제37조 제2항에서는 국민의 모든 자유와 권리는 국가안전보장·질서유지 또는 공공복리를 위하여 필요한 경우에 한하여 법률로써 제한할 수 있도록 규정하고 있어, 비록 생명이 이념적으로 절대적 가치를 지닌 것이라 하더라도 생명에 대한 법적 평가가 예외적으로 허용될 수 있다고 할 것이므로, 생명권 역시 헌법 제37조 제2항에 의한 일반적 법률유보의 대상이 될 수밖에 없다(헌재 2010. 2. 25. 2008헌가23).

④ ○ 헌법 제12조 제1항의 신체의 자유는, 신체의 안정성이 외부로부터의 물리적 힘이나 정신적인 위험으로부터 침해당하지 아니할 자유와 신체활동을 임의적이고 자율적으로 할 수 있는 자유를 말한다. 디엔에이감식시료 채취의 구체적인 방법은 구강점막 또는 모근을 포함한 모발을 채취하는 방법으로 하고, 위 방법들에 의한 채취가 불가능하거나 현저히 곤란한 경우에는 분비물, 체액을 채취하는 방법으로 한다(디엔에이법 시행령 제8조 제1항). 그러므로 디엔에이감식시료의 채취행위는 신체의 안정성을 해한다고 볼 수 있으므로 이 사건 채취 조항은 신체의 자유를 제한한다(헌재 2018. 8. 30. 2016헌마344).

02
정답 ①

① ✘ 헌법 제18조로 보장되는 기본권인 통신의 자유란 통신수단을 자유로이 이용하여 의사소통할 권리이다. '통신수단의 자유로운 이용'에는 자신의 인적 사항을 누구에게도 밝히지 않는 상태로 통신수단을 이용할 자유, 즉 통신수단의 익명성 보장도 포함된다(헌재 2019. 9. 26. 2017헌마1209).

② ○, ③ ○ 인간의 존엄과 가치, 행복추구권을 규정한 헌법 제10조 제1문에서 도출되는 일반적 인격권 및 헌법 제17조의 사생활의 비밀과 자유에 의하여 보장되는 개인정보자기결정권은 자신에 관한 정보가 언제 누구에게 어느 범위까지 알려지고 또 이용되도록 할 것인지를 그 정보주체가 스스로 결정할 수 있는 권리이다. 개인정보자기결정권의 보호대상이 되는 개인정보는 개인의 신체, 신념, 사회적 지위, 신분 등과 같이 개인의 인격주체성을 특징짓는 사항으로서 그 개인의 동일성을 식별할 수 있게 하는 일체의 정보라고 할 수 있고, 반드시 개인의 내밀한 영역에 속하는 정보에 국한되지 않고 공적 생활에서 형성되었거나 이미 공개된 개인정보까지 포함한다. 또한 그러한 개인정보를 대상으로 한 조사·수집·보관·처리·이용 등의 행위는 모두 원칙적으로 개인정보자기결정권에 대한 제한에 해당한다(대판 2014. 7. 24. 2012다49933).

④ ○ 통신제한조치에 대한 법원의 허가는 통신비밀보호법에 근거한 소송절차 이외의 파생적 사항에 관한 법원의 공권적 법률판단으로 헌법재판소법 제68조 제1항에서 헌법소원의 대상에서 제외하고 있는 법원의 재판에 해당하므로, 이에 대한 심판청구는 부적법하다(헌재 2018. 8. 30. 2016헌마263).

03
정답 ②

② ✘ 이 사건 법률조항은 가정폭력 가해자에 대한 별도의 제한 없이 직계혈족이기만 하면 사실상 자유롭게 그 자녀의 가족관계증명서와 기본증명서의 교부를 청구하여 발급받을 수 있도록 함으로써, 그로 인하여 가정폭력 피해자인 청구인의 개인정보가 가정폭력 가해자인 전 배우자에게 무단으로 유출될 수 있는 가능성을 열어놓고 있다. 따라서 과잉금지원칙에 위배되어 청구인의 개인정보자기결정권을 침해한다(헌재 2020. 8. 28. 2018헌마927).

① ○ 출소후신고조항 및 위반 시 처벌조항은 과잉금지원칙을 위반하여 청구인의 사생활의 비밀과 자유 및 개인정보자기결정권을 침해하지 아니한다(헌재 2021. 6. 24. 2017헌바479).

③ ○ 법원에서 불처분결정된 소년부송치 사건에 대한 수사경력자료의 보존기간과 삭제에 대한 규정을 두지 않은 이 사건 구법 조항은 과잉금지원칙을 위반하여 소년부송치 후 불처분결정을 받은 자의 개인정보자기결정권을 침해한다(헌재 2021. 6. 24. 2018헌가2).

④ ○ 초상권 및 사생활의 비밀과 자유에 대한 부당한 침해는 불법행위를 구성하는데, 위 침해는 그것이 공개된 장소에서 이루어졌다거나 민사소송의 증거를 수집할 목적으로 이루어졌다는 사유만으로 정당화되지 아니한다(대판 2006. 10. 13. 2004다16280).

04
정답 ④

④ ✘ 헌법 제15조의 직업의 자유 또는 헌법 제32조의 근로의 권리, 사회국가원리 등에 근거하여 실업방지 및 부당한 해고로부터 근로자를 보호하여야 할 국가의 의무를 도출할 수는 있을 것이나, 국가에 대한 직접적인 직장존속보장청구권을 근로자에게 인정할 헌법상의 근거는 없다(헌재 2002. 11. 28. 2001헌바50).

① ○ 노동조합 및 노동관계조정법(이하 '노동조합법'이라고 한다) 제2조 제1호, 제5조, 제9조, 구 출입국관리법(2010. 5. 14. 법률 제10282호로 개정되기 전의 것)의 내용이나 체계, 취지 등을 종합하면, 노동조합법상 근로자란 타인과의 사용종속관계에서 근로를 제공하고 그 대가로 임금 등을 받아 생활하는 사람을 의미하며, 특정한 사용자에게 고용되어 현실적으로 취업하고 있는 사람뿐만 아니라 일시적으로 실업 상태에 있는 사람이나 구직 중인 사람을 포함하여 노동 3권을 보장할 필요성이 있는 사람도 여기에 포함되는 것으로 보아야 한다(대판 2015. 6. 25. 2007두4995 전합).

② ◎ 출입국관리 법령에서 외국인고용제한 규정을 두고 있는 것은 취업자격 없는 외국인의 고용이라는 사실적 행위 자체를 금지하고자 하는 것뿐이지, 나아가 취업자격 없는 외국인이 사실상 제공한 근로에 따른 권리나 이미 형성된 근로관계에 있어서 근로자로서의 신분에 따른 노동관계법상의 제반 권리 등의 법률효과까지 금지하려는 것으로 보기는 어렵다(대판 1995. 9. 15. 94누12067).

③ ◎ 타인과의 사용종속관계하에서 근로를 제공하고 그 대가로 임금 등을 받아 생활하는 사람은 노동조합법상 근로자에 해당하고, 노동조합법상의 근로자성이 인정되는 한, 그러한 근로자가 외국인인지 여부나 취업자격의 유무에 따라 노동조합법상 근로자의 범위에 포함되지 아니한다고 볼 수는 없다(대판 2015. 6. 25. 2007두4995 전합).

05 정답 ①

① ✕ 국민참여재판을 받을 권리는 헌법상 기본권으로서 보호될 수는 없지만, 재판참여법에서 정하는 대상 사건에 해당하는 한 피고인은 원칙적으로 국민참여재판으로 재판을 받을 법률상 권리를 가진다고 할 것이고, 이러한 형사소송절차상의 권리를 배제함에 있어서는 헌법에서 정한 적법절차원칙을 따라야 한다(헌재 2014. 1. 28. 2012헌바298).

② ◎ 헌법은 피고인의 반대신문권을 헌법상 기본권으로까지 규정하지는 않았으나 형사소송법은 제161조의2에서 피고인의 반대신문권을 포함한 교호신문권을 명문으로 규정하여 피고인에게 불리한 증거에 대하여 반대신문할 수 있는 권리를 원칙적으로 보장하고 있다. 이는 헌법 제12조 제1항, 제27조 제1항, 제3항 및 제4항에 의한 공정한 재판을 받을 권리를 구현한 것이다(헌재 2016. 12. 29. 2015헌바221).

③ ◎ 국가보안법위반죄로 구속기소된 청구인의 변론준비를 위하여 피청구인인 검사에게 그가 보관중인 수사기록일체에 대한 열람·등사신청을 하였으나 같은 달 26. 피청구인은 국가기밀의 누설이나 증거인멸, 증인협박, 사생활침해의 우려 등 정당한 사유를 밝히지 아니한 채 이를 전부 거부한 것은 청구인의 신속·공정한 재판을 받을 권리와 변호인의 조력을 받을 권리를 침해하는 것으로 헌법에 위반된다 할 것이다(헌재 1997. 11. 27. 94헌마60).

④ ◎ 상고심에서 재판을 받을 권리를 헌법상 명문화한 규정이 없는 이상, 헌법 제27조에서 규정한 재판을 받을 권리에 모든 사건에 대해 상고심 재판을 받을 권리까지도 포함된다고 단정할 수 없고, 모든 사건에 대해 획일적으로 상고할 수 있게 할지 여부는 입법재량의 문제라고 할 것이므로 소액사건심판법 제3조가 소액사건에 대하여 상고의 이유를 제한하였다고 하여 그것만으로 재판청구권을 침해하였다고 볼 수 없다(헌재 2012. 12. 27. 2011헌마161).

06 정답 ①

① ✕ 청구인들은 공무원의 직급·직렬에 따라 기부금을 모집할 수 있는 액수를 조정하거나, 일반 국민에 비하여 기부금 상한액을 낮추는 방법 등을 통하여 공무원의 정치적 중립성을 해하지 않는 범위 내에서 공무원이 정치적 의사를 표명할 수 있게 하는 것이 가능하다고 주장한다. 그러나 앞서 살펴본 바와 같이 공무원의 정치적 중립성은 정치권의 영향력으로부터 국정운영의 혼란을 방지하고, 선거의 공정성과 공직의 직무전념성을 보장하기 위한 것인바, 공무원의 정치적 중립성을 보장하는 문제는 기부금액의 다소에 따라 달리 평가될 수 없으므로, 공무원의 기부금 상한액의 한도를 제한하는 데 그치지 않고 기부금을 모집하는 행위 등 자체를 금지한 것이 과도한 규제라고 보기 어렵다. 더구나 기부금의 모집에 공무원이 주도적으로 관여하는 때에는 여러 가지 직·간접적인 압력으로 개인의 진정한 의사형성을 방해하거나 왜곡할 우려가 있고, 공무원의 중립성을 해하지 않는 범위 내에서 개인의 정치적 의사형성이 온전하게 이루어질 수 있는 공무원의 기부금 모집행위를 일반적·추상적으로 규범화하여 허용하는 것은 입법기술상 곤란할 뿐만 아니라, 공무원의 정치적 중립성과 선거의 공정성 보장이라는 입법목적의 달성에 충분한 수단이라고 보기 어렵다는 점에서, 이 사건 기부금모집 금지조항이 공무원의 기부금 모집행위 등을 금지하는 것은 목적 달성을 위한 불가피한 조치로 볼 수 있는바, 이 사건 기부금모집 금지조항은 침해의 최소성 원칙에 위반된다고 보기 어렵다. …… 따라서 이 사건 기부금모집 금지조항이 과잉금지원칙을 위배하여 정치적 의사표현의 자유를 제한한다고 볼 수 없다(헌재 2012. 7. 26. 2009헌바298).

② ◎ 이 사건 공단의 상근직원은 이 사건 공단의 경영에 관여하거나 실질적인 영향력을 미칠 수 있는 권한을 가지고 있지 아니하므로, 경선운동을 한다고 하여 그로 인한 부작용과 폐해가 크다고 보기 어렵다. 또한 공직선거법은 이미 이 사건 공단의 상근직원이 당내경선에 직·간접적으로 영향력을 행사하는 행위들을 금지·처벌하는 규정들을 마련하고 있다. 이 사건 공단의 상근직원이 그 지위를 이용하여 경선운동을 하는 행위를 금지·처벌하는 규정을 두는 것은 별론으로 하고, 이 사건 공단의 상근직원의 경선운동을 일률적으로 금지·처벌하는 것은 정치적 표현의 자유를 과도하게 제한하는 것이다(헌재 2021. 4. 29. 2019헌가11).

③ ◎ 헌법 제33조 제2항이 직접 '법률이 정하는 자'만이 노동 3권을 향유할 수 있다고 규정하고 있어서 '법률이 정하는 자' 이외의 공무원은 노동 3권의 주체가 되지 못하므로, '법률이 정하는 자' 이외의 공무원에 대해서도 노동 3권이 인정됨을 전제로 하여 헌법 제37조 제2항의 과잉금지원칙을 적용할 수는 없는 것이다. 한편, 법 제66조 제1항은 근로 3권이 보장되는 공무원의 범위를 사실상 노무에 종사하는 공무원에 한정하고 있으나, 이는 헌법 제33조 제2항에 근거한 것이고, 전체국민의 공공복리와 사실상 노무에 공무원의 직무의 내용, 노동조건 등을 고려해 보았을 때 입법자에게 허용된 입법재량권의 범위를 벗어난 것이라 할 수 없다(헌재 2007. 8. 30. 2003헌바51).

④ ◎ 정당가입 금지조항은 공무원의 정당가입의 자유를 원천적으로 금지하고 있다. 그러나 공무원의 정당가입이 허용된다면, 공무원의 정치적 행위가 직무 내의 것인지 직무 외의 것인지 구분하기 어려운 경우가 많고, 설사 공무원이 근무시간 외에 혹은 직무와 관련 없이 정당과 관련한 정치적 표현행위를 한다 하더라도 공무원의 정치적 중립성에 대한 국민의 기대와 신뢰는 유지되기 어렵다. 나아가 공무원의 행위는 근무시간 내외를 불문하고 국민에게 중대한 영향을 미친다고 할 것이므로, 직무 내의 정당 활동에 대한 규제만으로 공무원의 근무기강을 확립하고 정치적 중립성을 확보하는 데 충분하다고 할 수 없다. 한편, 이 사건 정당가입 금지조항은 공무원이 '정당의 당원이 된다'는 정치적 행위를 금지하고 있을 뿐이므로, 정당에 대한 지지의사를 선거와 무관하게 개인적인 자리에서 밝히거나 선거에서 지지 정당에 대해 투표를 하는 등 일정한 범위 내의 정당 관련 활동은 공무원에게도 허용되고 있다. 이러한 점에서 볼 때 이 사건 정당가입 금지조항은 침해의 최소성 원칙에 반하지 아니한다(헌재 2020. 4. 23. 2018헌마551).

07 정답 ②

② ✕ 법원은 매각기일과 매각결정기일을 정하여 등기부상 권리자에게 통지하여야 하나, 이는 발송송달에 해당하여 집행기록에 표시된 등기부상 권리자의 주소에 발송하면 발송 시에 그 송달의 효력이 발생하므로, 주소를 이전한 등기부상 권리자가 그 통지를 받지 못하여 경매절차에 참여할 기회를 상실하게 되더라도 경매절차의 효력에는 영향이 없다. 따라서 등기부상 권리자는 심판대상조항으로 인하여 경매절차에 관여할 기회를 상실하게 될 수도 있으므로 심판대상조항이 과잉금지원칙에 위반

하여 재판청구권을 침해하는지 문제된다. …… 다수의 이해관계인이 얽혀 있는 경매절차에서 통상의 송달방법에 의하여서만 경매절차를 진행시켜야 한다면 그 절차의 진행은 지연될 수밖에 없다. 담보권설정등기를 마친 후 주소가 변경된 담보권자는 자신의 권리의 온전한 실현을 위하여 등기명의인표시변경등기를 할 수 있고 이를 과도한 부담이라고 보기 어렵다. 따라서 이해관계인에 대한 매각기일 및 매각결정기일의 통지는 집행기록에 표시된 이해관계인의 주소에 발송하도록 한 민사집행법 제104조 제3항의 이해관계인 중 '민사집행법 제90조 제3호의 등기부에 기입된 부동산 위의 권리자'에 관한 부분은 재판청구권을 침해하지 아니한다(헌재 2021. 4. 29. 2017헌바390).

① ⓞ 심판대상조항은 소액사건에서 소장·준비서면 기타 소송기록에 의하여 청구가 이유 없음이 명백한 때 변론 없이 청구를 기각할 수 있도록 규정하고 있다. …… 심판대상조항은 남소를 방지하고 이러한 소송을 신속히 종결하고자 필요적 변론 원칙의 예외를 규정한 것이다. …… 심판대상조항에 의하더라도 남소로 판단되는 사건의 구두변론만이 제한될 뿐 준비서면, 각종 증거방법을 제출할 권리가 제한되는 것은 아니고 법관에 의한 서면심리가 보장되며 구두변론을 거칠 것인지 여부를 법원의 판단에 맡기고 있다. 나아가 심판대상조항은 1심 소송절차에 한하여 적용되므로 1심 판결에 불복하는 경우 항소심절차에서는 구두변론절차가 보장된다. 이러한 사정들을 고려하여 보면, 심판대상조항이 재판청구권의 본질적 내용을 침해한다고 볼 수 없다(헌재 2021. 6. 24. 2019헌바133).

③ ⓞ 간이기각제도는 형사소송절차의 신속성이라는 공익을 달성하는 데 필요하고 적절한 방법으로써 즉시항고에 의한 불복도 가능하므로, 소송의 지연을 목적으로 함이 명백한 기피신청의 경우 그 신청을 받은 법원 또는 법관이 결정으로 기각할 수 있도록 한 심판대상조항은 공정한 재판을 받을 권리를 침해하지 아니한다(헌재 2021. 2. 25. 2019헌바551).

④ ⓞ 한정된 사법자원을 효율적으로 분배하고 상고심 재판의 법률심 기능을 제고할 필요성이 있고, 당사자는 제1심과 제2심에서 사실오인이나 양형부당을 다툴 충분한 기회를 부여받고 있으므로, '사형, 무기 또는 10년 이상의 징역이나 금고가 선고된 사건'에 한하여 중대한 사실오인 또는 양형부당을 이유로 한 상고를 허용한 심판대상조항은 입법형성권의 범위 내에 있어 재판청구권을 침해하지 아니한다(헌재 2020. 7. 16. 2020헌바14).

08   정답 ④

①ⓧ, ④ⓞ "진정입법부작위" 즉 본래의 의미에서의 입법부작위를 대상으로 하여 헌법소원을 제기하려면 헌법에서 기본권보장을 위하여 법령에 명시적인 입법위임을 하였음에도 불구하고 입법자가 상당한 기간내에 이를 이행하지 아니하거나 또는 헌법의 해석상 특정인에게 구체적인 기본권이 생겨 이를 보장하기 위한 국가의 행위의무 내지 보호의무가 발생하였음이 명백함에도 불구하고 입법자가 아무런 입법조치를 취하지 않고 있는 경우이어야 하고, "부진정입법부작위"를 대상으로, 즉 입법의 내용·범위·절차등의 결함을 이유로 헌법소원을 제기하려면 이 경우에는 결함이 있는 당해 입법규정 그 자체를 대상으로 하여 그것이 평등의 원칙에 위배된다는 등 헌법위반을 내세워 적극적인 헌법소원을 제기하여야 하며, 이 경우에는 헌법재판소법 소정의 제소기간(청구기간)을 준수하여야 한다(헌재 1996. 10. 31. 94헌마204).

② ⓧ 삼권분립의 원칙, 법치행정의 원칙을 당연한 전제로 하고 있는 우리 헌법 하에서 행정권의 행정입법 등 법집행의무는 헌법적 의무라고 보아야 할 것이다. 그런데 이는 행정입법의 제정이 법률의 집행에 필수불가결한 경우로서 행정입법을 제정하지 아니하는 것이 곧 행정권에 의한 입법권 침해의 결과를 초래하는 경우를 말하는 것이므로, 만일 하위 행정입법의 제정 없이 상위 법령의 규정만으로도 집행이 이루어질 수 있는 경우라면 하위 행정입법을 하여야 할 헌법적 작위의무는 인정되지 아니한다(헌재 2005. 12. 22. 2004헌마66).

③ ⓧ 법률이 군법무관의 보수를 판사, 검사의 예에 의하도록 규정하면서 그 구체적 내용을 시행령에 위임하고 있다면, 이는 군법무관의 보수의 내용을 법률로써 일차적으로 형성한 것이고, 따라서 상당한 수준의 보수청구권이 인정되는 것이라 해석함이 상당하다. 그러므로 이 사건에서 대통령이 법률의 명시적 위임에도 불구하고 지금까지 해당 시행령을 제정하지 않아 그러한 보수청구권이 보장되지 않고 있다면 그러한 입법부작위는 정당한 이유 없이 청구인들의 재산권을 침해하는 것으로써 헌법에 위반된다(헌재 2004. 2. 26. 2001헌마718).

09   정답 ②

② ⓧ 기지국 수사를 허용하는 통신사실 확인자료 제공요청은 법원의 허가를 받으면, 해당 가입자의 동의나 승낙을 얻지 아니하고도 제3자인 전기통신사업자에게 해당 가입자에 관한 통신사실 확인자료의 제공을 요청할 수 있도록 하는 수사방법으로, 통신비밀보호법이 규정하는 강제처분에 해당하므로 헌법상 영장주의가 적용된다(헌재 2018. 6. 28. 2012헌마538).

① ⓞ 이 사건 법률조항은 수사기관 등이 전기통신사업자에 대하여 통신자료의 제공을 요청할 수 있는 권한을 부여하면서 전기통신사업자는 '그 요청에 따를 수 있다'고 규정하고 있을 뿐, 전기통신사업자에게 수사기관 등의 통신자료 제공요청에 응하거나 협조하여야 할 의무를 부과하지 않으며, 달리 전기통신사업자의 통신자료 제공을 강제할 수 있는 수단을 마련하고 있지 아니하다. 따라서 이 사건 법률조항에 따른 통신자료 제공요청은 강제력이 개입되지 아니한 임의수사에 해당하고 이를 통한 수사기관 등의 통신자료 취득에는 영장주의가 적용되지 아니하는바, 이 사건 법률조항은 헌법상 영장주의에 위배되지 아니한다(헌재 2022. 7. 21. 2016헌마388).

③ ⓞ 헌법 제12조 제3항과는 달리 헌법 제16조 후문은 "주거에 대한 압수나 수색을 할 때에는 검사의 신청에 의하여 법관이 발부한 영장을 제시하여야 한다."라고 규정하고 있을 뿐 영장주의에 대한 예외를 명문화하고 있지 않다. 그러나 헌법 제12조 제3항과 헌법 제16조의 관계, 주거 공간에 대한 긴급한 압수·수색의 필요성, 주거의 자유와 관련하여 영장주의를 선언하고 있는 헌법 제16조의 취지 등을 종합하면, 헌법 제16조의 영장주의에 대해서도 그 예외를 인정하되, 이는 ① 그 장소에 범죄혐의 등을 입증할 자료나 피의자가 존재할 개연성이 소명되고, ② 사전에 영장을 발부받기 어려운 긴급한 사정이 있는 경우에만 제한적으로 허용될 수 있다고 보는 것이 타당하다. 심판대상조항은 체포영장을 발부받아 피의자를 체포하는 경우에 필요한 때에는 영장 없이 타인의 주거 등 내에서 피의자 수사를 할 수 있다고 규정함으로써, 앞서 본 바와 같이 별도로 영장을 발부받기 어려운 긴급한 사정이 있는지 여부를 구별하지 아니하고 피의자가 소재할 개연성만 소명되면 영장 없이 타인의 주거 등을 수색할 수 있도록 허용하고 있다. 이는 체포영장이 발부된 피의자가 타인의 주거 등에 소재할 개연성은 소명되나, 수색에 앞서 영장을 발부받기 어려운 긴급한 사정이 인정되지 않는 경우에도 영장 없이 피의자 수색을 할 수 있다는 것이므로, 헌법 제16조의 영장주의 예외 요건을 벗어나는 것으로서 영장주의에 위반된다(헌재 2018. 4. 26. 2015헌바370).

④ ⓞ 심판대상조항에 따른 법무부장관의 출국금지결정은 형사재판에 계속 중인 국민의 출국의 자유를 제한하는 행정처분일 뿐이고, 영장주의가 적용되는 신체에 대하여 직접적으로 물리적 강제력을 수반하는 강제처분이라고 할 수는 없다. 따라서 심판대상조항이 헌법 제12조 제3항의 영장주의에 위배된다고 볼 수 없다(헌재 2015. 9. 24. 2012헌바302).

10
정답 ③

③ ⭕ 심판대상조항은 국회의장 공관 인근에서 옥외집회·시위가 개최될 경우 국회의장의 원활한 직무 수행과 공관 거주자 등의 신변 안전, 주거의 평온, 공관으로의 자유로운 출입 등이 저해될 위험이 있음을 고려하여, 그와 같은 옥외집회·시위를 사전에 차단함으로써 국회의장 공관의 기능과 안녕을 보호하기 위한 것이다. 그런데 심판대상조항이 집회 금지 장소로 설정한 '국회의장 공관의 경계 지점으로부터 100미터 이내에 있는 장소'에는, 해당 장소에서 옥외집회·시위가 개최되더라도 국회의장에게 물리적 위해를 가하거나 국회의장 공관으로의 출입 내지 안전에 위협을 가할 우려가 없는 장소까지 포함되어 있다. 또한 대규모로 확산될 우려가 없는 소규모 옥외집회·시위의 경우, 심판대상조항에 의하여 보호되는 법익에 직접적인 위협을 가할 가능성은 상대적으로 낮다. '집회 및 시위에 관한 법률'은 국회의장 공관의 기능과 안녕을 보호할 다양한 규제 수단을 마련하고 있고, 집회·시위 과정에서의 폭력행위나 업무방해 행위 등은 형사법상의 범죄행위로 처벌되므로, 국회의장 공관 인근에서 예외적으로 옥외집회·시위를 허용한다고 하더라도 국회의장 공관의 기능과 안녕은 충분히 보장될 수 있다. 그럼에도 심판대상조항은 국회의장 공관 인근 일대를 광범위하게 전면적인 집회 금지 장소로 설정함으로써 입법목적 달성에 필요한 범위를 넘어 집회의 자유를 과도하게 제한하고 있는바, 과잉금지원칙에 반하여 집회의 자유를 침해한다(헌재 2023. 3. 23. 2021헌가1).

① ❌ 일반적으로 집회는, 일정한 장소를 전제로 하여 특정 목적을 가진 다수인이 회합하는 것을 말하는 것으로 일컬어지고 있고, 그 공동의 목적은 '내적인 유대 관계'로 족하다(헌재 2014. 1. 28. 2011헌바174).

② ❌ 심판대상조항은 정치적 의사표현이 활발하게 교환되어야 할 선거기간 중에, 오히려 특정 후보자나 정당이 특정한 정책에 대한 찬성이나 반대를 하고 있다는 언급마저도 할 수 없는 범위 내에서만 집회나 모임의 방법으로 정치적 의사를 표현하도록 하여, 평소보다 일반 유권자의 정치적 표현의 자유를 더 제한하고 있다. 선거의 공정이나 평온에 대한 구체적인 위험이 없어, 규제가 불필요하거나 또는 예외적으로 허용하는 것이 가능한 경우에도, 선거기간 중 선거에 영향을 미칠 염려가 있거나 미치게 하기 위한 일반 유권자의 집회나 모임을 전면적으로 금지하고 위반 시 처벌하는 것은 침해의 최소성에 반한다. 선거기간 중 선거와 관련된 집단적 의견표명 일체가 불가능하게 됨으로써 일반 유권자가 받게 되는 집회의 자유, 정치적 표현의 자유에 대한 제한 정도는 매우 중대하므로, 심판대상조항은 집회의 자유, 정치적 표현의 자유를 침해한다(헌재 2022. 7. 21. 2018헌바164).

④ ❌ 사회복무요원이 <u>정당</u> 가입을 할 수 없도록 규정한 병역법 조항은 과잉금지원칙에 위배되어 청구인의 정치적 표현의 자유 및 결사의 자유를 침해하지 아니한다(헌재 2021. 11. 25. 2019헌마534). → 이 사건 법률조항 중 '<u>그 밖의 정치단체에 가입하는 등 정치적 목적을 지닌 행위</u>'에 관한 부분은 청구인의 표현의 자유 및 결사의 자유를 침해하므로 헌법에 위반된다고 본 사례

11
정답 ④

② ⭕, ③ ⭕, ④ ❌

> **헌법 제128조** ① 헌법개정은 국회재적의원 과반수 또는 대통령의 발의로 제안된다.
> **헌법 제129조** 제안된 헌법개정안은 대통령이 20일 이상의 기간 이를 공고하여야 한다.
> **헌법 제130조** ① 국회는 헌법개정안이 공고된 날로부터 60일 이내에 의결하여야 하며, 국회의 의결은 재적의원 3분의 2 이상의 찬성을 얻어야 한다.
> ② 헌법개정안은 국회가 의결한 후 30일 이내에 국민투표에 붙여 국회의원선거권자 과반수의 투표와 투표자 과반수의 찬성을 얻어야 한다.
> ③ 헌법개정안이 제2항의 찬성을 얻은 때에는 헌법개정은 확정되며, 대통령은 즉시 이를 공포하여야 한다.

12
정답 ③

③ ❌ 어떤 범죄를 어떻게 처벌할 것인가 하는 문제 즉 법정형의 종류와 범위의 선택은 그 범죄의 죄질과 보호법익에 대한 고려뿐만 아니라 우리의 역사와 문화, 입법 당시의 시대적 상황, 국민 일반의 가치관 내지 법감정 그리고 범죄예방을 위한 형사정책적 측면 등 여러 가지 요소를 종합적으로 고려하여 <u>입법자가 결정할 사항으로서 광범위한 입법재량 내지 형성의 자유가 인정되어야 할 분야이다</u>(헌재 1999. 5. 27. 98헌바26).

① ⭕ 죄형법정주의는 범죄와 형벌이 법률로 정해져야 함을 의미하는 것이고, 이러한 죄형법정주의에서 파생되는 명확성의 원칙은 누구나 법률이 처벌하고자 하는 행위가 무엇이며 그에 대한 형벌이 어떠한 것인지를 예견할 수 있고 그에 따라 자신의 행위를 결정할 수 있도록 구성요건이 명확할 것을 의미하는 것으로서, 처벌법규의 구성요건의 내용이 모호하거나 추상적이어서 불명확하면 무엇이 금지된 행위인지를 국민이 알 수 없고 범죄의 성립여부가 법관의 자의적인 해석에 맡겨져 죄형법정주의에 의하여 국민의 자유와 권리를 보장하려는 법치주의의 이념은 실현될 수 없게 된다(헌재 2002. 2. 28. 99헌가8).

② ⭕ 죄형법정주의의 파생원칙으로서 명확성의 원칙이란, 법률이 처벌하고자 하는 행위가 무엇이며 그에 대한 형벌이 어떠한 것인지를 누구나 예견할 수 있고, 그에 따라 자신의 행위를 결정할 수 있도록 구성요건을 명확하게 규정하는 것을 의미하는 것으로서, 수범자에게 공정한 고지를 하여 예측가능성을 주고 있는지 및 당해 법규범이 법을 해석·집행하는 기관에게 충분한 의미 내용을 규율하여 자의적인 법해석이나 법집행이 배제되는지 여부에 따라 그 위반 여부를 판단할 수 있다. 그러나 다소 광범위하고 어느 정도의 범위에서는 법관의 보충적인 해석을 필요로 하는 개념을 사용하여 규정하였다고 하더라도, 그 적용 단계에서 다의적으로 해석될 우려가 없는 이상, 그 점만으로 헌법이 요구하는 명확성의 요구에 배치된다고는 보기 어렵다 할 것이다(헌재 2010. 9. 30. 2009헌바201).

④ ⭕ 국회의 입법재량 내지 입법정책적 고려에 있어서도 국민의 자유와 권리의 제한은 필요 최소한에 그쳐야 하며, 기본권의 본질적인 내용을 침해하는 입법은 할 수 없으므로, 헌법이나 법률에 의하여 명시된 죄형법정주의와 소급효의 금지 및 이에 유래하는 유추해석금지의 원칙 외에 지켜져야 할 입법원칙이 있다(헌재 2002. 4. 25. 2001헌가27).

13
정답 ①

① ❌ 심판대상조항에 의해서는 아직 의사소통이 이루어지지 않은 이동통신서비스 가입단계에서의 본인확인절차를 거치는 것이므로, 이동통신서비스 가입자가 누구인지 식별가능해진다고 하여도 곧바로 그가 누구와 언제, 얼마동안 통화하였는지 등의 정보를 파악할 수 있는 것은 아니다. 따라서 심판대상조항으로 인해 가입자가 개개의 통신내용과 이용 상황에 기한 처벌을 두려워하여 이동통신서비스 이용 여부 자체를 진지하게 고려하게 할 정도라고 할 수 없다. 개인정보자기결정권, 통신의 자유가 제한되는 불이익과 비교했을 때, 명의도용피해를 막고, 차명휴대전화의 생성을 억제하여 보이스피싱 등 범죄의 범행도구로 악용될 가능성을 방지함으로써 잠재적 범죄 피해 방지 및 통신망 질서 유지라는 더욱 중대한 공익의 달성효과가 인정된다. 따라서 심판대상조항은 청구인들

의 개인정보자기결정권 및 통신의 자유를 침해하지 않는다(헌재 2019. 9. 26. 2017헌마1209).

② ◎ 검사 또는 사법경찰관은 수사를 위하여 필요한 경우 전기통신사업법에 의한 전기통신사업자에게 제2조 제11호 가목 내지 라목의 통신사실 확인자료의 열람이나 제출을 요청할 수 있다고 규정한 이 사건 요청조항은 과잉금지원칙에 반하여 청구인의 개인정보자기결정권 및 통신의 자유를 침해한다(헌재 2018. 6. 28. 2012헌마538).

③ ◎ [1] 피청구인의 서신개봉행위는 법령상 금지되는 물품을 서신에 동봉하여 반입하는 것을 방지하기 위하여 구 형의 집행 및 수용자의 처우에 관한 법률(이하 '형집행법'이라 한다) 제43조 제3항 및 구 형집행법 시행령 제65조 제2항에 근거하여 수용자에게 온 서신의 봉투를 개봉하여 내용물을 확인한 행위로서, 교정시설의 안전과 질서를 유지하고 수용자의 교화 및 사회복귀를 원활하게 하기 위한 것이다. 개봉하는 발신자나 수용자를 한정하거나 엑스레이 기기 등으로 확인하는 방법 등으로는 금지물품 동봉 여부를 정확하게 확인하기 어려워, 입법목적을 같은 정도로 달성하면서, 소장이 서신을 개봉하여 육안으로 확인하는 것보다 덜 침해적인 수단이 있다고 보기 어렵다. 또한 서신을 개봉하더라도 그 내용에 대한 검열은 원칙적으로 금지된다. 따라서 서신개봉행위는 청구인의 통신의 자유를 침해하지 아니한다.

[2] 피청구인의 문서열람행위는 형집행법 시행령 제67조에 근거하여 법원 등 관계기관이 수용자에게 보내온 문서를 열람한 행위로서, 문서 전달 업무에 정확성을 기하고 수용자의 편의를 도모하며 법령상의 기간준수 여부 확인을 위한 공적 자료를 마련하기 위한 것이다. 수용자 스스로 고지하도록 하거나 특별히 엄중한 계호를 요하는 수용자에 한하여 열람하는 등의 방법으로는 목적 달성에 충분하지 않고, 다른 법령에 따라 열람이 금지된 문서는 열람할 수 없으며, 열람한 후에는 본인에게 신속히 전달하여야 하므로, 문서열람행위는 청구인의 통신의 자유를 침해하지 아니한다(헌재 2021. 9. 30. 2019헌마919).

④ ◎ 피청구인 ○○구치소장이 ○○구치소에 수용중인 수형자에게 온 서신에 '허가 없이 수수되는 물품'인 녹취서와 사진이 동봉되어 있음을 확인하여 서신수수를 금지하고 발신인인 청구인에게 위 물품을 반송한 것은 교정사고를 미연에 방지하고 교정시설의 안전과 질서 유지를 위하여 불가피한 측면이 있다. 또한 청구인은 관심대상수용자로 지정된 자이고, 서신에 동봉된 녹취서는 청구인이 원고인 민사사건 증인의 증언을 녹취한 소송서류로서 타인의 실명과 개인정보가 기재되어 있다. 한편, 수용자 사이에 사진을 자유롭게 교환할 수 있도록 하는 경우 각종 교정사고가 발생할 가능성이 있다. 이와 같은 점을 종합적으로 고려하면, 이 사건 반송행위는 과잉금지원칙에 위반되어 청구인의 통신의 자유를 침해하지 않는다(헌재 2019. 12. 27. 2017헌마413).

14 정답 ①

① ✗ 헌법의 기본원리는 헌법의 이념적 기초인 동시에 헌법을 지배하는 지도원리로서 입법이나 정책결정의 방향을 제시하며 공무원을 비롯한 모든 국민·국가기관이 헌법을 존중하고 수호하도록 하는 지침이 되며, <u>구체적 기본권을 도출하는 근거로 될 수는 없으나</u> 기본권의 해석 및 기본권제한입법의 합헌성 심사에 있어 해석기준의 하나로서 작용한다(헌재 2001. 9. 27. 2000헌마238).

② ◎ 헌법은 전문과 각 개별조항이 서로 밀접한 관련을 맺으면서 하나의 통일된 가치체계를 이루고 있는 것으로서, 헌법의 제규정 가운데는 헌법의 근본가치를 보다 추상적으로 선언한 것도 있으므로 이념적·논리적으로는 헌법규범상호간의 우열을 인정할 수 있는 것이 사실이다. 그러나 이때 인정되는 헌법규범상호간의 우열은 추상적 가치규범의 구체화에 따른 것으로서 헌법의 통일적 해석에 있어서는 유용할 것이지만, 그것이 헌법의 어느 특정규정이 다른 규정의 효력을 전면적으로 부인할 수 있을 정도의 개별적 헌법규정 상호간에 효력상의 차등을 의미하는 것이라고는 볼 수 없다(헌재 1996. 6. 13. 94헌마118).

③ ◎ 헌법의 해석은 헌법이 담고 추구하는 이상과 이념에 따른 역사적, 사회적 요구를 올바르게 수용하여 헌법적 방향을 제시하는 헌법의 창조적 기능을 수행하여 국민적 욕구와 의식에 알맞는 실질적 국민주권의 실현을 보장하는 것이어야 한다(헌재 1989. 9. 8. 88헌가6).

④ ◎ 유신헌법 일부 조항과 긴급조치 등이 기본권을 지나치게 침해하고 자유민주적 기본질서를 훼손하였다는 반성에 따른 헌법 개정사, 국민의 기본권의 강화·확대라는 헌법의 역사성, 헌법재판소의 헌법해석은 헌법이 내포하고 있는 특정한 가치를 탐색·확인하고 이를 규범적으로 관철하는 작업인 점에 비추어, 헌법재판소가 행하는 구체적 규범통제의 심사기준은 원칙적으로 헌법재판을 할 당시에 규범적 효력을 가지는 현행헌법이다(헌재 2013. 3. 21. 2010헌바132).

15 정답 ③

③ ✗ 지방자치단체의 장에게 지방의회 사무직원의 임용권을 부여하고 있는 심판대상조항은 지방자치법 제101조, 제105조 등에서 규정하고 있는 지방자치단체의 장의 일반적 권한의 구체화로서 우리 지방자치의 현황과 실상에 근거하여 지방의회 사무직원의 인력수급 및 운영 방법을 최대한 효율적으로 규율하고 있다고 할 것이다. 심판대상조항에 따른 지방의회 의장의 추천권이 적극적이고 실질적으로 발휘된다면 지방의회 사무직원의 임용권이 지방자치단체의 장에게 있다고 하더라도 그것이 곧바로 지방의회와 집행기관 사이의 상호견제와 균형의 원리를 침해할 우려로 확대된다거나 또는 지방자치제도의 본질적 내용을 침해한다고 볼 수는 없다(헌재 2014. 1. 28. 2012헌바216).

① ◎

> **지방자치법 제28조(조례)** ② 법령에서 조례로 정하도록 위임한 사항은 그 법령의 하위 법령에서 그 위임의 내용과 범위를 제한하거나 직접 규정할 수 없다.

② ◎ 지방자치법 제22조, 제9조 제1항, 구 지방자치법(2007. 5. 11. 법률 제8423호로 전문 개정되기 전의 것) 제9조 제1항, 제15조, 행정규제기본법 제4조 제3항에 의하면 지방자치단체는 그 고유사무인 자치사무와 개별법령에 의하여 지방자치단체에 위임된 단체위임사무에 관하여 자치조례를 제정할 수 있지만 그 경우라도 주민의 권리제한 또는 의무부과에 관한 사항이나 벌칙은 법률의 위임이 있어야 하며, 기관위임사무에 관하여 제정되는 이른바 위임조례는 개별법령에서 일정한 사항을 조례로 정하도록 위임하고 있는 경우에 한하여 제정할 수 있으므로, 주민의 권리제한 또는 의무부과에 관한 사항이나 벌칙에 해당하는 조례를 제정할 경우에는 그 조례의 성질을 묻지 아니하고 법률의 위임이 있어야 하고 그러한 위임 없이 제정된 조례는 효력이 없다(대판 2007. 12. 13. 2006추52).

④ ◎ 지방자치법 제4조 제1항에 규정된 지방자치단체의 구역은 주민·자치권과 함께 자치단체의 구성요소이고, 자치권이 미치는 관할구역의 범위에는 육지는 물론 바다도 포함되므로, 공유수면에 대해서도 지방자치단체의 자치권한이 미친다(헌재 2015. 7. 30. 2010헌라2).

16 정답 ④

④ ✗ 이 사건 금혼조항은 근친혼으로 인하여 가까운 혈족 사이의 상호관계 및 역할, 지위와 관련하여 발생할 수 있는 혼란을 방지하고 가족제도의 기능을 유지하기 위한 것으로서 정당한 입법목적 달성을 위한 적합한 수단에 해당한다. 이 사건 금혼조항은, 촌수를 불문하고 부계혈족 간

의 혼인을 금지한 구 민법상 동성동본금혼 조항에 대한 헌법재판소의 헌법불합치 결정의 취지를 존중하는 한편, 우리 사회에서 통용되는 친족의 범위 및 양성평등에 기초한 가족관계 형성에 관한 인식과 합의에 기초하여 혼인이 금지되는 근친의 범위를 한정한 것이므로 그 합리성이 인정되며, 입법목적 달성에 불필요하거나 과도한 제한을 가하는 것이라고는 볼 수 없으므로 침해의 최소성에 반한다고 할 수 없다. 나아가 이 사건 금혼조항으로 인하여 법률상의 배우자 선택이 제한되는 범위는 친족관계 내에서도 8촌 이내의 혈족으로, 넓다고 보기 어렵다. 그에 비하여 8촌 이내 혈족 사이의 혼인을 금지함으로써 가족질서를 보호하고 유지한다는 공익은 매우 중요하므로 이 사건 금혼조항은 법익균형성에 위반되지 아니한다. 그렇다면 이 사건 금혼조항은 과잉금지원칙에 위배하여 혼인의 자유를 침해하지 않는다(헌재 2022. 10. 27. 2018헌바115).

① ◎ 부모가 자녀의 이름을 지어주는 것은 자녀의 양육과 가족생활을 위하여 필수적인 것이고, 가족생활의 핵심적 요소라 할 수 있으므로, '부모가 자녀의 이름을 지을 자유'는 혼인과 가족생활을 보장하는 헌법 제36조 제1항과 행복추구권을 보장하는 헌법 제10조에 의하여 보호받는다(헌재 2016. 7. 28. 2015헌마964).

② ◎ 이름은 인간의 모든 사회적 생활관계 형성의 기초가 된다는 점에서 중요한 사회질서에 속한다. 이름의 특정은 사회 전체의 법적 안정성의 기초이므로 이를 위해 국가는 개인이 사용하는 이름에 대해 일정한 규율을 가할 수 있다(헌재 2016. 7. 28. 2015헌마964).

③ ◎ 헌법은 국가사회의 최고규범이므로 가족제도가 비록 역사적·사회적 산물이라는 특성을 지니고 있다 하더라도 헌법의 우위로부터 벗어날 수 없으며, 가족법이 헌법이념의 실현에 장애를 초래하고, 헌법규범과 현실과의 괴리를 고착시키는 데 일조하고 있다면 그러한 가족법은 수정되어야 한다(헌재 2005. 2. 3. 2001헌가9).

17
정답 ④

④ ✕ 헌법은 국민 각자가 자신의 생활을 스스로 경제적으로 형성한다는 것을 전제로 하고 있으므로, 국가는 납세자가 자신과 가족의 기본적인 생계유지를 위하여 꼭 필요로 하는 소득을 제외한 잉여소득 부분에 대해서만 납세의무를 부과할 수 있다. 따라서 소득에 대한 과세는 원칙적으로 최저생계비를 초과하는 소득에 대해서만 가능하다(헌재 2006. 11. 30. 2006헌마489).

① ◎ 헌법상 보장된 재산권은 사적 유용성 및 그에 대한 원칙적인 처분권을 내포하는 재산가치 있는 구체적인 권리이므로, 구체적 권리가 아닌 단순한 이익이나 영리획득의 단순한 기회 또는 기업활동의 사실적·법적 여건은 기업에게는 중요한 의미를 갖는다고 하더라도 재산권보장의 대상이 아니다(헌재 2008. 7. 31. 2006헌마400).

② ◎ 우리 헌법의 재산권 보장은 사유재산의 처분과 그 상속을 포함하는 것인바, 유언자가 생전에 최종적으로 자신의 재산권에 대하여 처분할 수 있는 법적 가능성을 의미하는 유언의 자유는 생전증여에 의한 처분과 마찬가지로 헌법상 재산권의 보호를 받는다(헌재 2008. 3. 27. 2006헌바82).

③ ◎ 헌법재판소는 공법상의 권리가 재산권보장의 보호를 받기 위해서는 '개인의 노력과 금전적 기여를 통하여 취득되고 자신과 그의 가족의 생활비를 충당하기 위한 경제적 가치가 있는 권리'여야 한다고 판시하고(헌재 1995. 7. 21. 94헌바27 등), 공무원연금법 및 군인연금법상의 연금수급권이 헌법상 보장되는 재산권에 포함됨을 밝힌 바 있다(헌재 2004. 6. 24. 2002헌바15).

18
정답 ②

② ✕ 조례의 제정권자인 지방의회는 선거를 통해서 그 지역적인 민주적 정당성을 지니고 있는 주민의 대표기관이고, 헌법이 지방자치단체에 대해 포괄적인 자치권을 보장하고 있는 취지로 볼 때 조례제정권에 대한 지나친 제약은 바람직하지 않으므로 조례에 대한 법률의 위임은 법규명령에 대한 법률의 위임과 같이 반드시 구체적으로 범위를 정하여 할 필요가 없으며 포괄적인 것으로 족하다고 할 것이다(헌재 1995. 4. 20. 92헌마264).

① ◎ 조례는 지방자치단체가 그 자치입법권에 근거하여 자주적으로 지방의회의 의결을 거쳐 제정한 법규이기 때문에 조례 자체로 인하여 기본권을 침해받은 자는 그 권리구제의 수단으로서 조례에 대한 헌법소원을 제기할 수 있다고 할 것이다. 다만 이 경우에 그 적법요건으로서 조례가 별도의 구체적인 집행행위를 기다리지 아니하고 직접 그리고 현재 자기의 기본권을 침해하는 것이어야 함을 요한다(헌재 1995. 4. 20. 92헌마264).

③ ◎ 행정규칙이 법령의 직접적 위임에 따라 수임행정기관이 그 법령을 시행하는 데 필요한 구체적 사항을 정한 것이면, 그 제정형식은 비록 법규명령이 아닌 고시·훈령·예규 등과 같은 행정규칙이더라도 그것이 상위법령의 위임한계를 벗어나지 않는 한 상위법령과 결합하여 대외적인 구속력을 갖는 법규명령으로서 기능하게 된다고 보아야 할 것인바, 헌법소원의 청구인이 법령과 예규의 관계규정으로 말미암아 직접 기본권을 침해받았다면 이에 대하여 헌법소원을 청구할 수 있다(헌재 2013. 5. 28. 2013헌마334).

④ ◎ 행정규칙이 법령의 규정에 의하여 행정관청에 법령의 구체적인 내용을 보충할 권한을 부여한 경우 또는 재량권행사의 준칙인 행정규칙이 그 정한 바에 따라 되풀이 시행되어 행정관행이 성립되어 평등원칙이나 신뢰보호의 원칙에 따라 행정기관이 그 상대방에 대한 관계에서 그 규칙에 따라야 할 자기구속을 당하게 되는 경우에는 대외적인 구속력을 갖게 되어 헌법소원의 대상이 될 수도 있다(헌재 2013. 5. 30. 2012헌마255).

19
정답 ③

③ ✕ 치료감호 청구권자를 검사로 한정한 구 치료감호법(2008. 6. 13. 법률 제9111호로 개정되기 전의 것) 제4조 제1항(이하 '이 사건 법률조항'이라 한다)이 청구인의 재판청구권을 침해하거나 적법절차의 원칙에 위배되는지 여부(소극) '피고인 스스로 치료감호를 청구할 수 있는 권리'가 헌법상 재판청구권의 보호범위에 포함된다고 보기는 어렵고, 검사뿐만 아니라 피고인에게까지 치료감호 청구권을 주어야만 절차의 적법성이 담보되는 것도 아니므로, 이 사건 법률조항이 청구인의 재판청구권을 침해하거나 적법절차의 원칙에 반한다고 볼 수 없다(헌재 2010. 4. 29. 2008헌마622).

① ◎ 법원의 범죄인인도결정은 신체의 자유에 밀접하게 관련된 문제이므로 범죄인인도심사에 있어서 적법절차가 준수되어야 한다. 그런데 심급제도는 사법에 의한 권리보호에 관하여 한정된 법발견, 자원의 합리적인 분배의 문제인 동시에 재판의 적정과 신속이라는 서로 상반되는 두 가지의 요청을 어떻게 조화시키느냐의 문제이므로, 기본적으로 입법자의 형성의 자유에 속하는 사항이다. 한편 법원에 의한 범죄인인도심사는 국가형벌권의 확정을 목적으로 하는 형사절차와 같은 전형적인 사법절차의 대상에 해당되는 것은 아니며, 법률(범죄인인도법)에 의하여 인정된 특별한 절차라 볼 것이다. 그렇다면 심급제도에 대한 입법재량의 범위와 범죄인인도심사의 법적 성격, 그리고 범죄인인도법에서의 심사절차에 관한 규정 등을 종합할 때, 이 사건 법률조항이 범죄인인도심사를 서울고등법원의 단심제로 하고 있다고 해서 적법절차원칙에서 요구되는 합리성과 정당성을 결여한 것이라 볼 수 없다(헌재 2003. 1. 30. 2001헌바95).

② ◎ 헌법 제12조 제1항 후문과 제3항에 규정된 적법절차의 원칙은 형사절차상의 제한된 범위뿐만 아니라 국가작용으로서 모든 입법 및 행정작용에도 광범위하게 적용된다(헌재 2009. 6. 25. 2007헌마451).

④ ⭕ 행정상 즉시강제는 그 본질상 급박성을 요건으로 하고 있어 법관의 영장을 기다려서는 그 목적을 달성할 수 없어 원칙적으로 영장주의가 적용되지 않는다(헌재 2002. 10. 31. 2000헌가12).

20

정답 ④

④ ❌ 이 사건 법률조항이 공적 관심의 정도가 약한 4급 이상의 공무원들까지 대상으로 삼아 모든 질병명을 아무런 예외 없이 공개토록 한 것은 입법목적 실현에 치중한 나머지 사생활 보호의 헌법적 요청을 현저히 무시한 것이고, 이로 인하여 청구인들을 비롯한 해당 공무원들의 헌법 제17조가 보장하는 기본권인 사생활의 비밀과 자유를 침해하는 것이다(헌재 2007. 5. 31. 2005헌마1139).

① ⭕ 사람의 육체적·정신적 상태나 건강에 대한 정보, 성생활에 대한 정보와 같은 것은 인간의 존엄성이나 인격의 내적 핵심을 이루는 요소이다. 따라서 외부세계의 어떤 이해관계에 따라 그에 대한 정보를 수집하고 공표하는 것이 쉽게 허용되어서는 개인의 내밀한 인격과 자기정체성이 유지될 수 없다(헌재 2007. 5. 31. 2005헌마1139).

② ⭕ 헌법 제17조는 "모든 국민은 사생활의 비밀과 자유를 침해받지 아니한다."고 규정하여 사생활의 비밀과 자유를 국민의 기본권의 하나로 보장하고 있다. 사생활의 비밀은 국가가 사생활영역을 들여다보는 것에 대한 보호를 제공하는 기본권이며, 사생활의 자유는 국가가 사생활의 자유로운 형성을 방해하거나 금지하는 것에 대한 보호를 의미한다(헌재 2008. 4. 24. 2006헌마402).

③ ⭕ 헌법 제10조는 개인의 인격권과 행복추구권을 보장하고 있고, 인격권과 행복추구권은 개인의 자기운명결정권을 전제로 한다. 이러한 자기운명결정권에는 성행위 여부 및 그 상대방을 결정할 수 있는 성적자기결정권이 포함되어 있고, 경제적 대가를 매개로 하여 성행위 여부를 결정할 수 있는 것 또한 성적자기결정권과 관련되어 있다 볼 것이므로 심판대상조항은 개인의 성적자기결정권을 제한한다(헌재 2016. 3. 31. 2013헌가2).

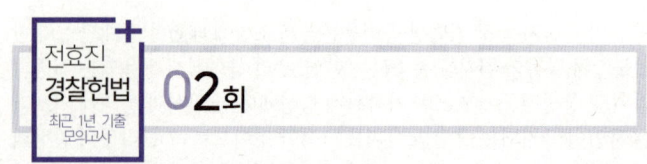

| 01 ② | 02 ④ | 03 ① | 04 ① | 05 ① | 06 ② | 07 ④ | 08 ② | 09 ④ | 10 ④ |
| 11 ④ | 12 ③ | 13 ② | 14 ① | 15 ④ | 16 ④ | 17 ① | 18 ④ | 19 ③ | 20 ④ |

01

정답 ②

② ❌ 고속도로 등은 자동차들이 일반도로에 비하여 고속으로 주행하여 중대한 위험이 발생할 가능성이 높고, 긴급자동차 등이 위험 발생 지역에 접근하기 어려운 특성이 있어 비상시에 이용하기 위하여 갓길이 설치된 것이므로, 갓길이 그 본래의 설치목적에 따라 이용될 수 있도록 갓길 통행 금지의무의 준수를 담보할 필요성이 높다. 행정질서벌의 부과만으로는 갓길 통행을 충분히 억제할 수 없다고 판단하고 형벌이라는 수단을 선택한 입법자의 판단이 명백하게 잘못되었다고 볼 수 없다. 처벌조항은 법정형을 '20만원 이하의 벌금이나 구류 또는 과료'로 선택적으로 규정하면서 그 하한에 제한을 두고 있지 아니하므로, 그 처벌의 정도가 중하다고 보기 어렵다. 나아가 처벌조항으로 규율되는 행위는 도로교통법 제162조 이하에서 정한 '범칙행위의 처리에 관한 특례'를 적용받게 된다. 따라서 갓길 통행 금지의무를 위반한 자에게는 그의 선택에 따라 형사적 제재의 압박으로부터 벗어날 수 있는 절차가 추가적으로 보장되어 있다. 그러므로 처벌조항은 책임과 형벌 사이의 비례원칙에 위배되지 않는다(헌재 2021. 8. 31. 2020헌바100).

① ⭕ 장애인준강간죄의 보호법익의 중요성, 죄질, 행위자 책임의 정도 및 일반예방이라는 형사정책의 측면 등 여러 요소를 고려하여 본다면, 입법자가 형법상 준강간죄나 장애인위계등간음죄(성폭력처벌법 제6조 제5항)의 법정형보다 무거운 '무기 또는 7년 이상의 징역'이라는 비교적 중한 법정형을 정하여, 법관의 작량감경만으로는 집행유예를 선고하지 못하도록 입법적 결단을 내린 것에는 나름대로 수긍할 만한 합리적인 이유가 있는 것이고, 그것이 범죄의 죄질 및 행위자의 책임에 비하여 지나치게 가혹하다고 할 수 없다. 따라서 심판대상조항은 책임과 형벌의 비례원칙에 위배되지 아니한다(헌재 2016. 11. 24. 2015헌바136).

③ ⭕ 법인의 업무와 관련된 무신고 수출입행위는 법인의 관리·감독 형태 등 구조적인 문제로 인하여도 발생할 수 있으므로, 무신고 수출입 업무의 귀속 주체인 법인을 행위자와 동일하게 몰수·추징 대상으로 하여 위반행위의 발생을 방지하고 관련 조항의 규범력을 확보할 필요가 있으며, 법인이 그 위반행위를 방지하기 위하여 주의와 감독을 게을리하지 아니한 경우에는 몰수·추징 대상에서 제외되므로, 이 사건 법인적용조항은 책임과 형벌 간의 비례원칙에 위반된다고 할 수 없다(헌재 2021. 7. 15. 2020헌바201).

④ ⭕ 예비행위란 아직 실행의 착수조차 이르지 아니한 준비단계로서, 실질적인 법익에 대한 침해 또는 위험한 상태의 초래라는 결과가 발생한 기수와는 그 행위태양이 다르고, 법익침해가능성과 위험성도 다르므로, 이에 따른 불법성과 책임의 정도 역시 다르게 평가되어야 한다. 그럼에도 예비행위를 본죄에 준하여 처벌하도록 하고 있는 심판대상조항은 그 불법성과 책임의 정도에 비추어 지나치게 과중한 형벌을 규정하고 있는 것이다. 또한 예비행위의 위험성은 구체적인 사건에 따라 다름에도 심판대상조항에 의하면 위험성이 미약한 예비행위까지도 본죄에 준하여 처벌하도록 하고 있어 행위자의 책임을 넘어서는 형벌이 부과되는 결과가 발생한다. 나아가 관세법과 '특정범죄 가중처벌 등에 관한 법률'(이하 '특가법'이라 한다)은 관세범의 특성과 위험성에 대응할 수 있도록 여러 규정을 두어 규율하고 있으므로 관세범의 특성과 위험성에 대응하기 위하여

반드시 밀수입 예비행위를 본죄에 준하여 처벌하여야 할 필요성이 도출된다고 볼 수도 없다. 따라서 심판대상조항은 구체적 행위의 개별성과 고유성을 고려한 양형판단의 가능성을 배제하는 가혹한 형벌로서 책임과 형벌 사이의 비례성의 원칙에 위배된다(헌재 2019. 2. 28. 2016헌가13).

02
정답 ④

④ ✘ 이 사건 지침은 신병교육훈련을 받고 있는 군인의 통신의 자유를 제한하고 있으나, 신병들을 군인으로 육성하고 교육훈련과 병영생활에 조속히 적응시키기 위하여 신병교육기간에 한하여 신병의 외부 전화통화를 통제한 것이다. 또한 신병훈련기간이 5주의 기간으로서 상대적으로 단기의 기간이라는 점, 긴급한 전화통화의 경우는 지휘관의 통제 하에 허용될 수 있다는 점, 신병들이 부모 및 가족에 대한 편지를 작성하여 우편으로 송부하도록 하고 있는 점 등을 종합하여 고려하여 보면, 이 사건 지침에서 신병교육훈련기간 동안 전화사용을 하지 못하도록 정하고 있는 규율이 청구인을 포함한 신병교육훈련생들의 통신의 자유 등 기본권을 필요한 정도를 넘어 과도하게 제한하는 것이라고 보기 어렵다(헌재 2010. 10. 28. 2007헌마890).

① ⓞ 피청구인의 서신개봉행위는 법령상 금지되는 물품을 서신에 동봉하여 반입하는 것을 방지하기 위하여 구 형의 집행 및 수용자의 처우에 관한 법률(이하 '형집행법'이라 한다) 제43조 제3항 및 구 형집행법 시행령 제65조 제2항에 근거하여 수용자에게 온 서신의 봉투를 개봉하여 내용물을 확인한 행위로서, 교정시설의 안전과 질서를 유지하고 수용자의 교화 및 사회복귀를 원활하게 하기 위한 것이다. 개봉하는 발신자나 수용자를 한정하거나 엑스레이 기기 등으로 확인하는 방법 등으로는 금지물품 동봉 여부를 정확하게 확인하기 어려워, 입법목적을 같은 정도로 달성하면서, 소장이 서신을 개봉하여 육안으로 확인하는 것보다 덜 침해적인 수단이 있다고 보기 어렵다. 또한 서신을 개봉하더라도 그 내용에 대한 검열은 원칙적으로 금지된다. 따라서 서신개봉행위는 청구인의 통신의 자유를 침해하지 아니한다(헌재 2021. 9. 30. 2019헌마919).

② ⓞ 통신제한조치기간의 연장을 허가함에 있어 총연장기간 또는 총연장횟수의 제한을 두고 그 최소한의 연장기간동안 범죄혐의를 입증하지 못하는 경우 통신제한조치를 중단하게 한다고 하여도, 여전히 통신제한조치를 해야 할 필요가 있으면 법원에 새로운 통신제한조치의 허가를 청구할 수 있으므로 이로써 수사목적을 달성하는 데 충분하다. 또한 법원이 실제 통신제한조치의 기간연장절차의 남용을 통제하는 데 한계가 있는 이상 통신제한조치 기간연장에 사법적 통제절차가 있다는 사정만으로는 그 남용으로 인하여 개인의 통신의 비밀이 과도하게 제한되는 것을 막을 수 없다. 그럼에도 통신제한조치기간을 연장함에 있어 법운용자의 남용을 막을 수 있는 최소한의 한계를 설정하지 않은 이 사건 법률조항은 침해의 최소성원칙에 위반한다. 나아가 통신제한조치가 내려진 피의자나 피내사자는 자신이 감청을 당하고 있다는 사실을 모르는 기본권제한의 특성상 방어권을 행사하기 어려운 상태에 있으므로 통신제한조치기간의 연장을 허가함에 있어 총연장기간 또는 총연장횟수의 제한이 없을 경우 수사와 전혀 관계없는 개인의 내밀한 사생활의 비밀이 침해당할 우려도 심히 크기 때문에 기본권 제한의 법익균형성 요건도 갖추지 못하였다. 따라서 이 사건 법률조항은 헌법에 위반된다 할 것이다(헌재 2010. 12. 28. 2009헌가30).

③ ⓞ 전기통신역무제공에 관한 계약을 체결하는 경우 전기통신사업자로 하여금 가입자에게 본인임을 확인할 수 있는 증서 등을 제시하도록 요구하고 부정가입방지시스템 등을 이용하여 본인인지 여부를 확인하도록 한 것은 휴대전화를 통한 문자·전화·모바일 인터넷 등 통신기능을 사용하고자 하는 자에게 반드시 사전에 본인확인 절차를 거치는 데 동의해야만 이를 사용할 수 있도록 하므로, 익명으로 통신하고자 하는 청구인들의 통신의 자유를 제한한다. 반면, 심판대상조항이 통신의 비밀을 제한하는 것은 아니다. 가입자의 인적사항이라는 정보는 통신의 내용·상황과 관계없는 '비 내용적 정보'이며 휴대전화 통신계약 체결 단계에서는 아직 통신수단을 통하여 어떠한 의사소통이 이루어지는 것이 아니므로 통신의 비밀에 대한 제한이 이루어진다고 보기는 어렵기 때문이다(헌재 2019. 9. 26. 2017헌마1209).

03
정답 ①

① ✘ 사회복무요원 소집해제예정 변호사에게 병역의무이행시점에 검사신규임용에 지원할 기회를 부여한다면, 졸업 직후 변호사자격을 취득하지 못할 경우 검사로 신규임용될 수 없는 여성이나 군면제인 사람보다 유리한 기준을 적용받는 것이 된다. 또한, 검사신규임용에 지원할 수 없다 하더라도 청구인에게는 추후 경력검사임용절차를 통하여 검사로 임용될 수 있는 기회가 여전히 남아 있다. 따라서 이 사건 공고는 사회복무요원 소집해제예정 변호사인 청구인의 공무담임권을 침해하지 않는다(헌재 2021. 4. 29 2020헌마999).

② ⓞ 공무원이 금고 이상의 형의 선고유예를 받은 경우에는 공무원직에서 당연히 퇴직하는 것으로 규정하고 있는 이 사건 법률조항은 금고 이상의 선고유예의 판결을 받은 모든 범죄를 포괄하여 규정하고 있을 뿐 아니라, 심지어 오늘날 누구에게나 위험이 상존하는 교통사고 관련 범죄 등 과실범의 경우마저 당연퇴직의 사유에서 제외하지 않고 있으므로 최소침해성의 원칙에 반한다. 오늘날 사회구조의 변화로 인하여 '모든 범죄로부터 순결한 공직자 집단'이라는 신뢰를 요구하는 것은 지나치게 공익만을 우선한 것이며, 오늘날 사회국가원리에 입각한 공직제도의 중요성이 강조되면서 개개 공무원의 공무담임권 보장의 중요성이 더욱 큰 의미를 가지고 있다. 일단 공무원으로 채용된 공무원을 퇴직시키는 것은 공무원이 장기간 쌓은 지위를 박탈해 버리는 것이므로 같은 입법목적을 위한 것이라고 하여도 당연퇴직사유를 임용결격사유와 동일하게 취급하는 것은 타당하다고 할 수 없다. 결국, 지방공무원법 제61조 중 제31조 제5호 부분은 헌법 제25조의 공무담임권을 침해하였다고 할 것이다(헌재 2002. 8. 29. 2001헌마788).

③ ⓞ **관련 자격증 소지자에게 세무직 국가공무원 공개경쟁채용시험에서 일정한 가산점을 부여하는 법령이 과잉금지의 원칙에 반하여 청구인의 공무담임권을 침해하는지(소극)** 변호사는 법률 전반에 관한 영역에서, 공인회계사와 세무사는 각종 세무 관련 영역에서 필요한 행위를 하거나 조력하는 전문가들이므로 그 자격증 소지자들의 선발은 세무행정의 전문성을 제고하는 데 기여하여 수단의 적합성이 인정된다. 위와 같은 가산점제도는 가산대상 자격증의 소지를 응시자격으로 하는 것이 아니고 일정한 요건 하에 가산점을 부여하는 것이므로 자격증이 없는 자의 응시기회나 합격가능성을 원천적으로 제한하는 것으로 보기 어렵고, 가산점 여부가 시험 합격을 지나치게 좌우한다고 볼 근거도 충분치 아니하며, 채용 후 교육이나 경력자 채용으로는 적시에 충분한 전문인력을 확보할 수 있을 것으로 단정하기 어려우므로 피해의 최소성도 인정된다(헌재 2020. 6. 25. 2017헌마1178).

④ ⓞ 징계처분에 따른 승진임용 제한기간을 정함에 있어서는 일반적으로 승진임용에 소요되는 기간을 고려하여 적어도 공무원 징계처분의 취지와 효력을 담보할 수 있는 기간이 설정될 필요가 있다. 감봉의 경우 12개월간 승진임용이 제한되는데 이는 종래 18개월이었던 것을 축소한 것이며, 강등·정직(18개월)이나 견책(6개월)과의 균형을 고려하면 과도하게 긴 기간이라고 보기는 어렵다. 비위공무원에 대한 징계를 통해 불이익을 줌으로써 공직기강을 바로 잡고 공무수행에 대한 국민의 신뢰를 유지하고자 하는 공익은 제한되는 사익 이상으로 중요하다. 이 사건 승진조항은 과잉금지원칙을 위반하여 청구인의 공무담임권을 침해하지 않는다(헌재 2022. 3. 31. 2020헌마211).

04   정답 ①

① ❌ 건강보험수급권은 사회보장수급권의 일종으로서(사회보장기본법 제3조 제2호, 제9조 참조), 건강보험수급권이 재산권의 성격을 일부 지닌다고 하더라도 그것은 사회보장법리의 강한 영향을 받지 않을 수 없다. 따라서 입법자는 건강보험수급권의 구체적인 내용을 형성함에 있어서 국가의 재정부담 능력, 국민 전체의 소득과 전체적인 사회보장수준, 상충하는 국민 각 계층의 이해관계, 그 밖에 여러 가지 사회·경제적 여건 등 복잡 다양한 요소를 종합하여 합리적인 수준에서 결정할 수 있는 광범위한 형성의 자유를 가진다. 그러므로 심판대상조항은 그 내용이 현저히 불합리하여 입법형성권의 범위를 벗어난 경우에 한하여 헌법에 위반된다고 할 수 있다. …… 직장가입자가 소득월액보험료를 일정 기간 이상 체납한 경우 그 체납한 보험료를 완납할 때까지 국민건강보험공단이 그 가입자 및 피부양자에 대하여 보험급여를 실시하지 아니할 수 있도록 한 심판대상조항은 청구인의 인간다운 생활을 할 권리나 재산권을 침해하지 아니한다(헌재 2020. 4. 23. 2017헌바244).

② ⭕ 심판대상조항은 퇴직연금 수급자의 유족연금 수급권을 구체화함에 있어 급여의 적절성을 확보할 필요성, 한정된 공무원연금 재정의 안정적 운영, 우리 국민 전체의 소득 및 생활수준, 공무원 퇴직연금의 급여수준, 유족연금의 특성, 사회보장의 기본원리 등을 종합적으로 고려하여 유족연금액의 2분의 1을 감액하여 지급하도록 한 것이므로, 입법형성의 한계를 벗어나 청구인의 인간다운 생활을 할 권리 및 재산권을 침해하였다고 볼 수 없다(헌재 2020. 6. 25. 2018헌마865).

③ ⭕ 군인연금제도는 군인의 퇴직, 사망, 공무상 질병·부상 등의 사회적 위험을 구제하기 위한 사회보험의 일종으로, 장기적이고 안정적인 재정운용이 중요한 과제이다. 심판대상조항은 연금재정의 불안정성을 차단하여 연금재정을 합리적으로 운용하기 위한 것이다. 군인연금이라는 사회보장 제도의 운영 목적과 연금재정체계 및 다른 법률에 정한 급여수급권에 관한 소멸시효 규정과 비교할 때 소멸시효 기간을 5년으로 정한 것은 수긍할 만한 이유가 존재한다. 한편, 심판대상조항은 유족연금수급권자가 급여의 사유가 발생하였는지를 알고 있는지 여부를 고려하는 예외를 두고 있지 않으나, 피보험자에 의해 부양되고 있던 유족이 피보험자의 사망사실을 알지 못하는 경우까지 상정하여 보호하지 않는다고 하여 이를 두고 정의와 형평의 이념에 반한다고 보기 어렵다. 따라서 심판대상조항은 유족연금수급권자의 인간다운 생활을 할 권리 및 재산권을 침해한다고 볼 수 없다(헌재 2021. 4. 29. 2019헌바412).

④ ⭕ 이 사건 시행령조항은 조건 부과 유예 대상자로 '대학원에 재학 중인 사람'과 '부모에게 버림받아 부모를 알 수 없는 사람'을 규정하고 있지 않다. 그런데 국민기초생활 보장법은 조건 부과 유예 대상자에 해당하지 않는다고 하더라도, 수급자의 개인적 사정을 고려하여 근로조건의 제시를 유예할 수 있는 제도를 별도로 두고 있으므로, '대학원에 재학 중인 사람' 또는 '부모에게 버림받아 부모를 알 수 없는 사람'이 조건 제시 유예 사유에 해당하면 자활사업 참여 없이 생계급여를 받을 수 있다. 여기에, 고등교육법 및 '법학전문대학원 설치·운영에 관한 법률'이 장학금제도를 규정하고 있는 점, 생계급여제도 이외에도 의료급여와 같은 각종 급여제도 등을 통하여서도 인간의 존엄에 상응하는 생활에 필요한 '최소한의 물질적인 생활'을 유지하는 데 도움을 받을 수 있는 점 등을 종합하여 보면, 이 사건 시행령조항은 청구인의 인간다운 생활을 할 권리도 침해하지 않는다(헌재 2017. 11. 30. 2016헌마448).

05   정답 ①

① ❌ 근로의 권리에는 '일할 자리에 관한 권리'뿐만 아니라 '일할 환경에 관한 권리'도 포함되고, 일할 환경에 관한 권리는 인간의 존엄성에 대한 침해를 막기 위한 권리로서 건강한 작업환경, 정당한 보수, 합리적 근로조건의 보장 등을 요구할 수 있는 권리까지를 포함하는 것이다. 근로기준법 제23조 제1항의 부당해고제한은 근로관계의 존속을 좌우하는 해고에 있어서 정당한 이유를 요구함으로써 사용자에 의한 일방적인 부당해고를 예방하는 역할을 하므로 근로조건을 이루는 중요한 사항에 해당하며, 근로의 권리의 내용에 포함된다. …… 심판대상조항이 4인 이하 사업장에 부당해고제한조항 및 노동위원회 구제절차를 적용되는 조항으로 나열하지 않은 결과 민법이 적용되므로, 고용기간의 약정이 없는 때에는 원칙적으로 사용자는 근로자를 자유로이 해고할 수 있다. 단, 민법 제660조 제1항은 임의규정이므로 개별 사업장에서 해고사유를 열거한 해고제한의 특약을 한 경우에는 해고의 자유가 제한된다. 가령, 4인 이하 사업장의 사용자가 근로자와 해고사유를 열거한 해고제한의 특약을 하였다면, 그와 같은 제한을 위반한 해고는 무효이다. 그리고 앞서 살펴보았듯이 개별 근로관계법에서 정하는 특별형태의 부당해고는 4인 이하 사업장에도 금지되고 있어 부당해고 금지의 일반조항인 근로기준법 제23조 제1항이 적용되지 않는 부분을 일부 보완하고 있다. 또한 4인 이하 사업장에도 근로기준법 제35조의 해고예고제도가 적용되므로, 해고예고를 받은 날부터 30일분의 임금청구가 가능한 것을 감안하면 4인 이하 사업장에 대한 최소한의 근로자 보호는 이루어지고 있다. …… 심판대상조항은 청구인의 근로의 권리를 침해하지 아니한다(헌재 2019. 4. 11. 2017헌마820).

② ⭕ 동물의 사육 사업 근로자에 대하여 근로기준법 제4장에서 전한 근로시간 및 휴일 규정의 적용을 제외하도록 한 구 근로기준법 제63조 제2호 중 '동물의 사육' 가운데 '제4장에서 정한 근로시간, 휴일에 관한 규정'에 관한 부분은 청구인의 근로의 권리를 침해하지 않는다(헌재 2021. 8. 31. 2018헌마563).

③ ⭕ 퇴직급여의 성격 및 기능에 비추어 볼 때 근로자의 해당 사업 또는 사업장에의 전속성이나 기여도가 퇴직급여제도 성립의 전제가 된다 할 것이므로, 사용자의 부담이 요구되는 퇴직급여제도를 입법하는 데 있어 해당 사업 또는 사업장에의 전속성이나 기여도가 낮은 일부 근로자를 한정하여 그 지급대상에서 배제한 것을 두고 입법형성권의 한계를 일탈하여 명백히 불공정하거나 불합리한 판단이라 볼 수는 없다. …… 심판대상조항에 의하여 초단시간근로자의 퇴직급여 지급이 제한된다 하더라도 이러한 상황을 보완해 줄 다른 제도가 마련되어 있다. 퇴직 후의 생활보장 내지 노후보장은 반드시 퇴직급여제도에 의해서만 이루어질 수 있는 것은 아니고, 입법자는 이를 위하여 공적 보험이나 기타 이를 대체 또는 보완할 수 있는 다른 사회보장적 수단도 함께 고려할 수 있으며, 우리나라의 경우도 이를 위해 여러 가지 사회보장적 제도를 두고 있다. 그 대표적인 것이 국민연금제도와 기초노령연금제도이다. …… 이상을 종합하여 보면, 심판대상조항이 퇴직급여제도의 설정에 있어 4주간을 평균한 1주간의 소정근로시간을 기준으로 15시간 미만인 근로자를 그 적용대상에서 배제하고 있는 것은 퇴직급여제도의 성격 및 기능에 비추어 사용자의 부담을 경감하기 위한 기준을 설정한 것으로, 이것이 헌법상 용인될 수 있는 입법재량의 범위를 현저히 일탈한 것이라고 볼 수 없으므로, 헌법 제32조 제3항에 위배되는 것으로 볼 수 없다(헌재 2021. 11. 25. 2015헌바334).

④ ⭕ 일용근로자로서 3개월을 계속 근무하지 아니한 자를 해고예고제도의 적용제외사유로 규정하고 있는 근로기준법 제35조 제1호는 청구인의 근로의 권리를 침해하지 않는다(헌재 2017. 5. 25. 2016헌마640).

06   정답 ②

② ⭕

국적법 제4조(귀화에 의한 국적 취득) ① 대한민국 국적을 취득한 사실이 없는 외국인은 법무부장관의 귀화허가(歸化許可)를 받아 대한민국 국적을 취득할 수 있다.
② 법무부장관은 귀화허가 신청을 받으면 제5조부터 제7조까지의 귀화 요건을 갖추었는지를 심사한 후 그 요건을 갖춘 사람에게만 귀화를 허가한다.
③ 제1항에 따라 귀화허가를 받은 사람은 법무부장관 앞에서 국민선서를 하고 귀화증서를 수여받은 때에 대한민국 국적을 취득한다. 다만, 법무부장관은 연령, 신체적·정신적 장애 등으로 국민선서의 의미를 이해할 수 없거나 이해한 것을 표현할 수 없다고 인정되는 사람에게는 국민선서를 면제할 수 있다.

① ✖

국적법 제3조(인지에 의한 국적 취득) ① 대한민국의 국민이 아닌 자(이하 "외국인"이라 한다)로서 대한민국의 국민인 부 또는 모에 의하여 인지(認知)된 자가 다음 각 호의 요건을 모두 갖추면 법무부장관에게 신고함으로써 대한민국 국적을 취득할 수 있다.
  1. 대한민국의 「민법」상 미성년일 것
  2. 출생 당시에 부 또는 모가 대한민국의 국민이었을 것
② 제1항에 따라 신고한 자는 그 신고를 한 때에 대한민국 국적을 취득한다.

③ ✖

국적법 제6조(간이귀화 요건) ① 다음 각 호의 어느 하나에 해당하는 외국인으로서 대한민국에 3년 이상 계속하여 주소가 있는 사람은 제5조 제1호 및 제1호의2의 요건을 갖추지 아니하여도 귀화허가를 받을 수 있다.
  1. 부 또는 모가 대한민국의 국민이었던 사람
  2. 대한민국에서 출생한 사람으로서 부 또는 모가 대한민국에서 출생한 사람
  3. 대한민국 국민의 양자(養子)로서 입양 당시 대한민국의 「민법」상 성년이었던 사람

④ ✖

국적법 제10조(국적 취득자의 외국 국적 포기 의무) ① 대한민국 국적을 취득한 외국인으로서 외국 국적을 가지고 있는 자는 대한민국 국적을 취득한 날부터 1년 내에 그 외국 국적을 포기하여야 한다.
③ 제1항 또는 제2항을 이행하지 아니한 자는 그 기간이 지난 때에 대한민국 국적을 상실(喪失)한다.
국적법 제11조(국적의 재취득) ① 제10조 제3항에 따라 대한민국 국적을 상실한 자가 그 후 **1년 내**에 그 외국 국적을 포기하면 법무부장관에게 신고함으로써 대한민국 국적을 재취득할 수 있다.

07 정답 ④

④ ✖ 측량업의 등록을 한 측량업자가 등록기준에 미달하게 된 경우 측량업의 등록을 필요적으로 취소하도록 규정한 구 '측량·수로조사 및 지적에 관한 법률' 제52조 제1항 단서 제4호 본문은 과잉금지원칙에 위배되지 않는다(헌재 2020. 12. 23. 2018헌바458).

① ◎ 심판대상조항은 택시운전자격을 취득한 자가 반사회적 중범죄의 하나인 성폭력 범죄를 범한 경우 그 운전자격을 취소하도록 규정함으로써, 택시를 이용하는 국민을 성범죄 등으로부터 보호하고, 시민들의 택시이용에 대한 불안감을 해소하며, 도로교통에 관한 공공의 안전을 확보하고자 한 것으로 그 입법목적이 정당하다. …… 이와 같은 점을 종합할 때, 택시운송사업 운전업무 종사자격을 취득한 자가 친족관계인 사람을 강제추행하여 금고 이상의 실형을 선고받은 경우 그 택시운전자격을 취소하도록 규정한 심판대상조항은 과잉금지원칙에 위배되지 아니한다(헌재 2020. 5. 27. 2018헌바264).

② ◎ 심판대상조항은 운전면허제도의 근간을 유지하는 한편, 교통상의 위험과 장해를 방지하고자 하는 것이므로 그 입법목적이 정당하고, 이를 위해 모든 범위의 운전면허를 필요적으로 취소하도록 하는 것은, 수단의 적합성도 인정된다. 심판대상조항이 '부정 취득한 운전면허'를 필요적으로 취소하도록 한 것은, 임의적 취소·정지의 대상으로 전환할 경우 면허제도의 근간이 흔들리게 되고 형사처벌 등 다른 제재수단만으로는 여전히 부정 취득한 운전면허로 자동차 운행이 가능하다는 점에서, 피해의 최소성 원칙에 위배되지 않는다. 또한 부정 취득한 운전면허는 그 요건이 처음부터 갖추어지지 못한 것으로서 해당 면허를 박탈하더라도 기본권이 추가적으로 제한된다고 보기 어려워, 법익의 균형성 원칙에도 위배되지 않는다. 반면, 심판대상조항이 '부정 취득하지 않은 운전면허'까지 필요적으로 취소하도록 한 것은, 임의적 취소·정지 사유로 함으로써 구체적 사안의 개별성과 특수성을 고려하여 불법의 정도에 상응하는 제재수단을 선택하도록 하는 등 완화된 수단에 의해서도 입법목적을 같은 정도로 달성하기에 충분하므로, 피해의 최소성 원칙에 위배된다. 나아가, 위법이나 비난의 정도가 미약한 사안을 포함한 모든 경우에 부정 취득하지 않은 운전면허까지 필요적으로 취소하고 이로 인해 2년 동안 해당 운전면허 역시 받을 수 없게 하는 것은, 공익의 중대성을 감안하더라도 지나치게 기본권을 제한하는 것이므로, 법익의 균형성 원칙에도 위배된다. 따라서 심판대상조항 중 각 '거짓이나 그 밖의 부정한 수단으로 받은 운전면허를 제외한 운전면허'를 필요적으로 취소하도록 한 부분은, 과잉금지원칙에 반하여 일반적 행동의 자유 또는 직업의 자유를 침해한다(헌재 2020. 6. 25. 2019헌가9).

③ ◎ 비약사의 약국 개설이 허용되면, 영리 위주의 의약품 판매로 인해 의약품 오남용 및 국민 건강상의 위험이 증대할 가능성이 높고, 대규모 자본이 약국시장에 유입되어 의약품 유통체계 및 판매질서를 위협할 우려가 있다. 또한 비약사의 약국 개설은, 개설등록 취소나 약사의 자격정지, 부당이득 보험급여 징수 등 행정제재만으로는 예방하기에 미흡하고, 그에 가담한 약사를 형사처벌 대상에서 제외할 특별한 사정이 있다고도 할 수 없다. 약국 개설은 전 국민의 건강과 보건, 나아가 생명과도 직결된다는 점에서, 달성되는 공익보다 제한되는 사익이 더 중하다고 볼 수 없다. '약사 또는 한약사가 아닌 자연인'의 약국 개설을 금지하고 위반 시 형사처벌하는 심판대상조항은 과잉금지원칙에 반하여 직업의 자유를 침해하지 않는다(헌재 2020. 10. 29. 2019헌바249).

08 정답 ②

㉠ ◎

헌법 제8조 ④ 정당의 목적이나 활동이 민주적 기본질서에 위배될 때에는 정부는 헌법재판소에 그 해산을 제소할 수 있고, 정당은 헌법재판소의 심판에 의하여 해산된다.
헌법 제89조 다음 사항은 국무회의의 심의를 거쳐야 한다.
  14. 정당해산의 제소
헌법재판소법 제23조(심판정족수) ① 재판부는 재판관 7명 이상의 출석으로 사건을 심리한다.
② 재판부는 종국심리(終局審理)에 관여한 재판관 과반수의 찬성으로 사건에 관한 결정을 한다. 다만, 다음 각 호의 어느 하나에 해당하는

경우에는 재판관 6명 이상의 찬성이 있어야 한다.
1. 법률의 위헌결정, 탄핵의 결정, 정당해산의 결정 또는 헌법소원에 관한 인용결정(認容決定)을 하는 경우
2. 종전에 헌법재판소가 판시한 헌법 또는 법률의 해석 적용에 관한 의견을 변경하는 경우

ⓛ ✖

헌법재판소법 제57조(가처분) 헌법재판소는 정당해산심판의 청구를 받은 때에는 직권 또는 청구인의 신청에 의하여 종국결정의 선고 시까지 피청구인의 활동을 정지하는 결정을 할 수 있다.

ⓒ ✖

헌법재판소법 제60조(결정의 집행) 정당의 해산을 명하는 헌법재판소의 결정은 중앙선거관리위원회가 「정당법」에 따라 집행한다.

ⓔ ✖ 정당해산심판은 원칙적으로 해당 정당에게만 그 효력이 미치며, 정당해산결정은 대체정당이나 유사정당의 설립까지 금지하는 효력을 가지므로 오류가 드러난 결정을 바로잡지 못한다면 장래 세대의 정치적 의사결정에까지 부당한 제약을 초래할 수 있다. 따라서 정당해산심판절차에서는 재심을 허용하지 아니함으로써 얻을 수 있는 법적 안정성의 이익보다 재심을 허용함으로써 얻을 수 있는 구체적 타당성의 이익이 더 크므로 재심을 허용하여야 한다(헌재 2016. 5. 26. 2015헌아20).

ⓜ ○ 헌법재판소의 해산결정으로 정당이 해산되는 경우에 그 정당 소속 국회의원이 의원직을 상실하는지에 대하여 명문의 규정은 없으나, 정당해산심판제도의 본질은 민주적 기본질서에 위배되는 정당을 정치적 의사형성과정에서 배제함으로써 국민을 보호하는 데에 있는데 해산정당 소속 국회의원의 의원직을 상실시키지 않는 경우 정당해산결정의 실효성을 확보할 수 없게 되므로, 이러한 정당해산제도의 취지 등에 비추어 볼 때 헌법재판소의 정당해산결정이 있는 경우 그 정당 소속 국회의원의 의원직은 당선 방식을 불문하고 모두 상실되어야 한다(헌재 2014. 12. 19. 2013헌다1).

09
정답 ④

④ ✖ 응능부담의 원칙을 상속세의 부과에서 실현하고자 하는 입법목적이 공공복리에 기여하므로 목적정당성을 인정할 수 있으나, 상속포기자를 제외하는 것은 응능부담 원칙의 실현이라는 입법목적 달성에 적절한 수단이 될 수 없어서 방법의 적절성 원칙에 위배되며, "상속개시 전에 피상속인으로부터 상속재산가액에 가산되는 재산을 증여받고 상속을 포기한 자"를 "상속인"의 범위에 포함시키는 별도의 수단이 존재하는데도 이를 외면하는 것이므로 침해의 최소성 원칙에 위배되고, 상속을 승인한 자가 상속을 포기한 자가 본래 부담하여야 할 상속세액을 부담하게 되는 재산상의 불이익을 받게 되는 반면에 달성되는 공익은 상대적으로 작다고 할 것이어서 법익 균형성 원칙에도 위배되기 때문에, 구 상속세법 제18조 제1항 본문 중 "상속인"의 범위에 "상속개시 전에 피상속인으로부터 상속재산가액에 가산되는 재산을 증여받고 상속을 포기한 자"를 포함하지 않는 것은 상속을 승인한 자의 헌법상 보장되는 재산권을 침해한다(헌재 2008. 10. 30. 2003헌바10).

① ○ 어떤 법률의 개념이 다의적이고 그 어의의 테두리 안에서 여러 가지 해석이 가능할 때 헌법을 그 최고 법규로 하는 통일적인 법질서의 형성을 위하여 헌법에 합치되는 해석 즉 합헌적인 해석을 택하여야 하며, 이에 의하여 위헌적인 결과가 될 해석을 배제하면서 합헌적이고 긍정적인 면은 살려야 한다는 것이 헌법의 일반 법리이다(헌재 1990. 4. 2. 89헌가113).

② ○ 법률 또는 법률의 위 조항은 원칙적으로 가능한 범위 안에서 합헌적으로 해석함이 마땅하나 그 해석은 법의 문구와 목적에 따른 한계가 있다. 즉, 법률의 조항의 문구가 간직하고 있는 말의 뜻을 넘어서 말의 뜻이 완전히 다른 의미로 변질되지 아니하는 범위 내이어야 한다는 문의적 한계와 입법권자가 그 법률의 제정으로써 추구하고자 하는 입법자의 명백한 의지와 입법의 목적을 헛되게 하는 내용으로 해석할 수 없다는 법목적에 따른 한계가 바로 그것이다(헌재 1989. 7. 14. 88헌가5).

③ ○ 민법 제764조 "명예회복에 적당한 처분"에 사죄광고를 포함시키는 것은 헌법에 위반된다는 것은 의미는, 동조 소정의 처분에 사죄광고가 포함되지 않는다고 하여야 헌법에 위반되지 아니한다는 것으로서, 이는 동조와 같이 불확정개념으로 되어 있거나 다의적인 해석가능성이 있는 조문에 대하여 한정축소해석을 통하여 얻어진 일정한 합의적 의미를 천명한 것이며, 그 의미를 넘어선 확대는 바로 헌법에 위반되어 채택할 수 없다는 뜻이다(헌재 1991. 4. 1. 89헌마160).

10
정답 ④

④ ○

정당법 제15조(등록신청의 심사) 등록신청을 받은 관할 선거관리위원회는 형식적 요건을 구비하는 한 이를 거부하지 못한다. 다만, 형식적 요건을 구비하지 못한 때에는 상당한 기간을 정하여 그 보완을 명하고, 2회 이상 보완을 명하여도 응하지 아니할 때에는 그 신청을 각하할 수 있다.

① ✖

정당법 제22조(발기인 및 당원의 자격) ① 16세 이상의 국민은 공무원 그 밖에 그 신분을 이유로 정당가입이나 정치활동을 금지하는 다른 법령의 규정에 불구하고 누구든지 정당의 발기인 및 당원이 될 수 있다. 다만, 다음 각 호의 어느 하나에 해당하는 자는 그러하지 아니하다.
1. 「국가공무원법」 제2조(공무원의 구분) 또는 「지방공무원법」 제2조(공무원의 구분)에 규정된 공무원. 다만, 대통령, 국무총리, 국무위원, 국회의원, 지방의회의원, 선거에 의하여 취임하는 지방자치단체의 장, 국회 부의장의 수석비서관·비서관·비서·행정보조요원, 국회 상임위원회·예산결산특별위원회·윤리특별위원회 위원장의 행정보조요원, 국회의원의 보좌관·비서관·비서, 국회 교섭단체대표의원의 행정비서관, 국회 교섭단체의 정책연구위원·행정보조요원과 「고등교육법」 제14조(교직원의 구분) 제1항·제2항에 따른 교원은 제외한다.
2. 「고등교육법」 제14조 제1항·제2항에 따른 교원을 제외한 사립학교의 교원
3. 법령의 규정에 의하여 공무원의 신분을 가진 자
4. 「공직선거법」 제18조 제1항에 따른 선거권이 없는 사람

② ✖ "누구든지 2 이상의 정당의 당원이 되지 못한다."라고 규정하고 있는 정당법 제42조 제2항은 정당의 당원인 청구인들의 정당 가입·활동의 자유를 침해하지 않는다(헌재 2022. 3. 31. 2020헌마1729).

③ ✖

정당법 제48조(해산된 경우 등의 잔여재산 처분) ① 정당이 제44조(등록의 취소) 제1항의 규정에 의하여 등록이 취소되거나 제45조(자진해산)의 규정에 의하여 자진해산한 때에는 그 잔여재산은 당헌이 정하는 바에 따라 처분한다.

② 제1항의 규정에 의하여 처분되지 아니한 정당의 잔여재산 및 헌법재판소의 해산결정에 의하여 해산된 정당의 잔여재산은 국고에 귀속한다.

11 정답 ④

④ ✗ 이 사건 조항의 경우 명시적인 헌법적 근거 없이 국가유공자의 가족들에게 만점의 10%라는 높은 가산점을 부여하고 있는바, 그러한 가산점 부여 대상자의 광범위성과 가산점 10%의 심각한 영향력과 차별효과를 고려할 때, 그러한 입법정책만으로 헌법상의 공정경쟁의 원리와 기회균등의 원칙을 훼손하는 것은 부적절하며, 국가유공자의 가족의 공직 취업기회를 위하여 매년 많은 일반 응시자들에게 불합격이라는 심각한 불이익을 입게 하는 것은 정당화될 수 없다. 이 사건 조항의 차별로 인한 불평등 효과는 입법목적과 그 달성수단 간의 비례성을 현저히 초과하는 것이므로, 이 사건 조항은 청구인들과 같은 일반 공직시험 응시자들의 평등권을 침해한다(헌재 2006. 2. 23. 2004헌마675).

① ◯, ③ ◯ 평등위반 여부를 심사함에 있어 엄격한 심사척도에 의할 것인지, 완화된 심사척도에 의할 것인지는 입법자에게 인정되는 입법형성권의 정도에 따라 달라지게 될 것이나, 헌법에서 특별히 평등을 요구하고 있는 경우와 차별적 취급으로 인하여 관련 기본권에 대한 중대한 제한을 초래하게 된다면 입법형성권은 축소되어 보다 엄격한 심사척도가 적용되어야 할 것이다(헌재 1999. 12. 23. 98헌마363).

② ◯ 평등위반 여부를 심사함에 있어 엄격한 심사척도에 의할 것인지, 완화된 심사척도에 의할 것인지는 입법자에게 인정되는 입법형성권의 정도에 따라 달라지게 될 것이다. 먼저 헌법에서 특별히 평등을 요구하고 있는 경우 엄격한 심사척도가 적용될 수 있다. 헌법이 스스로 차별의 근거로 삼아서는 아니 되는 기준을 제시하거나 차별을 특히 금지하고 있는 영역을 제시하고 있다면 그러한 기준을 근거로 한 차별이나 그러한 영역에서의 차별에 대하여 엄격하게 심사하는 것이 정당화된다(헌재 1999. 12. 23. 98헌마363).

12 정답 ③

③ ✗ 이륜차 운전자의 안전 및 고속도로 등 교통의 신속과 안전을 위하여 이륜차의 고속도로 등 통행을 금지할 필요성이 크므로 이 사건 법률조항의 입법목적이 정당하고, 이륜차의 고속도로 통행을 전면적으로 금지한 것도 입법목적을 달성하기 위하여 적절한 수단이며, 이륜차의 주행 성능을 고려하지 않고 포괄적으로 금지하고 있다고 하여 지나치다고 보기 어려울 뿐만 아니라, 이륜차에 대하여 고속도로 통행을 전면적으로 금지하더라도 그로 인한 기본권 침해의 정도는 경미하여 이 사건 법률조항이 도모하고자 하는 공익에 비하여 중대하다고 보기 어렵기 때문에, 이 사건 법률조항은 청구인들의 통행의 자유(일반적 행동의 자유)를 침해하지 않는다(헌재 2008. 7. 31. 2007헌바90).

① ◯ 누구든지 금융회사등에 종사하는 자에게 타인의 금융거래의 내용에 관한 정보 또는 자료를 요구하는 것을 금지하고, 이를 위반 시 형사처벌하는 구 '금융실명거래 및 비밀보장에 관한 법률' 제4조 제1항 본문 중 '누구든지 금융회사등에 종사하는 자에게 거래정보 등의 제공을 요구하여서는 아니 된다' 부분 및 같은 법 제6조 제1항 중 위 해당 부분, '금융실명거래 및 비밀보장에 관한 법률' 제4조 제1항 본문 중 '누구든지 금융회사등에 종사하는 자에게 거래정보등의 제공을 요구하여서는 아니 된다' 부분 및 같은 법 제6조 제1항 중 위 해당 부분은 과잉금지원칙을 위반하여 일반적 행동자유권을 침해한다(헌재 2022. 2. 24. 2020헌가5).

② ◯ 심판대상조항이 선거운동의 자유를 감안하여 선거운동을 위한 확성장치를 허용할 공익적 필요성이 인정된다고 하더라도 정온한 생활환경이 보장되어야 할 주거지역에서 출근 또는 등교 이전 및 퇴근 또는 하교 이후 시간대에 확성장치의 최고출력 내지 소음을 제한하는 등 사용시간과 사용지역에 따른 수인한도 내에서 확성장치의 최고출력 내지 소음 규제기준에 관한 규정을 두지 아니한 것은, 국민이 건강하고 쾌적하게 생활할 수 있는 양호한 주거환경을 위하여 노력하여야 할 국가의 의무를 부과한 헌법 제35조 제3항에 비추어 보면, 적절하고 효율적인 최소한의 보호조치를 취하지 아니하여 국가의 기본권 보호의무를 과소하게 이행한 것으로서, 청구인의 건강하고 쾌적한 환경에서 생활할 권리를 침해하므로 헌법에 위반된다(헌재 2019. 12. 27. 2018헌마730).

④ ◯ 인수자가 없는 시체를 생전의 본인의 의사와는 무관하게 해부용 시체로 제공될 수 있도록 규정한 '시체 해부 및 보존에 관한 법률' 제12조 제1항 본문은 청구인의 시체처분에 대한 자기결정권을 침해한다(헌재 2015. 11. 26. 2012헌마940).

13 정답 ②

② ✗ 공직선거법상 대통령선거, 국회의원선거, 지방선거가 순차적으로 맞물려 돌아가는 현실에서, 선거일 전 180일부터 선거일까지 장기간에 걸쳐 현수막, 그 밖의 광고물 게시에 의한 정치적 표현을 포괄적으로 규제하는 것은 당초의 입법취지에서 벗어나 선거와 관련한 국민의 자유로운 목소리를 상시적으로 억압하는 결과를 초래할 수 있다. …… 시설물설치 등 금지조항은 선거에서의 기회 균등 및 선거의 공정성 도모를 위한 것이나, 선거의 공정성 등을 해치는 것이 명백하다고 볼 수 없는 방법까지 장기간에 걸쳐 규제하고 있다. 그로 인하여 일반 유권자나 후보자가 받게 되는 정치적 표현의 자유에 대한 제약은 매우 크다고 할 것이고, 시설물설치 등 금지조항이 달성하고자 하는 공익이 그보다 중대하다고 볼 수 없다. 따라서 시설물설치 등 금지조항은 법익의 균형성에도 위배된다. 그렇다면 시설물설치 등 금지조항은 과잉금지원칙에 반하여 정치적 표현의 자유를 침해한다(헌재 2022. 7. 21. 2018헌바357).

① ◯ 방송의 자유는 민주주의의 원활한 작동을 위한 기초인바, 국가권력은 물론 정당, 노동조합, 광고주 등 사회의 여러 세력이 법률에 정해진 절차에 의하지 아니하고 방송편성에 개입한다면 국민 의사가 왜곡되고 민주주의에 중대한 위해가 발생하게 된다. 심판대상조항은 방송편성의 자유와 독립을 보장하기 위하여 방송에 개입하여 부당하게 영향력을 행사하는 '간섭'에 이르는 행위만을 금지하고 처벌할 뿐이고, 방송법과 다른 법률들은 방송 보도에 대한 의견 개진 내지 비판의 통로를 충분히 마련하고 있다. 따라서 심판대상조항이 과잉금지원칙에 반하여 표현의 자유를 침해한다고 볼 수 없다(헌재 2021. 8. 31. 2019헌바439).

③ ◯ 이 사건 시기제한조항은 선거일 전 90일부터 선거일까지 후보자 명의의 칼럼 등을 게재하는 인터넷 선거보도가 불공정하다고 볼 수 있는지에 대해 구체적으로 판단하지 않고 이를 불공정한 선거보도로 간주하여 선거의 공정성을 해치지 않는 보도까지 광범위하게 제한한다. 공직선거법상 인터넷 선거보도 심의의 대상이 되는 인터넷언론사의 개념은 매우 광범위한데, 이 사건 시기제한조항이 정하고 있는 일률적인 규제와 결합될 경우 이로 인해 발생할 수 있는 표현의 자유 제한이 작다고 할 수 없다. 인터넷언론의 특성과 그에 따른 언론시장에서의 영향력 확대에 비추어 볼 때, 인터넷언론에 대하여는 자율성을 최대한 보장하고 언론의 자유에 대한 제한을 최소화하는 것이 바람직하고, 계속 변화하는 이 분야에서 규제 수단 또한 헌법의 틀 안에서 다채롭고 새롭게 강구되어야 한다. 이 사건 시기제한조항의 입법목적을 달성할 수 있는 덜 제약적인 다른 방법들이 이 사건 심의기준 규정과 공직선거법에 이미 충분히 존재한다. 따라서 이 사건 시기제한조항은 과잉금지원칙에 반하여 청구인의 표현의 자유를 침해한다(헌재 2019. 11. 28. 2016헌마90).

④ ⭕ 우리 사회가 발전하고 경제규모가 커짐에 따라 법적인 분쟁도 날로 증가하는 추세에서 법률서비스 제공자인 변호사등에 대한 정확한 정보의 수요가 늘고 있는 점, 비약적으로 증가하는 변호사의 수를 고려할 때 이 사건 대가수수 광고금지규정에 의한 광고의 금지는 새로운 변호사들이 광고업체를 활용하여 자신을 알릴 기회를 배제함으로써 기존의 변호사등과의 경쟁에서 불리한 결과를 초래할 수 있는 점, 정보전달매체에 관한 기술이 발달함에 따라 광고의 수단 또한 다양해지고 있고, 인터넷과 같이 계속 변화하는 분야에서의 규제 수단 또한 헌법의 틀 안에서 다채롭고 새롭게 강구되어야 하는 점 등을 고려하면, 이 사건 대가수수 광고금지규정에서 경제적 대가를 지급하고 광고업체를 통한 광고방법을 일률적으로 금지하고 있는 것은 그러한 규제를 달성하기 위한 필요한 범위를 넘어선 것이다. …… 이 사건 대가수수 광고금지규정은 과잉금지원칙을 위반하여 청구인들의 표현의 자유, 직업의 자유를 침해한다(헌재 2022. 5. 26. 2021헌마619).

14
정답 ①

① ❌ 심판대상조항은 청구인들에 대한 가산세 부과처분의 근거조항으로, 각 증여의제 시점에 적용되던 '무신고가산세조항 가운데 증여세과세표준신고의무 조항 중 명의신탁재산증여의제 조항' 및 '납부불성실가산세 조항 가운데 자진납부의무 조항 중 명의신탁재산증여의제 조항'이다. 심판대상조항은 원활한 조세행정을 위하여 명의신탁재산 증여의제로 인한 증여세 납세의무자에게 조세법상 부과된 신고의무·납부의무의 이행을 확보하고, 이를 성실하게 이행한 사람과 그렇지 않은 사람 사이에 조세부담의 공평을 기하며, 납부기한을 준수하지 아니하여 얻게 된 미납이자 상당액을 확보하기 위한 것이다. 심판대상조항에 의한 무신고가산세는 '상속세 및 증여세법'에 따른 산출세액의 100분의 20에 상당하는 금액으로 하나, 납부불성실가산세는 미납세액에 대하여 미납부일수에 따른 연체이자율을 곱한 금액으로 하므로, 납부불성실가산세는 경우에 따라 증여세 본세를 초과하는 사례가 발생할 수 있다. 그러나 납부불성실가산세는 미납세액에 대해 미납일수 기간 동안 이자만큼의 금융혜택을 받은 것으로 보아 그 상당액을 납부하도록 하는 것이므로 '지연이자'의 성격도 가지고 있으므로, 납부불성실가산세에서 납세의무자의 의무위반의 정도는 '미납세액의 다과'와 '미납기간의 장단'이라는 두 가지 요소에 의해 결정되는 것이 합리적이다. 또한 명의신탁으로 '조세회피의 목적'이 인정되는 경우에 한하여 증여의제가 되므로 '조세회피의 목적'이 없는 명의신탁의 경우에는 증여세 및 가산세가 부과되지 않고, 정당한 사유가 있는 경우 가산세가 감면 또는 면제되는 점을 고려할 때, 심판대상조항은 과잉금지원칙에 반하여 납세의무자의 재산권을 침해하지 아니한다(헌재 2022. 11. 24. 2019헌바167).

② ⭕ 댐건설관리법은 댐사용권을 물권(物權)으로 보며, 댐건설관리법에 특별한 규정이 있는 경우를 제외하고는 부동산에 관한 규정을 준용하도록 한다(제29조). 댐사용권은 등록부에 공시하고 저당권의 대상이 되며(제32조), 댐사용권자는 설정된 댐사용권의 범위 내에서 저수 또는 유수의 배타적 사용권을 가지고 해당 댐의 저수를 사용하는 자로부터 사용료를 받을 수 있다(제35조). 이와 같이 댐사용권은 사적유용성 및 그에 대한 원칙적 처분권을 내포하는 재산가치 있는 구체적 권리라고 할 것인바, 헌법 제23조에 의한 재산권 보장의 대상이 된다(헌재 2022. 10. 27. 2019헌바44).

③ ⭕ 입법자는 재산권의 내용을 형성함에 있어 광범한 입법재량을 가지고 있으므로, 재산권의 내용을 형성하는 사회적 제약이 비례원칙에 부합하는지 여부를 판단함에 있어서도, 이미 형성된 기본권을 전제로 이를 제한하는 입법의 경우에 비하여 보다 완화된 기준에 의하여 심사되어야 한다(헌재 2005. 9. 29. 2002헌바84).

④ ⭕ 심판대상조항에 의한 재산권 제한이 헌법 제23조 제1항, 제2항에 근거한 재산권의 내용과 한계를 정한 것인지, 아니면 헌법 제23조 제3항에 근거한 재산권의 수용을 정한 것인지를 판단함에 있어서는 그 대상이 된 재산권 하나하나에 대한 제한의 효과를 개별적으로 분석할 것이 아니라, 전체적인 재산권 제한의 효과를 종합적이고 유기적으로 파악하여 그 제한의 성격을 이해하여야 한다(헌재 2019. 11. 28. 2016헌마1115).

15
정답 ④

④ ❌ 헌법 제75조, 제95조가 정하는 포괄적인 위임입법의 금지는, 그 문리해석상 정관에 위임한 경우까지 그 적용 대상으로 하고 있지 않고, 또 권력분립의 원칙을 침해할 우려가 없다는 점 등을 볼 때, 법률이 정관에 자치법적 사항을 위임한 경우에는 원칙적으로 적용되지 않는다(헌재 2001. 4. 26. 2000헌마122).

① ⭕ 법률이 행정입법을 당연한 전제로 규정하고 있음에도 불구하고 행정권이 그 취지에 따라 행정입법을 하지 아니함으로써 법령의 공백상태를 방치하고 있는 경우에는 행정권에 의하여 입법권이 침해되는 결과가 되는 것이므로, 노동부장관의 그러한 행정입법 작위의무는 헌법적 의무라고 보아야 한다(헌재 2002. 7. 18. 2000헌마707).

② ⭕ 행정부가 위임 입법에 따른 시행명령을 제정하지 않거나 개정하지 않은 것에 정당한 이유가 있었다면 그런 경우에는 헌법재판소가 위헌확인을 할 수는 없을 것이다. 그런데 그러한 정당한 이유가 인정되기 위해서는 그 위임입법 자체가 헌법에 위반된다는 것이 누가 보아도 명백하거나, 위임 입법에 따른 행정입법의 제정이나 개정이 당시 실시되고 있는 전체적인 법질서 체계와 조화되지 아니하여 그 위임입법에 따른 행정입법 의무의 이행이 오히려 헌법질서를 파괴하는 결과를 가져옴이 명백할 정도는 되어야 할 것이다(헌재 2004. 2. 26. 2001헌마718).

③ ⭕ 위임입법에 관한 헌법 제75조는 처벌법규에도 적용되는 것이지만 법률에 의한 처벌법규의 위임은, 헌법이 특히 인권을 최대한으로 보장하기 위하여 죄형법정주의와 적법절차를 규정하고, 법률(형식적 의미의)에 의한 처벌을 특별히 강조하고 있는 기본권보장 우위사상에 비추어 바람직스럽지 못한 일이므로, 그 요건과 범위가 보다 엄격하게 제한적으로 적용되어야 한다. 따라서 처벌법규의 위임은 특히 긴급한 필요가 있거나 미리 법률로써 자세히 정할 수 없는 부득이한 사정이 있는 경우에 한정되어야 하고 이러한 경우일지라도 법률에서 범죄의 구성요건은 처벌대상인 행위가 어떠한 것일 것이라고 이를 예측할 수 있을 정도로 구체적으로 정하고 형벌의 종류 및 그 상한과 폭을 명백히 규정하여야 한다(헌재 1991. 7. 8. 91헌가4).

16
정답 ④

④ ❌ 특정한 내적인 확신 또는 신념이 양심으로 형성된 이상 그 내용 여하를 떠나 양심의 자유에 의해 보호되는 양심이 될 수 있으므로, 헌법상 양심의 자유에 의해 보호받는 '양심'으로 인정할 것인지의 판단은 그것이 깊고, 확고하며, 진실된 것인지 여부에 따르게 된다. 그리하여 양심적 병역거부를 주장하는 사람은 자신의 '양심'을 외부로 표명하여 증명할 최소한의 의무를 진다(헌재 2018. 6. 28. 2011헌바379).

① ⭕ 이 사건 서면사과조항은 가해학생에게 자신의 의사나 신념에 반하여 자신의 행동이 잘못되었다는 윤리적 판단의 형성을 강요하고 이를 서면으로 표명할 것을 강제하므로 양심의 자유를 제한한다. 또한, 사과의 의사를 외부로 표명하도록 강제함으로써 인격의 자유로운 발현을 위한 의사결정이나 행동을 자율적으로 결정할 수 있는 자유도 제한하므로, 인격권 제한도 인정된다. …… 이 사건 서면사과조항은 가해학생이 피해학생에게 서면으로 사과하도록 함으로써 가해학생에게는 자신의 잘못

된 행위에 대한 반성과 성찰의 기회를 제공하고, 피해학생에게는 가해학생의 사과를 통한 피해회복과 정상적인 학교생활로의 복귀를 돕기 위한 것이므로, 입법목적의 정당성이 인정된다. 또한 이 사건 서면사과조항은 가해학생의 선도·교육 및 피해학생의 피해회복을 통한 학교폭력 문제해결에 기여하므로, 수단의 적합성도 인정된다. …… 이 사건 서면사과조항이 과잉금지원칙을 위반하여 가해학생의 양심의 자유와 인격권을 침해한다고 보기 어렵다(헌재 2023. 2. 23. 2019헌바93).

② ◎ 헌법 제19조는 "모든 국민은 양심의 자유를 가진다."라고 하여 양심의 자유를 기본권의 하나로 보장하고 있는바, 여기의 양심이란 세계관·인생관·주의·신조 등은 물론, 이에 이르지 아니하여도 보다 널리 개인의 인격형성에 관계되는 내심에 있어서의 가치적·윤리적 판단도 포함된다고 볼 것이다. 그러므로 양심의 자유에는 널리 사물의 시시비비나 선악과 같은 윤리적 판단에 국가가 개입해서는 안 되는 내심적 자유는 물론, 이와 같은 윤리적 판단을 국가권력에 의하여 외부에 표명하도록 강제받지 않는 자유 즉 윤리적 판단사항에 관한 침묵의 자유까지 포괄한다고 할 것이다(헌재 1991. 4. 1. 89헌마160).

③ ◎ 민간법원에서 약식명령을 받아 확정된 사실을 자진신고 하는 것은, 개인의 인격형성에 관계되는 내심의 가치적·윤리적 판단이 개입될 여지가 없는 단순한 사실관계의 확인에 불과하므로, 헌법 제19조에 의하여 보호되는 양심에 포함되지 아니한다(헌재 2021. 8. 31. 2020헌마12).

17 정답 ①

① ✗ 정보주체의 배우자나 직계혈족이 정보주체의 위임 없이도 정보주체의 가족관계 상세증명서의 교부 청구를 할 수 있도록 하는 심판대상조항은 정보주체의 배우자나 직계혈족이 스스로의 정당한 법적 이익을 지키기 위하여 정보주체 본인의 위임 없이도 가족관계 상세증명서를 간편하게 발급받을 수 있게 해 주는 것이므로, 상세증명서 추가 기재 자녀의 입장에서 보아도 자신의 개인정보가 공개되는 것을 중대한 불이익이라고 평가하기는 어렵다. 나아가 가족관계 관련 법령은 가족관계증명서 발급 청구에 관한 부당한 목적을 파악하기 위하여 '청구사유기재'라는 나름의 소명절차를 규정하는 점 등을 아울러 고려하면 심판대상조항은 그 입법목적과 그로 인해 제한되는 개인정보자기결정권 사이에 적절한 균형을 달성한 것으로 평가할 수 있다. 심판대상조항은 과잉금지원칙에 위배되어 청구인의 개인정보자기결정권을 침해하지 아니한다(헌재 2022. 11. 24. 2021헌마130).

② ◎ 개인정보자기결정권, 통신의 자유가 제한되는 불이익과 비교했을 때, 명의도용피해를 막고, 차명휴대전화의 생성을 억제하여 보이스피싱 등 범죄의 범행도구로 악용될 가능성을 방지함으로써 잠재적 범죄 피해 방지 및 통신망 질서 유지라는 더욱 중대한 공익의 달성효과가 인정된다. 따라서 전기통신역무제공에 관한 계약을 체결하는 경우 전기통신사업자로 하여금 가입자에게 본인임을 확인할 수 있는 증서 등을 제시하도록 요구하고 부정가입방지시스템 등을 이용하여 본인인지 여부를 확인하도록 한 심판대상조항은 청구인들의 개인정보자기결정권 및 통신의 자유를 침해하지 않는다(헌재 2019. 9. 26. 2017헌마1209).

③ ◎ 이 사건 법률조항에 따른 통신자료 제공요청은 효율적인 수사와 정보수집의 신속성, 밀행성 등의 필요성을 고려하면, 사전에 정보주체인 이용자에게 그 내역을 통지하도록 하는 것이 적절하지 않다고 볼 수 있다. 그러나 수사기관 등이 통신자료를 취득한 이후에는 수사 등 정보수집의 목적에 방해가 되지 않는 범위 내에서 통신자료의 취득사실을 이용자에게 통지하는 것이 얼마든지 가능하다. 수사기관 등이 통신자료 취득사실을 통지함으로써 이용자들은 통신자료 제공요청 및 제공이 적법한 절차에 따라 이루어졌는지, 통신자료가 제공 목적에 부합하게 사용되었는지 등을 확인할 수 있고, 만일 수사기관 등의 불법 또는 부당한 행위를 발견하게 된다면, 그에 상응한 적절한 권리구제절차를 취함으로써 자신의 개인정보가 불법 또는 부당하게 이용되는 것을 통제할 수 있다. …… 이 사건 법률조항이 통신자료 취득에 대한 사후통지절차를 규정하고 있지 않은 것은 적법절차원칙에 위배하여 청구인들의 개인정보자기결정권을 침해한다(헌재 2022. 7. 21. 2016헌마388).

④ ◎ 심판대상조항은 거짓이나 그 밖의 부정한 방법으로 보조금을 교부받거나 보조금을 유용한 어린이집에 대하여 그 어린이집 대표자 또는 원장의 의사와 관계없이 어린이집의 명칭, 종류, 주소, 대표자 또는 어린이집 원장의 성명 등을 불특정 다수인이 알 수 있도록 하고 있으므로 공표대상자의 개인정보자기결정권을 제한한다(헌재 2022. 3. 31. 2019헌바520).

18 정답 ④

④ ✗ 적법절차조항은 현행헌법 때 도입되었다.

19 정답 ③

③ ✗ 소정근로시간이 1주간 15시간 미만인 이른바 '초단시간근로'는 일반적으로 임시적이고 일시적인 근로에 불과하여, 해당 사업 또는 사업장에 대한 기여를 전제로 하는 퇴직급여제도의 본질에 부합한다고 보기 어렵다. 소정근로시간이 짧은 경우에는 고용이 단기간만 지속되는 현실에 비추어 볼 때에도, '소정근로시간'을 기준으로 해당 사업 또는 사업장에 대한 전속성이나 기여도를 판단하도록 규정한 것 역시 합리성을 상실하였다고 보기도 어렵다. 따라서 심판대상조항은 헌법 제32조 제3항에 위배되는 것으로 볼 수 없다(헌재 2021. 11. 25. 2015헌바334).

① ◎ 헌법 제32조 제1항 후단은 "국가는 사회적·경제적 방법으로 근로자의 고용 증진과 적정임금의 보장에 노력하여야 하며, 법률이 정하는 바에 의하여 최저임금제를 시행하여야 한다."고 규정하고 있어서 최저임금을 청구할 수 있는 권리가 바로 헌법 제32조 제1항의 근로의 권리에 의하여 보장된다고 보기는 어렵다(헌재 2012. 10. 25. 2011헌마307).

② ◎

> **헌법 제33조** ① 근로자는 근로조건의 향상을 위하여 자주적인 단결권·단체교섭권 및 단체행동권을 가진다.
> ② 공무원인 근로자는 법률이 정하는 자에 한하여 단결권·단체교섭권 및 단체행동권을 가진다.
> ③ 법률이 정하는 주요방위산업체에 종사하는 근로자의 단체행동권은 법률이 정하는 바에 의하여 이를 제한하거나 인정하지 아니할 수 있다.

④ ◎ 근로자의 단결권이 근로자 단결체로서 사용자와의 관계에서 특별한 보호를 받아야 할 경우에는 헌법 제33조가 우선적으로 적용되지만, 그렇지 않은 통상의 결사 일반에 대한 문제일 경우에는 헌법 제21조 제2항이 적용되므로 노동조합에도 헌법 제21조 제2항의 결사에 대한 허가제금지원칙이 적용된다(헌재 2012. 3. 29. 2011헌바53).

20 정답 ④

㉠ ✗, ㉡ ◎

> **헌법 제128조** ① 헌법개정은 국회재적의원 과반수 또는 대통령의 발의로 제안된다.
> ② 대통령의 임기연장 또는 중임변경을 위한 헌법개정은 그 헌법개정 제안 당시의 대통령에 대하여는 효력이 없다.

헌법 제129조 제안된 헌법개정안은 대통령이 20일 이상의 기간 이를 공고하여야 한다.

헌법 제130조 ① 국회는 헌법개정안이 공고된 날로부터 60일 이내에 의결하여야 하며, 국회의 의결은 재적의원 3분의 2 이상의 찬성을 얻어야 한다.
② 헌법개정안은 국회가 의결한 후 30일 이내에 국민투표에 붙여 국회의원선거권자 과반수의 투표와 투표자 과반수의 찬성을 얻어야 한다.
③ 헌법개정안이 제2항의 찬성을 얻은 때에는 헌법개정은 확정되며, 대통령은 즉시 이를 공포하여야 한다.

ⓒ ◯ 헌법 제128조 제2항은 개정금지조항이 아니라 개정효력의 한계 조항에 해당한다.

ⓓ ◯ 국민투표에 의하여 확정된 현행 헌법의 성립과정과 헌법 제130조 제2항이 헌법의 개정을 국민투표에 의하여 확정하도록 하고 있음에 비추어, 헌법은 그 전체로서 주권자인 국민의 결단 내지 국민적 합의의 결과라고 보아야 할 것으로, 헌법의 규정을 헌법재판소법 제68조 제1항 소정의 공권력 행사의 결과라고 볼 수도 없다(헌재 1995. 12. 8. 95헌바3).

01 ③ 02 ② 03 ④ 04 ③ 05 ④ 06 ④ 07 ④ 08 ④ 09 ① 10 ④
11 ② 12 ③ 13 ④ 14 ② 15 ④ 16 ② 17 ① 18 ③ 19 ④ 20 ④

01
정답 ③

③ ✗, ④ ◯ 헌법 제1조 제2항은 '대한민국의 주권은 국민에게 있고, 모든 권력은 국민으로부터 나온다.'고 규정한다. 이와 같이 국민이 대한민국의 주권자이며, 국민은 최고의 헌법제정권력이기 때문에 성문헌법의 제·개정에 참여할 뿐만 아니라 헌법전에 포함되지 아니한 헌법사항을 필요에 따라 관습의 형태로 직접 형성할 수 있다. 그렇다면 관습헌법도 성문헌법과 마찬가지로 주권자인 국민의 헌법적 결단의 의사의 표현이며 성문헌법과 동등한 효력을 가진다고 보아야 한다. 이와 같이 관습에 의한 헌법적 규범의 생성은 국민주권이 행사되는 한 측면인 것이다. 국민주권주의 또는 민주주의는 성문이든 관습이든 실정법 전체의 정립에의 국민의 참여를 요구한다고 할 것이며, 국민에 의하여 정립된 관습헌법은 입법권자를 구속하며 헌법으로서의 효력을 가진다(헌재 2004. 10. 21. 2004헌마554).

① ◯ 우리나라는 성문헌법을 가진 나라로서 기본적으로 우리 헌법전(憲法典)이 헌법의 법원(法源)이 된다. 그러나 성문헌법이라고 하여도 그 속에 모든 헌법사항을 빠짐없이 완전히 규율하는 것은 불가능하고 또한 헌법은 국가의 기본법으로서 간결성과 함축성을 추구하기 때문에 형식적 헌법전에는 기재되지 아니한 사항이라도 이를 불문헌법(不文憲法) 내지 관습헌법으로 인정할 소지가 있다(헌재 2004. 10. 21. 2004헌마554).

② ◯ 관습헌법이 성립하기 위하여서는 먼저 관습이 성립하는 사항이 단지 법률로 정할 사항이 아니라 반드시 헌법에 의하여 규율되어 법률에 대하여 효력상 우위를 가져야 할 만큼 헌법적으로 중요한 기본적 사항이 되어야 한다(헌재 2004. 10. 21. 2004헌마554).

02
정답 ②

② ✗

1954년 제2차 개정헌법 제7조의2 대한민국의 주권의 제약 또는 영토의 변경을 가져올 국가안위에 관한 중대사항은 국회의 가결을 거친 후에 국민투표에 부하여 민의원의원선거권자 3분지 2이상의 투표와 유효투표 3분지 2이상의 찬성을 얻어야 한다.
전항의 국민투표의 발의는 국회의 가결이 있은 후 1개월이내에 민의원의원선거권자 50만인이상의 찬성으로써 한다.
국민투표에서 찬성을 얻지 못한 때에는 제1항의 국회의 가결사항은 소급하여 효력을 상실한다.
국민투표의 절차에 관한 사항은 법률로써 정한다.

03
정답 ④

④ ✗ 재외동포법은 외국국적동포등에게 광범한 혜택을 부여하고 있는바, 이 사건 심판대상규정은 대한민국 정부수립 이전에 국외로 이주한 동포와 그 이후 국외로 이주한 동포를 구분하여 후자에게는 위와 같은 혜택을 부여하고 있고, 전자는 그 적용대상에서 제외하고 있다. 그런데, 정부수립이후이주동포와 정부수립이전이주동포는 이미 대한민국을 떠나

그들이 거주하고 있는 외국의 국적을 취득한 우리의 동포라는 점에서 같고, 국외로 이주한 시기가 대한민국 정부수립 이전인가 이후인가는 결정적인 기준이 될 수 없는데도, 정부수립이후이주동포(주로 재미동포, 그 중에서도 시민권을 취득한 재미동포 1세)의 요망사항은 재외동포법에 의하여 거의 완전히 해결된 반면, 정부수립이전이주동포(주로 중국동포 및 구 소련동포)는 재외동포법의 적용대상에서 제외됨으로써 그들이 절실히 필요로 하는 출입국기회와 대한민국 내에서의 취업기회를 차단당하였고, 사회경제적 또는 안보적 이유로 거론하는 우려도, 당초 재외동포법의 적용범위에 정부수립이전이주동포도 포함시키려 하였다가 제외시킨 입법과정에 비추어 보면 엄밀한 검증을 거친 것이라고 볼 수 없으며, 또한 재외동포법상 외국국적동포에 대한 정의규정에는 일응 중립적인 과거국적주의를 표방하고, 시행령으로 일제시대 독립운동을 위하여 또는 일제의 강제징용이나 수탈을 피하기 위해 조국을 떠날 수밖에 없었던 중국동포나 구 소련동포가 대부분인 대한민국 정부수립 이전에 이주한 자들에게 외국국적 취득 이전에 대한민국의 국적을 명시적으로 확인받은 사실을 입증하도록 요구함으로써 이들을 재외동포법의 수혜대상에서 제외한 것은 정당성을 인정받기 어렵다. 요컨대, 이 사건 심판대상 규정이 청구인들과 같은 정부수립이전이주동포를 재외동포법의 적용대상에서 제외한 것은 합리적 이유없이 정부수립이전이주동포를 차별하는 자의적인 입법이어서 헌법 제11조의 평등원칙에 위배된다(헌재 2001. 11. 29. 99헌마494).

① ⭕

> 1980년 제8차 개정헌법 제2조 ② 재외국민은 국가의 보호를 받는다.
> 1987년 현행헌법 제2조 ② 국가는 법률이 정하는 바에 의하여 재외국민을 보호할 의무를 진다.

② ⭕ 대한민국 국적을 가지고 있는 영유아 중에서 재외국민인 영유아를 보육료·양육수당의 지원대상에서 제외함으로써, 청구인들과 같이 국내에 거주하면서 재외국민인 영유아를 양육하는 부모를 차별하는 보건복지부지침은 청구인들의 평등권을 침해한다(헌재 2018. 1. 25. 2015헌마1047).

③ ⭕ "이민"이라 함은 우리 나라 국민이 생업에 종사하기 위하여 외국에 이주하거나 외국인과의 혼인 및 연고관계로 인하여 이주하는 자를 의미하는데(해외이주법 제2조 제1항) 실제는 국외에서 직장을 구하여 외화를 벌어들이기 위하여 편의상 이민의 절차를 밟는 경우가 적지 아니하며 이러한 경우에는 국적법 제12조 소정의 사유에 의하여 국적을 상실하지 않는 한, 대한민국의 재외국민으로서의 기본권을 의연 향유한다고 할 것이다(헌재 1993. 12. 23. 89헌마189).

04   정답 ③

③ ⭕ 헌법 제3조는 "대한민국의 영토는 한반도와 그 부속도서로 한다"고 규정하고 있어 법리상 이 지역에서는 대한민국의 주권과 부딪치는 어떠한 국가단체도 인정할 수가 없는 것이므로 비록 북한이 국제사회에서 하나의 주권국가로 존속하고 있고, 우리 정부가 북한 당국자의 명칭을 쓰면서 정상회담 등을 제의하였다 하여 북한이 대한민국의 영토고권을 침해하는 반국가단체가 아니라고 단정할 수 없다(대판 1990. 9. 25. 90도1451).

① ❌ 국민의 개별적 기본권이 아니라 할지라도 기본권보장의 실질화를 위하여서는, 영토조항만을 근거로 하여 독자적으로는 헌법소원을 청구할 수 없다 할지라도, 모든 국가권능의 정당성의 근원인 국민의 기본권 침해에 대한 권리구제를 위하여 그 전제조건으로서 영토에 관한 권리를, 이를테면 영토권이라 구성하여, 이를 헌법소원의 대상인 기본권의 하나로 간주하는 것은 가능한 것으로 판단된다(헌재 2001. 3. 21. 99헌마139).

② ❌ 이 사건 협정은 배타적경제수역을 직접 규정한 것이 아닐 뿐만 아니라 배타적경제수역이 설정된다 하더라도 영해를 제외한 수역을 의미하며, 이러한 점들은 이 사건 협정에서의 이른바 중간수역에 대해서도 동일하다고 할 것이므로 독도가 중간수역에 속해 있다 할지라도 독도의 영유권문제나 영해문제와는 직접적인 관련을 가지지 아니한 것임은 명백하다 할 것이다(헌재 2009. 2. 26. 2007헌바35).

④ ❌ 우리 헌법은 제헌헌법 이래로 "대한민국의 영토는 한반도와 그 부속도서로 한다"(제헌헌법 제4조, 현행헌법 제3조)는 규정을 두고 있다. 대법원은 이를 근거로 하여 북한지역도 대한민국의 영토에 속하는 한반도의 일부를 이루는 것이어서 대한민국의 주권이 미치고 북한주민도 대한민국 국적을 취득·유지하는 데 아무런 영향이 없는 것으로 해석하고 있으며(헌재 2000. 8. 31. 97헌가12) 우리나라 저작권법의 효력은 대한민국의 주권범위 내에 있는 북한지역에도 미친다고 보아야 한다(서울고법 2006. 3. 29. 2004나14033).

05   정답 ④

④ ❌ 헌법 제8조 제4항의 민주적 기본질서 개념은 정당해산결정의 가능성과 긴밀히 결부되어 있다. 이 민주적 기본질서의 외연이 확장될수록 정당해산결정의 가능성은 확대되고, 이와 동시에 정당 활동의 자유는 축소될 것이다. 민주 사회에서 정당의 자유가 지니는 중대한 함의나 정당해산심판제도의 남용가능성 등을 감안한다면, 헌법 제8조 제4항의 민주적 기본질서는 최대한 엄격하고 협소한 의미로 이해해야 한다. 따라서 민주적 기본질서를 현행 헌법이 채택한 민주주의의 구체적 모습과 동일하게 보아서는 안 된다. 정당이 위에서 본 바와 같은 민주적 기본질서, 즉 민주적 의사결정을 위해서 필요한 불가결한 요소들과 이를 운영하고 보호하는 데 필요한 최소한의 요소들을 수용한다면, 현행 헌법이 규정한 민주주의 제도의 세부적 내용에 관해서는 얼마든지 그와 상이한 주장을 개진할 수 있는 것이다(헌재 2014. 12. 19. 2013헌다1).

② ⭕ 국회의원의 원내활동을 기본적으로 각자에 맡기는 자유위임은 자유로운 토론과 의사형성을 가능하게 함으로써 당내민주주의를 구현하고 정당의 독재화 또는 과두화를 막아주는 순기능을 갖는다. 그러나 자유위임은 의회내에서의 정치의사형성에 정당의 협력을 배척하는 것이 아니며, 의원이 정당과 교섭단체의 지시에 기속되는 것을 배제하는 근거가 되는 것도 아니다. 또한 국회의원의 국민대표성을 중시하는 입장에서도 특정 정당에 소속된 국회의원이 정당기속 내지는 교섭단체의 결정(소위 '당론')에 위반하는 정치활동을 한 이유로 제재를 받는 경우, 국회의원 신분을 상실하게 할 수는 없으나 "정당내부의 사실상의 강제" 또는 소속 "정당으로부터의 제명"은 가능하다고 보고 있다. 그렇다면, 당론과 다른 견해를 가진 소속 국회의원을 당해 교섭단체의 필요에 따라 다른 상임위원회로 전임(사·보임)하는 조치는 특별한 사정이 없는 한 헌법상 용인될 수 있는 "정당내부의 사실상 강제"의 범위 내에 해당한다고 할 것이다(헌재 2003. 10. 30. 2002헌라1).

③ ⭕ 정당의 법적 성격은 일반적으로 사적·정치적 결사 내지는 법인격 없는 사단으로 파악되고 있고, 이러한 정당의 법률관계에 대하여는 정당법의 관계 조문 이외에 일반 사법 규정이 적용된다(헌재 2020. 1. 21. 2020헌마60).

06   정답 ④

④ ❌ 혼인과 가족의 보호는 헌법이 지향하는 자유민주적 문화국가의 필수적인 전제조건이다. 개별성·고유성·다양성으로 표현되는 문화는 사회의 자율영역을 바탕으로 하고, 사회의 자율영역은 무엇보다도 바로 가정으로부터 출발하기 때문이다(헌재 2000. 4. 27. 98헌가16).

① ◎ 우리나라는 건국헌법 이래 문화국가의 원리를 헌법의 기본원리로 채택하고 있다. 우리 현행 헌법은 전문에서 "문화의 …… 영역에 있어서 각인의 기회를 균등히" 할 것을 선언하고 있을 뿐 아니라, 국가에게 전통문화의 계승 발전과 민족문화의 창달을 위하여 노력할 의무를 지우고 있다(제9조)(헌재 2004. 5. 27. 2003헌가1).

② ◎ 헌법은 문화국가를 실현하기 위하여 보장되어야 할 정신적 기본권으로 양심과 사상의 자유, 종교의 자유, 언론·출판의 자유, 학문과 예술의 자유 등을 규정하고 있는바, 개별성·고유성·다양성으로 표현되는 문화는 사회의 자율영역을 바탕으로 한다고 할 것이고, 이들 기본권은 견해와 사상의 다양성을 그 본질로 하는 문화국가원리의 불가결의 조건이라고 할 것이다(헌재 2004. 5. 27. 2003헌가1).

③ ◎ 국가의 문화육성의 대상에는 원칙적으로 모든 사람에게 문화창조의 기회를 부여한다는 의미에서 모든 문화가 포함된다. 따라서 엘리트문화뿐만 아니라 서민문화, 대중문화도 그 가치를 인정하고 정책적인 배려의 대상으로 하여야 한다(헌재 2004. 5. 27. 2003헌가1).

07
정답 ④

④ ✖ 축협중앙회는 공법인성과 사법인성을 겸유한 특수한 법인으로서 이 사건에서 기본권의 주체가 될 수 있다고는 할 것이지만, 위와 같이 두드러진 공법인적 특성이 축협중앙회가 가지는 기본권의 제약요소로 작용하는 것만은 이를 피할 수 없다고 할 것이다(헌재 2000. 6. 1. 99헌마553).

① ◎ 국회법은 정당과 원내교섭단체간의 일체성을 인정하여, 국회에 20인 이상의 소속의원을 가진 정당은 하나의 교섭단체로 보고, 국회의원은 둘 이상의 교섭단체에 소속될 수 없으며, 국회의원의 소속 정당이 변경된 경우에는 지체 없이 의장에게 보고하도록 하고 있다. 따라서 교섭단체에 정책연구위원을 둔다는 국회법 제34조 제1항 규정은 교섭단체를 구성한 정당에게 정책연구위원을 배정한다는 것과 실질적으로 다를 바 없다고 할 것인바, 이 규정은 교섭단체 소속의원과 그렇지 못한 의원을 차별하는 것인 동시에, 교섭단체를 구성한 정당과 그렇지 못한 정당도 차별하고 있다고 할 것이다. 그렇다면 국회의원 20인 이상을 확보하지 못하여 교섭단체를 구성하지 못한 청구인은 이 사건 규정으로 인하여 자신의 기본권을 침해받을 가능성이 있다(헌재 2008. 3. 27. 2004헌마654).

② ◎ 법인 등 결사체도 그 조직과 의사형성에 있어서, 그리고 업무수행에 있어서 자기결정권을 가지고 있어 결사의 자유의 주체가 된다고 봄이 상당하므로, 축협중앙회는 그 회원조합들과 별도로 결사의 자유의 주체가 된다(헌재 2000. 6. 1. 99헌마553).

③ ◎ 헌법상 기본권의 주체가 될 수 있는 법인은 원칙적으로 사법인에 한하는 것이고, 공법인은 헌법의 수범자이지 기본권의 주체가 될 수 없다(헌재 2000. 6. 1. 99헌마553).

08
정답 ④

④ ✖ 이 사건 기탁금귀속조항은 후보자가 사망하거나 제1차 투표에서 유효투표수의 100분의 15 이상을 득표한 경우에는 기탁금 전액을, 제1차 투표에서 유효투표수의 100분의 10 이상 100분의 15 미만을 득표한 경우에는 기탁금 반액을 후보자에게 반환하고, 반환되지 않은 기탁금은 경북대학교 발전기금에 귀속되도록 하고 있다. 이하에서는 <u>이 사건 기탁금귀속조항이 후보자의 재산권을 침해하는지 여부에 대하여 살핀다</u>(헌재 2022. 5. 26. 2020헌마1219). → 기탁금귀속조항과 달리 기탁금납부조항은 공무담임권의 침해여부 위주로 판단하였다.

① ◎ 하나의 규제로 인하여 여러 기본권이 동시에 제약을 받는 기본권경합의 경우에는 기본권 침해를 주장하는 청구인의 의도 및 기본권을 제한하는 입법자의 객관적 동기 등을 참작하여 사안과 가장 밀접한 관계가 있고 또 침해의 정도가 큰 주된 기본권을 중심으로 해서 그 제한의 한계를 따져 보아야 한다(헌재 2020. 7. 16. 2018헌마566).

② ◎ 청구인들은 의료인이 아니더라도 문신시술업을 합법적인 직업으로 영위할 수 있어야 함을 주장하고 있고, 심판대상조항의 일차적 의도도 보건위생상 위해 가능성이 있는 행위를 규율하고자 하는 데 있으며, 심판대상조항에 의한 예술의 자유 또는 표현의 자유의 제한은 문신시술업이라는 직업의 자유에 대한 제한을 매개로 하여 간접적으로 제약되는 것이라 할 것인바, 사안과 가장 밀접하고 침해의 정도가 큰 직업선택의 자유를 중심으로 심판대상조항의 위헌 여부를 살피는 이상 예술의 자유와 표현의 자유 침해 여부에 대하여는 판단하지 아니한다(헌재 2022. 3. 31. 2017헌마1343).

③ ◎ 심판대상조항은 국민운동단체인 ○○운동협의회에 대하여 선거기간 중 일체의 모임을 금지시킴으로써 집회의 자유와 결사의 자유(단체활동의 자유)를 동시에 제한하고 있다. 이와 같이 하나의 규제로 인하여 여러 기본권이 동시에 제약을 받는 기본권경합의 경우에는 기본권침해를 주장하는 제청법원의 의도 및 기본권을 제한하는 입법자의 객관적 동기 등을 참작하여 사안과 가장 밀접한 관계가 있고 또 침해의 정도가 큰 주된 기본권을 중심으로 하여 그 제한의 한계를 따져 보아야 한다. <u>심판대상조항에 대한 입법자의 일차적 의도는 선거기간 중 모임, 즉 집회를 금지하고자 하는 데 있으며, 단체의 모임은 단체의 다양한 활동 중의 하나에 불과하고, 헌법상 결사의 자유보다는 집회의 자유가 두텁게 보호되며, 위 조항에 의하여 직접 제약되는 자유 역시 집회의 자유라고 할 것이다. 따라서 아래에서는 심판대상조항이 과잉금지원칙에 위반하여 집회의 자유를 침해하는지를 살핀다</u>(헌재 2013. 12. 26. 2010헌가90).

09
정답 ①

① ✖ 이 사건 법률조항은 노동조합의 조직유지·강화를 위하여 당해 사업장에 종사하는 근로자의 3분의 2 이상을 대표하는 노동조합(이하 '지배적 노동조합'이라 한다)의 경우 단체협약을 매개로 한 조직강제[이른바 유니언 샵(Union Shop) 협정의 체결]를 용인하고 있다. 이 경우 근로자의 단결하지 아니할 자유와 노동조합의 적극적 단결권(조직강제권)이 충돌하게 되나, 근로자에게 보장되는 적극적 단결권이 단결하지 아니할 자유보다 특별한 의미를 갖고 있고, 노동조합의 조직강제권도 이른바 자유권을 수정하는 의미의 생존권(사회권)적 성격을 함께 가지는 만큼 근로자 개인의 자유권에 비하여 보다 특별한 가치로 보장되는 점 등을 고려하면, 노동조합의 적극적 단결권은 근로자 개인의 단결하지 않을 자유보다 중시된다고 할 것이고, 또 노동조합에게 위와 같은 조직강제권을 부여한다고 하여 이를 근로자의 단결하지 아니할 자유의 본질적인 내용을 침해하는 것으로 단정할 수는 없다(헌재 2005. 11. 24. 2002헌바95).

② ◎ 국민의 수학권과 교사의 수업의 자유는 다 같이 보호되어야 하겠지만 그중에서도 국민의 수학권이 더 우선적으로 보호되어야 한다. 그것은 국민의 수학권의 보장은 우리 헌법이 지향하고 있는 문화국가, 민주복지국가의 이념구현을 위한 기본적 토대이고, 국민이 인간으로서 존엄과 가치를 가지며 행복을 추구하고(헌법 제10조 전문) 인간다운 생활을 영위하는데(헌법 제34조) 필수적인 조건이고 대전제이며, 국민의 수학권이 교육제도를 통하여 충분히 실현될 때 비로서 모든 국민은 모든 영역에 있어서 각인의 기회를 균등히 하고 능력을 최고도로 발휘할 수 있게 될 것이기 때문이다(헌재 1992. 11. 12. 89헌마88).

③ ◎ 흡연권은 사생활의 자유를 실질적 핵으로 하는 것이고 혐연권은 사생활의 자유뿐만 아니라 생명권에까지 연결되는 것이므로 혐연권이 흡연권보다 상위의 기본권이다(헌재 2004. 8. 26. 2003헌마457).

④ ⊙ 정정보도청구권제도는 그 명칭에 불구하고 피해자의 반론게재청구권으로 해석되고 이는 언론의 자유와는 비록 서로 충돌되는 면이 없지 아니하나 전체적으로는 상충되는 기본권 사이에 합리적인 조화를 이루고 있는 것으로 판단된다(헌재 1991. 9. 16. 89헌마165).

10
정답 ④

④ ✗ ○○구치소에 종교행사 공간이 1개뿐이고, 종교행사는 종교, 수형자와 미결수용자, 성별, 수용동 별로 진행되며, 미결수용자는 공범이나 동일사건 관련자가 있는 경우 이를 분리하여 참석하게 해야 하는 점을 고려하면 피청구인이 미결수용자 대상 종교행사를 4주에 1회 실시했더라도 종교의 자유를 과도하게 제한하였다고 보기 어렵고, 구치소의 인적·물적 여건상 하루에 여러 종교행사를 동시에 하기 어려우며, 개신교의 경우에만 그 교리에 따라 일요일에 종교행사를 허용할 경우 다른 종교와의 형평에 맞지 않고, 공휴일인 일요일에 종교행사를 할 행정적 여건도 마련되어 있지 않다는 점을 고려하면, 이 사건 종교행사 처우는 청구인의 종교의 자유를 침해하지 않는다(헌재 2015. 4. 30. 2013헌마190).

① ⊙ 수형자와 소송대리인인 변호사의 접견을 일반 접견에 포함시켜 시간은 30분 이내로, 횟수는 월 4회로 제한한 것은 청구인의 재판청구권을 침해한다(헌재 2015. 11. 26. 2012헌마858).

② ⊙ 형집행법 제112조 제3항 본문 중 제108조 제13호에 관한 부분은 금치의 징벌을 받은 사람에 대해 금치기간 동안 실외운동을 원칙적으로 정지하는 불이익을 가함으로써, 규율의 준수를 강제하여 수용시설 내의 안전과 질서를 유지하기 위한 것으로서 목적의 정당성 및 수단의 적합성이 인정된다. 실외운동은 구금되어 있는 수용자의 신체적·정신적 건강을 유지하기 위한 최소한의 기본적 요청이고, 수용자의 건강 유지는 교정교화와 건전한 사회복귀라는 형 집행의 근본적 목표를 달성하는 데 필수적이다. 그런데 위 조항은 금치처분을 받은 사람에 대하여 실외운동을 원칙적으로 금지하고, 다만 소장의 재량에 의하여 이를 예외적으로 허용하고 있다. 그러나 소란, 난동을 피우거나 다른 사람을 해할 위험이 있어 실외운동을 허용할 경우 금치처분의 목적 달성이 어려운 예외적인 경우에 한하여 실외운동을 제한하는 덜 침해적인 수단이 있음에도 불구하고, 위 조항은 금치처분을 받은 사람에게 원칙적으로 실외운동을 금지한다. 나아가 위 조항은 예외적으로 실외운동을 허용하는 경우에도, 실외운동의 기회가 부여되어야 하는 최저기준을 법령에서 명시하고 있지 않으므로, 침해의 최소성 원칙에 위배된다. 위 조항은 수용자의 정신적·신체적 건강에 필요 이상의 불이익을 가하고 있고, 이는 공익에 비하여 큰 것이므로 위 조항은 법익의 균형성 요건도 갖추지 못하였다. 따라서 위 조항은 청구인의 신체의 자유를 침해한다(헌재 2016. 5. 26. 2014헌마45).

③ ⊙ 형집행법 제112조 제3항 본문 중 제108조 제7호의 신문·도서·잡지 외 자비구매물품에 관한 부분은 금치의 징벌을 받은 사람에 대해 금치기간 동안 자비로 구매한 음식물, 의약품 및 의료용품 등 자비구매물품을 사용할 수 없는 불이익을 가함으로써, 규율의 준수를 강제하여 수용시설 내의 안전과 질서를 유지하기 위한 것으로서 목적의 정당성 및 수단의 적합성이 인정된다. 금치처분을 받은 사람은 소장이 지급하는 음식물, 의류·침구, 그 밖의 생활용품을 통하여 건강을 유지하기 위한 필요최소한의 생활을 영위할 수 있고, 의사가 치료를 위하여 처방한 의약품은 여전히 사용할 수 있다. 또한, 위와 같은 불이익은 규율 준수를 통하여 수용질서를 유지한다는 공익에 비하여 크다고 할 수 없다. 따라서 위 조항은 청구인의 일반적 행동의 자유를 침해하지 아니한다(헌재 2016. 5. 26. 2014헌마45).

11
정답 ②

② ✗ 광역지방자치단체가 자치사무에 대한 감사에 착수하기 위해서는 감사대상을 특정하여야 하나, 특정된 감사대상을 사전에 통보할 것까지 요구된다고 볼 수는 없다(헌재 2023. 3. 23. 2020헌라5).

① ⊙ 지방자치단체의 자치사무에 대한 무분별한 감사권의 행사는 헌법상 보장된 지방자치권을 침해할 가능성이 크므로, 원칙적으로 감사 과정에서 사전에 감사대상으로 특정되지 아니한 사항에 관하여 위법사실이 발견되었다고 하더라도 감사대상을 확장하거나 추가하는 것은 허용되지 않는다. 다만, 자치사무의 합법성 통제라는 감사의 목적이나 감사의 효율성 측면을 고려할 때, 당초 특정된 감사대상과 관련성이 인정되는 것으로서 당해 절차에서 함께 감사를 진행하더라도 감사대상 지방자치단체가 절차적인 불이익을 받을 우려가 없고, 해당 감사대상을 적발하기 위한 목적으로 감사가 진행된 것으로 볼 수 없는 사항에 대하여는 감사대상의 확장 내지 추가가 허용된다(헌재 2023. 3. 23. 2020헌라5).

③ ⊙, ④ ⊙ 지방자치제 실시를 유보하던 개정전 헌법 부칙 제10조를 삭제한 현행헌법 및 이에 따라 자치사무에 관한 감사규정은 존치하되 '위법성 감사'라는 단서를 추가하여 자치사무에 대한 감사를 축소한 구 지방자치법 제158조 신설경위, 자치사무에 관한 한 중앙행정기관과 지방자치단체의 관계가 상하의 감독관계에서 상호보완적 지도·지원의 관계로 변화된 지방자치법의 취지, 중앙행정기관의 감독권 발동은 지방자치단체의 구체적 법위반을 전제로 하여 작동되도록 제한되어 있는 점, 그리고 국가감독권 행사로서 지방자치단체의 자치사무에 대한 감사원의 사전적·포괄적 합목적성 감사가 인정되므로 국가의 중복감사의 필요성이 없는 점 등을 종합하여 보면, 중앙행정기관의 지방자치단체의 자치사무에 대한 구 지방자치법 제158조 단서 규정의 감사권은 사전적·일반적인 포괄감사권이 아니라 그 대상과 범위가 한정적인 제한된 감사권이라 해석함이 마땅하다(헌재 2009. 5. 28. 2006헌라6).

12
정답 ③

③ ✗ 개발사업이 진행되는 지역에서 단기간에 형성된 취학 수요에 부응하기 위하여 학교를 신설 및 증축하는 것은 개발지역의 기반시설을 확보하려는 것이므로, 그 재정에 충당하기 위하여 개발사업의 시행자에게 학교용지부담금을 부과하는 것은, 개발사업의 시행자가 위와 같은 학교시설 확보의 필요성을 유발하였기 때문이다. 학교시설 확보의 필요성은 개발사업에 따른 인구 유입으로 인한 취학 수요의 증가로 이어지므로, 주택재개발사업의 시행으로 공동주택을 건설하는 경우에는 신규로 주택이 공급되는 개발사업분만을 기준으로 학교용지부담금의 부과 대상을 정해야 한다. 따라서 심판대상조항이 주택재개발사업의 경우 학교용지부담금 부과 대상에서 '기존 거주자와 토지 및 건축물의 소유자에게 분양하는 경우'에 해당하는 개발사업분만 제외하고, 현금청산의 대상이 되어 제3자에게 분양됨으로써 기존에 비하여 가구 수가 증가하지 아니하는 개발사업분을 제외하지 아니한 것은, 주택재개발사업의 시행자들 사이에 학교시설 확보의 필요성을 유발하는 정도와 무관한 불합리한 기준으로 학교용지부담금의 납부액을 달리하는 차별을 초래하므로, 심판대상조항은 평등원칙에 위배된다(헌재 2014. 4. 24. 2013헌가28).

① ⊙ 물이용부담금은 상수도의 직접적인 이용 대가로 볼 수 있는 수도요금과 구별되는 별개의 금전이고, 한강수계로부터 취수된 원수를 정수하여 직접 공급받는 최종 수요자 중 하류지역에만 부과되는바(한강수계법 제19조 제1항 단서 제1호), 특정 부류의 집단에만 강제적·일률적으로 부과된다. …… 물이용부담금은 한강수계의 주민지원사업과 수질개선사업 등에 사용될 한강수계관리기금의 재원을 마련하는 데에 그 부과의 목적이 있을 뿐, 그 부과 자체로써 수돗물 최종수요자의 행위를 특정한 방향으로 유도하거나 물이용부담금 납부의무자 이외의 다른 집단과의 형평성 문제를 조정하고자 하는 등의 목적이 있다고 보기 어렵다. 게다가 뒤에서 보는 바와 같이 부담금 부과조항이 물이용부담금을 통해 추구하

는 공적 과제는 한강수계관리기금의 집행 단계에서 비로소 실현된다고 할 수 있으므로, 물이용부담금은 재정조달목적 부담금에 해당한다(헌재 2020. 8. 28. 2018헌바425).

② ◎ 환경개선부담금은 부담금의 부과를 통해 대기오염물질 배출을 억제하고 환경개선을 위한 투자재원을 합리적으로 조달한다는 특정한 공적 과제의 수행을 목적으로 하고, '경유차 소유자'라는 특정 부류의 집단에만 특정한 반대급부 없이 강제적·일률적으로 부과된다. …… 환경개선부담금은 내용상으로는 '원인자부담금'으로 분류될 수 있다. 목적 및 기능상으로는 '환경개선을 위한 투자재원의 합리적 조달'이라는 재정조달목적뿐 아니라 정책실현목적도 갖는다고 볼 수 있다. 환경개선부담금은 경유차의 소유·운행 자체를 직접적으로 금지하는 대신 납부의무자에게 일정한 금전적 부담을 지움으로써 위와 같은 행위를 간접적·경제적으로 규제하고 억제하려는 유도적 수단의 성격을 가지고 있고, 경유차 소유 및 운행 자제를 통한 대기오염물질 배출의 자발적 저감이라는 정책적 효과가 환경개선부담금의 부과 단계에서 행위자의 행위선택에 영향을 미침으로써 이미 실현되기 때문이다. 따라서 환경개선부담금은 정책실현목적의 유도적 부담금으로 분류될 수 있다(헌재 2022. 6. 30. 2019헌바440).

④ ◎ 보건의료기관개설자의 손해배상금 대불비용 부담은, 손해배상금 대불제도를 운영하기 위한 재원 마련을 위한 것이다. 의료사고에 대한 손해배상책임이 있는 보건의료기관개설자나 보건의료인 등은 사후적으로 구상의무를 짐으로써 대불 재원이 유지되는 관계에 있고, 개별 보건의료기관개설자의 대불비용 부담은 구체적인 손해배상책임의 유무와 관계가 없다. 또한, 이러한 금전납부의무 부과를 통하여 달성하려는 손해배상금 대불제도의 목적은 징수된 부담액으로 마련된 재원을 지출하여 실제로 대불이 이루어짐으로써 실현된다. 따라서 심판대상조항에 따라 손해배상금 대불비용을 보건의료기관개설자가 부담하는 것은, 손해배상금 대불제도의 시행이라는 특정한 공적 과제의 수행을 위한 재원 마련을 목적으로 보건의료기관개설자라는 특정한 집단이 반대급부 없이 납부하는 공과금의 성격을 가지므로, 재정조달목적 부담금에 해당한다(헌재 2022. 7. 21. 2018헌바504).

13
정답 ③

③ ◎ 징계처분에 따른 승진임용 제한기간을 정함에 있어서는 일반적으로 승진임용에 소요되는 기간을 고려하여 적어도 공무원 징계처분의 취지와 효력을 담보할 수 있는 기간이 설정될 필요가 있다. 감봉의 경우 12개월간 승진임용이 제한되는데 이는 종래 18개월이었던 것을 축소한 것이며, 강등·정직(18개월)이나 견책(6개월)과의 균형을 고려하면 과도하게 긴 기간이라고 보기는 어렵다. 비위공무원에 대한 징계를 통해 불이익을 줌으로써 공직기강을 바로 잡고 공무수행에 대한 국민의 신뢰를 유지하고자 하는 공익은 제한되는 사익 이상으로 중요하다. 이 사건 승진조항은 과잉금지원칙을 위반하여 청구인의 공무담임권을 침해하지 않는다(헌재 2022. 3. 31. 2020헌마211).

① ✗ 교육공무원법(2016. 1. 27. 법률 제13819호로 개정된 것) 제10조의4 중 미성년자에 대하여 성범죄를 범하여 형을 선고받아 확정된 자와 성인에 대한 성폭력범죄를 범하여 벌금 100만 원 이상의 형을 선고받아 확정된 자는 초·중등교육법상의 교원에 임용될 수 없도록 한 부분은 과잉금지원칙에 반하여 청구인의 공무담임권을 침해한다고 볼 수 없다(헌재 2019. 7. 25. 2016헌마754).

② ✗ 심판대상조항은 아동과 관련이 없는 직무를 포함하여 모든 일반직공무원 및 부사관에 임용될 수 없도록 하므로, 제한의 범위가 지나치게 넓고 포괄적이다. 또한, 심판대상조항은 영구적으로 임용을 제한하고, 결격사유가 해소될 수 있는 어떠한 가능성도 인정하지 않는다. 아동에 대한 성희롱 등의 성적 학대행위로 형을 선고받은 경우라고 하여도 범죄의 종류, 죄질 등은 다양하므로, 개별 범죄의 비난가능성 및 재범 위험성 등을 고려하여 상당한 기간 동안 임용을 제한하는 덜 침해적인 방법으로도 입법목적을 충분히 달성할 수 있다. 따라서 심판대상조항은 과잉금지원칙에 위배되어 청구인의 공무담임권을 침해한다(헌재 2022. 11. 24. 2020헌마1181).

④ ✗ 피성년후견인인 국가공무원은 당연퇴직한다고 정한 구 국가공무원법 제69조 제1호 중 제33조 제1호 가운데 '피성년후견인'에 관한 부분, 국가공무원법 제69조 제1호 중 제33조 제1호에 관한 부분은 공무담임권을 침해한다(헌재 2022. 12. 22. 2020헌가8).

14
정답 ②

② ◎

> **헌법 제89조** 다음 사항은 국무회의의 심의를 거쳐야 한다.
> 15. 정부에 제출 또는 회부된 정부의 정책에 관계되는 청원의 심사

① ✗ 헌법과 그 밖의 관련규정을 종합하여 볼 때, 이 사건 청구인이 취업보호대상자의 기능직공무원 채용의무비율 규정만을 근거로 피청구인 철도청장에 대해 채용시험 없이 바로 자신을 임용해 줄 것을 요구할 수 있는 구체적인 신청권을 갖고 있는 것으로 볼 수는 없다(헌재 2004. 10. 28. 2003헌마898).

③ ✗ 우리 헌법은 문서로 청원을 하도록 한 것 이외에 그 형식을 제한하고 있지 않으며, 청원권의 행사방법이나 그 절차를 구체화하고 있는 청원법도 제3자를 통해 하는 방식의 청원을 금지하고 있지 않다. 따라서 국민이 여러 가지 이해관계 또는 국정에 관해서 자신의 의견이나 희망을 해당 기관에 직접 진술하는 외에 그 본인을 대리하거나 중개하는 제3자를 통해 진술하더라도 이는 청원권으로서 보호될 것이다(헌재 2005. 11. 24. 2003헌바108).

④ ✗

> **청원법 제6조(청원 처리의 예외)** 청원기관의 장은 청원이 다음 각 호의 어느 하나에 해당하는 경우에는 처리를 하지 아니할 수 있다(처리하지 아니한다 ✗). 이 경우 사유를 청원인(제11조 제3항에 따른 공동청원의 경우에는 대표자를 말한다)에게 알려야 한다.
> 1. 국가기밀 또는 공무상 비밀에 관한 사항
> 2. 감사·수사·재판·행정심판·조정·중재 등 다른 법령에 의한 조사·불복 또는 구제절차가 진행 중인 사항
> 3. 허위의 사실로 타인으로 하여금 형사처분 또는 징계처분을 받게 하는 사항
> 4. 허위의 사실로 국가기관 등의 명예를 실추시키는 사항
> 5. 사인간의 권리관계 또는 개인의 사생활에 관한 사항
> 6. 청원인의 성명, 주소 등이 불분명하거나 청원내용이 불명확한 사항

15
정답 ④

④ ◎ 주세법에 따른 의제주류판매업면허의 취소처분에 대한 행정소송에 관하여 필요적 행정심판전치주의를 규정한 국세기본법 제56조 제2항 중 '주세법 제8조 제4항 제1호에 따른 의제주류판매업면허의 취소처분'에 관한 부분은 청구인들의 재판청구권을 침해하지 않는다(헌재 2016. 12. 29. 2015헌바229).

① ✗ 범죄인인도법 제3조가 법원의 범죄인인도심사를 서울고등법원

의 전속관할로 하고 그 심사결정에 대한 불복절차를 인정하지 않은 것은 적법절차원칙에 위배하거나, 재판청구권 등을 침해한 것으로 볼 수 없다(헌재 2003. 1. 30. 2001헌바95).

② ✗ '피고인 스스로 치료감호를 청구할 수 있는 권리'가 헌법상 재판청구권의 보호범위에 포함된다고 보기는 어렵고, 검사뿐만 아니라 피고인에게까지 치료감호 청구권을 주어야만 절차의 적법성이 담보되는 것도 아니므로, 이 사건 법률조항이 청구인의 재판청구권을 침해하거나 적법절차의 원칙에 반한다고 볼 수 없다(헌재 2010. 4. 29. 2008헌마622).

③ ✗ 변호사법 제100조 제4항 내지 제6항은 행정심판에 불과한 법무부변호사징계위원회의 결정에 대하여 법원의 사실적 측면과 법률적 측면에 대한 심사를 배제하고 대법원으로 하여금 변호사징계사건의 최종심 및 법률심으로서 단지 법률적 측면의 심사만을 할 수 있도록 하고 재판의 전심절차로서만 기능해야 할 법무부변호사징계위원회를 사실확정에 관한 한 사실상 최종심으로 기능하게 하고 있으므로, 일체의 법률적 쟁송에 대한 재판기능을 대법원을 최고법원으로 하는 법원에 속하도록 규정하고 있는 헌법 제101조 제1항 및 재판의 전심절차로서 행정심판을 두도록 하는 헌법 제107조 제3항에 위반된다(헌재 2002. 2. 28. 2001헌가18).

16 정답 ②

② ○ 보상금 등의 지급결정에 동의한 때 "민주화운동과 관련하여 입은 피해"에 대해 재판상 화해의 성립을 간주하는 심판대상조항은 정신적 손해에 대한 국가배상청구권을 침해한다(헌재 2018. 8. 30. 2014헌바180). → 관련자와 유족이 위원회의 보상금 등 지급결정이 일응 적절한 배상에 해당된다고 판단하여 이에 동의하고 보상금 등을 수령한 경우 보상금 등의 성격과 중첩되는 적극적·소극적 손해에 대한 국가배상청구권의 추가적 행사를 제한하는 것은, 동일한 사실관계와 손해를 바탕으로 이미 적절한 배상을 받았음에도 불구하고 다시 동일한 내용의 손해배상청구를 금지하는 것이므로, 이를 지나치게 과도한 제한으로 볼 수 없다고 본 사례

① ✗

국가배상법 제9조(소송과 배상신청의 관계) 이 법에 따른 손해배상의 소송은 배상심의회(이하 "심의회"라 한다)에 배상신청을 하지 아니하고도 제기할 수 있다.

③ ✗ 법관의 재판에 법령의 규정을 따르지 아니한 잘못이 있다 하더라도 이로써 바로 그 재판상 직무행위가 국가배상법 제2조 제1항에서 말하는 위법한 행위로 되어 국가의 손해배상책임이 발생하는 것은 아니고, 그 국가배상책임이 인정되려면 당해 법관이 위법 또는 부당한 목적을 가지고 재판을 하였다거나 법이 법관의 직무수행상 준수할 것을 요구하고 있는 기준을 현저하게 위반하는 등 법관이 그에게 부여된 권한의 취지에 명백히 어긋나게 이를 행사하였다고 인정할 만한 특별한 사정이 있어야 한다(대판 2003. 7. 11. 99다24218).

④ ✗ 당해 사건에서 문제된 청구인의 전화번호 등 개인정보가 기재된 증거서류의 제출 및 송달에 관한 근거규정인 행정심판법 제27조에 대하여 위헌결정이 선고된다 하더라도, 당시 청구인의 인적사항이 기재된 증거서류의 제출 및 송달에 관여한 공무원들로서는 그 행위 당시에 위 법률조항이 헌법에 위반되는지 여부를 심사할 권한이 없어 오로지 위 법률조항에 따라 증거자료를 제출하고 이를 송달하였을 뿐이라 할 것이므로 당해 공무원들에게 고의 또는 과실이 있다 할 수 없어 대한민국의 청구인에 대한 손해배상책임은 성립되지 아니한다 할 것이다(헌재 2009. 9. 24. 2008헌바23).

17 정답 ①

① ✗ 헌법 제28조의 형사보상청구권이 국가의 형사사법작용에 의하여 신체의 자유가 침해된 국민에게 그 구제를 인정하여 국민의 기본권 보호를 강화하는 데 그 목적이 있는 점에 비추어 보면, 외형상·형식상으로 무죄재판이 없다고 하더라도 형사사법절차에 내재하는 불가피한 위험으로 인하여 국민의 신체의 자유에 관하여 피해가 발생하였다면 형사보상청구권을 인정하는 것이 타당하다(헌재 2022. 2. 24. 2018헌마998).

② ○

형사보상 및 명예회복에 관한 법률 제8조(보상청구의 기간) 보상청구는 무죄재판이 확정된 사실을 안 날부터 3년, 무죄재판이 확정된 때부터 5년 이내에 하여야 한다.

③ ○

형사보상 및 명예회복에 관한 법률 제6조(손해배상과의 관계) ① 이 법은 보상을 받을 자가 다른 법률에 따라 손해배상을 청구하는 것을 금지하지 아니한다.
② 이 법에 따른 보상을 받을 자가 같은 원인에 대하여 다른 법률에 따라 손해배상을 받은 경우에 그 손해배상의 액수가 이 법에 따라 받을 보상금의 액수와 같거나 그보다 많을 때에는 보상하지 아니한다. 그 손해배상의 액수가 이 법에 따라 받을 보상금의 액수보다 적을 때에는 그 손해배상 금액을 빼고 보상금의 액수를 정하여야 한다.

④ ○

형사보상 및 명예회복에 관한 법률 제5조(보상의 내용) ③ 사형 집행에 대한 보상을 할 때에는 집행 전 구금에 대한 보상금 외에 3천만원 이내에서 모든 사정을 고려하여 법원이 타당하다고 인정하는 금액을 더하여 보상한다. 이 경우 본인의 사망으로 인하여 발생한 재산상의 손실액이 증명되었을 때에는 그 손실액도 보상한다.

18 정답 ③

③ ○

범죄피해자 보호법 제20조(다른 법령에 따른 급여 등과의 관계) 구조피해자나 유족이 해당 구조대상 범죄피해를 원인으로 하여 「국가배상법」이나 그 밖의 법령에 따른 급여 등을 받을 수 있는 경우에는 대통령령으로 정하는 바에 따라 구조금을 지급하지 아니한다.

① ✗

범죄피해자 보호법 제19조(구조금을 지급하지 아니할 수 있는 경우) ⑥ 구조피해자 또는 그 유족과 가해자 사이의 관계, 그 밖의 사정을 고려하여 구조금의 전부 또는 일부를 지급하는 것이 사회통념에 위배된다고 인정될 때에는 구조금의 전부 또는 일부를 지급하지 아니할 수 있다.

② ✗ 국가의 주권이 미치지 못하고 국가의 경찰력 등을 행사할 수 없거나 행사하기 어려운 해외에서 발생한 범죄에 대하여는 국가에 그 방지책임이 있다고 보기 어렵다(헌재 2011. 12. 29. 2009헌마354).

④ ✗

범죄피해자 보호법 제31조(소멸시효) 구조금을 받을 권리는 그 구조결정이 해당 신청인에게 송달된 날부터 2년간 행사하지 아니하면 시효로 인하여 소멸된다.

19

정답 ④

④ ✗ 이 사건 시행령조항은 조건 부과 유예 대상자로 '대학원에 재학 중인 사람'과 '부모에게 버림받아 부모를 알 수 없는 사람'을 규정하고 있지 않다. 그런데 국민기초생활 보장법은 조건 부과 유예 대상자에 해당하지 않는다고 하더라도, 수급자의 개인적 사정을 고려하여 근로조건의 제시를 유예할 수 있는 제도를 별도로 두고 있으므로, '대학원에 재학 중인 사람' 또는 '부모에게 버림받아 부모를 알 수 없는 사람'이 조건 제시 유예 사유에 해당하면 자활사업 참여 없이 생계급여를 받을 수 있다. 여기에, 고등교육법과 '법학전문대학원 설치·운영에 관한 법률'이 장학금제도를 규정하고 있는 점, <u>생계급여제도 이외에도 의료급여와 같은 각종 급여제도 등을 통하여서도 인간의 존엄에 상응하는 생활에 필요한 '최소한의 물질적인 생활'을 유지하는 데 도움을 받을 수 있는 점</u> 등을 종합하여 보면, 이 사건 시행령조항은 청구인의 인간다운 생활을 할 권리도 침해하지 않는다(헌재 2017. 11. 30. 2016헌마448).

① ◉ 부부는 민법상 서로 동거하며 부양하고 협조할 의무를 부담하므로, 공무원연금법은 공무원 또는 공무원이었던 자의 사망 당시 그에 의하여 부양되고 있던 배우자를 갑작스러운 소득상실의 위험으로부터 보호해야 할 필요성과 중요성을 인정하여 유족연금수급권자로 규정하고 있다. 또한, 공무원연금법은 법률혼뿐만 아니라 사실혼 배우자도 유족으로 인정하고 있는데, 이는 사실혼 배우자도 법률혼 배우자와 마찬가지로 서로 동거·부양·협조의무가 인정된다는 점을 고려한 것이다. 따라서 심판대상조항이 배우자의 재혼을 유족연금수급권 상실사유로 규정한 것은 배우자가 재혼을 통하여 새로운 부양관계를 형성함으로써 재혼 상대방 배우자를 통한 사적 부양이 가능해짐에 따라 더 이상 사망한 공무원의 유족으로서의 보호의 필요성이나 중요성을 인정하기 어렵다고 보았기 때문이다. 이는 한정된 재원의 범위 내에서 부양의 필요성과 중요성 등을 고려하여 유족들을 보다 효과적으로 보호하기 위한 것이므로, 입법재량의 한계를 벗어나 재혼한 배우자의 인간다운 생활을 할 권리와 재산권을 침해하였다고 볼 수 없다(헌재 2022. 8. 31. 2019헌가31).

② ◉ [1] <u>심판대상조항에서 연금보험료를 낸 기간이, 연금보험료를 낸 기간과 연금보험료를 내지 아니한 기간을 합산한 기간의 3분의 2보다 짧은 경우 유족연금의 지급을 제한한 것이 입법형성의 한계를 벗어나 청구인의 인간다운 생활을 할 권리 및 재산권을 침해한다고 볼 수 없다.</u>
[2] 심판대상조항이 연금보험료 납입비율에 따라 유족연금의 지급 여부를 달리 결정하도록 한 것은 가입기간 내내 성실하게 보험료를 납부한 사람의 유족과 그렇지 않은 자를 달리 취급하기 위한 것이므로, 이를 비합리적인 차별로서 청구인의 평등권을 침해한다고 보기 어렵다(헌재 2020. 5. 27. 2018헌바129).

③ ◉ '시설 급여비용의 구체적인 산정방법 및 항목 등에 관하여 필요한 사항'을 반드시 법률에서 직접 정해야 한다고 보기는 어렵고, 이를 보건복지부령에 위임하였다고 하여 그 자체로 법률유보원칙에 반한다고 볼 수는 없다(헌재 2021. 8. 31. 2019헌바73).

20

정답 ④

④ ◉ 저소득학생 특별전형과 달리 농어촌학생 특별전형은 학생부종합전형으로 실시된다. 저소득학생 특별전형과 농어촌학생 특별전형은 그 목적, 지원자들 특성 등이 동일하지 아니하므로, 전형방법을 반드시 동일하게 정해야 한다고 볼 수 없다. 수능 성적으로 학생을 선발하는 전형방법이 사회통념적 가치기준에 적합한 합리적인 방법인 이상, 대입제도 공정성을 강화하기 위해 수능위주전형 비율을 높이면서 농어촌학생 특별전형과 달리 저소득학생 특별전형에서는 모집인원 전체를 수능위주전형으로 선발한다고 하더라도, 이것이 저소득학생의 응시기회를 불합리하게 박탈하는 것이라고 보기는 어렵다. 결국 이 사건 입시계획은 청구인의 균등하게 교육을 받을 권리를 침해하지 않는다(헌재 2022. 9. 29. 2021헌마929).

① ✗ 검정고시 응시자격을 제한하는 것은, 국민의 교육받을 권리 중 그 의사와 능력에 따라 균등하게 교육받을 것을 국가로부터 방해받지 않을 권리, 즉 자유권적 기본권을 제한하는 것이므로, 그 제한에 대하여는 헌법 제37조 제2항의 비례원칙에 의한 심사, 즉 과잉금지원칙에 따른 심사를 받아야 할 것이다(헌재 2012. 5. 31. 2010헌마139).

② ✗ 고시 공고일을 기준으로 고등학교에서 퇴학된 날로부터 6월이 지나지 아니한 자를 고등학교 졸업학력 검정고시를 받을 수 있는 자의 범위에서 제외하고 있는 고등학교 졸업학력 검정고시 규칙 제10조 제1항(이하 '이 사건 규칙조항'이라 한다)은 교육을 받을 권리를 침해하지 않는다(헌재 2008. 4. 24. 2007헌마1456).

③ ✗ 국가가 일반고의 경쟁력을 강화시키는 정책을 시행함과 동시에 자사고를 후기학교로 정한 것은 국가의 공적인 학교 제도를 보장하여야 할 책무에 의거하여 학교 제도를 형성할 수 있는 광범위한 재량 권한의 범위 내에 있는 것이다(헌재 2019. 4. 11. 2018헌마221).

01 ② 02 ① 03 ② 04 ③ 05 ③ 06 ③ 07 ③ 08 ④ 09 ③ 10 ②
11 ④ 12 ③ 13 ① 14 ③ 15 ④ 16 ③ 17 ① 18 ② 19 ④ 20 ①

01
정답 ②

② ✗ 최저임금 적용을 위한 임금의 시간급 환산 시 법정 주휴시간 수를 포함한 시간 수로 나누어야 하는지에 관하여 종전에 대법원 판례와 고용노동부의 해석이 서로 일치하지 아니하여 근로 현장에서 혼란이 초래되었다. 이 사건 시행령조항은 그와 같은 불일치와 혼란을 해소하기 위한 것으로서, 그 취지와 필요성을 인정할 수 있다. 비교대상 임금에는 주휴수당이 포함되어 있고, 주휴수당은 근로기준법에 따라 주휴시간에 대하여 당연히 지급해야 하는 임금이라는 점을 감안하면, 비교대상 임금을 시간급으로 환산할 때 소정근로시간 수 외에 법정 주휴시간 수까지 포함하여 나누도록 하는 것은 그 합리성을 수긍할 수 있다. 근로기준법이 근로자에게 유급주휴일을 보장하도록 하고 있다는 점을 고려할 때, 소정근로시간 수와 법정 주휴시간 수 모두에 대하여 시간급 최저임금액 이상을 지급하도록 하는 것이 그 자체로 사용자에게 지나치게 가혹하다고 보기는 어렵다. 따라서 이 사건 시행령조항은 과잉금지원칙에 위배되어 사용자의 계약의 자유 및 직업의 자유를 침해한다고 볼 수 없다(헌재 2020. 6. 25. 2019헌마15).

① ○ 매월 1회 이상 정기적으로 지급하는 상여금 등이나 복리후생비는 그 성질이나 실질적 기능 면에서 기본급과 본질적인 차이가 있다고 보기 어려우므로, 기본급과 마찬가지로 이를 최저임금에 산입하는 것은 그 합리성을 수긍할 수 있다(헌재 2021. 12. 23. 2018헌마629).

③ ○ 고용 허가를 받아 국내에 입국한 외국인근로자의 출국만기보험금을 출국 후 14일 이내에 지급하도록 한 '외국인근로자의 고용 등에 관한 법률'(2014. 1. 28. 법률 제12371호로 개정된 것) 제13조 제3항 중 '피보험자등이 출국한 때부터 14일 이내' 부분이 청구인들의 근로의 권리를 침해하는지 여부(소극) 불법체류자는 임금체불이나 폭행 등 각종 범죄에 노출될 위험이 있고, 그 신분의 취약성으로 인해 강제 근로와 같은 인권침해의 우려가 높으며, 행정관청의 관리 감독의 사각지대에 놓이게 됨으로써 안전사고 등 각종 사회적 문제를 일으킬 가능성이 있다. 또한 단순기능직 외국인근로자의 불법체류를 통한 국내 정주는 일반적으로 사회통합 비용을 증가시키고 국내 고용 상황에 부정적 영향을 미칠 수 있다. 따라서 이 사건 출국만기보험금이 근로자의 퇴직 후 생계 보호를 위한 퇴직금의 성격을 가진다고 하더라도 불법체류가 초래하는 여러 가지 문제를 고려할 때 불법체류 방지를 위해 그 지급시기를 출국과 연계시키는 것은 불가피하므로 심판대상조항이 청구인들의 근로의 권리를 침해한다고 보기 어렵다(헌재 2016. 3. 31. 2014헌마367).

④ ○ 가사사용인도 근로자에 해당하지만, 제공하는 근로가 가정이라는 사적 공간에서 이루어지는 특수성이 있다. 그런데 퇴직급여법은 사용자에게 여러 의무를 강제하고 국가가 사용자를 감독하고 위반 시 처벌하도록 규정하고 있다. 가구 내 고용활동에 대하여 다른 사업장과 동일하게 퇴직급여법을 적용할 경우 이용자 및 이용자 가족의 사생활을 침해할 우려가 있음은 물론 국가의 관리 감독이 제대로 이루어지기도 어렵다. 퇴직급여법을 적용할 경우 이용자에게는 퇴직금 또는 퇴직연금 지급을 위한 직접적인 비용 부담 외에도 퇴직급여제도 설정 및 운영과 관련한 노무관리 비용과 인력의 부담도 발생한다. 그런데 가사사용인 이용 가정의 경우 일반적인 사업 또는 사업장과 달리 퇴직급여법이 요구하는 사항들을 준수할만한 여건과 능력을 갖추지 못한 경우가 대부분인 것이 현실이다. 이러한 현실을 무시하고 퇴직급여법을 가사사용인의 경우에도 전면 적용한다면 가사사용인 이용자가 감당하기 어려운 경제적·행정적 부담을 가중시키는 부작용을 초래할 우려가 있다. …… 심판대상조항이 가사사용인을 일반 근로자와 달리 퇴직급여법의 적용범위에서 배제하고 있다 하더라도 합리적 이유가 있는 차별로서 평등원칙에 위배되지 아니한다(헌재 2022. 10. 27. 2019헌바454).

02
정답 ①

① ○ 대학 교원을 교육공무원 아닌 대학 교원과 교육공무원인 대학 교원으로 나누어, 각각의 단결권 침해가 헌법에 위배되는지 여부에 관하여 본다. 먼저, 심판대상조항으로 인하여 교육공무원 아닌 대학 교원들이 향유하지 못하는 단결권은 헌법이 보장하고 있는 근로 3권의 핵심적이고 본질적인 권리이다. 심판대상조항의 입법목적이 재직 중인 초·중등교원에 대하여 교원노조를 인정해 줌으로써 교원노조의 자주성과 주체성을 확보한다는 측면에서는 그 정당성을 인정할 수 있을 것이나, 교원노조를 설립하거나 가입하여 활동할 수 있는 자격을 초·중등교원으로 한정함으로써 교육공무원이 아닌 대학 교원에 대해서는 근로기본권의 핵심인 단결권조차 전면적으로 부정한 측면에 대해서는 그 입법목적의 정당성을 인정하기 어렵고, 수단의 적합성 역시 인정할 수 없다(헌재 2018. 8. 30. 2015헌가38).

② ✗ 타인과의 사용종속관계하에서 근로를 제공하고 그 대가로 임금 등을 받아 생활하는 사람은 노동조합법상 근로자에 해당하고, 노동조합법상의 근로자성이 인정되는 한, 그러한 근로자가 외국인인지 여부나 취업자격의 유무에 따라 노동조합법상 근로자의 범위에 포함되지 아니한다고 볼 수는 없다(대판 2015. 6. 25. 2007두4995 전합).

③ ✗ 근로자가 노동조합을 결성하지 아니할 자유나 노동조합에 가입을 강제당하지 아니할 자유, 그리고 가입한 노동조합을 탈퇴할 자유는 근로자에게 보장된 단결권의 내용에 포섭되는 권리로서가 아니라 헌법 제10조의 행복추구권에서 파생되는 일반적 행동의 자유 또는 제21조 제1항의 결사의 자유에서 그 근거를 찾을 수 있다(헌재 2005. 11. 24. 2002헌바95).

④ ✗ 헌법 제33조 제1항에서는 근로자의 단결권·단체교섭권 및 단체행동권을 보장하고 있는바, 현행 헌법에서 공무원 및 법률이 정하는 주요 방위산업체에 종사하는 근로자와는 달리 특수경비원에 대해서는 단체행동권 등 근로 3권의 제한에 관한 개별적 제한규정을 두고 있지 않다고 하더라도, 헌법 제37조 제2항의 일반유보조항에 따른 기본권제한의 원칙에 의하여 특수경비원의 근로 3권 중 하나인 단체행동권을 제한할 수 있다(헌재 2009. 10. 29. 2007헌마1359).

03
정답 ②

② ✗

> 헌법 제35조 ① 모든 국민은 건강하고 쾌적한 환경에서 생활할 권리를 가지며, 국가와 국민은 환경보전을 위하여 노력하여야 한다.

① ○ 국가가 국민의 건강하고 쾌적한 환경에서 생활할 권리에 대한 보호의무를 다하지 않았는지 여부를 헌법재판소가 심사할 때에는 국가가 이를 보호하기 위하여 적어도 적절하고 효율적인 최소한의 보호조치를 취하였는가 하는 이른바 '과소보호금지원칙'의 위반 여부를 기준으로 삼아야 한다(헌재 2019. 12. 27. 2018헌마730).

③ ○ 환경권을 행사함에 있어 국민은 국가로부터 건강하고 쾌적한 환경을 향유할 수 있는 자유를 침해당하지 않을 권리를 행사할 수 있고, 일정한 경우 국가에 대하여 건강하고 쾌적한 환경에서 생활할 수 있도록 요

구할 수 있는 권리가 인정되기도 하는바, 환경권은 그 자체 종합적 기본권으로서의 성격을 지닌다(헌재 2019. 12. 27. 2018헌마730).

④ ◎ 환경권은 건강하고 쾌적한 생활을 유지하는 조건으로서 양호한 환경을 향유할 권리이고, 생명·신체의 자유를 보호하는 토대를 이루며, 궁극적으로 '삶의 질' 확보를 목표로 하는 권리이다. '건강하고 쾌적한 환경에서 생활할 권리'를 보장하는 환경권의 보호대상이 되는 환경에는 자연환경뿐만 아니라 인공적 환경과 같은 생활환경도 포함되므로, 일상생활에서 소음을 제거·방지하여 정온한 환경에서 생활할 권리는 환경권의 한 내용을 구성한다(헌재 2017. 12. 28. 2016헌마45).

04 정답 ③

③ ◎ 헌법 제36조 제1항은 혼인과 가족을 보호해야 한다는 국가의 일반적 과제를 규정하였을 뿐, 청구인들의 주장과 같이 양육비 채권의 집행권원을 얻었음에도 양육비 채무자가 이를 이행하지 아니하는 경우 그 이행을 용이하게 확보하도록 하는 내용의 구체적이고 명시적인 입법의무를 부여하였다고 볼 수 없다. 기타 인간다운 생활을 할 권리 등을 천명하고 있는 헌법 제34조 제1항, 재산권 보장을 규정하고 있는 헌법 제23조 제1항 등 다른 헌법조항을 살펴보아도 청구인들의 주장과 같은 법률의 입법에 대한 구체적·명시적인 입법위임은 존재하지 아니하다(헌재 2021. 12. 23. 2019헌마168).

① ✖ [1] 이 사건 금혼조항은 근친혼으로 인하여 가까운 혈족 사이의 상호관계 및 역할, 지위와 관련하여 발생할 수 있는 혼란을 방지하고 가족제도의 기능을 유지하기 위한 것으로서 정당한 입법목적 달성을 위한 적합한 수단에 해당한다. 이 사건 금혼조항은, 촌수를 불문하고 부계혈족 간의 혼인을 금지한 구 민법상 동성동본금혼 조항에 대한 헌법재판소의 헌법불합치 결정의 취지를 존중하는 한편, 우리 사회에서 통용되는 친족의 범위 및 양성평등에 기초한 가족관계 형성에 관한 인식과 합의에 기초하여 혼인이 금지되는 근친의 범위를 한정한 것이므로 그 합리성이 인정되며, 입법목적 달성에 불필요하거나 과도한 제한을 가하는 것이라고는 볼 수 없으므로 침해의 최소성에 반한다고 할 수 없다.
[2] 이 사건 무효조항의 입법목적은 근친혼이 가까운 혈족 사이의 신분관계 등에 현저한 혼란을 초래하고 가족제도의 기능을 심각하게 훼손하는 경우에 한정하여 무효로 하더라도 충분히 달성 가능하고, 위와 같은 경우에 해당하는지 여부가 명백하지 않다면 혼인의 취소를 통해 장래를 향하여 혼인을 해소할 수 있도록 규정함으로써 가족의 기능을 보호하는 것이 가능하므로, 이 사건 무효조항은 입법목적 달성에 필요한 범위를 넘는 과도한 제한으로서 침해의 최소성을 충족하지 못한다(헌재 2022. 10. 27. 2018헌바115).

② ✖ 헌법 제36조 제1항이 국가에게 자녀 양육을 지원할 의무를 부과하고 있고, 이 사건 법률조항이 규정하고 있는 육아휴직제도의 헌법적 근거를 위 헌법 조항에서 찾을 수 있다 하더라도, 그것만으로는 개인에게 국가에 대하여 육아휴직제도의 전면적 시행과 같은 적극적 급부를 요구할 수 있는 청구권을 부여하고 있다거나 국가에게 그에 관한 입법의무를 지우고 있다고는 할 수 없다. 즉, 육아휴직신청권은 헌법 제36조 제1항 등으로부터 개인에게 직접 주어지는 헌법적 차원의 권리라고 볼 수는 없고, 입법자가 입법의 목적, 수혜자의 상황, 국가예산, 전체적인 사회보장수준, 국민정서 등 여러 요소를 고려하여 제정하는 입법에 적용요건, 적용대상, 기간 등 구체적인 사항이 규정될 때 비로소 형성되는 법률상의 권리에 불과하다 할 것이다(헌재 2008. 10. 30. 2005헌마1156).

④ ✖ 대한민국 국민으로 태어난 아동은 태어난 즉시 '출생등록될 권리'를 가진다. 이러한 권리는 '법 앞에 인간으로 인정받을 권리'로서 모든 기본권 보장의 전제가 되는 기본권이므로 법률로써도 이를 제한하거나 침해할 수 없다(대결 2020. 6. 8. 2020스575).

05 정답 ③

③ ◎ '대체유류'를 제조하였다고 신고하는 것이 곧 석유사업법위반죄를 시인하는 것이나 마찬가지라고 할 수 없고, 신고의무 이행 시 과세절차가 곧바로 석유사업법위반죄의 처벌을 위한 자료의 수집·획득 절차로 이행되는 것도 아니므로, 교통·에너지·환경세 등의 납부 의무가 발생하고 그 세금을 신고·납부기한 내에 납부하지 아니하는 등의 사유로 심판대상조항에 따라 처벌된다고 하더라도 이를 두고 심판대상조항이 형사상 불리한 진술을 강요하는 것이라고 볼 수 없다. 따라서 심판대상조항은 진술거부권을 제한하지 아니한다(헌재 2017. 7. 27. 2012헌바323).

① ✖ 헌법 제12조 제2항에서 규정하는 진술거부권에 있어서의 진술이란, 형사상 자신에게 불이익이 될 수 있는 진술로서 범죄의 성립과 양형에서의 불리한 사실 등을 말하는 것을 의미한다. 20년도 육군지시 자진신고조항은 민간법원에서 약식명령을 받아 확정된 사실만을 자진신고하도록 하고 있는바, 위 사실 자체는 형사처벌의 대상이 아니고 약식명령의 내용이 된 범죄사실의 진위 여부를 밝힐 것을 요구하는 것도 아니므로, 범죄의 성립과 양형에서의 불리한 사실 등을 말하게 하는 것이라 볼 수 없다. 설령 자진신고로 인해 확정된 약식명령에 대하여, 군사법원법 제2조 제1항 제1호에서 규정한 신분적 재판권 위반을 이유로 형사소송법 제441조에 따른 비상상고 절차가 개시될 수 있다고 하더라도, 원판결이 피고인에게 불이익한 때에만 다시 판결을 하게 되므로(형사소송법 제446조 제1호 참조), 비상상고 절차가 청구인 김○○에게 형사상 불이익하게 작용할 여지는 없다. 따라서 20년도 육군지시 자진신고조항은 어느 모로 보나 형사상 불이익한 진술을 강요한다고 볼 수 없으므로, 진술거부권을 제한하지 아니한다(헌재 2021. 8. 31. 2020헌마12).

② ✖ 피의자신문과정이 위압적으로 진행되는 과정에서 발생할 수 있는 인권 침해의 요소를 방지하기 위하여 진술거부권의 고지, 증거능력의 배제와 같은 규정들이 마련되어 있다(형사소송법 제244조의3, 제309조). 그러나 진술거부권이 규정되어 있다고 하더라도, 피의자가 수사기관에서 신문을 받음에 있어서 진술거부권을 제대로 행사하기 위해서 뿐만 아니라 진술거부권을 행사하지 않고 적극적으로 진술하기 위해서는 변호인이 피의자의 후방에 착석할 것이 아니라 피의자의 옆에 앉아 조력할 필요가 있다(헌재 2017. 11. 30. 2016헌마503).

④ ✖ 제청법원은 심판대상조항이 진술거부권을 침해하고 국제협약에 위반된다고 주장하나, 심판대상조항은 성판매자에게 형사상 불이익한 진술의무를 부과하는 조항이라 볼 수 없으므로 진술거부권을 제한하지 아니하며, 국내법과 동일한 효력을 가지는 국제협약은 위헌심사의 기준이 되지 못한다는 점에서 위 주장은 모두 이유 없다(헌재 2016. 3. 31. 2013헌가2).

06 정답 ③

가. ◎ 이 사건 규칙조항에서 협의이혼의사확인신청을 할 때 부부 쌍방으로 하여금 직접 법원에 출석하여 신청서를 제출하도록 한 것은, 일시적 감정이나 강압에 의한 이혼을 방지하고 협의상 이혼이 그 절차가 시작될 때부터 당사자 본인의 의사로 진지하고 신중하게 이루어지도록 하기 위한 것이므로, 목적의 정당성 및 수단의 적합성이 인정된다. 당사자의 진정한 이혼의사를 확인하기 위하여는 양 당사자로 하여금 이혼의사확인신청서를 직접 제출하도록 하는 것이 보다 확실한 방법이고, 일정한 경우에는 부부 한 쪽만 출석할 수 있도록 예외가 인정되고 있으며, 법원 출석이 곤란하거나 불편한 경우 재판상 이혼 절차를 이용할 수도 있으므로, 침해의 최소성도 인정된다. 한편, 이 사건 규칙조항은 협의상 이혼의 사유 자체를 제한하거나 당사자에게 과도한 부담이 되는 절차를 요구하는 것이 아닌 반면에, 이 사건 규칙조항을 통해 협의상 이혼이 당사자의 자유롭고 진지한 의사에 기하도록 함으로써 달성될 수 있는 공익은 결코 작

지 않으므로, 법익의 균형성도 인정된다. 따라서 이 사건 규칙조항은 과잉금지원칙에 반하여 청구인 노○태의 일반적 행동자유권을 침해하지 않는다(헌재 2016. 6. 30. 2015헌마894).

나. ❌ 심판대상조항은 금융거래정보 유출을 막음으로써 금융거래의 비밀을 보장하기 위하여 명의인의 동의 없이 금융기관에게 금융거래정보를 요구하는 것을 금지하고 그 위반행위에 대하여 형사처벌을 가하는 것이다. 금융거래의 역할이나 중요성에 비추어 볼 때 그 비밀을 보장할 필요성은 인정되나, 금융거래는 금융기관을 매개로 하여서만 가능하므로 금융기관 및 그 종사자에 대하여 정보의 제공 또는 누설에 대하여 형사적 제재를 가하는 것만으로도 금융거래의 비밀은 보장될 수 있다. 심판대상조항은 금융거래정보의 제공요구행위 자체만으로 형사처벌의 대상으로 삼고 있으나, 제공요구행위에 사회적으로 비난받을 행위가 수반되지 않거나, 금융거래의 비밀 보장에 실질적인 위협이 되지 않는 행위도 충분히 있을 수 있고, 명의인의 동의를 받을 수 없는 상황에서 타인의 금융거래정보가 필요하여 금융기관 종사자에게 그 제공을 요구하는 경우가 있을 수 있는 등 금융거래정보 제공요구행위는 구체적인 사안에 따라 죄질과 책임을 달리한다고 할 것임에도, 심판대상조항은 정보제공요구의 사유나 경위, 행위 태양, 요구한 거래정보의 내용 등을 전혀 고려하지 아니하고 일률적으로 금지하고, 그 위반 시 형사처벌을 하도록 하고 있다. 나아가, 금융거래의 비밀보장이 중요한 공익이라는 점은 인정할 수 있으나, 심판대상조항이 정보제공요구를 하게 된 사유나 행위의 태양, 요구한 거래정보의 내용을 고려하지 아니하고 일률적으로 일반 국민들이 거래정보의 제공을 요구하는 것을 금지하고 그 위반 시 형사처벌을 하는 것은 그 공익에 비하여 지나치게 일반 국민의 일반적 행동자유권을 제한하는 것이다. 따라서 심판대상조항은 과잉금지원칙에 반하여 일반적 행동자유권을 침해한다(헌재 2022. 2. 24. 2020헌가5).

다. ❌ 어린이 보호구역에서 제한속도 준수의무 또는 안전운전의무를 위반하여 어린이를 상해에 이르게 한 경우 1년 이상 15년 이하의 징역 또는 500만 원 이상 3천만 원 이하의 벌금에, 사망에 이르게 한 경우 무기 또는 3년 이상의 징역에 처하도록 규정한 '특정범죄 가중처벌 등에 관한 법률' 제5조의13은 과잉금지원칙에 위반되어 청구인들의 일반적 행동자유권을 침해하지 않는다(헌재 2023. 2. 23. 2020헌마460). → 죄형법정주의의 명확성원칙에도 위반되지 않는다고 한 사례

라. ❌ 의료소비자는 헌법 제10조에 의해 보장되는 자기결정권의 한 내용으로 의료행위에 관하여 스스로 결정할 권리가 있다. 이러한 의료소비자의 자기결정권에는 의료행위를 받을 것인지 여부에 관한 것뿐만 아니라 의료행위의 구체적인 내용을 선택할 권리도 포함된다. 따라서 의료소비자는 의료급여제도에 따라 제공되는 급여를 받는 것에 그치지 않고 더 나아가 자신의 비용으로 별도의 의료행위를 선택할 수 있는 결정권을 가진다. …… 한정된 의료재정의 범위 내에서 적정하고 지속적인 의료서비스를 제공하기 위해서는 환자의 의료행위선택권 역시 제한될 수밖에 없으며, 의료재정의 범위 내에서 의료급여 수급권자에 대한 의료의 질을 유지하기 위하여 현행 정액수가제와 같은 정도로 입법목적을 달성하면서 기본권을 덜 제한하는 수단이 명백히 존재한다고 보기 어려우므로, 심판대상조항은 침해의 최소성과 법익의 균형성을 갖추었다. 따라서 심판대상조항은 수급권자인 청구인의 의료행위선택권을 침해하지 아니한다(헌재 2020. 4. 23. 2017헌마103).

07 정답 ③

③ ⭕ 군인연금법상 군 복무기간 산입제도의 목적과 취지, 현역병 등과 사관생도의 신분, 역할, 근무환경 등을 종합적으로 고려하면, 심판대상조항이 사관학교에서의 교육기간을 현역병 등의 복무기간과 달리 연금 산정의 기초가 되는 복무기간으로 산입하도록 규정하지 않은 것이 현저히 자의적인 차별이라고 볼 수 없다(헌재 2022. 6. 30. 2019헌마150).

① ❌ 민간어린이집, 가정어린이집은 인건비 지원을 받지 않지만 만 3세 미만의 영유아를 보육하는 등 일정한 요건을 충족하면 보육교직원 인건비 등에 대한 조사를 바탕으로 산정된 기관보육료를 지원받는다. 보건복지부장관이 민간어린이집, 가정어린이집에 대하여 국공립어린이집 등과 같은 기준으로 인건비 지원을 하는 대신 기관보육료를 지원하는 것은 전체 어린이집 수, 어린이집 이용 아동수를 기준으로 할 때 민간어린이집, 가정어린이집의 비율이 여전히 높고 보육예산이 한정되어 있는 상황에서 이들에 대한 지원을 국공립어린이집 등과 같은 수준으로 당장 확대하기 어렵기 때문이다. 이와 같은 어린이집에 대한 이원적 지원 체계는 기존의 민간어린이집을 공적 보육체계에 포섭하면서도 나머지 민간어린이집은 기관보육료를 지원하여 보육의 공공성을 확대하는 방향으로 단계적 개선을 이루어나가고 있다. 이상을 종합하여 보면, 심판대상조항이 합리적 근거 없이 민간어린이집을 운영하는 청구인을 차별하여 청구인의 평등권을 침해하였다고 볼 수 없다(헌재 2022. 2. 24. 2020헌마177).

② ❌ 국립묘지 안장 대상자의 사망 당시의 배우자가 재혼한 경우에는 국립묘지에 안장된 안장 대상자와 합장할 수 없도록 한 것은 평등원칙에 위배되지 않는다(헌재 2022. 11. 24. 2020헌바463).

④ ❌ 현역병 또는 지원하지 아니하고 임용된 부사관, 방위소집·상근예비역소집 또는 보충역소집으로 복무하여 병역의무를 이행한 사람(이하 '현역병 등'이라 한다)은 사립학교 교직원에 임용된 경우 심판대상조항에 따라 그 복무기간을 사립학교 교직원 재직기간에 산입할 수 있는 반면, 공중보건의사로 복무한 사람은 사립학교 교직원으로 임용되더라도 그 복무기간을 재직기간에 산입할 수 없다. 또한, 공중보건의사는 군의관과 달리 군인연금법도 적용되지 않고, 1991년 개정 농어촌의료법이 시행된 1992. 6. 1.부터 전문직공무원의 지위를 인정받음에 따라, 그 시행 이전에 공중보건의사로 복무한 사람은 그 복무기간을 재직기간에 합산할 수도 없다. 구 병역법 등의 규정에 의하면 의사·치과의사 등의 자격이 있는 사람이 병적에 편입되어 공중보건의사와 군의관 중 어떠한 형태로 복무할 것인지는 본인의 의사가 아니라 국방부장관에 의하여 결정되는 점, 군의관과 공중보건의사는 모두 병역의무 이행의 일환으로 의료분야의 역무를 수행한 점, 공중보건의사는 접적지역, 도서, 벽지 등 의료취약지역에서 복무하면서 그 지역 안에서 거주하여야 하고 그 복무에 관하여 국가의 강력한 통제를 받았던 점 등을 종합하면, 1991년 개정 농어촌의료법 시행 전에 공중보건의사로 복무하였던 사람이 사립학교 교직원으로 임용되었을 경우 현역병 등과 달리 공중보건의사 복무기간을 재직기간에 반영하도록 규정하지 아니한 것은 차별취급에 합리적인 이유가 없다. 따라서 심판대상조항은 평등원칙에 위배된다(헌재 2016. 2. 25. 2015헌가15).

08 정답 ④

④ ❌ 금융회사 등의 업무는 국가경제와 국민생활에 중대한 영향을 미치므로 금융회사 등 임직원의 직무 집행의 투명성과 공정성을 확보하는 것은 매우 중요하고, 이러한 필요성에 있어서는 임원과 직원 사이에 차이가 없다. 그리고 금융회사 등 임직원이 금품 등을 수수, 요구, 약속하였다는 사실만으로 직무의 불가매수성은 심각하게 손상되고, 비록 그 시점에는 부정행위가 없었다고 할지라도 장차 실제 부정행위로 이어질 가능성도 배제할 수 없다. 따라서 부정한 청탁이 있었는지 또는 실제 배임행위로 나아갔는지를 묻지 않고 금품 등을 수수·요구 또는 약속하는 행위를 처벌하고 있는 수재행위처벌조항은 책임과 형벌 간의 비례원칙에 위배되지 아니한다(헌재 2020. 3. 26. 2017헌바129).

① ⭕ 음주운항 전력이 있는 사람이 다시 음주운항을 한 경우 2년 이상 5년 이하의 징역이나 2천만 원 이상 3천만 원 이하의 벌금에 처하도록 규정한 해사안전법 제104조의2 제2항 중 '제41조 제1항을 위반하여 2회 이

상 술에 취한 상태에서 선박의 조타기를 조작한 운항자'에 관한 부분은 책임과 형벌 간의 비례원칙에 위반된다(헌재 2022. 8. 31. 2022헌가10).

② ◎ 예비군대원 본인과 세대를 같이 하는 가족 중 성년자라면 특별한 사정이 없는 한 소집통지서를 본인에게 전달함으로써 훈련불참으로 인한 불이익을 받지 않도록 각별히 신경을 쓸 것임이 충분히 예상되고, 설령 그들이 소집통지서를 전달하지 아니하여 행정절차적 협력의무를 위반한다고 하여도 과태료 등의 행정적 제재를 부과하는 것만으로도 그 목적의 달성이 충분히 가능하다고 할 것임에도 불구하고, 심판대상조항은 훨씬 더 중한 형사처벌을 하고 있어 그 자체만으로도 형벌의 보충성에 반하고, 책임에 비하여 처벌이 지나치게 과도하여 비례원칙에도 위반된다고 할 것이다(헌재 2022. 5. 26. 2019헌가12).

③ ◎ 주거침입강제추행죄 및 주거침입준강제추행죄에 대하여 무기징역 또는 7년 이상의 징역에 처하도록 한 심판대상조항은 그 법정형이 형벌 본래의 목적과 기능을 달성함에 있어 필요한 정도를 일탈하였고, 각 행위의 개별성에 맞추어 그 책임에 알맞은 형을 선고할 수 없을 정도로 과중하므로, 책임과 형벌 간의 비례원칙에 위배된다(헌재 2023. 2. 23. 2021헌가9).

09   정답 ③

③ ◎ 성범죄의 재범을 억제하고 수사의 효율성을 제고하기 위하여, 법무부장관이 등록대상자의 재범 위험성이 상존하는 20년 동안 그의 신상정보를 보존·관리하는 것은 정당한 목적을 위한 적합한 수단이다. 그런데 재범의 위험성은 등록대상 성범죄의 종류, 등록대상자의 특성에 따라 다르게 나타날 수 있고, 입법자는 이에 따라 등록기간을 차등화함으로써 등록대상자의 개인정보자기결정권에 대한 제한을 최소화하는 것이 바람직함에도, 이 사건 관리조항은 모든 등록대상 성범죄자에 대하여 일률적으로 20년의 등록기간을 적용하고 있으며, 이 사건 관리조항에 따라 등록기간이 정해지고 나면, 등록의무를 면하거나 등록기간을 단축하기 위해 심사를 받을 수 있는 여지도 없으므로 지나치게 가혹하다. 그리고 이 사건 관리조항이 추구하는 공익이 중요하더라도, 모든 등록대상자에게 20년 동안 신상정보를 등록하게 하고 위 기간 동안 각종 의무를 부과하는 것은 비교적 경미한 등록대상 성범죄를 저지르고 재범의 위험성도 많지 않은 자들에 대해서는 달성되는 공익과 침해되는 사익 사이의 불균형이 발생할 수 있으므로 이 사건 관리조항은 개인정보자기결정권을 침해한다(헌재 2015. 7. 30. 2014헌마340).

① ✖ 성범죄자의 재범을 억제하고 재범 발생시 수사의 효율성을 제고하기 위하여, 일정한 성범죄를 저지른 자로부터 신상정보를 제출받아 보존·관리하는 것은 정당한 목적을 위한 적합한 수단이다. 그러나, 모든 성범죄자가 신상정보 등록대상이 되어서는 안 되고, 신상정보 등록제도의 입법목적에 필요한 범위 내로 제한되어야 한다. <u>통신매체이용음란죄의 구성요건에 해당하는 행위 태양은 행위자의 범의·범행 동기·행위 상대방·행위 횟수 및 방법 등에 따라 매우 다양한 유형이 존재하고, 개별 행위유형에 따라 재범의 위험성 및 신상정보 등록 필요성은 현저히 다르다. 그런데 심판대상조항은 통신매체이용음란죄로 유죄판결이 확정된 사람은 누구나 법관의 판단 등 별도의 절차 없이 필요적으로 신상정보 등록대상자가 되도록 하고 있고, 등록된 이후에는 그 결과를 다툴 방법도 없다.</u> 그렇다면 심판대상조항은 통신매체이용음란죄의 죄질 및 재범의 위험성에 따라 등록대상을 축소하거나, 유죄판결 확정과 별도로 신상정보 등록 여부에 관하여 법관의 판단을 받도록 하는 절차를 두는 등 기본권 침해를 줄일 수 있는 다른 수단을 채택하지 않았다는 점에서 침해의 최소성 원칙에 위배된다. 또한, 심판대상조항으로 인하여 비교적 불법성이 경미한 통신매체이용음란죄를 저지르고 재범의 위험성이 인정되지 않는 이들에 대하여는 달성되는 공익과 침해되는 사익 사이에 불균형이 발생할 수 있다는 점에서 법익의 균형성도 인정하기 어렵다(헌재 2016. 3. 31. 2015헌마688).

② ✖ 공중밀집장소추행죄로 유죄판결이 확정된 자를 신상정보 등록대상자로 규정한 조항은 청구인의 개인정보자기결정권을 침해하지 않는다(헌재 2020. 6. 25. 2019헌마699).

④ ✖ 신상정보 등록대상자로 하여금 관할경찰관서의 장에게 신상정보를 제출하도록 하고 신상정보가 변경될 경우 그 사유와 변경내용을 제출하도록 하는 성폭력처벌법 제43조 제1항 본문, 제3항이 개인정보자기결정권을 침해하는지 여부(소극) (헌재 2019. 11. 28. 2017헌마399)

10   정답 ②

② ◎ 이 사건 대가수수 광고금지규정이 아니더라도 그 입법목적은 다른 규정들에 의하여 충분히 달성될 수 있다. 즉, 변호사법 제23조 제2항의 각 호와 이 사건 규정 제4조, 제5조 등에서 이미 변호사 업무 광고의 내용상, 방법상의 제한을 설정하고 있고, 표시·광고의 공정화에 관한 법률은 거짓·과장의 표시·광고, 기만이거나 부당하게 비교하는 표시·광고를 금지하며(제3조), 소비자기본법은 소비자가 오해할 우려가 있는 특정 용어 또는 특정표현의 사용을 제한할 필요가 있는 경우 국가가 광고의 내용 및 방법에 관한 기준을 정할 수 있도록 하고 있다(제11조 제2호). 이러한 법규들에 의하여 이 사건 대가수수 광고금지규정이 규제하고자 하는 부당한 광고를 통제할 수 있다. 따라서 공정한 수임질서를 해치거나 소비자에게 피해를 줄 수 있는 내용의 광고를 제한하는 등 기본권을 덜 제한하는 완화된 수단에 의해서도 입법목적을 같은 정도로 달성할 수 있으므로, 이 사건 대가수수 광고금지규정에서 경제적 대가를 지급하고 변호사들을 광고·홍보·소개하는 행위를 포괄적으로 금지하는 것은 침해의 최소성 요건을 충족하지 못하였다. …… 이 사건 대가수수 광고금지규정으로 인하여 청구인 변호사들은 광고업자에게 유상으로 광고를 의뢰하는 것이 사실상 금지되어 표현의 자유, 직업의 자유에 중대한 제한을 받게 되고, 청구인 회사로서도 변호사들로부터 광고를 수주하지 못하게 되어 영업에 중대한 제한을 받게 된다. 따라서 위 규정은 법익의 균형성도 갖추지 못하였다. 그러므로 이 사건 대가수수 광고금지규정은 과잉금지원칙을 위반하여 청구인들의 표현의 자유, 직업의 자유를 침해한다(헌재 2022. 5. 26. 2021헌마619).

① ✖ 공직선거법 및 관련 법령이 구체적으로 '인터넷언론사'의 범위를 정하고 있고, 중앙선거관리위원회가 설치·운영하는 인터넷선거보도심의위원회가 심의대상인 인터넷언론사를 결정하여 공개하는 점 등을 종합하면 '인터넷언론사'는 불명확하다고 볼 수 없으며, '지지·반대'의 사전적 의미와 심판대상조항의 입법목적, 공직선거법 관련 조항의 규율내용을 종합하면, 건전한 상식과 통상적인 법 감정을 가진 사람이면 자신의 글이 정당·후보자에 대한 '지지·반대'의 정보를 게시하는 행위인지 충분히 알 수 있으므로, 실명확인 조항 중 "인터넷언론사" 및 "지지·반대" 부분은 명확성원칙에 반하지 않는다(헌재 2021. 1. 28. 2018헌마456).

③ ✖ 게시판의 활용이 공공기관등을 상대방으로 한 익명표현의 유일한 방법은 아닌 점, 공공기관등에 게시판을 설치·운영할 일반적인 법률상 의무가 존재한다고 보기 어려운 점, 심판대상조항은 공공기관등이 설치·운영하는 게시판이라는 한정적 공간에 적용되는 점 등에 비추어 볼 때 공공기관등이 게시판을 설치·운영하려면 그 게시판 이용자의 본인확인을 위한 방법 및 절차의 마련 등 대통령령으로 정하는 필요한 조치를 하도록 정한 심판대상조항으로 인한 기본권 제한의 정도가 크지 않다. 그에 반해 공공기관등이 설치·운영하는 게시판에 언어폭력, 명예훼손, 불법정보의 유통이 이루어지는 것을 방지함으로써 얻게 되는 건전한 인터넷 문화 조성이라는 공익은 중요하다. 따라서 심판대상조항은 청구인의 익명표현의 자유를 침해하지 않는다(헌재 2022. 12. 22. 2019헌마654).

④ ❌ 이 사건 시기제한조항은 선거일 전 90일부터 선거일까지 후보자 명의의 칼럼 등을 게재하는 인터넷 선거보도가 불공정하다고 볼 수 있는지에 대해 구체적으로 판단하지 않고 이를 불공정한 선거보도로 간주하여 선거의 공정성을 해치지 않는 보도까지 광범위하게 제한한다. 공직선거법상 인터넷 선거보도 심의의 대상이 되는 인터넷언론사의 개념은 매우 광범위한데, 이 사건 시기제한조항이 정하고 있는 일률적인 규제와 결합될 경우 이로 인해 발생할 수 있는 표현의 자유 제한이 작다고 할 수 없다. 인터넷언론의 특성과 그에 따른 언론시장에서의 영향력 확대에 비추어 볼 때, 인터넷언론에 대하여는 자율성을 최대한 보장하고 언론의 자유에 대한 제한을 최소화하는 것이 바람직하고, 계속 변화하는 이 분야에서 규제 수단 또한 헌법의 틀 안에서 다채롭고 새롭게 강구되어야 한다. 이 사건 시기제한조항의 입법목적을 달성할 수 있는 덜 제약적인 다른 방법들이 이 사건 심의기준 규정과 공직선거법에 이미 충분히 존재한다. 따라서 이 사건 시기제한조항은 과잉금지원칙에 반하여 청구인의 표현의 자유를 침해한다(헌재 2019. 11. 28. 2016헌마90). → 법률유보원칙에 반하여 청구인의 표현의 자유를 침해하는 것은 아니라고 한 사례

11
정답 ④

④ ❌ 이 사건 제2호 부분은 법관의 직무상 독립을 보호하여 사법작용의 공정성과 독립성을 확보하기 위한 것으로 입법목적의 정당성은 인정되나, 국가의 사법권한 역시 국민의 의사에 정당성의 기초를 두고 행사되어야 한다는 점과 재판에 대한 정당한 비판은 오히려 사법작용의 공정성 제고에 기여할 수도 있는 점을 고려하면 사법의 독립성을 확보하기 위한 적합한 수단이라 보기 어렵다. 또한 구 집시법의 옥외집회·시위에 관한 일반규정 및 형법에 의한 규제 및 처벌에 의하여 사법의 독립성을 확보할 수 있음에도 불구하고, 이 사건 제2호 부분은 재판에 영향을 미칠 염려가 있거나 미치게 하기 위한 집회·시위를 사전적·전면적으로 금지하고 있을 뿐 아니라, 어떠한 집회·시위가 규제대상에 해당하는지를 판단할 수 있는 아무런 기준도 제시하지 아니함으로써 사실상 재판과 관련된 집단적 의견표명 일체가 불가능하게 되어 집회의 자유를 실질적으로 박탈하는 결과를 초래하므로 최소침해성 원칙에 반한다. 더욱이 이 사건 제2호 부분으로 인하여 달성하고자 하는 공익 실현 효과는 가정적이고 추상적인 반면, 이 사건 제2호 부분으로 인하여 침해되는 집회의 자유에 대한 제한 정도는 중대하므로 법익균형성도 상실하였다. 따라서 이 사건 제2호 부분은 과잉금지원칙에 위배되어 집회의 자유를 침해한다(헌재 2016. 9. 29. 2014헌가3).

① ⭕ 개별적인 경우에 구체적인 위험 상황이 발생하였는지를 고려하지 않고, 막연히 폭력·불법적이거나 돌발적인 상황이 발생할 위험이 있다는 가정만을 근거로 하여 대통령 관저 인근이라는 특정한 장소에서 열리는 모든 집회를 금지하는 것은 헌법적으로 정당화되기 어렵다(헌재 2022. 12. 22. 2018헌바48).

② ⭕ 심판대상조항은 미신고 시위를 처음부터 금지하거나 참가 자체를 처벌하는 것이 아니고, 다만 그 시위로 인하여 타인의 법익이나 공공의 안녕질서에 식접적이고 명백한 위험이 발생한 경우에 해산명령을 발할 수 있도록 하고, 이에 응하지 아니하는 행위에 대하여 처벌하는 조항이다. 그렇다면 심판대상조항이 달성하려는 공공의 안녕질서 유지 및 회복이라는 공익과 심판대상조항으로 인하여 제한되는 청구인의 기본권 사이의 균형을 상실하였다고 보기 어렵다(헌재 2016. 9. 29. 2014헌바492).

③ ⭕ 신고범위를 뚜렷이 벗어난 집회·시위에 대한 해산명령에 불응하는 자를 처벌하도록 규정한 '집회 및 시위에 관한 법률'(2007. 5. 11. 법률 제8424호로 전부개정된 것, 이하 '집시법'이라 한다) 제24조 제5호 중 '제20조 제2항' 가운데 '제16조 제4항 제3호에 해당하는 행위로 질서를 유지할 수 없는 집회 또는 시위'에 관한 부분이 집회의 자유를 침해하는지 여부(소극) (헌재 2016. 9. 29. 2015헌바309)

12
정답 ③

가. ❌ 일반적으로 양심적 병역거부는 병역의무가 인정되는 징병제 국가에서 종교적·윤리적·철학적 또는 이와 유사한 동기로부터 형성된 양심상의 결정을 이유로 병역의무의 이행을 거부하는 행위를 가리킨다. 그런데 일상생활에서 '양심적' 병역거부라는 말은 병역거부가 '양심적', 즉 도덕적이고 정당하다는 것을 가리킴으로써, 그 반면으로 병역의무를 이행하는 사람은 '비양심적'이거나 '비도덕적'인 사람으로 치부하게 될 여지가 있다. 하지만 앞에서 살펴 본 양심의 의미에 따를 때, '양심적' 병역거부는 실상 당사자의 '양심에 따른' 혹은 '양심을 이유로 한' 병역거부를 가리키는 것일 뿐이지 병역거부가 '도덕적이고 정당하다'는 의미는 아닌 것이다(헌재 2018. 6. 28. 2011헌바379).

나. ❌ 헌법 제19조는 "모든 국민은 양심의 자유를 가진다."라고 하여 양심의 자유를 기본권의 하나로 보장하고 있다. 여기에서의 양심은 옳고 그른 것에 대한 판단을 추구하는 가치적·도덕적 마음가짐으로, 개인의 소신에 따른 다양성이 보장되어야 하고 그 형성과 변경에 외부적 개입과 억압에 의한 강요가 있어서는 아니 되는 인간의 윤리적 내심영역이다. 보호되어야 할 양심에는 세계관·인생관·주의·신조 등은 물론, 이에 이르지 아니하여도 보다 널리 개인의 인격형성에 관계되는 내심에 있어서의 가치적·윤리적 판단도 포함될 수 있다. 그러나 단순한 사실관계의 확인과 같이 가치적·윤리적 판단이 개입될 여지가 없는 경우는 물론, 법률해석에 관하여 여러 견해가 갈리는 경우처럼 다소의 가치관련성을 가진다고 하더라도 개인의 인격형성과는 관계가 없는 사사로운 사유나 의견 등은 그 보호대상이 아니라고 할 것이다(헌재 2002. 1. 31. 2001헌바43).

다. ❌ '양심의 자유'가 보장하고자 하는 '양심'은 민주적 다수의 사고나 가치관과 일치하는 것이 아니라, 개인적 현상으로서 지극히 주관적인 것이다. 양심은 그 대상이나 내용 또는 동기에 의하여 판단될 수 없으며, 특히 양심상의 결정이 이성적·합리적인가, 타당한가 또는 법질서나 사회규범, 도덕률과 일치하는가 하는 관점은 양심의 존재를 판단하는 기준이 될 수 없다(헌재 2004. 8. 26. 2002헌가1).

라. ⭕ 이 사건 법령조항은 근로소득자들의 연말정산 간소화라는 공익을 달성하기 위하여 그에 필요한 의료비내역을 국세청장에게 제출하도록 하는 것으로서, 그 목적의 정당성과 수단의 적절성이 인정된다. 또 이 사건 법령조항에 의하여 국세청장에게 제출되는 내용은, 환자의 민감한 정보가 아니고, 과세관청이 소득세 공제액을 산정하기 위한 필요최소한의 내용이며, 이 사건 법령조항으로 얻게 되는 납세자의 편의와 사회적 제비용의 절감을 위한 연말정산 간소화라는 공익이 이로 인하여 제한되는 의사들의 양심실현의 자유에 비하여 결코 적다고 할 수 없으므로, 이 사건 법령조항은 피해의 최소성 원칙과 법익의 균형성도 충족하고 있다. 따라서 이 사건 법령조항은 헌법에 위반되지 아니한다(헌재 2008. 10. 30. 2006헌마1401).

마. ❌ 병역종류조항은, 병역부담의 형평을 기하고 병역자원을 효과적으로 확보하여 효율적으로 배분함으로써 국가안보를 실현하고자 하는 것이므로 정당한 입법목적을 달성하기 위한 적합한 수단이다. 병역종류조항이 규정하고 있는 병역들은 모두 군사훈련을 받는 것을 전제하고 있으므로, 양심적 병역거부자에게 그러한 병역을 부과할 경우 그들의 양심과 충돌을 일으키는데, 이에 대한 대안으로 대체복무제가 논의되어 왔다. 양심적 병역거부자의 수는 병역자원의 감소를 논할 정도가 아니고, 이들을 처벌한다고 하더라도 교도소에 수감할 수 있을 뿐 병역자원으로 활용할 수는 없으므로, 대체복무제를 도입하더라도 우리나라의 국방력에 의미 있는 수준의 영향을 미친다고 보기는 어렵다. 국가가 관리하는 객관적이고 공정한 사전심사절차와 엄격한 사후관리절차를 갖추고, 현역복무와 대체복무 사이에 복무의 난이도나 기간과 관련하여 형평성을 확보해 현역복무를 회피할 요인을 제거한다면, 심사의 곤란성과 양심을

빙자한 병역기피자의 증가 문제를 해결할 수 있으므로, 대체복무제를 도입하면서도 병역의무의 형평을 유지하는 것은 충분히 가능하다. 따라서 대체복무제라는 대안이 있음에도 불구하고 군사훈련을 수반하는 병역의무만을 규정한 병역종류조항은, 침해의 최소성 원칙에 어긋난다(헌재 2018. 6. 28. 2011헌바379).

바. ◯ 양심의 자유는 내심에서 우러나오는 윤리적 확신과 이에 반하는 외부적 법질서의 요구가 서로 회피할 수 없는 상태로 충돌할 때에만 침해될 수 있다. 그러므로 당해 실정법이 특정의 행위를 금지하거나 명령하는 것이 아니라 단지 특별한 혜택을 부여하거나 권고 내지 허용하고 있는 데에 불과하다면, 수범자는 수혜를 스스로 포기하거나 권고를 거부함으로써 법질서와 충돌하지 아니한 채 자신의 양심을 유지, 보존할 수 있으므로 양심의 자유에 대한 침해가 된다 할 수 없다(헌재 2002. 4. 25. 98헌마425).

13   정답 ①

① ✗ 어린이집 원장 또는 보육교사는 6세 미만의 취학 전 아동인 영유아와 상시적으로 접촉하면서 긴밀한 생활관계를 형성하므로, 이들에 의한 아동학대관련범죄는 영유아의 신체·정서 발달에 치명적 영향을 미칠 수 있다. 어린이집의 안전성에 대한 사회적 신뢰를 지키고 영유아의 완전하고 조화로운 인격 발달을 도모하기 위해서는, 아동학대관련범죄로 처벌받은 어린이집 원장 또는 보육교사의 자격을 취소하여 보육현장에서 배제할 필요성이 크다. 심판대상조항은 행정청에 자격취소에 관한 재량을 부여하는 임의적 규정이고, 재량권 행사의 당부를 법원에서 사후적으로 판단받을 수도 있다. 심판대상조항으로 실현하고자 하는 공익은 영유아를 건강하고 안전하게 보육하는 것으로서, 이로 인하여 어린이집 원장 또는 보육교사 자격을 취득하였던 사람이 그 자격을 취소당한 결과 일정 기간 어린이집에 근무하지 못하는 제한을 받더라도, 그 제한의 정도가 위 공익에 비하여 더 중대하다고 할 수 없다. 따라서 심판대상조항은 과잉금지원칙에 반하여 직업선택의 자유를 침해하지 아니한다(헌재 2023. 5. 25. 2021헌바234).

② ◯ 심판대상조항이 부정 취득한 운전면허를 필요적으로 취소하도록 한 것은 과잉금지원칙에 위반되지 아니하나, 부정 취득하지 않은 운전면허까지 필요적으로 취소하도록 한 것은 과잉금지원칙에 위반되어 직업의 자유를 침해한다(헌재 2020. 6. 25. 2019헌가9).

③ ◯ 수상레저안전법상 조종면허를 받은 사람이 동력수상레저기구를 이용하여 범죄행위를 하는 경우에 조종면허를 필요적으로 취소하도록 한 것은 직업의 자유 내지 일반적 행동의 자유를 침해한다(헌재 2015. 7. 30. 2014헌가13).

④ ◯ 시설경비을 허가받은 경비업자로 하여금 허가받은 경비업무 외의 업무에 경비원을 종사하게 하는 것을 금지하고, 이를 위반한 경비업자에 대한 허가를 취소하도록 한 것은 시설경비을 수행하는 경비업자의 직업의 자유를 침해한다(헌재 2023. 3. 23. 2020헌가19).

14   정답 ④

④ ◯ 이 사건 국가항공보안계획은, 이미 출국 수속 과정에서 일반적인 보안검색을 마친 승객을 상대로, 촉수검색(patdown)과 같은 추가적인 보안 검색 실시를 예정하고 있으므로 이로 인한 인격권 및 신체의 자유 침해 여부가 문제된다. 이 사건 국가항공보안계획은 민간항공 보안에 관한 국제협약의 준수 및 항공기 안전과 보안을 위한 것으로 입법목적의 정당성 및 수단의 적합성이 인정되고, 항공운송사업자가 다른 체약국의 추가 보안검색 요구에 응하지 않을 경우 항공기의 취항 자체가 거부될 수 있으므로 이 사건 국가항공보안계획에 따른 추가 보안검색 실시는 불가피하며, 관련 법령에서 보안검색의 구체적 기준 및 방법 등을 마련하여 기본권 침해를 최소화하고 있으므로 침해의 최소성도 인정된다. 또한 국내외적으로 항공기 안전사고와 테러 위협이 커지는 상황에서, 민간항공의 보안 확보라는 공익은 매우 중대한 반면, 추가 보안검색 실시로 인해 승객의 기본권이 제한되는 정도는 그리 크지 아니하므로 법익의 균형성도 인정된다. 따라서 이 사건 국제항공보안계획은 헌법상 과잉금지원칙에 위반되지 않으므로, 청구인의 기본권을 침해하지 아니한다(헌재 2018. 2. 22. 2016헌마780).

① ✗ 서면사과 조치는 단순히 의사에 반한 사과명령의 강제나 강요가 아니라, 학교폭력 이후 피해학생의 피해회복과 정상적인 교우관계회복을 위한 특별한 교육적 조치로 볼 수 있다. 가해학생은 서면사과를 통해 자신의 잘못된 행위에 대하여 책임을 지는 방법과 피해학생의 피해를 회복하는 방법을 배우고, 이를 통해 건전한 사회구성원으로 성장해나갈 수 있다. 서면사과 조치는 내용에 대한 강제 없이 자신의 행동에 대한 반성과 사과의 기회를 제공하는 교육적 조치로 마련된 것이고, 가해학생에게 의견진술 등 적정한 절차적 기회를 제공한 뒤에 학교폭력 사실이 인정되는 것을 전제로 내려지는 조치이며, 이를 불이행하더라도 추가적인 조치나 불이익이 없다. 또한 이러한 서면사과의 교육적 효과는 가해학생에 대한 주의나 경고 또는 권고적인 조치만으로는 달성하기 어렵다. 따라서 이 사건 서면사과조항이 가해학생의 양심의 자유와 인격권을 과도하게 침해한다고 보기 어렵다(헌재 2023. 2. 23. 2019헌바93).

② ✗ 지역사회에는 소득이 부족하거나 가구형태가 돌봄에 적합하지 않은 등 다양한 형태로 돌봄에 취약한 환경에 놓여있는 아동들이 있으며, 이들에게 지역아동센터의 돌봄서비스가 우선적으로 제공되도록 한정된 예산과 자원을 적절히 배분하고자 하는 공익은 결코 가볍지 않다. 반면, 이 사건 이용아동규정에 따라 청구인 운영자들이 받는 제약은, 신고정원을 축소하거나 제한하는 것이 아니라 돌봄취약아동의 우선적 이용을 보장하는 것일 뿐이다. 이용아동 구성이 달라진다고 하여 청구인 운영자들의 지역아동센터 운영에 어떠한 본질적인 차이를 가져온다고 보기 어렵고, 청구인 운영자들은 국가의 재정적 지원에 상응하는 공익적 의무를 부담할 수 있다는 것을 충분히 예견할 수 있다. 따라서 이 사건 이용아동규정이 청구인 운영자들의 직업수행의 자유를 중대하게 제한하고 있다고 할 수 없다. 이 사건 이용아동규정의 취지는 지역아동센터 이용에 있어서 돌봄취약아동과 일반아동을 분리하려는 것이 아니라 돌봄취약아동에게 우선권을 부여하려는 것이다. 돌봄취약아동이 일반아동과 함께 초·중등학교를 다니고 방과 후에도 다른 돌봄기관을 이용할 선택권이 보장되고 있는 이상, 설령 이 사건 이용아동규정에 따라 돌봄취약아동이 일반아동과 교류할 기회가 다소 제한된다고 하더라도 그것만으로 청구인 아동들의 인격 형성에 중대한 영향을 미친다고 보기는 어렵다. 이 사건 이용아동규정은 과잉금지원칙에 위반하여 청구인 운영자들의 직업수행의 자유 및 청구인 아동들의 인격권을 침해하지 않는다(헌재 2022. 1. 27. 2019헌마583).

③ ✗ 사람은 자신의 의사에 반하여 얼굴을 비롯하여 일반적으로 특정인임을 식별할 수 있는 신체적 특징에 관하여 함부로 촬영당하지 아니할 권리를 가지고 있으므로, 촬영허용행위는 헌법 제10조로부터 도출되는 초상권을 포함한 일반적 인격권을 제한한다고 할 것이다. 원칙적으로 '범죄사실' 자체가 아닌 그 범죄를 저지른 자에 관한 부분은 일반 국민에게 널리 알려야 할 공공성을 지닌다고 할 수 없고, 이에 대한 예외는 공개수배의 필요성이 있는 경우 등에 극히 제한적으로 인정될 수 있을 뿐이다. 피청구인은 기자들에게 청구인이 경찰서 내에서 수갑을 차고 얼굴을 드러낸 상태에서 조사받는 모습을 촬영할 수 있도록 허용하였는데, 청구인에 대한 이러한 수사 장면을 공개 및 촬영하게 할 어떠한 공익 목적도 인정하기 어려우므로 촬영허용행위는 목적의 정당성이 인정되지 아니한다. 피의자의 얼굴을 공개하더라도 그로 인한 피해의 심각성을 고려하

여 모자, 마스크 등으로 피의자의 얼굴을 가리는 등 피의자의 신원이 노출되지 않도록 침해를 최소화하기 위한 조치를 취하여야 하는데, 피청구인은 그러한 조치를 전혀 취하지 아니하였으므로 침해의 최소성 원칙도 충족하였다고 볼 수 없다. 또한 촬영허용행위는 언론 보도를 보다 실감나게 하기 위한 목적 외에 어떠한 공익도 인정할 수 없는 반면, 청구인은 피의자로서 얼굴이 공개되어 초상권을 비롯한 인격권에 대한 중대한 제한을 받았고, 촬영한 것이 언론에 보도될 경우 범인으로서의 낙인 효과와 그 파급효는 매우 가혹하여 법익균형성도 인정되지 아니하므로, 촬영허용행위는 과잉금지원칙에 위반되어 청구인의 인격권을 침해하였다(헌재 2014. 3. 27. 2012헌마652).

15 정답 ④

④ ✗ [1] 헌법 제12조 제4항 본문의 문언 및 헌법 제12조의 조문 체계, 변호인 조력권의 속성, 헌법이 신체의 자유를 보장하는 취지를 종합하여 보면 헌법 제12조 제4항 본문에 규정된 "구속"은 사법절차에서 이루어진 구속뿐 아니라, 행정절차에서 이루어진 구속까지 포함하는 개념이다. 따라서 헌법 제12조 제4항 본문에 규정된 변호인의 조력을 받을 권리는 행정절차에서 구속을 당한 사람에게도 즉시 보장된다. 종래 이와 견해를 달리하여 헌법 제12조 제4항 본문에 규정된 변호인의 조력을 받을 권리는 형사절차에서 피의자 또는 피고인의 방어권을 보장하기 위한 것으로서 출입국관리법상 보호 또는 강제퇴거의 절차에도 적용된다고 보기 어렵다고 판시한 우리 재판소 결정은, 이 결정 취지와 저촉되는 범위 안에서 변경한다.
[2] 인천국제공항 송환대기실은 출입문이 철문으로 되어 있는 폐쇄된 공간이고, 인천국제공항 항공사운영협의회에 의해 출입이 통제되기 때문에 청구인은 송환대기실 밖 환승구역으로 나갈 수 없었으며, 공중전화 외에는 외부와의 소통 수단이 없었다. 청구인은 이 사건 변호인 접견신청 거부 당시 약 5개월 째 송환대기실에 수용되어 있었고, 적어도 난민인정심사불회부결정 취소소송이 종료될 때까지는 임의로 송환대기실 밖으로 나갈 것을 기대할 수 없었다. 청구인은 이 사건 변호인 접견신청 거부 당시 자신에 대한 송환대기실 수용을 해제해 달라는 취지의 인신보호청구의 소를 제기해 둔 상태였으므로 자신의 의사에 따라 송환대기실에 머무르고 있었다고 볼 수도 없다. 따라서 청구인은 이 사건 변호인 접견신청 거부 당시 헌법 제12조 제4항 본문에 규정된 "구속" 상태였다(헌재 2018. 5. 31. 2014헌마346).

① ○ 변호인의 조력을 받을 권리는 '형사사건'에서의 변호인의 조력을 받을 권리를 의미한다. 따라서 수형자가 형사사건의 변호인이 아닌 민사사건, 행정사건, 헌법소원사건 등에서 변호사와 접견할 경우에는 원칙적으로 헌법상 변호인의 조력을 받을 권리의 주체가 될 수 없다 할 것이다(헌재 2013. 9. 26. 2011헌마398).

② ○ 이 사건 서신개봉행위를 통하여 교정시설의 안전과 질서유지를 도모하고, 수용자의 교화 및 원활한 사회복귀를 추구하는 공익은 중요하다. 이 사건 서신개봉행위로 인하여 미결수용자가 변호인과 자유롭게 소송관련 서신을 수수함으로써 누릴 수 있는 편익이 일부 제한되었다고 하더라도, 변호인과의 서신 수수 이외에도 형집행법상 변호인과의 접견, 전화통화 등을 통해 변호인의 충분한 조력이 가능한 이상 위와 같은 정도의 사익의 제한이 달성되는 공익에 비하여 중대하다고 보기 어렵다. …… 따라서 이 사건 서신개봉행위는 과잉금지원칙에 위반되지 아니하므로 청구인의 변호인의 조력을 받을 권리를 침해하지 아니한다(헌재 2021. 10. 28. 2019헌마973).

③ ○ 형사소송법 제266조의4 제5항은 검사가 수사서류의 열람·등사에 관한 법원의 허용 결정을 지체 없이 이행하지 아니하는 때에는 해당 증인 및 서류 등에 대한 증거신청을 할 수 없도록 규정하고 있다. 그런데 이 조항은 검사가 그와 같은 불이익을 감수하기만 하면 법원의 열람·등사 결정을 따르지 않을 수도 있다는 의미가 아니라, 피고인의 열람·등사권을 보장하기 위하여 검사로 하여금 법원의 열람·등사에 관한 결정을 신속히 이행하도록 강제하는 한편, 이를 이행하지 아니하는 경우에는 증거신청상의 불이익도 감수하여야 한다는 의미로 해석하여야 할 것이다. …… 그렇다면 법원이 열람·등사 허용 결정을 하였음에도 검사가 이를 신속하게 이행하지 아니하는 경우에는 해당 증인 및 서류 등을 증거로 신청할 수 없는 불이익을 받는 것에 그치는 것이 아니라, 그러한 검사의 거부행위는 피고인의 열람·등사권을 침해하고, 나아가 피고인의 신속·공정한 재판을 받을 권리 및 변호인의 조력을 받을 권리까지 침해하게 되는 것이다(헌재 2022. 6. 30. 2019헌마356).

16 정답 ③

③ ✗ 이 사건 부칙조항은 판결서 공개제도를 실현하는 과정에서 그 공개범위를 일정 부분 제한하여 판결서 공개에 필요한 국가의 재정이나 용역의 부담을 경감·조정하고자 하는 것이다. 어떤 새로운 제도를 도입할 때에는 그에 따른 사회적 비용도 함께 고려하여 부분적인 개선 방식을 취할 수도 있으므로, 입법자는 현실적인 조건들을 감안해서 위 부칙조항과 같이 판결서 열람·복사에 관한 개정법의 적용 범위를 일정 부분 제한할 수 있으며, 청구인은 비록 전자적 방법은 아니라 해도 군사법원법 제93조의2에 따라 개정법 시행 이전에 확정된 판결서를 열람·복사할 수 있다. 이 사건 부칙조항으로 인해 청구인이 전자적 방법을 통해 열람·복사할 수 있는 판결서의 범위가 제한된다 하더라도 이는 입법재량의 한계 내에 있으므로, 위 부칙조항이 청구인의 정보공개청구권을 침해한다고 할 수 없다(헌재 2015. 12. 23. 2014헌마185).

① ○ 학대로부터 아동을 특별히 보호하여 건강한 성장을 도모하는 것은 중요한 법익이다. 이에는 아동학대 자체로부터의 보호뿐만 아니라 사건처리 과정에서 발생할 수 있는 사생활 노출 등 2차 피해로부터의 보호도 포함된다. 아동학대행위자 대부분은 피해아동과 평소 밀접한 관계에 있으므로, 행위자를 특정하여 파악할 수 있는 식별정보를 신문, 방송 등 매체를 통해 보도하는 것은 피해아동의 사생활 노출 등 2차 피해로 이어질 가능성이 매우 높다. 식별정보 보도 후에는 2차 피해를 차단하기 어려울 수 있고, 식별정보 보도를 허용할 경우 대중에 알려질 가능성을 두려워하는 피해아동이 신고를 자발적으로 포기하게 만들 우려도 있다. 따라서 아동학대행위자에 대한 식별정보의 보도를 금지하는 것이 과도하다고 보기 어렵다. 보도금지조항은 아동학대사건 보도를 전면금지하지 않으며 오직 식별정보에 대한 보도를 금지할 뿐으로, 익명화된 형태의 사건 보도는 가능하다. 따라서 보도금지조항으로 제한되는 사익은 아동학대행위자의 식별정보 보도라는 자극적인 보도의 금지에 지나지 않는 반면 이를 통해 달성하려는 2차 피해로부터의 아동보호 및 아동의 건강한 성장이라는 공익은 매우 중요하다. 따라서 보도금지조항은 언론·출판의 자유와 국민의 알 권리를 침해하지 않는다(헌재 2022. 10. 27, 2021헌가4).

② ○ 국민의 정치자금 자료에 대한 자유로운 접근을 허용하고 국민 스스로 정치자금의 투명성을 살필 수 있도록 하는 것은 정치자금법의 입법목적 및 기본원칙에 부합하고, 이는 정치자금의 투명성 강화 및 부정부패 근절이 시대정신이 된 지금에 와서는 더욱 그러하다. 또한 정치자금의 지출 내역 등은 정치인이 어떻게 활동하는지 보여주는 핵심적 지표로서 유력한 평가자료가 되므로 국민들이 필요로 하는 만큼의 자료를 제공할 필요가 있다. 따라서 국민의 정치자금 자료에 대한 접근 제한은 필요 최소한으로 이루어져야 한다. …… 영수증, 예금통장은 현행법령 하에서 사본교부가 되지 않아 열람을 통해 확인할 수밖에 없음에도 열람 중 필사가 허용되지 않고 열람기간마저 3월간으로 짧아 그 내용을 파악하고 분석하기 쉽지 않다. 또한 열람기간이 공직선거법상의 단기 공소시효조차 완

성되지 아니한, 공고일부터 3개월 후에 만료된다는 점에서도 지나치게 짧게 설정되어 있다. …… 짧은 열람기간으로 인해 청구인 신○○는 회계 보고된 자료를 충분히 살펴 분석하거나, 문제를 발견할 실질적 기회를 갖지 못하게 되는바, 달성되는 공익과 비교할 때 이러한 사익의 제한은 정치자금의 투명한 공개가 민주주의 발전에 가지는 의미에 비추어 중대하다. 그렇다면 이 사건 열람기간제한 조항은 과잉금지원칙에 위배되어 청구인 신○○의 알 권리를 침해한다(헌재 2021. 5. 27. 2018헌마1168).

④ ◯ 특례조항은 변호사시험 성적에 관한 정보 유출 사고의 위험을 낮추고 성적 정보 등의 관리에 관한 국가의 업무 부담을 줄이려는 목적을 가지는바, 이러한 입법목적은 정당하다. 성적 공개 청구기간을 일정한 기간으로 제한하는 것은 입법목적 달성을 위한 적합한 수단이다. 변호사시험 성적은 변호사시험 합격자의 우수성의 징표로 작용할 수 있고, 법조직역의 진출과정에서 객관적 지표로서 기능할 수 있다. 변호사 채용 과정에서 변호사시험 성적 제출을 요구하는 경우도 적지 않으며, 구직자 스스로 채용에 유리하다고 판단하여 성적을 제출하는 경우도 있다. 이처럼 변호사시험 합격자는 변호사시험 성적에 관하여 특별한 이해관계를 맺는다. 정보 유출 사고는 내부적으로는 정보에 대한 접근 권한을 엄격하게 통제하고, 외부적으로는 기술적인 보안 대책을 수립하는 방법 등을 통하여 충분히 예방할 수 있다. 변호사시험 성적을 상당한 기간 공개함으로써 직접적으로 늘어나는 국가의 업무 부담은 성적 정보 보관에 관한 것이고, 설령 답안 자료 보관에 대한 업무 부담이 늘어난다고 하더라도 정보기술을 이용하여 상당 부분 해결할 수 있다. …… 변호사시험 합격자는 성적 공개 청구기간 내에 열람한 성적 정보를 인쇄하는 등의 방법을 통해 개별적으로 자신의 성적 정보를 보관할 수 있으나, 성적 공개 청구기간이 지나치게 짧아 정보에 대한 접근을 과도하게 제한하는 이상, 이러한 점을 들어 기본권 제한이 충분히 완화되어 있다고 보기도 어렵다. 이상을 종합하면, 특례조항은 과잉금지원칙에 위배되어 청구인의 정보공개청구권을 침해한다(헌재 2019. 7. 25. 2017헌마1329).

17 정답 ①

① ◯ 이 사건 법률조항들은 지역농협 이사 선거가 과열되는 과정에서 후보자들의 경제력 차이에 따른 불균형한 선거운동 및 흑색선전을 통한 부당한 경쟁이 이루어짐으로써 선거의 공정이 해쳐지는 것을 방지하기 위하여 선거 공보의 배부를 통한 선거운동만을 허용하고 전화·컴퓨터통신을 이용한 지지 호소의 선거운동을 금지하며 이를 위반하여 선거운동을 한 자를 처벌하는바, 입법목적의 정당성 및 수단의 적합성이 인정된다. 그러나 전화·컴퓨터통신은 누구나 손쉽고 저렴하게 이용할 수 있는 매체인 점, 농업협동조합법에서 흑색선전 등을 처벌하는 조항을 두고 있는 점을 고려하면 입법목적 달성을 위하여 위 매체를 이용한 지지 호소까지 금지할 필요성은 인정되지 아니한다. 이 사건 법률조항들이 달성하려는 공익이 결사의 자유 및 표현의 자유 제한을 정당화할 정도로 크다고 보기는 어려우므로, 법익의 균형성도 인정되지 아니한다. 따라서 이 사건 법률조항들은 과잉금지원칙을 위반하여 결사의 자유, 표현의 자유를 침해하여 헌법에 위반된다(헌재 2016. 11. 24. 2015헌바62).

② ✕ 새마을금고의 임원선거와 관련하여 법률에서 정하고 있는 방법 외의 방법으로 선거운동을 할 수 없도록 하고 이를 위반한 경우 형사처벌하도록 한 것은 청구인의 결사의 자유 및 표현의 자유를 침해하지 않는다(헌재 2018. 2. 22. 2016헌바364).

③ ✕ 변리사법 제11조 중 변리사 부분이 변리사로 하여금 변리사회에 의무적으로 가입하도록 규정한 것은 변리사회의 법적지위를 강화하여 공익사업을 수행하고 지식재산권에 관한 민간차원의 국제협력을 증진하고자 하는 입법목적의 정당성이 인정되고, 등록된 변리사로 하여금 변리사회에 의무적으로 가입하도록 하는 것은 그 입법목적의 달성에도 적합하며, 그 입법목적을 달성하기 위하여 적합한 유일한 수단이어서 피해의 최소성 원칙에도 위반되지 않을 뿐만 아니라, 청구인의 불이익과 공익을 비교형량하면 청구인이 겪게 되는 직업수행의 자유에 대한 제한보다 그 입법목적을 달성함으로써 얻게 되는 공익의 비중과 정도가 더 크다 할 것이므로, 법 제11조 중 변리사 부분은 법익의 균형성 원칙에도 위배되지 않는다. 따라서 법 제11조 중 변리사 부분이 청구인의 결사의 자유와 직업수행의 자유를 제한한 것은 비례의 원칙에 위배되지 않으므로 청구인의 결사의 자유와 직업수행의 자유를 침해하지 않으며, 청구인의 평등권도 침해하지 않는다(헌재 2008. 7. 31. 2006헌마666).

④ ✕ 심판대상조항의 입법목적은 양 법인의 중복가입에 따라 발생할 수 있는 두 단체 사이의 마찰, 중복지원으로 인한 예산낭비, 중복가입자의 이해상반행위를 방지하기 위한 것이다. 월남전참전자회의 회원 범위가 고엽제 관련자까지 확대될 경우 상대적으로 고엽제전우회의 조직 구성력이 약화되어 고엽제 관련자에 대한 특별한 보호가 약화될 우려가 있기 때문에, 심판대상조항이 기존에 운영 중인 고엽제전우회의 회원이 월남전 참전자회에 중복가입 하는 것을 제한한 것은 불가피한 조치라 할 것이다. 또한 심판대상조항으로 인하여 고엽제 관련자가 월남전참전자회의 회원이 될 수 없는 것이 아니라 월남전 참전자 중 고엽제 관련자는 양 법인 중에서 회원으로 가입할 법인을 선택할 수 있고 언제라도 그 선택의 변경이 가능하므로 심판대상조항이 청구인의 결사의 자유를 전면적으로 제한하는 것은 아니다. 따라서 심판대상조항은 과잉금지원칙에 위배된다고 볼 수 없다(헌재 2016. 4. 28. 2014헌바442).

18 정답 ①

① ✕ 청구인은, 이 사건 부칙조항이 죄형법정주의 파생원칙인 형벌불소급원칙에 위반된다고 주장하나, 형벌불소급원칙이란 형벌법규는 시행된 이후의 행위에 대해서만 적용되고 시행 이전의 행위에 대해서는 소급하여 불리하게 적용되어서는 안 된다는 원칙인바, 이 사건 부칙조항은 개정된 법률 이전의 행위를 소급하여 형사처벌하도록 규정하고 있는 것이 아니라 형사처벌을 규정하고 있던 행위시법이 사후 폐지되었음에도 신법이 아닌 행위시법에 의하여 형사처벌하도록 규정한 것으로서, 헌법 제13조 제1항의 형벌불소급원칙 보호영역에 포섭되지 아니한다(헌재 2015. 2. 26. 2012헌바268).

② ◯ 형벌불소급원칙에서 의미하는 '처벌'은 형법에 규정되어 있는 형식적 의미의 형벌 유형에 국한되지 않으며, 범죄행위에 따른 제재의 내용이나 실제적 효과가 형벌적 성격이 강하여 신체의 자유를 박탈하거나 이에 준하는 정도로 신체의 자유를 제한하는 경우에는 형벌불소급원칙이 적용되어야 한다. 노역장유치는 그 실질이 신체의 자유를 박탈하는 것으로서 징역형과 유사한 형벌적 성격을 가지고 있으므로 형벌불소급원칙의 적용대상이 된다. 노역장유치조항은 1억 원 이상의 벌금형을 선고받는 자에 대하여 유치기간의 하한을 중하게 변경시킨 것이므로, 이 조항 시행 전에 행한 범죄행위에 대해서는 범죄행위 당시에 존재하였던 법률을 적용하여야 한다. 그런데 부칙조항은 노역장유치조항의 시행 전에 행해진 범죄행위에 대해서도 공소제기의 시기가 노역장유치조항의 시행 이후이면 이를 적용하도록 하고 있으므로, 이는 범죄행위 당시보다 불이익한 법률을 소급 적용하도록 하는 것으로서 헌법상 형벌불소급원칙에 위반된다(헌재 2017. 10. 26. 2015헌바239).

③ ◯ 디엔에이신원확인정보의 수집·이용은 수형인등에게 심리적 압박으로 인한 범죄예방효과를 가진다는 점에서 보안처분의 성격을 지니지만, 처벌적인 효과가 없는 비형벌적 보안처분으로서 소급입법금지원칙이 적용되지 않는다(헌재 2014. 8. 28. 2011헌마28).

④ ◯ 헌법 제13조 제1항 전단은 소급적인 범죄구성요건의 제정과 소급적인 형벌의 가중을 엄격히 금하고 있다. 헌법재판소는 이 형벌불소급원

칙을 엄격히 해석하여, 비형벌적 보안처분에는 이 원칙이 적용되지 않는다고 판단해 왔다. 청소년성보호법이 정하고 있는 취업제한제도로 인해 성범죄자에게 일정한 직종에 종사하지 못하는 제재가 부과되기는 하지만, 위 취업제한제도는 형법이 규정하고 있는 형벌에 해당하지 않으므로, 헌법 제13조 제1항 전단의 형벌불소급원칙이 적용되지 않는다(헌재 2016. 3. 31. 2013헌마585).

19   정답 ④

④ ✕ 이 사건 사실조회행위는 강제력이 개입되지 아니한 임의수사에 해당하므로, 이에 응하여 이루어진 이 사건 정보제공행위에도 영장주의가 적용되지 않는다. 그러므로 이 사건 정보제공행위가 영장주의에 위배되어 청구인들의 개인정보자기결정권을 침해한다고 볼 수 없다(헌재 2018. 8. 30. 2014헌마368).

① ○ 심판대상조항이 정비예정구역 내 토지등소유자의 100분의 30 이상의 해제 요청이라는 비교적 완화된 요건만으로 정비예정구역 해제 절차에 나아갈 수 있도록 하였다고 하여 적법절차원칙에 위반된다고 보기 어렵다(헌재 2023. 6. 29. 2020헌바63).

② ○ 심판대상조항은 보호의 개시 또는 연장 단계에서 공정하고 중립적인 기관에 의한 통제절차가 없고, 당사자에게 의견을 제출할 기회를 보장하고 있지 아니하므로, 헌법상 적법절차원칙에 위배된다(헌재 2023. 3. 23. 2020헌가1).

③ ○ 이 사건 허가조항은 기지국 수사의 필요성, 실체진실의 발견 및 신속한 범죄수사의 요청, 통신사실 확인자료의 특성, 수사현실 등을 종합적으로 고려하여, 수사기관으로 하여금 법원의 허가를 받아 특정 시간대 특정 기지국에서 발신된 모든 전화번호 등 통신사실 확인자료의 제공을 요청할 수 있도록 하고 있다. 영장주의의 본질이 강제처분을 함에 있어서는 인적·물적 독립을 보장받는 중립적인 법관이 구체적 판단을 거쳐야만 한다는 데에 있음을 고려할 때, 통신비밀보호법이 정하는 방식에 따라 관할 지방법원 또는 지원의 허가를 받도록 하고 있는 이 사건 허가조항은 실질적으로 영장주의를 충족하고 있다 할 것이다. 따라서 이 사건 허가조항은 헌법상 영장주의에 위배되지 아니한다(헌재 2018. 6. 28. 2012헌마538).

20   정답 ①

① ✕ 심판대상조항이 이동통신서비스 가입 시 본인확인절차를 거치도록 함으로써 타인 또는 허무인의 이름을 사용한 휴대전화인 이른바 대포폰이 보이스피싱 등 범죄의 범행도구로 이용되는 것을 막고, 개인정보를 도용하여 타인의 명의로 가입한 다음 휴대전화 소액결제나 서비스요금을 그 명의인에게 전가하는 등 명의도용범죄의 피해를 막고자 하는 입법목적은 정당하고, 이를 위하여 본인확인절차를 거치게 한 것은 적합한 수단이다. 가입자는 자신의 주민등록번호를 제공해야 하지만 특히 뒷자리 중 성별을 지칭하는 숫자 외의 6자리는 일회적인 확인 후 폐기되므로 주민등록번호가 이동통신사에 보관되어 계속적으로 이용되는 것이 아니다. 가입자는 대면(오프라인)가입 대신 온라인 가입절차에서 공인인증서로 본인확인하는 방법을 택하여 주민등록번호의 직접 제공을 피할 수도 있다. 또한 가입자의 이름과 주소, 생년월일, 주민등록번호 등 개인정보 수집에 따른 유출피해 등 부작용을 방지하기 위해 '개인정보 보호법'과 '정보통신망 이용촉진 및 정보보호 등에 관한 법률'에서는 정보처리자에게 개인정보의 기술적·관리적 보호조치를 취할 것을 요구하고 그 준수 여부를 행정청이 점검하는 등 적절한 통제장치를 마련함으로써 개인정보자기결정권의 제한을 최소화하고 있다. …… 개인정보자기결정권, 통신의 자유가 제한되는 불이익과 비교했을 때, 명의도용피해를 막고, 차명휴대전화의 생성을 억제하여 보이스피싱 등 범죄의 범행도구로 악용될 가능성을 방지함으로써 잠재적 범죄 피해 방지 및 통신망 질서 유지라는 더욱 중대한 공익의 달성효과가 인정된다. 따라서 심판대상조항은 청구인들의 개인정보자기결정권 및 통신의 자유를 침해하지 않는다(헌재 2019. 9. 26. 2017헌마1209).

② ○ 검사 또는 사법경찰관이 수사를 위하여 필요한 경우 「전기통신사업법」에 의한 전기통신사업자에게 위치정보 추적자료의 열람이나 제출을 요청할 수 있도록 하는 이 사건 요청조항은 과잉금지원칙에 반하여 청구인의 개인정보자기결정권 및 통신의 자유를 침해한다(헌재 2018. 6. 28. 2012헌마538).

③ ○ 이 사건 법률조항은 인터넷회선 감청의 특성을 고려하여 그 집행 단계나 집행 이후에 수사기관의 권한 남용을 통제하고 관련 기본권의 침해를 최소화하기 위한 제도적 조치가 제대로 마련되어 있지 않은 상태에서, 범죄수사 목적을 이유로 인터넷회선 감청을 통신제한조치 허가 대상 중 하나로 정하고 있으므로 침해의 최소성 요건을 충족한다고 할 수 없다(헌재 2018. 8. 30. 2016헌마263).

④ ○ 청구인의 접견내용을 녹음함으로써 증거인멸이나 형사법령 저촉행위의 위험을 방지하고, 교정시설 내의 안전과 질서유지에 기여하려는 공익은 청구인의 사익의 제한보다 훨씬 크고 중요한 것이라고 할 것이므로, 법익의 불균형을 인정하기도 어렵다(헌재 2012. 12. 27. 2010헌마153).

01 ② 02 ③ 03 ① 04 ② 05 ④ 06 ② 07 ④ 08 ② 09 ② 10 ④
11 ④ 12 ② 13 ① 14 ② 15 ④ 16 ② 17 ② 18 ④ 19 ② 20 ②

01
정답 ②

② ❌ 형사보상의 청구는 무죄재판이 확정된 때로부터 1년 이내에 하도록 규정하고 있는 형사보상법 제7조는 헌법 제28조에 위반된다(헌재 2010. 7. 29. 2008헌가4). 보상액의 산정에 기초되는 사실인정이나 보상액에 관한 판단에서 오류나 불합리성이 발견되는 경우에도 그 시정을 구하는 불복신청을 할 수 없도록 하는 것은 형사보상청구권 및 그 실현을 위한 기본권으로서의 재판청구권의 본질적 내용을 침해하는 것이라 할 것이다(헌재 2010. 10. 28. 2008헌마514).

① ⭕ 국가배상법 제2조 소정의 '공무원'이라 함은 국가공무원법이나 지방공무원법에 의하여 공무원으로서의 신분을 가진 자에 국한하지 않고, 널리 공무를 위탁받아 실질적으로 공무에 종사하고 있는 일체의 자를 가리키는 것으로서, 공무의 위탁이 일시적이고 한정적인 사항에 관한 활동을 위한 것이어도 달리 볼 것은 아니다(대판 2001. 1. 5. 98다39060).

③ ⭕ 우리 헌법이 채택하고 있는 의회민주주의하에서 국회는 다원적 의견이나 각가지 이익을 반영시킨 토론과정을 거쳐 다수결의 원리에 따라 통일적인 국가의사를 형성하는 역할을 담당하는 국가기관으로서 그 과정에 참여한 국회의원은 입법에 관하여 원칙적으로 국민 전체에 대한 관계에서 정치적 책임을 질 뿐 국민 개개인의 권리에 대응하여 법적 의무를 지는 것은 아니므로, 국회의원의 입법행위는 그 입법 내용이 헌법의 문언에 명백히 위반됨에도 불구하고 국회가 굳이 당해 입법을 한 것과 같은 특수한 경우가 아닌 한 국가배상법 제2조 제1항 소정의 위법행위에 해당된다고 볼 수 없다(대판 1997. 6. 13. 96다56115).

④ ⭕ 국가 또는 지방자치단체라 할지라도 공권력의 행사가 아니고 단순한 사경제의 주체로 활동하였을 경우에는 그 손해배상책임에 국가배상법이 적용될 수 없고 민법상의 사용자책임 등이 인정되는 것이고 국가의 철도운행사업은 국가가 공권력의 행사로서 하는 것이 아니고 사경제적 작용이라 할 것이므로, 이로 인한 사고에 공무원이 간여하였다고 하더라도 국가배상법을 적용할 것이 아니고 일반 민법의 규정에 따라야 하므로, 국가배상법상의 배상전치절차를 거칠 필요가 없으나, 공공의 영조물인 철도시설물의 설치 또는 관리의 하자로 인한 불법행위를 원인으로 하여 국가에 대하여 손해배상청구를 하는 경우에는 국가배상법이 적용되므로 배상전치절차를 거쳐야 한다(대판 1999. 6. 22. 99다7008).

02
정답 ③

③ ❌ 헌법 제23조의 재산권은 민법상의 소유권뿐만 아니라, 재산적 가치있는 사법상의 물권, 채권 등 모든 권리를 포함하며, 또한 국가로부터의 일방적인 급부가 아닌 자기 노력의 댓가나 자본의 투자 등 특별한 희생을 통하여 얻은 공법상의 권리도 포함한다. …… 공법상의 권리가 헌법상의 재산권보장의 보호를 받기 위해서는 다음과 같은 요건을 갖추어야 한다. 첫째, 공법상의 권리가 권리주체에게 귀속되어 개인의 이익을 위하여 이용가능해야 하며(사적 유용성), 둘째, 국가의 일방적인 급부에 의한 것이 아니라 권리주체의 노동이나 투자, 특별한 희생에 의하여 획득되어 자신이 행한 급부의 등가물에 해당하는 것이어야 하며(수급자의 상당한 자기기여), 셋째, 수급자의 생존의 확보에 기여해야 한다. 이러한 요건을 통하여 사회부조와 같이 국가의 일방적인 급부에 대한 권리는 재산권의 보호대상에서 제외되고, 단지 사회법상의 지위가 자신의 급부에 대한 등가물에 해당하는 경우에 한하여 사법상의 재산권과 유사한 정도로 보호받아야 할 공법상의 권리가 인정된다(헌재 2000. 6. 29. 99헌마289).

① ⭕ 헌법 제23조 제3항은 "공공필요에 의한 재산권의 수용·사용 또는 제한 및 그에 대한 보상은 법률로써 하되, 정당한 보상을 지급하여야 한다"고 규정하고 있다. 헌법이 규정한 '정당한 보상'이란 이 사건 소원의 발단이 된 소송사건에서와 같이 손실보상의 원인이 되는 재산권의 침해가 기존의 법질서 안에서 개인의 재산권에 대한 개별적인 침해인 경우에는 그 손실보상은 원칙적으로 피수용재산의 객관적인 재산가치를 완전하게 보상하는 것이어야 한다는 완전보상을 뜻하는 것으로서 보상금액뿐만 아니라 보상의 시기나 방법 등에 있어서도 어떠한 제한을 두어서는 아니 된다는 것을 의미한다고 할 것이다. …… 개발이익은 그 성질상 완전보상의 범위에 포함되는 피수용자의 손실이라고는 볼 수 없으므로, 개발이익을 배제하고 손실보상액을 산정한다 하여 헌법이 규정한 정당보상의 원리에 어긋나는 것이라고는 판단되지 않는다(헌재 1990. 6. 25. 89헌마107).

② ⭕ 헌법 제23조 제3항은 정당한 보상을 전제로 하여 재산권의 수용 등에 관한 가능성을 규정하고 있지만, 재산권 수용의 주체를 한정하지 않고 있다. 위 헌법조항의 핵심은 당해 수용이 공공필요에 부합하는가, 정당한 보상이 지급되고 있는가 여부 등에 있는 것이지, 그 수용의 주체가 국가인지 민간기업인지 여부에 달려 있다고 볼 수 없다. 또한 국가 등의 공적 기관이 직접 수용의 주체가 되는 것이든 그러한 공적 기관의 최종적인 허부판단과 승인결정하에 민간기업이 수용의 주체가 되는 것이든, 양자 사이에 공공필요에 대한 판단과 수용의 범위에 있어서 본질적인 차이를 가져올 것으로 보이지 않는다. 따라서 위 수용 등의 주체를 국가 등의 공적 기관에 한정하여 해석할 이유가 없다(헌재 2009. 9. 24. 2007헌바114).

④ ⭕ 고급골프장 등 사업은 그 특성상 사업 운영 과정에서 발생하는 지방세수 확보와 지역경제 활성화는 부수적인 공익일 뿐이고, 이 정도의 공익이 그 사업으로 인하여 강제수용 당하는 주민들의 기본권침해를 정당화할 정도로 우월하다고 볼 수는 없다. 따라서 행정기관이 개발촉진지구 지역개발사업으로 실시계획을 승인하고 이를 고시하기만 하면 고급골프장 사업과 같이 공익성이 낮은 사업에 대해서까지도 시행자인 민간개발자에게 수용권한을 부여하는 이 사건 법률조항은 공익적 필요성이 인정되기 어려운 민간개발자의 지구개발사업을 위해서까지 공공수용이 허용될 수 있는 가능성을 열어두고 있어 헌법 제23조 제3항에 위반된다(헌재 2014. 10. 30. 2011헌바129).

03
정답 ①

① ❌ 지방자치단체는 주민의 복리에 관한 사무를 처리하고 재산을 관리하며, 법령의 범위 안에서 자치에 관한 규정을 제정할 수 있다(헌법 제117조 제1항). 지방자치법 제22조, 제9조에 따르면, 지방자치단체가 조례를 제정할 수 있는 사항은 지방자치단체의 고유사무인 자치사무와 개별 법령에 따라 지방자치단체에 위임된 단체위임사무에 한정된다(대판 2017. 12. 5. 2016추5162).

② ⭕ 조례의 제정권자인 지방의회는 선거를 통해서 그 지역적인 민주적 정당성을 지니고 있는 주민의 대표기관이고, 헌법이 지방자치단체에 대해 포괄적인 자치권을 보장하고 있는 취지로 볼 때 조례제정권에 대한 지나친 제약은 바람직하지 않으므로 조례에 대한 법률의 위임은 법규명령에 대한 법률의 위임과 같이 반드시 구체적으로 범위를 정하여 할 필요가 없으며 포괄적인 것으로 족하다고 할 것이다(헌재 1995. 4. 20. 92헌마264).

③ ⭕ 주민투표권이나 조례제정·개폐청구권은 법률에 의하여 보장되는 권리에 해당하고, 헌법상 보장되는 기본권이라거나 헌법 제37조 제1

항의 '헌법에 열거되지 아니한 권리'로 보기 어렵다(헌재 2014. 4. 24. 2012헌마287).

④ ○

> **지방자치법 제28조(조례)** ① 지방자치단체는 법령의 범위에서 그 사무에 관하여 조례를 제정할 수 있다. 다만, 주민의 권리 제한 또는 의무 부과에 관한 사항이나 벌칙을 정할 때에는 법률의 위임이 있어야 한다.
> ② 법령에서 조례로 정하도록 위임한 사항은 그 법령의 하위 법령에서 그 위임의 내용과 범위를 제한하거나 직접 규정할 수 없다.

04
정답 ②

② ✕ 판결주문에 영향이 없는 당사자의 공격방어방법에 대한 판단이 누락된 경우나, 판결주문과 간접적으로만 연관되는 판단이유가 누락된 경우에 재심의 소를 통하여 확정된 판결의 효력을 배제하는 것을 허용해야 할 만큼 정의의 요청이 절박하다고 할 수 없다(헌재 2016. 12. 29. 2016헌바43).

① ○ 입법자는 재심제도를 형성함에 있어, 확정판결을 유지할 수 없을 정도의 중대한 하자가 무엇인지를 구체적으로 가려내어야 하는바, 이는 사법에 의한 권리보호에 관하여 한정된 사법 자원의 합리적인 분배의 문제인 동시에 법치주의에 내재된 두 가지의 대립적 이념 즉, 법적 안정성과 정의의 실현이라는 상반된 요청을 어떻게 조화시키느냐의 문제로 돌아간다. 따라서 어떤 사유를 재심사유로 정하여 재심을 허용할 것인가는 입법자가 확정판결에 대한 법적 안정성, 재판의 신속·적정성, 법원의 업무부담 등을 고려하여 결정하여야 할 입법정책의 문제이다(헌재 2019. 2. 28. 2016헌바457).

③ ○ 재심제도와 관련하여 인정되는 위와 같은 입법적 재량을 감안할 때, 재심제도를 형성하는 규정에 대한 위헌 심사는, 입법자가 법적 안정성의 확보에만 매몰되어 정의의 실현과 같은 법치주의의 또 다른 이념을 현저히 희생함으로써 재판청구권의 본질을 심각하게 훼손하는 등 입법형성권의 한계를 일탈하여 그 내용이 현저히 자의적인지 여부에 의하여 결정되어야 한다(헌재 2019. 2. 28. 2016헌바457).

④ ○ 재심은 확정된 종국판결에 재심사유에 해당하는 중대한 하자가 있는 경우 그 판결의 취소와 이미 종결되었던 사건의 재심판을 구하는 비상의 불복신청방법으로서, 그와 같은 중대한 하자가 있는 예외적인 경우에 한하여 법적 안정성을 후퇴시키고 구체적 정의를 실현하기 위하여 마련된 것이다. 따라서 재심은 판결에 대한 불복방법의 하나인 점에서는 상소와 마찬가지라고 할 수 있지만, 확정판결에 대한 불복방법인 점에서 상소와 다르고, 확정판결에 대한 법적안정성의 요청은 미확정판결에 대한 그것보다 훨씬 크기 때문에, 상소보다 더 예외적으로 인정되어야 한다는 점에서 본질적인 차이가 있다(헌재 2016. 12. 29. 2016헌바43).

05
정답 ④

④ ✕ 이 사건 대가수수 광고금지규정의 규제대상이 변호사법이 금지하는 특정 변호사에 대한 소개·알선·유인행위의 실질을 갖춘 광고행위로 제한된다고 해석할 여지가 없지는 않다. 그러나 이 사건 대가수수 광고금지규정이 규제하는 행위는 광고·홍보·소개행위이고, 이러한 행위의 목적으로 '소개·알선·유인'을 정하면서도 그 대상을 특정 변호사로 제한하고 있지 아니한 점과 광고·홍보·소개행위의 목적이 소비자를 설득하여 구매를 유도하는 데 있는 점을 고려하면, 이 사건 대가수수 광고금지규정에서 말하는 '소개·알선·유인'이 반드시 특정 변호사를 대상으로 한 개념이라고 단정하기 어렵다. 즉, 법률상담 또는 사건 등을 소개하거나 유인할 목적으로 불특정 다수의 변호사를 동시에 광고·홍보·소개하는 행위도 이 사건 대가수수 광고금지규정이 예정하는 행위라고 해석하는 것이 타당하다. 변호사법이 이미 특정 변호사에 대한 소개·알선·유인행위를 금지하고 있고, 그러한 행위가 광고·홍보·소개의 형식을 취하고 있더라도 특정 변호사에 대한 소개·알선·유인행위로 평가되는 이상 변호사법위반으로 처벌할 수 있는 점까지 고려하면, 이 사건 대가수수 광고금지규정이 단순히 변호사법이 금지하는 소개·알선·유인행위를 다시 한 번 규제하는 것에 불과하다고 보기는 어렵다. …… 이 사건 대가수수 광고금지규정은 과잉금지원칙을 위반하여 청구인들의 표현의 자유, 직업의 자유를 침해한다(헌재 2022. 5. 26. 2021헌마619).

① ○ 변협은 위와 같이 변호사법에서 위임받은 변호사 광고에 관한 규제를 설정함에 있어 공법인으로서 공권력 행사의 주체가 된다. 나아가, 변협의 구성원인 변호사등은 위 규정을 준수하여야 할 의무가 있고, 이를 위반하게 되면 변호사법 제91조 등 관련 규정에 따라 변협 및 법무부에 설치된 변호사징계위원회에 의하여 변호사법 제90조에서 정한 징계를 받게 되는바, 이 사건 규정이 단순히 변협 내부 기준이라거나 사법적인 성질을 지니는 것이라 보기 어렵고, 수권법률인 변호사법과 결합하여 대외적 구속력을 가진다고 할 것이다. 따라서 변협이 변호사 광고에 관한 규제와 관련하여 정립한 규범인 심판대상조항은 헌법소원의 대상이 되는 공권력의 행사에 해당한다(헌재 2022. 5. 26. 2021헌마619).

② ○ 이 사건 유권해석위반 광고금지규정은 단순히 '협회의 유권해석에 위반되는'이라는 표지만을 두고 그에 따라 금지되는 광고의 내용 또는 방법 등을 한정하지 않고 있다. 이에 해당하는 내용 등이 무엇인지는 변호사법이나 변협 회칙, 이 사건 규정 등을 살펴보더라도 알기 어렵다. '유권해석'이라는 표현은 변협의 회규 중 이 사건 규정에서 유일하게 사용되고 있으며, 변리사나 공인회계사 등 다른 전문 직역의 회규를 살펴보아도 '유권해석'이라는 표현 또는 이를 위반할 경우 징계하는 내용의 규정을 찾아볼 수 없다. …… 따라서 이 사건 유권해석위반 광고금지규정은 수권법률로부터 위임된 범위를 벗어나는 규율 내용까지 포함할 가능성이 있으므로, 위임 범위 내에서 명확하게 규율 범위를 정하고 있다고 보기 어렵다. 그러므로 이 사건 유권해석위반 광고금지규정은 법률유보원칙을 위반하여 청구인들의 표현의 자유, 직업의 자유를 침해한다(헌재 2022. 5. 26. 2021헌마619).

③ ○ 위 규정은 '변호사등이 아님에도 변호사등의 직무와 관련한 서비스의 취급·제공 등을 표시하거나 소비자들이 변호사등으로 오인하게 만들 수 있는 자에게 광고를 의뢰하거나 참여·협조하는 행위를 금지'하고 있다. 이는 비변호사의 법률사무 취급행위를 미연에 방지함으로써 법률 전문가로서 변호사 자격제도를 유지하고 소비자의 피해를 방지하기 위한 적합한 수단이다(헌재 2022. 5. 26. 2021헌마619).

06
정답 ②

② ✕ 이 사건 특정범죄가중법 조항에 해당하는 자를 일반 범죄자, 형법상 상습절도죄를 저지른 자, 강도죄로 3회 이상 징역형을 받은 후 누범기간 내에 강도예비·음모죄를 저지른 자 또는 절도죄를 저지른 자에 비하여 무겁게 처벌하거나 이 사건 특정범죄가중법 조항에 해당하는 행위를 동일한 법정형으로 처벌하는 것이 형벌체계상 정당성이나 균형을 잃은 것이라고 할 수 없으므로, 이 사건 특정범죄가중법 조항은 평등원칙에 위반되지 않는다(헌재 2019. 7. 25. 2018헌바209).

① ○ 공무원이 지위를 이용하여 범한 공직선거법위반죄의 경우 선거의 공정성을 중대하게 저해하고 공권력에 의하여 조직적으로 은폐되어 단기간에 밝혀지기 어려울 수도 있어 단기 공소시효에 의할 경우 처벌규정의 실효성을 확보하지 못할 수 있다. 이러한 취지에서 공무원이 지위를 이용하여 범한 공직선거법위반죄의 경우 해당 선거일 후 10년으로 공소시효를 정한 입법자의 판단은 합리적인 이유가 인정되므로 평등원칙에

위반되지 않는다(헌재 2022. 8. 31. 2018헌바440).

③ ◎ 지방의회의원은 주민의 대표자이자 지방의회의 구성원으로서 주민들의 다양한 의사와 이해관계를 통합하여 지방자치단체의 의사를 형성하는 역할을 하므로, 지방의회의원의 전문성을 확보하고 원활한 의정활동을 지원하기 위해서는 지방의회의원들에게도 후원회를 허용하여 정치자금을 합법적으로 확보할 수 있는 방안을 마련해 줄 필요가 있다. 정치자금법은 후원회의 투명한 운영을 위한 상세한 규정을 두고 있어 지방의회의원의 염결성을 확보할 수 있고, 국회의원과 소요되는 정치자금의 차이도 후원 한도를 제한하는 등의 방법으로 규제할 수 있으므로, 후원회 지정 자체를 금지하는 것은 오히려 지방의회의원의 정치자금 모금을 음성화시킬 우려가 있다. 현재 지방의회의원에게 지급되는 의정활동비 등은 의정활동에 전념하기에 충분하지 않고, 지방의회는 유능한 신인정치인의 유입 통로가 되므로, 지방의회의원에게 후원회를 지정할 수 없도록 하는 것은 경제력을 갖추지 못한 사람의 정치입문을 저해할 수도 있다. 따라서 심판대상조항이 국회의원과 달리 지방의회의원을 후원회 지정권자에서 제외하고 있는 것은 불합리한 차별로서 청구인들의 평등권을 침해한다(헌재 2022. 11. 24. 2019헌마528).

④ ◎ 동일한 밀수입 예비행위에 대하여 수입하려던 물품의 원가가 2억 원 미만인 때에는 관세법이 적용되어 본죄의 2분의 1을 감경한 범위에서 처벌하는 반면, 물품원가가 2억 원 이상인 경우에는 심판대상조항에 따라 본죄에 준하여 가중처벌을 하는 것은 합리적인 이유가 있다고 보기 어렵다(헌재 2019. 2. 28. 2016헌가13).

07   정답 ④

④ ✗ 이 사건 법률조항에 근거하여 친일반민족행위반민규명위원회(이하 '반민규명위원회'라 한다)의 조사대상자 선정 및 친일반민족행위 결정이 이루어지면, 조사대상자의 사회적 평가에 영향을 미치므로 헌법 제10조에서 유래하는 일반적 인격권이 제한받는다. 다만 이러한 결정에 있어서 대부분의 조사대상자는 이미 사망하였을 것이 분명하나, 조사대상자가 사자(死者)의 경우에도 인격적 가치에 대한 중대한 왜곡으로부터 보호되어야 한다. 사자(死者)에 대한 사회적 명예와 평가의 훼손은 사자(死者)와의 관계를 통하여 스스로의 인격상을 형성하고 명예를 지켜온 그들의 후손의 인격권, 즉 유족의 명예 또는 유족의 사자(死者)에 대한 경애추모의 정을 제한하는 것이다(헌재 2010. 10. 28. 2007헌가23).

① ◎ 부모가 자녀의 이름을 지어주는 것은 자녀의 양육과 가족생활을 위하여 필수적인 것이고, 가족생활의 핵심적 요소라 할 수 있으므로, '부모가 자녀의 이름을 지을 자유'는 혼인과 가족생활을 보장하는 헌법 제36조 제1항과 행복추구권을 보장하는 헌법 제10조에 의하여 보호받는다(헌재 2016. 7. 28. 2015헌마964).

② ◎ 이 사건 고시 부분은 초등학생의 전인적 성장을 도모하고, 영어 사교육 시장의 과열을 방지하기 위한 것으로, 그 목적의 정당성이 인정되고, 이 사건 고시 부분으로 영어교육의 편제와 시간 배당을 통제하는 것은 위 목적을 달성하기 위한 적절한 수단이다. 초등학교 시기는 인격 형성의 토대를 마련하는 중요한 시기이므로, 한정된 시간에 교육과정을 고르게 구성하여 초등학생의 전인적 성장을 도모하기 위해서는 초등학생의 영어교육이 일정한 범위로 제한되는 것이 불가피하다. 또한, 초등학교 1, 2학년은 공교육 체계 하에서 한글을 처음 접하는 시기로, 이 시기에 영어를 배우게 되면 한국어 발달과 영어 교육에 문제점이 발생하게 될 가능성이 높다는 전문가의 의견이 있고, 이러한 의견을 반영한 해당 부처의 판단이 명백히 잘못되었다고 할 수 없다. 한편, 사립학교에게 그 특수성과 자주성이 인정된다고 하더라도, 자율적인 교육과정의 편성은 국가 수준의 교육과정 내에서 허용될 수 있는 것이지, 이를 넘어 허용한다면 교육의 기회에 불평등을 조장하는 결과를 초래하여, 종국에는 사회적 양극화를 초래하는 주요한 요소가 될 것이다. 따라서 이 사건 고시 부분은 청구인들의 인격의 자유로운 발현권과 자녀교육권을 침해하지 않는다(헌재 2016. 2. 25. 2013헌마838).

③ ◎ 심판대상조항은 운전면허를 취소함으로써 자유롭게 자동차를 운전할 수 없게 하므로, 일반적 행동의 자유를 제한한다. 또한 심판대상조항의 수범자 가운데 자동차의 운전을 필수불가결한 요소로 하는 일정한 직업군의 사람들에 대하여는 종래의 직업을 계속 유지하는 것을 불가능하게 하고, 자동차 운행으로도 수행 가능한 직업을 가진 사람들에 대하여는 직업을 수행하는 방법에 제한을 가하게 되므로, 좁은 의미의 직업선택의 자유와 직업수행의 자유를 포함하는 직업의 자유 역시 제한한다. 직업의 자유 또는 일반적 행동의 자유 침해 여부를 판단함에 있어서는 헌법 제37조 제2항의 과잉금지원칙 준수 여부가 그 기준이 된다. …… 임의적 취소·정지 사유로 하는 등 기본권을 덜 제한하는 완화된 수단에 의해서도 입법목적을 같은 정도로 달성하기에 충분하므로, 심판대상조항이 부정 취득하지 않은 운전면허까지 필요적으로 취소하도록 한 것은, 피해의 최소성 원칙에 위배된다. …… 심판대상조항이 부정 취득한 운전면허를 필요적으로 취소하도록 한 것은 과잉금지원칙에 위반되지 아니하나, 부정 취득하지 않은 운전면허까지 필요적으로 취소하도록 한 것은 과잉금지원칙에 위반된다(헌재 2020. 6. 25. 2019헌가9).

08   정답 ②

㉠ ◎ 1976년부터 2003년까지 의사전문의와 치과전문의를 함께 규율하던 구 '전문의의 수련 및 자격 인정 등에 관한 규정'(2003. 6. 30. 대통령령 제18040호로 치과전문의 규정이 제정되기 전의 것)이 의사전문의 자격 인정 요건과 치과전문의 자격 인정 요건에 대하여 동일하게 규정하였던 점이나, 의사전문의와 치과전문의 모두 환자의 치료를 위한 전문성을 필요로 한다는 점을 감안하면, 치과전문의의 자격 인정 요건을 의사전문의의 경우와 다르게 규정할 특별한 사정이 있다고 보기도 어렵다. 따라서 심판대상조항은 청구인들의 평등권을 침해한다(헌재 2015. 9. 24. 2013헌마197).

㉡ ✗ 3호 관련조항은, 1호 관련조항에 더하여 배우자가 그와 함께 다니는 사람 중에서 지정한 1명까지 명함을 교부할 수 있도록 하여 배우자 유무에 따른 차별효과를 더욱 커지게 하고 있다. 또한, 배우자가 아무런 제한 없이 함께 다닐 수 있는 사람을 지정할 수 있도록 함으로써, 결과적으로 배우자 있는 후보자는 배우자 없는 후보자에 비하여 선거운동원 1명을 추가로 지정하는 효과를 누릴 수 있게 되는바, 이는 헌법 제116조 제1항의 선거운동의 기회균등 원칙에도 반한다. 그러므로 3호 관련조항은 배우자의 유무라는 우연한 사정에 근거하여 합리적 이유 없이 배우자 없는 후보자와 배우자 있는 후보자를 차별 취급하므로 평등권을 침해한다(헌재 2016. 9. 29. 2016헌마287).

㉢ ◎ 단순한 단기체류가 아니라 국내에 거주하는 재외국민, 특히 외국의 영주권을 보유하고 있으나 상당한 기간 국내에서 계속 거주하고 있는 자들은 주민등록법상 재외국민으로 등록·관리될 뿐 '국민인 주민'이라는 점에서는 다른 일반 국민과 실질적으로 동일하므로, 단지 외국의 영주권을 취득한 재외국민이라는 이유로 달리 취급할 아무런 이유가 없어 위와 같은 차별은 청구인들의 평등권을 침해한다(헌재 2018. 1. 25. 2015헌마1047).

㉣ ✗ 이 사건 중복지원금지 조항은 고등학교 진학 기회에 있어서 자사고 지원자들에 대한 차별을 정당화할 수 있을 정도로 차별 목적과 차별의 정도 간에 비례성을 갖춘 것이라고 볼 수 없다(헌재 2019. 4. 11. 2018헌마221).

09   정답 ②

② ✗ 형법상 강제추행죄로 유죄판결이 확정된 자는 신상정보 등록대상

자가 되도록 규정한 심판대상조항은 성폭력 범죄자의 재범을 억제하여 사회를 방위하고, 효율적 수사를 통한 사회혼란을 방지하기 위한 것으로서 정당한 목적달성을 위한 적합한 수단에 해당한다. 전과기록이나 수사경력자료는 보다 좁은 범위의 신상정보를 담고 있고, 정보의 변동이 반영되지 않는다는 점에서 심판대상조항에 의한 정보 수집과 동일한 효과를 거둘 수 있다고 보기 어렵고, 심판대상조항이 강제추행죄의 행위태양이나 불법성의 경중을 고려하지 않고 있더라도 이는 본질적으로 성폭력범죄에 해당하는 강제추행죄의 특성을 고려한 것이라고 할 것이므로, 심판대상조항은 침해최소성이 인정된다. 또 신상정보 등록으로 인한 사익의 제한은 비교적 경미한 반면 달성되는 공익은 매우 중대하다고 할 것이어서 법익균형성도 인정된다. 따라서 심판대상조항은 과잉금지원칙에 반하여 개인정보자기결정권을 침해한다고 할 수 없다(헌재 2020. 6. 25. 2019헌마699).

① ◎ 형제자매는 언제나 이해관계를 같이 하는 것은 아니므로 형제자매가 본인에 대한 개인정보를 오남용 또는 유출할 가능성은 얼마든지 있다. 그런데 이 사건 법률조항은 증명서 발급에 있어 형제자매에게 정보주체인 본인과 거의 같은 지위를 부여하고 있으므로, 이는 증명서 교부청구권자의 범위를 필요한 최소한도로 한정한 것이라고 볼 수 없다. 본인은 인터넷을 이용하거나 위임을 통해 각종 증명서를 발급받을 수 있으며, 가족관계등록법 제14조 제1항 단서 각 호에서 일정한 경우에는 제3자도 각종 증명서의 교부를 청구할 수 있으므로 형제자매는 이를 통해 각종 증명서를 발급받을 수 있다. 따라서 이 사건 법률조항은 침해의 최소성에 위배된다. 또한, 이 사건 법률조항을 통해 달성하려는 공익에 비해 초래되는 기본권 제한의 정도가 중대하므로 법익의 균형성도 인정하기 어려워, 이 사건 법률조항은 청구인의 개인정보자기결정권을 침해한다(헌재 2016. 6. 30. 2015헌마924).

③ ◎ 심판대상조항의 입법목적은 공공성을 지닌 전문직인 변호사에 관한 정보를 널리 공개하여 법률서비스 수요자가 필요한 정보를 얻는 데 도움을 주고, 변호사시험 관리 업무의 공정성과 투명성을 간접적으로 담보하는 데 있다. 심판대상조항은 법무부장관이 시험 관리 업무를 위하여 수집한 응시자의 개인정보 중 합격자의 성명을 공개하도록 하는 데 그치므로, 청구인들의 개인정보자기결정권이 제한되는 범위와 정도는 매우 제한적이다. 합격자 명단이 공고되면 누구나, 언제든지 이를 검색할 수 있으므로, 심판대상조항은 공공성을 지닌 전문직인 변호사의 자격 소지에 대한 일반 국민의 신뢰를 형성하는 데 기여하며, 변호사에 대한 정보를 얻는 수단이 확보되어 법률서비스 수요자의 편의가 증진된다. 합격자 명단을 공고하는 경우, 시험 관리 당국이 더 엄정한 기준과 절차를 통해 합격자를 선정할 것이 기대되므로 시험 관리 업무의 공정성과 투명성이 강화될 수 있다. 따라서 심판대상조항이 과잉금지원칙에 위배되어 청구인들의 개인정보자기결정권을 침해한다고 볼 수 없다(헌재 2020. 3. 26. 2018헌마77).

④ ◎ 심판대상조항은 정치적 의사표현이 가장 긴요한 선거운동기간 중에 인터넷언론사 홈페이지 게시판 등 이용자로 하여금 실명확인을 하도록 강제함으로써 익명표현의 긍정적 효과까지도 사전적·포괄적으로 차단하므로 익명표현의 자유와 언론의 자유에 대한 지나친 제약에 해당한다. 더군다나 심판대상조항이 익명표현의 부정적 효과를 방지하기 위하여 모든 익명표현을 규제함으로써 대다수 국민의 개인정보자기결정권도 광범위하게 제한하고 있다는 점에서 이와 같은 불이익은 선거의 공정성 유지라는 공익보다 결코 과소평가될 수는 없다. 이처럼 심판대상조항을 통하여 달성하려는 선거의 공정성이라는 공익이 익명표현의 자유와 개인정보자기결정권 등의 제약 정도보다 크다고 단정할 수 없는 이상 심판대상조항은 법익의 균형성 또한 갖추지 못하였다. 따라서 심판대상조항은 과잉금지원칙에 반하여 익명표현의 자유와 언론의 자유, 그리고 개인정보자기결정권 등을 침해한다(헌재 2021. 1. 28. 2018헌마456).

10
정답 ④

④ ✖

통신비밀보호법 제7조(국가안보를 위한 통신제한조치) ① 대통령령이 정하는 정보수사기관의 장(이하 "情報搜査機關의 長"이라 한다)은 국가안전보장에 상당한 위험이 예상되는 경우 또는 「국민보호와 공공안전을 위한 테러방지법」 제2조 제6호의 대테러활동에 필요한 경우에 한하여 그 위해를 방지하기 위하여 이에 관한 정보수집이 특히 필요한 때에는 다음 각호의 구분에 따라 통신제한조치를 할 수 있다.

1. **통신의 일방 또는 쌍방당사자가 내국인인 때에는 고등법원 수석판사의 허가**를 받아야 한다. 다만, 군용전기통신법 제2조의 규정에 의한 군용전기통신(작전수행을 위한 전기통신에 한한다)에 대하여는 그러하지 아니하다.
2. 대한민국에 적대하는 국가, 반국가활동의 혐의가 있는 외국의 기관·단체와 외국인, 대한민국의 통치권이 사실상 미치지 아니하는 한반도내의 집단이나 외국에 소재하는 그 산하단체의 구성원의 통신인 때 및 제1항 제1호 단서의 경우에는 서면으로 **대통령의 승인**을 얻어야 한다.

① ◎ 통신비밀보호법 제3조 제1항이 "공개되지 아니한 타인간의 대화를 녹음 또는 청취하지 못한다"라고 정한 것은, 대화에 원래부터 참여하지 않는 제3자가 그 대화를 하는 타인들 간의 발언을 녹음해서는 아니 된다는 취지이다. 3인 간의 대화에 있어서 그 중 한 사람이 그 대화를 녹음하는 경우에 다른 두 사람의 발언은 그 녹음자에 대한 관계에서 '타인 간의 대화'라고 할 수 없으므로, 이와 같은 녹음행위가 통신비밀보호법 제3조 제1항에 위배된다고 볼 수는 없다(대판 2006. 10. 12. 2006도4981).

② ◎ 자유로운 의사소통은 통신내용의 비밀을 보장하는 것만으로는 충분하지 아니하고 구체적인 통신관계의 발생으로 야기된 모든 사실관계, 특히 통신관여자의 인적 동일성·통신장소·통신횟수·통신시간 등 통신의 외형을 구성하는 통신이용의 전반적 상황의 비밀까지도 보장한다(헌재 2018. 6. 28. 2012헌마538).

③ ◎

통신비밀보호법 제13조(범죄수사를 위한 통신사실 확인자료제공의 절차) ⑦ 전기통신사업자는 검사, 사법경찰관 또는 정보수사기관의 장에게 통신사실 확인자료를 제공한 때에는 자료제공현황 등을 연 2회 과학기술정보통신부장관에게 보고하고, 해당 통신사실 확인자료 제공사실등 필요한 사항을 기재한 대장과 통신사실 확인자료제공요청서등 관련자료를 통신사실확인자료를 제공한 날부터 7년간 비치하여야 한다.

11
정답 ④

④ ✖ 공무원은 각종 노무의 대가로 얻는 수입에 의존하여 생활하는 사람이라는 점에서 통상적인 의미의 근로자적인 성격을 갖지만, 국민전체에 대하여 봉사하고 책임을 져야 하는 특별한 지위에 있고 직무를 수행함에 있어서 공공성, 공정성, 성실성, 중립성 등이 요구되기 때문에 일반근로자와는 달리 특별한 근무관계에 있다. 따라서 공무원의 보수, 수당 등 근무조건은 위와 같은 근로관계의 특수성과 예산상 한계를 고려하여 독자적인 법률 및 하위법령으로 규율하고 있으며, 이는 근로기준법보다 우선적으로 적용된다. …… 위와 같은 사정들을 고려한다면, 수당 산정에 있어 심판대상조항들에서 규정한 공무원의 초과근무수당 산정방법이 근로기준법보다 불리하다 하더라도 이는 불가피한 것이다. 한편, 근로기준법은 헌법에 따라 근로조건의 기준을 정함으로써 근로자의 기본적 생활

을 보장, 향상시키고 균형 있는 국민경제의 발전을 꾀할 수 있도록 최소한의 근로조건을 법률로 정한 것으로(근로기준법 제1조), 근로자 개인의 근로조건 향상을 목적으로 한다. 이와 같은 목적으로 제정된 근로기준법에서 초과근무수당을 예외 없이 통상임금의 50% 이상을 가산하여 지급하도록 한 것은(근로기준법 제56조) 근로자에게 더 큰 피로와 긴장을 주면서 생활상의 자유 시간을 제한하는 초과근무에 대하여 사용자로 하여금 정상적인 시간의 근로보다 더 많은 금전적 보상을 하도록 함으로써, 될 수 있는 한 근로자의 초과근무를 억제하려는 것이다. 초과근무를 억제하기 위해서는 초과근무에 대한 금전적 보상이 많을수록 효과적이므로, 이를 위하여 근로기준법에서는 심판대상조항들보다 유리한 초과근무수당 산정방식을 취하고 있다. 그런데 공무원의 경우에는 공무상 필요한 경우에 한하여 부득이하게 초과근무를 하게 되므로, 이를 억제하기 위한 별도의 조치가 필요하지 않다. 따라서 공무원들에 대해 근로기준법에 규정된 초과근무수당보다 적은 액수의 초과근무수당을 지급한다고 하여 이를 불합리한 차별이라고 보기 어렵다(헌재 2017. 8. 31. 2016헌마404).

① ⭕ 현역병 및 사회복무요원과 달리 공무원의 초임호봉 획정에 인정되는 경력에 산업기능요원의 경력을 제외하도록 한 공무원보수규정은 산업기능요원인 청구인의 평등권을 침해하지 않는다(헌재 2016. 6. 30. 2014헌마192).

② ⭕ 도보나 자기 소유 교통수단 또는 대중교통수단 등을 이용하여 출퇴근하는 산업재해보상보험(이하 '산재보험'이라 한다) 가입 근로자(이하 '비혜택근로자'라 한다)는 사업주가 제공하거나 그에 준하는 교통수단을 이용하여 출퇴근하는 산재보험 가입 근로자(이하 '혜택근로자'라 한다)와 같은 근로자인데도 사업주의 지배관리 아래 있다고 볼 수 없는 통상적 경로와 방법으로 출퇴근하던 중에 발생한 재해(이하 '통상의 출퇴근 재해'라 한다)를 업무상 재해로 인정받지 못한다는 점에서 차별취급이 존재한다. 사업장 규모나 재정여건의 부족 또는 사업주의 일방적 의사나 개인 사정 등으로 출퇴근용 차량을 제공받지 못하거나 그에 준하는 교통수단을 지원받지 못하는 비혜택근로자는 비록 산재보험에 가입되어 있다 하더라도 출퇴근 재해에 대하여 보상을 받을 수 없는데, 이러한 차별을 정당화할 수 있는 합리적 근거를 찾을 수 없다. 통상의 출퇴근 재해를 산재보험법상 업무상 재해로 인정할 경우 산재보험 재정상황이 악화되거나 사업주 부담 보험료가 인상될 수 있다는 문제점은 보상대상을 제한하거나 근로자에게도 해당 보험료의 일정 부분을 부담시키는 방법 등으로 어느 정도 해결할 수 있다. 반면에 통상의 출퇴근 중 재해를 입은 비혜택근로자는 가해자를 상대로 불법행위 책임을 물어도 충분한 구제를 받지 못하는 것이 현실이고, 심판대상조항으로 초래되는 비혜택근로자와 그 가족의 정신적·신체적 혹은 경제적 불이익은 매우 중대하다. 따라서 심판대상조항은 합리적 이유 없이 비혜택근로자를 자의적으로 차별하는 것이므로, 헌법상 평등원칙에 위배된다(헌재 2016. 9. 29. 2014헌바254).

③ ⭕ '65세 이후 고용된 자'의 경우 고용보험법상 고용안정·직업능력개발사업의 지원대상에는 포함되지만, 실업급여의 지급목적, 경제활동인구의 연령별 비율, 보험재정상태 등을 고려하여 '65세 이전에 고용된 자'와 달리 이직 시 실업급여를 지급하지 않는다고 해서 이를 합리적인 이유 없는 차별이라고 단정할 수 없다. '65세 이후 고용된 자'도 실업이라는 사회적 위험으로부터 보호되어야 할 필요성, 고령층의 경제활동인구 비율 증가 등을 고려하여 실업급여 지급대상을 확대하는 것이 바람직할 수 있으나, 보험재정이나 우리의 사회보장을 위한 전반적인 법률체계 등을 고려할 때 이를 한꺼번에 모두 해결하기는 어려우며, 단계적인 개선을 통하여 해결해 나가는 수밖에 없을 것이다. 이상에서 본 바와 같이, 심판대상조항이 '65세 이후 고용' 여부를 기준으로 실업급여 적용 여부를 달리한 것은 합리적 이유가 있다고 할 것이므로, 이로 인해 청구인의 평등권이 침해되었다고 보기 어렵다(헌재 2018. 6. 28. 2017헌마238).

12

정답 ②

② ❌

> **정당법 제22조(발기인 및 당원의 자격)** ① 국회의원 선거권이 있는 자는 공무원 그 밖에 그 신분을 이유로 정당가입이나 정치활동을 금지하는 다른 법령의 규정에 불구하고 누구든지 정당의 발기인 및 당원이 될 수 있다. 다만, 다음 각 호의 어느 하나에 해당하는 자는 그러하지 아니하다.
> 1. 「국가공무원법」 제2조(공무원의 구분) 또는 「지방공무원법」 제2조(공무원의 구분)에 규정된 공무원. 다만, **대통령, 국무총리, 국무위원, 국회의원, 지방의회의원, 선거에 의하여 취임하는 지방자치단체의 장**, 국회 부의장의 수석비서관·비서관·비서·행정보조요원, 국회 상임위원회·예산결산특별위원회·윤리특별위원회 위원장의 행정보조요원, 국회의원의 보좌관·비서관·비서, 국회 교섭단체대표의원의 행정비서관, 국회 교섭단체의 정책연구위원·행정보조요원과 「고등교육법」 제14조(교직원의 구분) 제1항·제2항에 따른 교원은 제외한다.
> 2. 「고등교육법」 제14조 제1항·제2항에 따른 교원을 제외한 사립학교의 교원
> 3. 법령의 규정에 의하여 공무원의 신분을 가진 자

① ⭕ 직업공무원제도는 공무원이 집권세력의 논공행상의 제물이 되는 엽관제도를 지양하고 정권교체에 따른 국가작용의 중단과 혼란을 예방하며 일관성 있는 공무수행의 독자성을 유지하기 위하여 헌법과 법률에 의하여 공무원의 신분이 보장되는 공직구조에 관한 제도이다. 이러한 직업공무원제도를 운영함에 있어서는 인사의 공정성을 유지하는 장치가 중요하지만 특히 공무원의 정치적 중립과 신분보장은 그 중추적 요소라고 할 수 있다(헌재 2004. 11. 25. 2002헌바8).

③ ⭕ 직업공무원제도란 정권교체에 따른 국가작용의 중단과 혼란을 예방하고 일관성 있게 소신과 능력에 따라 국민 전체를 위한 직무수행이 가능하도록 하기 위한 것으로 직업공무원의 생계보호와 직업보호의 측면도 아울러 가지며 신분보장은 공무담임권에 의해서도 보장된다.

④ ⭕ 헌재 2016. 2. 25. 2013헌바435

13

정답 ①

① ❌ 헌법 제12조 제1항 후문과 제3항에 규정된 적법절차의 원칙은 형사절차상의 제한된 범위뿐만 아니라 국가작용으로서 모든 입법 및 행정작용에도 광범위하게 적용된다(헌재 2009. 6. 25. 2007헌마451).

② ⭕ 개인정보자기결정권은 자신에 관한 정보가 언제 누구에게 어느 범위까지 알려지고 또 이용되도록 할 것인지를 그 정보주체가 스스로 결정할 수 있는 권리로서, 헌법 제10조 제1문에서 도출되는 일반적 인격권 및 헌법 제17조의 사생활의 비밀과 자유에 의하여 보장된다(헌재 2018. 8. 30. 2016헌마483).

③ ⭕ 헌법 제12조 제3항은 "체포·구속·압수 또는 수색을 할 때에는 적법한 절차에 따라 검사의 신청에 의하여 법관이 발부한 영장을 제시하여야 한다."라고 규정하고, 헌법 제16조는 "주거에 대한 압수나 수색을 할 때에는 검사의 신청에 의하여 법관이 발부한 영장을 제시하여야 한다."라고 규정함으로써 영장주의를 헌법적 차원에서 보장하고 있다. 우리 헌법이 채택하여 온 영장주의는 형사절차와 관련하여 체포·구속·압수·수색 등의 강제처분을 함에 있어서는 사법권 독립에 의하여 신분이 보장되는 법관이 발부한 영장에 의하지 않으면 아니 된다는 원칙이다(헌재 2019. 9. 26. 2016헌바381).

④ ⊙ 법무부장관의 일방적 명령에 의하여 변호사 업무를 정지시키는 것은 당해 변호사가 자기에게 유리한 사실을 진술하거나 필요한 증거를 제출할 수 있는 청문의 기회가 보장되지 아니하여 적법절차를 존중하지 아니한 것이 된다(헌재 1990. 11. 19. 90헌가48).

14
정답 ②

② ✕ 대체유류에는 적법하게 제조되어 석유사업법상 처벌대상이 되지 않는 석유대체연료를 포함하는 것이므로 '대체유류'를 제조하였다고 신고하는 것이 곧 석유사업법을 위반하였음을 시인하는 것과 마찬가지라고 할 수 없고, 신고의무 이행시 진행되는 과세절차가 곧바로 석유사업법위반죄 처벌을 위한 자료의 수집·획득 절차로 이행되는 것도 아니다. 따라서 교통·에너지·환경세법 제7조 제1항은 형사상 불이익한 사실의 진술을 강요한 것으로 볼 수 없으므로 진술거부권을 제한하지 아니한다(헌재 2014. 7. 24. 2013헌바177).

① ⊙ 20년도 육군지시 자진신고조항은 민간법원에서 약식명령을 받아 확정된 사실만을 자진신고 하도록 하고 있는바, 위 사실 자체는 형사처벌의 대상이 아니고 약식명령의 내용이 된 범죄사실의 진위 여부를 밝힐 것을 요구하는 것도 아니므로, 범죄의 성립과 양형에서의 불리한 사실 등을 말하게 하는 것이라 볼 수 없다(헌재 2021. 8. 31. 2020헌마12).

③ ⊙ 재산목록을 제출하고 그 진실함을 법관 앞에서 선서하는 것은 개인의 인격형성에 관계되는 내심의 가치적·윤리적 판단에 해당하지 않아 양심의 자유의 보호대상이 아니고, 감치의 제재를 통해 이를 강제하는 것이 형사상 불이익한 진술을 강요하는 것이라고 할 수 없으므로, 민사집행법상 재산명시의무를 위반한 채무자에 대하여 법원이 결정으로 20일 이내의 감치에 처하도록 규정한 심판대상조항은 청구인의 양심의 자유 및 진술거부권을 침해하지 아니한다(헌재 2014. 9. 25. 2013헌마11).

④ ⊙ 헌법 제12조 제2항은 "모든 국민은 고문을 받지 아니하며, 형사상 자기에게 불리한 진술을 강요당하지 아니한다."고 규정하여 형사책임에 관하여 자신에게 불이익한 진술을 강요당하지 아니할 것을 국민의 기본권으로 보장하고 있다. 진술거부권은 형사절차뿐만 아니라 행정절차나 국회에서의 조사절차 등에서도 보장되고, 현재 피의자나 피고인으로서 수사 또는 공판절차에 계속 중인 사람뿐만 아니라 장차 피의자나 피고인이 될 사람에게도 보장된다(헌재 2015. 9. 24. 2012헌바410).

15
정답 ④

④ ✕ 금고 이상의 형의 선고유예를 받은 경우에는 군무원직에서 당연히 퇴직하는 것으로 규정한 구 군무원인사법 제27조 중 같은 법 제10조에 의한 국가공무원법 제33조 제1항 제5호 부분은 헌법 제25조에 규정된 공무담임권을 침해한다(헌재 2007. 6. 28. 2007헌가3).

① ⊙ 헌법 제25조는 "모든 국민은 법률이 정하는 바에 의하여 공무담임권을 가진다."고 하여 공무담임권을 기본권으로 보장하고 있다. 공무담임권이란 입법부, 집행부, 사법부는 물론 지방자치단체 등 국가, 공공단체의 구성원으로서 그 직무를 담당할 수 있는 권리를 말한다. 여기서 직무를 담당한다는 것은 모든 국민이 현실적으로 그 직무를 담당할 수 있다고 하는 의미가 아니라, 국민이 공무담임에 관한 자의적이지 않고 평등한 기회를 보장받음을 의미하는바, 공무담임권의 보호영역에는 공직취임의 기회의 자의적인 배제뿐만 아니라, 공무원 신분의 부당한 박탈까지 포함되는 것이라고 할 것이다(헌재 2002. 8. 29. 2001헌마788).

② ⊙ 선출직 공무원과 달리 직업공무원에게는 정치적 중립성과 더불어 효율적으로 업무를 수행할 수 있는 능력이 요구되므로, 직업공무원의 공직진출에 관한 규율은 임용희망자의 능력·전문성 등 능력주의를 바탕으로 이루어져야 한다(헌재 2023. 2. 23. 2019헌마401). 헌법은 이 점을 명시적으로 밝히고 있지 아니하지만, 헌법 제7조에서 보장하는 직업공무원제도의 기본적 요소에 능력주의가 포함되는 점에 비추어 헌법 제25조의 공무담임권 조항은 모든 국민이 누구나 그 능력과 적성에 따라 공직에 취임할 수 있는 균등한 기회를 보장함을 내용으로 한다고 할 것이다(헌재 2003. 9. 25. 2003헌마30).

③ ⊙ 심판대상조항이 교육의원이 되고자 하는 사람에게 5년 이상의 교육경력 등을 요구하는 것은, 교육전문가가 교육·학예에 관한 중요안건을 심의·의결할 수 있도록 하여 교육의 전문성을 확보하고, 교육이 외부의 부당한 간섭에 영향받지 않도록 교육의 자주성을 달성하기 위한 것이다. 뿐만 아니라 청구인들로서는 심판대상조항이 규정한 교육경력 등을 갖추지 못하였다고 하여도 도의회의원선거에 출마하여 일반 도의회의원으로 제주특별자치도의 교육위원이 될 수 있는 길이 열려 있다. 결국 심판대상조항은 전문성이 담보된 교육의원이 교육위원회의 구성원이 되도록 하여 헌법 제31조 제4항이 보장하고 있는 교육의 자주성·전문성·정치적 중립성을 보장하면서도 지방자치의 이념을 구현하기 위한 것으로서, 지방교육에 있어서 경력요건과 교육전문가의 참여 범위에 관한 입법재량의 범위를 일탈하여 그 합리성이 결여되어 있다거나 필요한 정도를 넘어 청구인들의 공무담임권을 침해하는 것이라 볼 수 없다(헌재 2020. 9. 24. 2018헌마444).

16
정답 ②

② ✕

> **지방자치법 제47조(지방의회의 의결사항)** ① 지방의회는 다음 각 호의 사항을 의결한다.
> 1. 조례(규칙 ✕)의 제정·개정 및 폐지
> 2. 예산의 심의·확정
> 3. 결산의 승인
> 4. 법령에 규정된 것을 제외한 사용료·수수료·분담금·지방세 또는 가입금의 부과와 징수
> 5. 기금의 설치·운용
> 6. 대통령령으로 정하는 중요 재산의 취득·처분
> 7. 대통령령으로 정하는 공공시설의 설치·처분
> 8. 법령과 조례에 규정된 것을 제외한 예산 외의 의무부담이나 권리의 포기
> 9. 청원의 수리와 처리
> 10. 외국 지방자치단체와의 교류·협력
> 11. 그 밖에 법령에 따라 그 권한에 속하는 사항
>
> **지방자치법 제49조(행정사무 감사권 및 조사권)** ① 지방의회는 매년 1회 그 지방자치단체의 사무에 대하여 시·도에서는 14일의 범위에서, 시·군 및 자치구에서는 9일의 범위에서 감사를 실시하고, 지방자치단체의 사무 중 특정 사안에 관하여 본회의 의결로 본회의나 위원회에서 조사하게 할 수 있다.

③ ⊙ 지방자치단체는 헌법 또는 법률에 의하여 부여받은 그의 권한, 즉 지방자치단체의 사무에 관한 권한이 침해되거나 침해될 우려가 있는 때에 한하여 권한쟁의심판을 청구할 수 있다고 할 것인데, 도시계획사업실시계획인가사무는 건설교통부장관으로부터 시·도지사에게 위임되었고 다시 시장·군수에게 재위임된 기관위임사무로서 국가사무라고 할 것이므로, 청구인의 이 사건 심판청구 중 도시계획사업실시계획인가처분에 대한 부분은 지방자치단체의 권한에 속하지 아니하는 사무에 관한 것으로서 부적법하다고 할 것이다(헌재 1999. 7. 22. 98헌라4).

④ ⭕ 감사원법은 지방자치단체의 위임사무나 자치사무의 구별 없이 합법성 감사뿐만 아니라 합목적성 감사도 허용하고 있으나(헌재 2008. 5. 29. 2005헌라3) 중앙행정기관은 위법사항에 대해서만 감사를 할 수 있다(지방자치법 제190조 제1항 참조).

17 정답 ③

③ ❌ 이 사건 법률조항이 불완전·불충분하게 규정되어, 직계혈족이 가정폭력의 가해자로 판명된 경우 주민등록법 제29조 제6항 및 제7항과 같이 가정폭력 피해자가 가정폭력 가해자를 지정하여 가족관계증명서 및 기본증명서의 교부를 제한하는 등의 가정폭력 피해자의 개인정보를 보호하기 위한 구체적 방안을 마련하지 아니한 부진정입법부작위가 과잉금지원칙을 위반하여 청구인의 개인정보자기결정권을 침해한다(헌재 2020. 8. 28. 2018헌마927).

① ⭕ 양육비 대지급제 등 양육비 이행의 실효성을 더 높이는 내용의 법률을 제정할 헌법의 명시적인 입법위임이 존재한다고 볼 수 없고, 헌법해석상 기존의 양육비 이행을 확보하기 위하여 마련된 여러 입법 이외에 양육비 대지급제 등과 같은 구체적·개별적 사항에 대한 입법의무가 새롭게 발생된다고도 볼 수 없으므로, 이 사건 심판청구는 헌법소원의 대상이 될 수 없는 진정입법부작위를 심판대상으로 한 것으로서 부적법하다(헌재 2021. 12. 23. 2019헌마168).

② ⭕ 의료인이 아닌 사람도 문신시술을 업으로 행할 수 있도록 그 자격 및 요건을 법률로 제정하도록 하는 내용의 명시적인 입법위임은 헌법에 존재하지 않으며, 문신시술을 위한 별도의 자격제도를 마련할지 여부는 여러 가지 사회적·경제적 사정을 참작하여 입법부가 결정할 사항으로, 그에 관한 입법의무가 헌법해석상 도출된다고 보기는 어렵다(헌재 2022. 3. 31. 2017헌마1343).

④ ⭕ 피청구인이 '북한주민 등에 대한 인권유린의 증거조사 및 기록보존을 위한 제도적 장치를 마련하고, 인권유린의 중단 및 예방조치를 강구하기 위한 법률'을 마련하지 않음으로써 자신들의 기본권이 침해되었다는 청구인들의 주장은 위와 같은 북한인권법의 제정으로 모두 해소되었으므로, 이 사건 심판청구의 권리보호이익은 소멸되었고, 달리 헌법적 해명의 필요성도 찾아보기 어렵다(헌재 2016. 4. 28. 2013헌마266).

18 정답 ④

④ ❌ 재판을 청구할 수 있는 기간을 정하는 것은 입법자가 그 입법형성재량에 기초한 정책적 판단에 따라 결정할 문제이고 합리적인 재량의 한계를 일탈하지 아니하는 한 위헌이라고 판단할 것은 아니다. 독촉절차에서의 지급명령에 대한 이의신청 기간을 단기로 제한하는 것은 경미하고 간이한 사건들을 신속하게 처리함으로써 사법자원의 효율적인 배분을 통하여 국민의 재판청구권을 충실하게 보장하고자 하는 독촉절차의 취지에 비추어 그 필요성을 인정할 수 있다. 민사소송법에 따른 독촉절차에서의 지급명령은 대한민국에서 채무자에게 공시송달 외의 방법으로 송달할 수 있는 경우에 한하여 허용되고, 채무자에게 송달이 이루어진 경우에만 원칙적으로 그 효력이 인정된다. 즉, 채무자가 지급명령신청서를 확인할 수 있는 상태에 있음을 전제로 그때부터 이의신청 기간을 기산하는 것이다. 더욱이 민사소송법상 이의신청 방법에 관한 특별한 규정이 없으므로 서면뿐만 아니라 구두로도 이의가 가능하고, 불복의 이유나 방어방법을 구체적으로 밝힐 필요도 없다. 이의신청에는 인지를 붙이지 아니하고, 송달료도 납부할 필요가 없다. 이러한 사정들을 종합하면 사법보좌관의 지급명령에 대한 2주의 이의신청 기간이 지나치게 짧아 입법재량의 한계를 일탈함으로써 재판청구권을 침해한다고 할 수 없다(헌재 2020. 12. 23. 2019헌바353).

① ⭕ 공무원과 일반근로자는 그 직무 성격의 차이로 인하여 근로조건을 정하는 방식이나 내용에 있어서 차이가 있을 뿐만 아니라 근로자의 날을 법정유급휴일로 정할 필요성에 있어서도 차이가 있다. 따라서 심판대상조항이 근로자의 날을 공무원의 법정유급휴일에 해당하는 관공서 공휴일로 규정하지 않은 데에는 합리적인 이유가 있다 할 것이므로, 심판대상조항이 청구인들의 평등권을 침해한다고 볼 수 없다(헌재 2015. 11. 26. 2015헌마756).

② ⭕ 헌재 2019. 11. 28. 2018헌바335

③ ⭕ 사법보좌관에게 민사소송법에 따른 독촉절차에서의 법원의 사무를 처리할 수 있도록 규정한 법원조직법 제54조 제2항 제1호 중 '민사소송법에 따른 독촉절차에서의 법원의 사무'에 관한 부분(이하 '이 사건 법원조직법 조항'이라 한다)이 법관에 의한 재판받을 권리를 침해하는지 여부(소극) 법원조직법 및 사법보좌관규칙 등에서 전문성과 능력을 갖춘 사법보좌관을 선발할 수 있도록 객관적인 선발자격 및 절차에 관하여 규정하고 있고, 사법보좌관에 관한 법관의 구체적 감독권, 사법보좌관에 대한 제척·기피·회피절차 등 사법보좌관의 공정성과 중립성을 확보할 수 있는 여러 보장 장치를 마련하고 있다. 따라서 이 사건 법원조직법 조항이 입법재량권의 한계를 벗어난 자의적인 입법으로 법관에 의한 재판받을 권리를 침해한다고 할 수 없다(헌재 2020. 12. 23. 2019헌바353).

19 정답 ②

② ❌ 광고도 사상·지식·정보 등을 불특정다수인에게 전파하는 것으로서 언론·출판의 자유에 의한 보호를 받는 대상이 됨은 물론이고, 상업적 광고표현 또한 보호 대상이 된다(헌재 2018. 6. 28. 2016헌가8).

① ⭕ 특정한 정당이나 정치인에 대한 정치자금의 기부는 그의 정치활동에 대한 지지·지원인 동시에 정책적 영향력 행사의 의도 또는 가능성을 내포하고 있다는 점에서 일종의 정치활동 내지 정치적인 의사표현이라 할 것인바, 누구든지 단체와 관련된 자금으로 정치자금을 기부할 수 없도록 한 이 사건 기부금지 조항은 정치활동의 자유 내지 정치적 의사표현의 자유에 대한 제한이 된다고 볼 수 있다(헌재 2010. 12. 28. 2008헌바89).

③ ⭕ '청소년이용음란물' 역시 의사형성적 작용을 하는 의사의 표현·전파의 형식 중 하나임이 분명하므로 언론·출판의 자유에 의하여 보호되는 의사표현의 매개체라는 점에는 의문의 여지가 없는바, 이 사건 법률 제2조 제3호 및 제8조 제1항은 이의 제작·수입·수출 행위를 처벌함으로써 위와 같은 의사표현의 매개체에 의한 일정한 내용의 표현을 금지하고 있다는 점에서 헌법상 보장되고 있는 표현의 자유, 즉 언론·출판의 자유를 제한하는 것으로 볼 수 있다(헌재 2002. 4. 25. 2001헌가27).

④ ⭕ 헌법 제21조에서 보장하고 있는 언론·출판의 자유 즉 표현의 자유는 전통적으로는 사상 또는 의견의 자유로운 표명(발표의 자유)과 그것을 전파할 자유(전달의 자유)를 의미하고, 개인이 인간으로서의 존엄과 가치를 유지하고 행복을 추구하며 국민주권을 실현하는 데 필수불가결한 것으로서, 종교의 자유, 양심의 자유, 학문과 예술의 자유 등의 정신적인 자유를 외부적으로 표현하는 자유라고 할 수 있다(헌재 2002. 4. 25. 2001헌가27).

20 정답 ②

② ❌ 집회의 자유에 의하여 보호되는 것은 단지 '평화적' 또는 '비폭력적' 집회이다. 집회의 자유는 민주국가에서 정신적 대립과 논의의 수단으로서, 평화적 수단을 이용한 의견의 표명은 헌법적으로 보호되지만, 폭력을 사용한 의견의 강요는 헌법적으로 보호되지 않는다(헌재 2003. 10. 30. 2000헌바67).

① ◉ 집회의 자유는 개인의 인격발현의 요소이자 민주주의를 구성하는 요소라는 이중적 헌법적 기능을 가지고 있다. 인간의 존엄성과 자유로운 인격발현을 최고의 가치로 삼는 우리 헌법질서 내에서 집회의 자유도 다른 모든 기본권과 마찬가지로 일차적으로는 개인의 자기결정과 인격발현에 기여하는 기본권이다. 뿐만 아니라, 집회를 통하여 국민들이 자신의 의견과 주장을 집단적으로 표명함으로써 여론의 형성에 영향을 미친다는 점에서, 집회의 자유는 표현의 자유와 더불어 민주적 공동체가 기능하기 위하여 불가결한 근본요소에 속한다(헌재 2003. 10. 30. 2000헌바67).

③ ◉ 집회의 목적·내용과 집회의 장소는 일반적으로 밀접한 내적인 연관관계에 있기 때문에, 집회의 장소에 대한 선택이 집회의 성과를 결정짓는 경우가 적지 않다. 집회장소가 바로 집회의 목적과 효과에 대하여 중요한 의미를 가지기 때문에, 누구나 '어떤 장소에서' 자신이 계획한 집회를 할 것인가를 원칙적으로 자유롭게 결정할 수 있어야만 집회의 자유가 비로소 효과적으로 보장되는 것이다. 따라서 집회의 자유는 다른 법익의 보호를 위하여 정당화되지 않는 한, 집회장소를 항의의 대상으로부터 분리시키는 것을 금지한다(헌재 2003. 10. 30. 2000헌바67).

④ ◉ 집회의 자유는 집회의 시간, 장소, 방법과 목적을 스스로 결정할 권리를 보장한다. 집회의 자유에 의하여 구체적으로 보호되는 주요행위는 집회의 준비 및 조직, 지휘, 참가, 집회장소·시간의 선택이다. 따라서 집회의 자유는 개인이 집회에 참가하는 것을 방해하거나 또는 집회에 참가할 것을 강요하는 국가행위를 금지할 뿐만 아니라, 예컨대 집회장소로의 여행을 방해하거나, 집회장소로부터 귀가하는 것을 방해하거나, 집회 참가자에 대한 검문의 방법으로 시간을 지연시킴으로써 집회장소에 접근하는 것을 방해하는 등 집회의 자유행사에 영향을 미치는 모든 조치를 금지한다(헌재 2003. 10. 30. 2000헌바67).

01 ④ 02 ① 03 ② 04 ④ 05 ③ 06 ② 07 ④ 08 ① 09 ① 10 ②
11 ④ 12 ③ 13 ④ 14 ① 15 ④ 16 ④ 17 ① 18 ④ 19 ④ 20 ④

01
정답 ④

④ ◉ 헌법 제9조의 정신에 따라 우리가 진정으로 계승·발전시켜야 할 전통문화는 이 시대의 제반 사회·경제적 환경에 맞고 또 오늘날에 있어서도 보편타당한 전통윤리 내지 도덕관념이라 할 것이다(헌재 1997. 7. 16. 95헌가6).

① ✕ 문화국가원리의 이러한 특성은 문화의 개방성 내지 다원성의 표지와 연결되는데, 국가의 문화육성의 대상에는 원칙적으로 모든 사람에게 문화창조의 기회를 부여한다는 의미에서 모든 문화가 포함된다. 따라서 엘리트문화뿐만 아니라 서민문화, 대중문화도 그 가치를 인정하고 정책적인 배려의 대상으로 하여야 한다(헌재 2004. 5. 27. 2003헌가1).

② ✕ 오늘날 문화국가에서의 문화정책은 그 초점이 문화 그 자체에 있는 것이 아니라 문화가 생겨날 수 있는 문화풍토를 조성하는 데 두어야 한다(헌재 2004. 5. 27. 2003헌가1).

③ ✕ 헌법 제9조의 규정취지와 민족문화유산의 본질에 비추어 볼 때, 국가가 민족문화유산을 보호하고자 하는 경우 이에 관한 헌법적 보호법익은 '민족문화유산의 존속' 그 자체를 보장하는 것이고, 원칙적으로 민족문화유산의 훼손등에 관한 가치보상(價値補償)이 있는지 여부는 이러한 헌법적 보호법익과 직접적인 관련이 없다(헌재 2003. 1. 30. 2001헌바64).

02
정답 ①

① ✕ 법률유보의 원칙은 '법률에 의한' 규율만을 뜻하는 것이 아니라 '법률에 근거한' 규율을 요청하는 것이므로 기본권제한의 형식이 반드시 법률의 형식일 필요는 없고 법률에 근거를 두면서 헌법 제75조가 요구하는 위임의 구체성과 명확성을 구비하면 위임입법에 의하여도 기본권 제한을 할 수 있다(헌재 2010. 10. 28. 2007헌마890).

② ◉ 이 사건 피청구인은 청구인 ○○합섬HK지회와 ○○생명인사지원실이 제출한 옥외집회신고서를 폭력사태 발생이 우려된다는 이유로 동시에 접수하였고, 이후 상호 충돌을 피한다는 이유로 두 개의 집회신고를 모두 반려하였는바, 법의 집행을 책임지고 있는 국가기관인 피청구인으로서는 집회의 자유를 제한함에 있어 실무상 아무리 어렵더라도 법에 규정된 방식에 따라야 할 책무가 있고, 이 사건 집회신고에 관한 사무를 처리하는데 있어서도 적법한 절차에 따라 접수순위를 확정하려는 최선의 노력을 한 후, 집시법 제8조 제2항에 따라 후순위로 접수된 집회의 금지 또는 제한을 통고하였어야 한다. 만일 접수순위를 정하기 어렵다는 현실적인 이유로 중복신고된 모든 옥외집회의 개최가 법률적 근거 없이 불허되는 것이 용인된다면, 집회의 자유를 보장하고 집회의 사전허가를 금지한 헌법 제21조 제1항 및 제2항은 무의미한 규정으로 전락할 위험성이 있다. 결국 이 사건 반려행위는 법률의 근거 없이 청구인들의 집회의 자유를 침해한 것으로서 헌법상 법률유보원칙에 위반된다고 할 것이다(헌재 2008. 5. 29. 2007헌마712).

③ ◉ 위 규정은 숙취해소용 식품의 제조·판매에 관한 영업의 자유 및 광고표현의 자유를 과잉금지원칙에 위반하여 침해하는 것이다. 특히 청구인들은 "숙취해소용 천연차 및 그 제조방법"에 관하여 특허권을 획득하였음에도 불구하고 위 규정으로 인하여 특허권자인 청구인들조차 그

특허발명제품에 "숙취해소용 천연차"라는 표시를 하지 못하고 "천연차"라는 표시만 할 수밖에 없게 됨으로써 청구인들의 헌법상 보호받는 재산권인 특허권도 침해되었다(헌재 2000. 3. 30. 99헌마143).

④ ⭕ 침해의 최소성의 관점에서, 입법자는 그가 의도하는 공익을 달성하기 위하여 우선 기본권을 보다 적게 제한하는 단계인 기본권행사의 '방법'에 관한 규제로써 공익을 실현할 수 있는가를 시도하고 이러한 방법으로는 공익달성이 어렵다고 판단되는 경우에 비로소 그 다음 단계인 기본권행사의 '여부'에 관한 규제를 선택해야 한다(헌재 1998. 5. 28. 96헌가5).

03   정답 ②

② ❌ 구치소 등 수용시설 안에서는 재소자용 의류를 입더라도 일반인의 눈에 띄지 않고, 수사 또는 재판에서 변해(辯解)·방어권을 행사하는데 지장을 주는 것도 아닌 반면에, 미결수용자에게 사복을 입도록 하면 의복의 수선이나 세탁 및 계절에 따라 의복을 바꾸는 과정에서 증거인멸 또는 도주를 기도하거나 흉기, 담배, 약품 등 소지금지품이 반입될 염려 등이 있으므로 미결수용자에게 시설 안에서 재소자용 의류를 입게 하는 것은 구금 목적의 달성, 시설의 규율과 안전유지를 위한 필요최소한의 제한으로서 정당성·합리성을 갖춘 재량의 범위 내의 조치이다(헌재 1999. 5. 27. 97헌마137).

① ⭕ 인간의 존엄과 가치는 헌법상 최고의 근본규범으로 국가의 근본질서이며 법해석의 최고기준이 된다. 또한 헌법개정의 한계이자 기본권제한의 한계로서의 성격도 가지고 있다.

③ ⭕ 수형자가 인간 생존의 기본조건이 박탈된 교정시설에 수용되어 인간의 존엄과 가치를 침해당하였는지 여부를 판단함에 있어서는 1인당 수용면적뿐만 아니라 수형자 수와 수용거실 현황 등 수용시설 전반의 운영 실태와 수용기간, 국가 예산의 문제 등 제반 사정을 종합적으로 고려할 필요가 있다. 그러나 교정시설의 1인당 수용면적이 수형자의 인간으로서의 기본 욕구에 따른 생활조차 어렵게 할 만큼 지나치게 협소하다면, 이는 그 자체로 국가형벌권 행사의 한계를 넘어 수형자의 인간의 존엄과 가치를 침해하는 것이다(헌재 2016. 12. 29. 2013헌마142).

④ ⭕ 수용자를 교정시설에 수용할 때마다 전자영상 검사기를 이용하여 수용자의 항문 부위에 대한 신체검사를 하는 것이 수용자의 인격권 등을 침해하는지 여부(소극) (헌재 2011. 5. 26. 2010헌마775)

04   정답 ④

④ ❌ [1] 공무원에 대하여 국가 또는 지방자치단체의 정책에 대한 반대·방해 행위를 금지한 구 '국가공무원 복무규정' 제3조 제2항 및 구 '지방공무원 복무규정' 제1조의2 제2항이 법률유보원칙, 명확성원칙 및 과잉금지원칙에 반하여 공무원의 정치적 표현의 자유를 침해하는지 여부(소극)

[2] 공무원에 대하여 직무 수행 중 정치적 주장을 표시·상징하는 복장 등 착용행위를 금지한 '국가공무원 복무규정' 제8조의2 제2항 및 '지방공무원 복무규정' 제1조의3 제2항이 법률유보원칙, 명확성원칙 및 과잉금지원칙에 반하여 공무원의 정치적 표현의 자유를 침해하는지 여부(소극)
(헌재 2012. 5. 31. 2009헌마705)

① ⭕

> **헌법 제7조** ① 공무원은 국민전체에 대한 봉사자이며, 국민에 대하여 책임을 진다.
> ② 공무원의 신분과 정치적 중립성은 법률이 정하는 바에 의하여 보장된다.

② ⭕ 직제가 폐지되면 해당 공무원은 그 신분을 잃게 되므로 직제폐지를 이유로 공무원을 직권면직할 때는 합리적인 근거를 요하며, 직권면직이 시행되는 과정에서 합리성과 공정성이 담보될 수 있는 절차적 장치가 요구된다(헌재 2004. 11. 25. 2002헌바8).

③ ⭕ 직업공무원제도는 헌법이 보장하는 제도적 보장 중의 하나임이 분명하므로 입법자는 직업공무원제도에 관하여 '최소한 보장'의 원칙의 한계 안에서 폭넓은 입법형성의 자유를 가진다(헌재 1997. 4. 24. 95헌바48).

05   정답 ③

③ ❌ 운전 중 휴대용 전화를 사용할 자유는 헌법 제10조의 행복추구권에서 나오는 일반적 행동자유권의 보호영역에 속한다. 이 사건 법률조항은 운전 중 휴대용 전화를 사용하지 아니할 의무를 지우고 이에 위반했을 때 형벌을 부과하고 있으므로 청구인의 일반적 행동자유권을 제한한다(헌재 2021. 6. 24. 2019헌바5).

① ⭕ 심판대상조항은 국가의 안전보장이라는 정당한 입법목적을 달성하기 위하여 예비군 훈련의무를 형사처벌로써 강제한다. 예비군대원은 훈련에 불참할 경제적, 사회적, 개인적 유인이 많은 만큼 그 참여를 보장하기 위한 법적 강제가 필요하고, 행정적 제재와 같이 경제적 부담을 감수하는 정도의 제재만으로는 예비군 훈련 참석이 심판대상조항과 같은 수준으로 보장될 것으로 판단하기 어렵다. 심판대상조항은 법정형에 하한을 두지 않아 양형조건을 고려하여 선고형을 조절할 수 있고, 정당한 사유가 있는 경우는 처벌하지 않는다. 따라서 심판대상조항은 과잉금지원칙에 반하여 청구인의 일반적 행동자유권을 침해하지 아니한다(헌재 2021. 2. 25. 2016헌마757).

② ⭕ 헌재 2019. 4. 11. 2017헌바127

④ ⭕ 헌재 2020. 2. 27. 2017헌마1339

06   정답 ②

② ❌ 부담금은 조세에 대한 관계에서 어디까지나 예외적으로만 인정되어야 하며, 어떤 공적 과제에 관한 재정조달을 조세로 할 것인지 아니면 부담금으로 할 것인지에 관하여 입법자의 자유로운 선택권을 허용하여서는 안 된다. 부담금 납부의무자는 재정조달 대상인 공적 과제에 대하여 일반국민에 비해 '특별히 밀접한 관련성'을 가져야 하며, 부담금이 장기적으로 유지되는 경우에 있어서는 그 징수의 타당성이나 적정성이 입법자에 의해 지속적으로 심사될 것이 요구된다(헌재 2004. 7. 15. 2002헌바42).

① ⭕ 이혼시 재산분할을 청구하여 상속세 인적공제액을 초과하는 재산을 취득한 경우 그 초과부분에 대하여 증여세를 부과하는 것은, 증여세제의 본질에 반하여 증여라는 과세원인 없음에도 불구하고 증여세를 부과하는 것이어서 현저히 불합리하고 자의적이며 재산권보장의 헌법이념에 부합하지 않으므로 실질적 조세법률주의에 위배된다(헌재 1997. 10. 30. 96헌바14).

③ ⭕ 부부간의 인위적인 자산 명의의 분산과 같은 가장행위 등은 상속세및증여세법상 증여의제규정 등을 통해서 방지할 수 있고, 부부의 공동생활에서 얻어지는 절약가능성을 담세력과 결부시켜 조세의 차이를 두는 것은 타당하지 않으며, 자산소득이 있는 모든 납세의무자 중에서 혼인한 부부가 혼인하였다는 이유만으로 혼인하지 않은 자산소득자보다 더 많은 조세부담을 하여 소득을 재분배하도록 강요받는 것은 부당하며, 부부 자산소득 합산과세를 통해서 혼인한 부부에게 가하는 조세부담의 증가라는 불이익이 자산소득합산과세를 통하여 달성하는 사회적 공익보다 크다고 할 것이므로, 소득세법 제61조 제1항이 자산소득합산과세의 대상이 되는 혼인한 부부를 혼인하지 않은 부부나 독신자에 비하여 차별

취급하는 것은 헌법상 정당화되지 아니하기 때문에 헌법 제36조 제1항에 위반된다(헌재 2002. 8. 29. 2001헌바82).

④ ○ 담세능력의 원칙은 소득이 많으면 그에 상응하여 많이 과세되어야 한다는 것, 즉 담세능력이 큰 자는 담세능력이 작은 자에 비하여 더 많은 세금을 낼 것과, 최저생계를 위하여 필요한 경비는 과세로부터 제외되어야 한다는 최저생계를 위한 공제를 요청할 뿐 입법자로 하여금 소득세법에 있어서 반드시 누진세율을 도입할 것까지 요구하는 것은 아니다(헌재 1999. 11. 25. 98헌마55).

07   정답 ④
① ○, ② ○, ③ ○, ④ ✗

> 헌법 제128조 ① 헌법개정은 국회재적의원 과반수 또는 대통령의 발의로 제안된다.
> 헌법 제129조 제안된 헌법개정안은 대통령이 20일 이상의 기간 이를 공고하여야 한다.
> 헌법 제130조 ① 국회는 헌법개정안이 공고된 날로부터 60일 이내에 의결하여야 하며, 국회의 의결은 재적의원 3분의 2 이상의 찬성을 얻어야 한다.
> ② 헌법개정안은 국회가 의결한 후 30일 이내에 국민투표에 붙여 국회의원선거권자 과반수의 투표와 투표자 과반수의 찬성을 얻어야 한다.
> ③ 헌법개정안이 제2항의 찬성을 얻은 때에는 헌법개정은 확정되며, 대통령은 즉시 이를 공포하여야 한다.

08   정답 ①

㉠ ○ 지역구국회의원선거 예비후보자의 기탁금 반환 사유로 예비후보자가 당의 공천심사에서 탈락하고 후보자등록을 하지 않았을 경우를 규정하지 않은 공직선거법(2010. 1. 25. 법률 제9974호로 개정된 것) 제57조 제1항 제1호 다목 중 지역구국회의원선거와 관련된 부분은 청구인의 재산권을 침해한다(헌재 2018. 1. 25. 2016헌마541).

㉡ ○ 선거비용 보전 제한조항은 예비후보자 선거비용을 보전하지 않도록 규정함으로써 지역구국회의원선거 후보자들이 이를 부담하도록 하고 있으므로, 이것이 헌법이 정하고 있는 선거공영제에 반하여 청구인들의 선거운동의 자유를 침해하는 것인지 문제된다. …… 이와 같이 선거비용의 상당 부분을 공적으로 부담하고 있거나 선거비용액의 상한을 제한하여 전체적으로 후보자의 부담을 경감시켜주고 있는 점을 고려한다면 예비후보자 선거비용을 후보자가 부담한다고 하더라도 그것이 지나치게 다액이라서 선거공영제의 취지에 반하는 정도에 이른다고 할 수는 없다. …… 선거비용 보전 제한조항이 달성하려는 공익은 선거가 조기에 과열되거나 불필요한 선거운동이 남용되어 선거 과정이 혼탁해지는 것을 방지하고 선거공영제를 운영함에 있어 국가 예산을 효율적으로 집행하려는 것이다. 예비후보자 선거비용을 보전해줄 경우 선거가 조기에 과열되어 정치신인이 자신을 홍보할 수 있게 해준다는 예비후보자 제도의 취지를 넘어서 선거운동을 하는 수단으로 악용될 수 있다. 그러한 경우 예비후보자 시기에서부터 탈법적인 선거운동이 발생하거나 예비후보자 선거비용이 증가함에 따라 선거비용 제한을 면탈하려는 시도들이 발생할 가능성이 커지는 등 이를 단속하기 위한 행정력의 낭비도 증가할 수 있다. 반면 선거비용 보전 제한조항으로 인하여 후보자가 받는 불이익은 예비후보자 선거비용을 보전받을 수 없어 선거운동에 있어 일부 경제적 부담을 지게 된다는 것이다. 그러나 예비후보자도 후원회를 통해 후원금을 기부받아 선거비용을 지출할 수 있으므로, 그 노력 여하에 따라 상당한 수준의 경제적 부담이 경감될 수 있다. 이처럼 후보자가 선거비용 보전 제한조항으로 인하여 받게 되는 불이익이 보호하려고 하는 공익보다 더 크다고 할 수 없으므로, 선거비용 보전 제한조항은 법익균형성원칙에도 반하지 않는다. 그러므로 선거비용 보전 제한조항은 후보자에게 선거공영제에 반하는 과도한 부담을 지우는 것이라고 할 수 없으므로, 청구인들의 선거운동의 자유를 침해하지 않는다(헌재 2018. 7. 26. 2016헌마524).

㉢ ✗ 이 사건 투표시간조항이 투표개시시간을 일과시간 이내인 오전 10시부터로 정한 것은 투표시간을 줄인 만큼 투표관리의 효율성을 도모하고 행정부담을 줄이는 데 있고, 그 밖에 부재자투표의 인계·발송절차의 지연위험 등과는 관련이 없다. 이에 반해 일과시간에 학업이나 직장업무를 하여야 하는 부재자투표자는 이 사건 투표시간조항 중 투표개시시간 부분으로 인하여 일과시간 이전에 투표소에 가서 투표할 수 없게 되어 사실상 선거권을 행사할 수 없게 되는 중대한 제한을 받는다. 따라서 이 사건 투표시간조항 중 투표개시시간 부분은 수단의 적정성, 법익균형성을 갖추지 못하므로 과잉금지원칙에 위배하여 청구인의 선거권과 평등권을 침해하는 것이다(헌재 2012. 2. 23. 2010헌마601).

㉣ ✗ 심판대상조항은 신체의 장애로 인하여 자신이 기표할 수 없는 선거인이 가족이 아니더라도 본인이 지명한 2인을 동반하여 투표를 보조하게 함으로써 선거용 보조기구를 이용하여 기표할 수 없는 정도의 신체장애를 지닌 선거인의 선거권을 실질적으로 보장하는 데 이바지한다. 특히 심판대상조항은 가족이 없거나, 장애인복지시설에 거주하는 경우와 같이 가족과 떨어져 생활하여 가족의 도움을 받을 수 없는 장애인이 선거권을 행사할 수 있도록 한다는 점에 의미가 있다. 또한 심판대상조항은 투표보조인이 가족이 아닌 경우 반드시 2인을 동반하여 상호 견제 아래 투표를 보조하게 함으로써 투표보조인이 선거인의 의사에 반하여 기표행위를 하거나 선거인에게 부당한 영향력을 행사하는 것을 방지한다. 따라서 심판대상조항은 신체의 장애로 인하여 자신이 기표할 수 없는 선거인의 선거권을 실질적으로 보장하고, 투표보조인이 장애인의 선거권 행사에 부당한 영향력을 미치는 것을 방지하여 선거의 공정성을 확보하기 위한 것이므로, 입법목적의 정당성이 인정된다. 또한 심판대상조항이 투표보조인이 가족이 아닌 경우 반드시 2인을 동반하도록 한 것은 위와 같은 목적을 달성하기 위한 적절한 수단이므로, 수단의 적합성도 인정된다. …… 그러므로 심판대상조항은 비밀선거의 원칙에 대한 예외를 두고 있지만 필요하고 불가피한 예외적인 경우에 한하고 있으므로, 과잉금지원칙에 반하여 청구인의 선거권을 침해하지 않는다(헌재 2020. 5. 27. 2017헌마867).

09   정답 ①

① ✗ 변호사접견은 그 시간 및 횟수가 한정되어 있어 남용 가능성이 크지 않고, 형집행법은 이미 변호사의 접견권 남용행위를 방지할 수 있는 장치들을 갖추고 있으므로, 심판대상조항에서 소송계속 사실 소명자료를 요구한다고 하더라도 실제 달성되는 공익이 크다고 보기는 어렵다. 반면, 변호사가 소송사건의 대리인으로 선임되었음에도 심판대상조항으로 인해 변호사접견을 하지 못할 경우 발생하는 문제점은 단순히 변호사 개인의 직업 활동상 불편이 초래되는 차원에 그치는 것이 아니다. 변호사는 수형자와의 접견을 위해 부득이 일반접견을 이용할 수밖에 없는데, 일반접견은 앞서 살펴본 바와 같이 접촉차단시설이 설치된 일반접견실에서 10분 내외 짧게 이루어지므로 그 시간은 변호사접견의 1/6 수준에 그친다. 또한 그 대화 내용은 청취·기록·녹음·녹화의 대상이 되므로 교정시설에서 부당한 처우를 당했다는 등의 사정이 있는 수형자는 위축된 나머지 그만 법적 구제를 단념할 가능성마저 배제할 수 없다. 비록 변호사의 노력 여하에 따라 신속히 소가 제기됨으로써 위와 같이 변호사접견이 불허되는 기간이 단축될 수도 있기는 하나, 변호사의 도움이 가장 필요한

시기에 접견에 대한 제한의 정도가 위와 같이 크다는 점에서 수형자의 재판청구권 역시 심각하게 제한될 수밖에 없고, 이로 인해 법치국가원리로 추구되는 정의에 반하는 결과를 낳을 수도 있다는 점에서, 위와 같은 불이익은 매우 크다고 볼 수 있다. 따라서 소송사건의 대리인인 변호사라 하더라도 소송계속 사실 소명자료를 제출하지 못하면 수형자와 변호사 접견을 하지 못하도록 규정한 심판대상조항은 과잉금지원칙에 위배되어 변호사인 청구인의 직업수행의 자유를 침해한다(헌재 2021. 10. 28. 2018헌마60).

② ⭕ 헌재 2021. 7. 15. 2018헌마279

③ ⭕ 주류의 판매·제공·보관 등을 금지하여 노래연습장을 주류가 없는 공간으로 하고, 청소년도 출입할 수 있는 건전한 생활문화공간이 되도록 하는 이 사건 의무조항과 시행령조항의 입법목적은 정당하다. 청구인들은 본래의 노래연습장업을 얼마든지 할 수 있고, 주류를 판매·제공하고자 하는 자는 유흥주점이나 단란주점 영업을 할 수 있는 장소를 선택하여 유흥주점이나 단란주점 영업을 자유롭게 할 수 있다. 노래연습장업자들의 불이익이 청소년에 대한 주류판매 가능성을 차단하고, 건전한 생활공간으로 노래연습장업을 육성하고자 하는 공익에 비하여 현저히 크다고 보기 어려우므로 이 사건 의무조항과 시행령조항이 직업의 자유를 과도하게 침해하는 것이라고 할 수 없다(헌재 2006. 11. 30. 2004헌마431).

④ ⭕ 헌법 해석상 피청구인들의 작위의무가 인정되는지 여부를 살펴본다. 헌법 제15조는 "모든 국민은 직업선택의 자유를 가진다."라고 규정하여 국민의 직업선택의 자유를 보장하고, 헌법 제36조 제3항은 "모든 국민은 보건에 관하여 국가의 보호를 받는다."라고 규정하여 국민의 보건에 관한 국가의 의무를 인정하고 있으나, 이로부터 국가가 국민 보건에 관한 특정한 자격제도를 형성해야 할 구체적인 의무가 도출되는 것은 아니다. 어떠한 직업 분야에 관한 자격제도를 만들면서 그 자격요건, 선발 또는 양성 방법 등을 어떻게 설정할 것인가에 관하여는 입법자에게 폭넓은 입법재량권이 인정된다. …… 보건의료 영역이 국민의 건강과 직결되는 영역으로서 그 전문성에 관하여 엄격한 규율이 필요한 점, 한약업사는 보충적인 직종에 해당하고 국가가 약사, 한약사를 비롯하여 국민 보건에 관한 다양한 전문 직업 제도를 마련하고 있다는 점 등에 비추어 볼 때, 피청구인들이 한약업사 시험을 시행하는 것이 국민의 건강과 보건을 보호하기 위한 유일한 수단이라고 볼 수 없다. 따라서 헌법 해석으로부터 피청구인들의 작위의무가 도출된다고 할 수 없다(헌재 2021. 6. 24. 2019헌마540).

10
정답 ①

② ❌

> 1952년 제1차 개정헌법 제31조 입법권은 국회가 행한다.
> 국회는 민의원과 참의원으로써 구성한다.

③ ❌

> 1969년 제6차 개정헌법 제69조 ① 대통령의 임기는 4년으로 한다.
> ② 대통령이 궐위된 경우의 후임자는 전임자의 잔임기간 중 재임한다.
> ③ 대통령의 계속 재임은 3기에 한한다.

④ ❌

> 1980년 제8차 개정헌법 제7조 ③ 정당은 법률이 정하는 바에 의하여 국가의 보호를 받으며, 국가는 법률이 정하는 바에 의하여 정당의 운영에 필요한 자금을 보조할 수 있다.

11
정답 ④

④ ❌ 국민투표는 직접민주주의를 실현하기 위한 수단으로서 '사안에 대한 결정' 즉, 특정한 국가정책이나 법안을 그 대상으로 한다. 따라서 국민투표의 본질상 '대표자에 대한 신임'은 국민투표의 대상이 될 수 없으며, 우리 헌법에서 대표자의 선출과 그에 대한 신임은 단지 선거의 형태로써 이루어져야 한다. 대통령이 자신에 대한 재신임을 국민투표의 형태로 묻고자 하는 것은 헌법 제72조에 의하여 부여받은 국민투표부의권을 위헌적으로 행사하는 경우에 해당하는 것으로, 국민투표제도를 자신의 정치적 입지를 강화하기 위한 정치적 도구로 남용해서는 안 된다는 헌법적 의무를 위반한 것이다(헌재 2004. 5. 14. 2004헌나1).

① ⭕ 특정의 국가정책에 대하여 다수의 국민들이 국민투표를 원하고 있음에도 불구하고 대통령이 이러한 희망과는 달리 국민투표에 회부하지 아니한다고 하여도 이를 헌법에 위반된다고 할 수 없으며, 국민에게 특정의 국가정책에 관하여 국민투표에 회부할 것을 요구할 권리가 인정된다고 할 수도 없다(헌재 2016. 3. 15. 2016헌마115).

② ⭕

> 헌법 제72조 대통령은 필요하다고 인정할 때에는 외교·국방·통일 기타 국가안위에 관한 중요정책을 국민투표에 붙일 수 있다.

③ ⭕

> 국민투표법 제92조(국민투표무효의 소송) 국민투표의 효력에 관하여 이의가 있는 투표인은 투표인 10만인 이상의 찬성을 얻어 중앙선거관리위원회위원장을 피고로 하여 투표일로부터 20일 이내에 대법원에 제소할 수 있다.

12
정답 ③

③ ❌ 청구인들의 세무사자격 부여에 대한 신뢰는 보호할 필요성이 있는 합리적이고도 정당한 신뢰라 할 것이고, 개정법 제3조 등의 개정으로 말미암아 청구인들이 입게 된 불이익의 정도, 즉 신뢰이익의 침해정도는 중대하다고 아니할 수 없는 반면, 청구인들의 신뢰이익을 침해함으로써 일반응시자와의 형평을 제고한다는 공익은 위와 같은 신뢰이익 제한을 헌법적으로 정당화할 만한 사유라고 보기 어렵다. 그러므로 기존 국세관련 경력공무원 중 일부에게만 구법 규정을 적용하여 세무사자격이 부여되도록 규정한 위 세무사법 부칙 제3항은 충분한 공익적 목적이 인정되지 아니함에도 청구인들의 기대가치 내지 신뢰이익을 과도하게 침해한 것으로서 헌법에 위반된다(헌재 2001. 9. 27. 2000헌마152).

① ⭕ 부진정(不眞正)소급입법(遡及立法)의 경우, 일반적으로 과거에 시작된 구성요건사항에 대한 신뢰는 더 보호될 가치가 있는 것이므로, 신뢰보호의 원칙에 대한 심사는 장래 입법의 경우보다 일반적으로 더 강화되어야 한다(헌재 1995. 10. 26. 94헌바12).

② ⭕ 이 사건 귀속조항은 진정소급입법에 해당하지만, 진정소급입법이라 할지라도 예외적으로 국민이 소급입법을 예상할 수 있었던 경우와 같이 소급입법이 정당화되는 경우에는 허용될 수 있다. 친일재산의 취득 경위에 내포된 민족배반적 성격, 대한민국 임시정부의 법통 계승을 선언한 헌법 전문 등에 비추어 친일반민족행위자측으로서는 친일재산의 소급적 박탈을 충분히 예상할 수 있었고, 친일재산 환수 문제는 그 시대적 배경에 비추어 역사적으로 매우 이례적인 공동체적 과업이므로 이러한 소급입법의 합헌성을 인정한다고 하더라도 이를 계기로 진정소급입법이 빈번하게 발생할 것이라는 우려는 충분히 불식될 수 있다(헌재 2011. 3. 31. 2008헌바141).

④ ⭕ 2013. 1. 1. 부터 판사임용자격에 일정 기간 법조경력을 요구하는

이 사건 심판대상 조항은 이 사건 법원조직법 개정 시점인 2011. 7. 18. 당시에 이미 사법연수원에 입소하여 사법연수생의 신분을 가지고 있었던 자가 사법연수원을 수료하는 해의 판사 임용에 지원하는 경우에 적용되는 한 신뢰보호원칙에 반하여 청구인들의 공무담임권을 침해한다(헌재 2012. 11. 29. 2011헌마786).

13   정답 ④

㉠ ⓞ 개발제한구역을 지정하여 그 안에서는 건축물의 건축 등을 할 수 없도록 하고 있는 도시계획법 제21조는 헌법 제23조 제1항, 제2항에 따라 토지재산권에 관한 권리와 의무를 일반·추상적으로 확정하는 규정으로서 재산권을 형성하는 규정인 동시에 공익적 요청에 따른 <u>재산권의 사회적 제약을 구체화하는 규정인바</u>, 토지재산권은 강한 사회성, 공공성을 지니고 있어 이에 대하여는 다른 재산권에 비하여 보다 강한 제한과 의무를 부과할 수 있으나, 그렇다고 하더라도 다른 기본권을 제한하는 입법과 마찬가지로 <u>비례성원칙을 준수하여야 하고</u>, 재산권의 본질적 내용인 사용·수익권과 처분권을 부인하여서는 아니 된다(헌재 1998. 12. 24. 89헌마214).

㉡ ⓞ 재산권 보장은 개인이 현재 누리고 있는 재산권을 개인의 기본권으로 보장한다는 의미와 개인이 재산권을 향유할 수 있는 법제도로서의 사유재산제도를 보장한다는 이중적 의미를 가지고 있다(헌재 1993. 7. 29. 92헌바20).

㉢ ⓞ 재산권의 본질적인 내용을 침해하는 경우라고 하는 것은 그 침해로 인하여 사유재산권이 유명무실해지거나 형해화(形骸化)되어 헌법이 재산권을 보장하는 궁극적인 목적을 달성할 수 없게 되는 지경에 이르는 경우라고 할 것이다(헌재 1990. 9. 3. 89헌가95).

㉣ ⓞ 헌법 제23조 제3항이 규정하는 정당한 보상이란 원칙적으로 피수용재산의 객관적인 재산가치를 완전하게 보상하는 것이어야 한다는 완전보상을 의미한다(헌재 1995. 4. 20. 93헌바20).

14   정답 ①

① ✘ 엄중격리대상자의 수용거실에 CCTV를 설치하여 24시간 감시하는 행위가 법률유보의 원칙에 위배되어 사생활의 자유·비밀을 침해하는 것인지의 여부(소극) 이 사건 CCTV 설치행위는 행형법 및 교도관직무규칙 등에 규정된 교도관의 계호활동 중 육안에 의한 시선계호를 CCTV 장비에 의한 시선계호로 대체한 것에 불과하므로, 이 사건 CCTV 설치행위에 대한 특별한 법적 근거가 없더라도 일반적인 계호활동을 허용하는 법률규정에 의하여 허용된다고 보아야 한다. 한편 CCTV에 의하여 감시되는 엄중격리대상자에 대하여 지속적이고 부단한 감시가 필요하고 자살·자해나 흉기 제작 등의 위험성 등을 고려하면, 제반사정을 종합하여 볼 때 기본권 제한의 최소성 요건이나 법익균형성의 요건도 충족하고 있다(헌재 2008. 5. 29. 2005헌마137).

② ⓞ 이 사건 법률조항이 공적 관심의 정도가 약한 4급 이상의 공무원들까지 대상으로 삼아 모든 질병명을 아무런 예외 없이 공개토록 한 것은 입법목적 실현에 치중한 나머지 사생활 보호의 헌법적 요청을 현저히 무시한 것이고, 이로 인하여 청구인들을 비롯한 해당 공무원들의 헌법 제17조가 보장하는 기본권인 사생활의 비밀과 자유를 침해하는 것이다(헌재 2007. 5. 31. 2005헌마1139).

③ ⓞ 자동차를 도로에서 운전하는 중에 좌석안전띠를 착용할 것인가 여부의 생활관계가 개인의 전체적 인격과 생존에 관계되는 '사생활의 기본조건'이라거나 자기결정의 핵심적 영역 또는 인격적 핵심과 관련된다고 보기 어려워 더 이상 사생활영역의 문제가 아니므로, 운전할 때 운전자가 좌석안전띠를 착용할 의무는 청구인의 사생활의 비밀과 자유를 침해하는 것이라 할 수 없다(헌재 2003. 10. 30. 2002헌마518).

④ ⓞ 헌법 제17조에서 보장하는 사생활의 비밀이란 사생활에 관한 사항으로 일반인에게 아직 알려지지 아니하고 일반인의 감수성을 기준으로 할 때 공개를 원하지 않을 사항을 말한다. 감시, 도청, 비밀녹음, 비밀촬영 등에 의해 다른 사람의 사생활의 비밀을 탐지하거나 사생활의 평온을 침입하는 행위, 사적 사항의 무단 공개 등은 타인의 사생활의 비밀과 자유의 불가침을 해하는 것이다. 인터넷회선 감청은 해당 인터넷회선을 통하여 흐르는 모든 정보가 감청 대상이 되므로, 이를 통해 드러나게 되는 개인의 사생활 영역은 전화나 우편물 등을 통하여 교환되는 통신의 범위를 넘는다. 더욱이 오늘날 이메일, 메신저, 전화 등 통신뿐 아니라, 각종 구매, 게시물 등록, 금융서비스 이용 등 생활의 전 영역이 인터넷을 기반으로 이루어지기 때문에, 인터넷회선 감청은 타인과의 관계를 전제로 하는 개인의 사적 영역을 보호하려는 헌법 제18조의 통신의 비밀과 자유 외에 헌법 제17조의 사생활의 비밀과 자유도 제한하게 된다(헌재 2018. 8. 30. 2016헌마263).

15   정답 ④

④ ✘ 이 사건 시행령조항은 공시대상정보로서 교원의 교원단체 및 노동조합 "가입현황(인원 수)"만을 규정할 뿐 개별 교원의 명단은 규정하고 있지 아니한바, 교원의 교원단체 및 노동조합 가입에 관한 정보는 '개인정보 보호법'상의 민감정보로서 특별히 보호되어야 할 성질의 것이고, 인터넷 게시판에 공개되는 '공시'로 말미암아 발생할 교원의 개인정보자기결정권에 대한 중대한 침해의 가능성을 고려할 때, 이 사건 시행령조항은 학부모 등 국민의 알 권리와 교원의 개인정보자기결정권이라는 두 기본권을 합리적으로 조화시킨 것이라 할 수 있으므로, 학부모들의 알 권리를 침해하지 않는다(헌재 2011. 12. 29. 2010헌마293).

① ⓞ 재판이 확정되면 속기록 등을 폐기하도록 규정한 규칙 제39조가 청구인의 알 권리를 침해하는지 여부(소극) (헌재 2012. 3. 29. 2010헌마599)

② ⓞ 학대로부터 아동을 특별히 보호하여 건강한 성장을 도모하는 것은 중요한 법익이다. 이에는 아동학대 자체로부터의 보호뿐만 아니라 사건처리 과정에서 발생할 수 있는 사생활 노출 등 2차 피해로부터의 보호도 포함된다. 아동학대행위자 대부분은 피해아동과 평소 밀접한 관계에 있으므로, 행위자를 특정하여 파악할 수 있는 식별정보를 신문, 방송 등 매체를 통해 보도하는 것은 피해아동의 사생활 노출 등 2차 피해로 이어질 가능성이 매우 높다. 식별정보 보도 후에는 2차 피해를 차단하기 어려울 수 있고, 식별정보 보도를 허용할 경우 대중에 알려질 가능성을 두려워하는 피해아동이 신고를 자발적으로 포기하게 만들 우려도 있다. 따라서 아동학대행위자에 대한 식별정보의 보도를 금지하는 것이 과도하다고 보기 어렵다. 보도금지조항은 아동학대사건 보도를 전면금지하지 않으며 오직 식별정보에 대한 보도를 금지할 뿐으로, 익명화된 형태의 사건보도는 가능하다. 따라서 보도금지조항으로 제한되는 사익은 아동학대행위자의 식별정보 보도라는 지극히 부분적인 보도의 금지에 지나지 않는 반면 이를 통해 달성하려는 2차 피해로부터의 아동보호 및 아동의 건강한 성장이라는 공익은 매우 중요하다. 따라서 보도금지조항은 언론·출판의 자유와 국민의 알 권리를 침해하지 않는다(헌재 2022. 10. 27. 2021헌가4).

③ ⓞ 정치자금의 수입과 지출명세서 등에 대한 사본교부 신청이 허용된다고 하더라도, 검증자료에 해당하는 영수증, 예금통장을 직접 열람함으로써 정치자금 수입·지출의 문제점을 발견할 수 있다는 점에서 이에 대한 접근이 보장되어야 한다(헌재 2021. 5. 27. 2018헌마1168).

16   정답 ④

④ ✘ 방언 가운데 특히 지역 방언은 각 지방의 고유한 역사와 문화 등

정서적 요소를 그 배경으로 하기 때문에 같은 지역주민들 간의 원활한 의사소통 및 정서교류의 기초가 되므로, 이와 같은 지역 방언을 자신의 언어로 선택하여 공적 또는 사적인 의사소통과 교육의 수단으로 사용하는 것은 행복추구권에서 파생되는 일반적 행동의 자유 내지 개성의 자유로운 발현의 한 내용이 된다 할 것이다(헌재 2009. 5. 28. 2006헌마618). → 공공기관의 공문서를 표준어 규정에 맞추어 작성하도록 하고 초·중등교육법상 교과용 도서를 편찬하거나 검정 또는 인정하는 경우 표준어 규정을 준수하도록 한 것은 청구인들의 행복추구권을 침해하지 않는다고 본 사례

① ⭕ 행복추구권은 그의 구체적인 표현으로서 일반적인 행동자유권과 개성의 자유로운 발현권을 포함하며(헌재 1991. 6. 3. 89헌마204), 자기결정권(헌재 1990. 9. 10. 89헌마82), 계약의 자유(헌재 2002. 1. 31. 2000헌바35)도 포함된다.

② ⭕ 일반적 행동자유권에는 적극적으로 자유롭게 행동을 하는 것은 물론 소극적으로 행동을 하지 않을 자유 즉, 부작위의 자유도 포함되며, 포괄적인 의미의 자유권으로서 일반조항적인 성격을 가진다(헌재 2007. 3. 29. 2005헌마1144).

③ ⭕ 환자가 장차 죽음에 임박한 상태에 이를 경우에 대비하여 미리 의료인 등에게 연명치료 거부 또는 중단에 관한 의사를 밝히는 등의 방법으로 죽음에 임박한 상태에서 인간으로서의 존엄과 가치를 지키기 위하여 연명치료의 거부 또는 중단을 결정할 수 있다 할 것이고, 위 결정은 헌법상 기본권인 자기결정권의 한 내용으로서 보장된다 할 것이다(헌재 2009. 11. 26. 2008헌마385).

17　　　　　　　　　　　　　　　　　　정답 ①

㉠ ❌ 1960년 제4차 개정헌법에 대한 설명이다.
㉢ ❌, ㉣ ❌ 1972년 제7차 개정헌법에 대한 설명이다.

18　　　　　　　　　　　　　　　　　　정답 ④

④ ❌

정당법 48조(해산된 경우 등의 잔여재산 처분) ① 정당이 제44조(등록의 취소) 제1항의 규정에 의하여 등록이 취소되거나 제45조(자진해산)의 규정에 의하여 자진해산한 때에는 그 잔여재산은 당헌이 정하는 바에 따라 처분한다.
② 제1항의 규정에 의하여 처분되지 아니한 정당의 잔여재산 및 헌법재판소의 해산결정에 의하여 해산된 정당의 잔여재산은 국고에 귀속한다.

① ⭕

헌법재판소법 제23조(심판정족수) ① 재판부는 재판관 7명 이상의 출석으로 사건을 심리한다.
② 재판부는 종국심리(終局審理)에 관여한 재판관 과반수의 찬성으로 사건에 관한 결정을 한다. 다만, 다음 각 호의 어느 하나에 해당하는 경우에는 재판관 6명 이상의 찬성이 있어야 한다.
　1. 법률의 위헌결정, 탄핵의 결정, 정당해산의 결정 또는 헌법소원에 관한 인용결정(認容決定)을 하는 경우
　2. 종전에 헌법재판소가 판시한 헌법 또는 법률의 해석 적용에 관한 의견을 변경하는 경우

② ⭕

헌법재판소법 제57조(가처분) 헌법재판소는 정당해산심판의 청구를 받은 때에는 직권 또는 청구인의 신청에 의하여 종국결정의 선고 시까지 피청구인의 활동을 정지하는 결정을 할 수 있다.

③ ⭕

정당법 제40조(대체정당의 금지) 정당이 헌법재판소의 결정으로 해산된 때에는 해산된 정당의 강령(또는 기본정책)과 동일하거나 유사한 것으로 정당을 창당하지 못한다.

19　　　　　　　　　　　　　　　　　　정답 ④

① ⭕, ② ⭕, ③ ⭕, ④ ❌ 헌법은 대통령의 재의요구와 관련하여 "법률안에 이의가 있을 경우"에 재의를 요구할 수 있다라고만 규정하고 있다.

헌법 제53조 ① 국회에서 의결된 법률안은 정부에 이송되어 15일 이내에 대통령이 공포한다.
② 법률안에 이의가 있을 때에는 대통령은 제1항의 기간 내에 이의서를 붙여 국회로 환부하고, 그 재의를 요구할 수 있다. 국회의 폐회 중에도 또한 같다.
③ 대통령은 법률안의 일부에 대하여 또는 법률안을 수정하여 재의를 요구할 수 없다.
④ 재의의 요구가 있을 때에는 국회는 재의에 붙이고, 재적의원 과반수의 출석과 출석의원 3분의 2 이상의 찬성으로 전과 같은 의결을 하면 그 법률안은 법률로서 확정된다.
⑤ 대통령이 제1항의 기간 내에 공포나 재의의 요구를 하지 아니한 때에도 그 법률안은 법률로서 확정된다.
⑥ 대통령은 제4항과 제5항의 규정에 의하여 확정된 법률을 지체 없이 공포하여야 한다. 제5항에 의하여 법률이 확정된 후 또는 제4항에 의한 확정법률이 정부에 이송된 후 5일 이내에 대통령이 공포하지 아니할 때에는 국회의장이 이를 공포한다.
⑦ 법률은 특별한 규정이 없는 한 공포한 날로부터 20일을 경과함으로써 효력을 발생한다.

20　　　　　　　　　　　　　　　　　　정답 ④

④ ❌ 우리나라 국회의원선거는 다른 후보들보다 1표라도 많은 득표만 하면 되는 단순 다수투표제(상대 다수대표제)를 채택하고 있다.

③ ⭕

헌법 제116조 ② 선거에 관한 경비는 법률이 정하는 경우를 제외하고는 정당 또는 후보자에게 부담시킬 수 없다.

01 ④ 02 ③ 03 ① 04 ① 05 ③ 06 ③ 07 ② 08 ② 09 ① 10 ①
11 ④ 12 ④ 13 ① 14 ④ 15 ③ 16 ④ 17 ③ 18 ① 19 ② 20 ④

01

정답 ④

④ ✘ 헌법의 개정이 통상의 법률개정보다 까다로운 절차나 방법을 요구하는 헌법을 경성헌법이라고 한다. 우리 헌법은 경성헌법에 속한다.
① ◯ 우리나라는 성문헌법을 가진 나라로서 기본적으로 우리 헌법전(憲法典)이 헌법의 법원(法源)이 된다. 그러나 성문헌법이라고 하여도 그 속에 모든 헌법사항을 빠짐없이 완전히 규율하는 것은 불가능하고 또한 헌법은 국가의 기본법으로서 간결성과 함축성을 추구하기 때문에 형식적 헌법전에는 기재되지 아니한 사항이라도 이를 불문헌법(不文憲法) 내지 관습헌법으로 인정할 소지가 있다. 특히 헌법제정 당시 자명(自明)하거나 전제(前提)된 사항 및 보편적 헌법원리와 같은 것은 반드시 명문의 규정을 두지 아니하는 경우도 있다. 그렇다고 해서 헌법사항에 관하여 형성되는 관행 내지 관례가 전부 관습헌법이 되는 것은 아니고 강제력이 있는 헌법규범으로서 인정되려면 엄격한 요건들이 충족되어야만 하며, 이러한 요건이 충족된 관습만이 관습헌법으로서 성문의 헌법과 동일한 법적 효력을 가진다(헌재 2004. 10. 21. 2004헌마554).
② ◯ 실질적 의미의 헌법이란 성문 또는 불문의 형식여하를 불문하고 그 내용이 성질상 국가의 구성·조직·작용 및 국민과의 관계에 관한 근본원칙, 국민의 기본적 인권 등이 들어 있는 법을 말한다. 이에 반해 형식적 헌법이란 "헌법전"을 의미하는데 실질적 의미의 헌법내용을 헌법전에 모두 기술하는 것은 입법기술상 한계가 있을 수밖에 없으며 헌법정책상 실질적 의미의 헌법 아닌 내용도 헌법전에 기재되어야 할 수 있기에 실질적 의미의 헌법과 형식적 의미의 헌법은 일치하기 어렵다.
③ ◯ 헌법은 국민적 합의에 의해 제정된 국민생활의 최고 도덕규범이며 정치생활의 가치규범으로서 정치와 사회질서의 지침을 제공하고 있기 때문에 민주사회에서는 헌법의 규범을 준수하고 그 권위를 보존하는 것을 기본으로 한다(헌재 1989. 9. 8. 88헌가6).

02

정답 ③

③ ✘

헌법 제128조 ① 헌법개정은 국회재적의원 과반수 또는 대통령의 발의로 제안된다.
② 대통령의 임기연장 또는 중임변경을 위한 헌법개정은 그 헌법개정 제안 당시의 대통령에 대하여는 효력이 없다

① ◯ 우리나라와 같은 성문의 경성헌법 체제에서 인정되는 관습헌법사항은 하위규범형식인 법률에 의하여 개정될 수 없다. 영국과 같이 불문의 연성헌법 체제에서는 법률에 대하여 우위를 가지는 헌법전이라는 규범형식이 존재하지 아니하므로 헌법사항의 개정은 일반적으로 법률개정의 방법에 의할 수밖에 없을 것이다. 그러나 우리 헌법의 경우 헌법 제10장 제128조 내지 제130조는 일반법률의 개정절차와는 다른 엄격한 헌법개정절차를 정하고 있으며, 동 헌법개정절차의 대상을 단지 '헌법'이라고만 하고 있다. 따라서 관습헌법도 헌법에 해당하는 이상 여기서 말하는 헌법개정의 대상인 헌법에 포함된다고 보아야 한다(헌재 2004. 10. 21. 2004헌마554).

② ◯ 한미무역협정의 경우, 헌법 제60조 제1항에 의하여 국회의 동의를 필요로 하는 우호통상항해조약의 하나로서 법률적 효력이 인정되므로, 규범통제의 대상이 됨은 별론으로 하고, 그에 의하여 성문헌법이 개정될 수는 없다. 이같이 한미무역협정이 성문헌법을 개정하는 효력이 없는 이상, 한미무역협정의 체결로 헌법 개정 절차에서의 국민투표권이 행사될 수 있을 정도로 헌법이 개정된 것이라고 할 수 없으므로 그 침해의 가능성은 인정되지 않는다(헌재 2013. 11. 28. 2012헌마166).
④ ◯ 헌법개정의 한계에 관한 규정을 두지 아니하고 헌법의 개정을 법률의 개정과는 달리 국민투표에 의하여 이를 확정하도록 규정하고 있는(헌법 제130조 제2항) 현행의 우리 헌법상으로는 과연 어떤 규정이 헌법핵 내지는 헌법제정규범으로서 상위규범이고 어떤 규정이 단순한 헌법개정규범으로서 하위규범인지를 구별하는 것이 가능하지 아니하며, 달리 헌법의 각 개별규정 사이에 그 효력상의 차이를 인정하여야 할 아무런 근거도 찾을 수 없다(헌재 1996. 6. 13. 94헌바20).

03

정답 ①

② ✘

1972년 헌법
제39조 ① 대통령은 통일주체국민회의에서 토론없이 무기명투표로 선거한다.
제40조 ① 통일주체국민회의는 국회의원 정수의 3분의 1에 해당하는 수의 국회의원을 선거한다.

③ ✘

1962년 헌법 제8조 모든 국민은 인간으로서의 존엄과 가치를 가지며, 이를 위하여 국가는 국민의 기본적 인권을 최대한으로 보장할 의무를 진다.

④ ✘

1960년 헌법
제32조 ① 양원은 국민의 보통, 평등, 직접, 비밀투표에 의하여 선거된 의원으로써 조직한다.
제53조 대통령은 양원합동회의에서 선거하고 재적국회의원 3분지 2이상의 투표를 얻어 당선된다.
제69조 국무총리는 대통령이 지명하여 민의원의 동의를 얻어야 한다. 단, 대통령이 민의원에서 동의를 얻지 못한 날로부터 5일 이내에 다시 지명하지 아니하거나 2차에 걸쳐 민의원이 대통령의 지명에 동의를 하지 아니한 때에는 국무총리는 민의원에서 이를 선거한다. 전항의 동의나 선거에는 민의원의원재적 과반수의 투표를 얻어야 한다.

04

정답 ①

① ✘ 소급입법은 새로운 입법으로 이미 종료된 사실관계 또는 법률관계에 작용케 하는 진정소급입법과 현재 진행중인 사실관계 또는 법률관계에 작용케 하는 부진정소급입법으로 나눌 수 있는바, 부진정소급입법은 원칙적으로 허용되지만 소급효를 요구하는 공익상의 사유와 신뢰보호의 요청 사이의 교량과정에서 신뢰보호의 관점이 입법자의 형성권에 제한을 가하게 되는데 반하여, 기존의 법에 의하여 형성되어 이미 굳어진 개인의 법적 지위를 사후입법을 통하여 박탈하는 것 등을 내용으로 하는 진정소급입법은 개인의 신뢰보호와 법적 안정성을 내용으로 하는 법치국가원리에 의하여 특단의 사정이 없는 한 헌법적으로 허용되지 아니하

는 것이 원칙이고 다만 일반적으로 국민이 소급입법을 예상할 수 있었거나 법적 상태가 불확실하고 혼란스러워 보호할 만한 신뢰이익이 적은 경우와 소급입법에 의한 당사자의 손실이 없거나 아주 경미한 경우 그리고 신뢰보호의 요청에 우선하는 심히 중대한 공익상의 사유가 소급입법을 정당화하는 경우 등에는 예외적으로 진정소급입법이 허용된다(헌재 1999. 7. 22. 97헌바76).

② ⭕ 헌법 제8조 제4항은 정당해산심판의 사유를 "정당의 목적이나 활동이 민주적 기본질서에 위배될 때"로 규정하고 있는데, 여기서 말하는 민주적 기본질서의 '위배'란, 민주적 기본질서에 대한 단순한 위반이나 저촉을 의미하는 것이 아니라, 민주사회의 불가결한 요소인 정당의 존립을 제약해야 할 만큼 그 정당의 목적이나 활동이 우리 사회의 민주적 기본질서에 대하여 실질적인 해악을 끼칠 수 있는 구체적 위험성을 초래하는 경우를 가리킨다(헌재 2014. 12. 19. 2013헌다1).

③ ⭕ 오늘날 문화국가에서의 문화정책은 그 초점이 문화 그 자체에 있는 것이 아니라 문화가 생겨날 수 있는 문화풍토를 조성하는 데 두어야 한다(헌재 2004. 5. 27. 2003헌가1).

④ ⭕ 우리 국민들의 정치적 결단인 자유민주적 기본질서 및 시장경제원리에 대한 깊은 신념과 준엄한 원칙은 현재뿐 아니라 과거와 미래를 통틀어 일관되게 우리 헌법을 관류하는 지배원리로서 모든 법령의 해석기준이 된다(헌재 2001. 9. 27. 2000헌마238).

05 정답 ③

③ ❌ 심판대상조항이 제한하고 있는 직업의 자유는 국가자격제도정책과 국가의 경제상황에 따라 법률에 의하여 제한할 수 있는 국민의 권리에 해당한다. 국가정책에 따라 정부의 허가를 받은 외국인은 정부가 허가한 범위 내에서 소득활동을 할 수 있는 것이므로, 외국인이 국내에서 누리는 직업의 자유는 법률에 따른 정부의 허가에 의해 비로소 발생하는 권리이다. 따라서 외국인인 청구인에게는 그 기본권 주체성이 인정되지 아니하며, 자격제도 자체를 다툴 수 있는 기본권 주체성이 인정되지 아니하는 이상 국가자격제도에 관련된 평등권에 관하여 따로 기본권 주체성을 인정할 수 없다(헌재 2014. 8. 28. 2013헌마359).

① ⭕ 인간의 존엄과 가치 및 행복추구권 등과 같이 단순히 국민의 권리가 아닌 인간의 권리로 볼 수 있는 기본권에 대해서는 외국인도 기본권 주체가 될 수 있다(헌재 2014. 4. 24. 2011헌마474).

② ⭕ 근로의 권리가 "일할 자리에 관한 권리"만이 아니라 "일할 환경에 관한 권리"도 함께 내포하고 있는바, 후자는 인간의 존엄성에 대한 침해를 방어하기 위한 자유권적 기본권의 성격도 갖고 있어 건강한 작업환경, 일에 대한 정당한 보수, 합리적인 근로조건의 보장 등을 요구할 수 있는 권리 등을 포함한다고 할 것이므로 외국인 근로자라고 하여 이 부분에까지 기본권 주체성을 부인할 수는 없다. 즉 근로의 권리의 구체적인 내용에 따라, 국가에 대하여 고용증진을 위한 사회적·경제적 정책을 요구할 수 있는 권리는 사회권적 기본권으로서 국민에 대하여만 인정해야 하지만, 자본주의 경제질서하에서 근로자가 기본적 생활수단을 확보하고 인간의 존엄성을 보장받기 위하여 최소한의 근로조건을 요구할 수 있는 권리는 자유권적 기본권의 성격도 아울러 가지므로 이러한 경우 외국인 근로자에게도 그 기본권 주체성을 인정함이 타당하다(헌재 2007. 8. 30. 2004헌마670).

④ ⭕ 인천공항 출입국·외국인청장이 행한 인천국제공항 송환대기실에 수용된 난민에 대한 변호인 접견거부는 현행법상 아무런 법률상 근거가 없이 청구인의 변호인의 조력을 받을 권리를 제한한 것이므로, 청구인의 변호인의 조력을 받을 권리를 침해한 것이다. 또한 청구인에게 변호인 접견신청을 허용한다고 하여 국가안전보장, 질서유지, 공공복리에 어떠한 장애가 생긴다고 보기는 어렵고, 필요한 최소한의 범위 내에서 접견장소 등을 제한하는 방법을 취한다면 국가안전보장이나 환승구역의 질서유지 등에 별다른 지장을 주지 않으면서도 청구인의 변호인 접견권을 제대로 보장할 수 있다. 따라서 이 사건 변호인 접견신청 거부는 국가안전보장이나 질서유지, 공공복리를 위해 필요한 기본권 제한 조치로 볼 수도 없다(헌재 2018. 5. 31. 2014헌마346).

06 정답 ③

㉣ ❌ 헌법 제11조는 "모든 국민은 법 앞에 평등하다. 누구든지 성별·종교 또는 사회적 신분에 의하여 정치적·경제적·사회적·문화적 생활의 모든 영역에 있어서 차별을 받지 아니한다."라고 규정하여 평등의 원칙을 선언함과 동시에 모든 국민에게 평등권을 보장하고 있다. 따라서 사적 단체를 포함하여 사회공동체 내에서 개인이 성별에 따른 불합리한 차별을 받지 아니하고 자신의 희망과 소양에 따라 다양한 사회적·경제적 활동을 영위하는 것은 그 인격권 실현의 본질적 부분에 해당하므로 평등권이라는 기본권의 침해도 민법 제750조의 일반규정을 통하여 사법상 보호되는 인격적 법익침해의 형태로 구체화되어 논하여질 수 있고, 그 위법성 인정을 위하여 반드시 사인간의 평등권 보호에 관한 별개의 입법이 있어야만 하는 것은 아니다(대판 2011. 1. 27. 2009다19864).

07 정답 ②

② ❌ [1] 흡연권은 사생활의 자유를 실질적 핵으로 하는 것이고 혐연권은 사생활의 자유뿐만 아니라 생명권에까지 연결되는 것이므로 혐연권이 흡연권보다 상위의 기본권이다.
[2] 상하의 위계질서가 있는 기본권끼리 충돌하는 경우에는 상위기본권 우선의 원칙에 따라 하위기본권이 제한될 수 있으므로, 흡연권은 혐연권을 침해하지 않는 한에서 인정되어야 한다(헌재 2004. 8. 26. 2003헌마457).

① ⭕ 기본권의 충돌이란 상이한 복수의 기본권 주체가 서로의 권익을 실현하기 위해 하나의 동일한 사건에서 국가에 대하여 서로 대립되는 기본권의 적용을 주장하는 경우를 말하는데, 한 기본권 주체의 기본권행사가 다른 기본권 주체의 기본권행사를 제한 또는 희생시킨다는 데 그 특징이 있다(헌재 2005. 11. 24. 2002헌바9).

③ ⭕ 근로자의 단결하지 아니할 자유와 노동조합의 적극적 단결권이 충돌하는 경우 단결권 상호간의 충돌은 아니라고 하더라도 여전히 헌법상 보장된 일반적 행동의 자유 또는 결사의 자유와 적극적 단결권 사이의 기본권 충돌의 문제가 제기될 수 있다(헌재 2005. 11. 24. 2002헌바95).

④ ⭕ 이 사안은 국가가 태아의 생명 보호를 위해 확정적으로 만들어 놓은 자기낙태죄 조항이 임신한 여성의 자기결정권을 제한하고 있는 것이 과잉금지원칙에 위배되어 위헌인지 여부에 대한 것이다. 자기낙태죄 조항의 존재와 역할을 간과한 채 임신한 여성의 자기결정권과 태아의 생명권의 직접적인 충돌을 해결해야 하는 사안으로 보는 것은 적절하지 않다(헌재 2019. 4. 11. 2017헌바127).

08 정답 ②

② ❌ 이 사건 고위험자 이송은 시험장 출입 시 또는 시험 중에 37.5도 이상의 발열이나 기침 또는 호흡곤란 등의 호흡기 증상이 있는 응시자 중 고위험자를 의료기관에 이송하도록 하면서도 고위험자의 정의나 판단 기준을 정하고 있지 않다. 따라서 고위험자의 분류 및 이송이 반드시 감염병 확산 방지와 적정한 시험 운영 및 관리를 위하여 필요한 범위 내에서 최소한으로만 이루어질 것이 보장된다고 볼 수 없다. 이 사건 알림 중 '(붙임 3) 응시자 시험장 출입 및 발열 검사 절차'의 도식에 의하면 피청구인은 시험장 출입 시나 시험 중에 발열이나 호흡기 증상이 발현된 사람을 일반 시험실과 분리된 예비 시험실에서 시험에 응시할 수 있도록 하고 있

으므로 이를 통해 감염병 확산 방지의 목적을 충분히 달성할 수 있다. 또한 감염병 증상이 악화된 응시자는 본인의 의사에 따라 시험을 중단하거나 의료기관 이송을 요청할 수 있는데, 이처럼 응시자의 의사에 따라 응시 여부를 판단할 수 있게 하더라도 시험의 운영이나 관리에 심각한 지장이 초래될 것이라고 보기 어렵다. 따라서 피청구인 측의 판단에 따라 '고위험자'를 일률적으로 의료기관에 이송하도록 한 이 사건 고위험자 이송은 피해의 최소성을 충족하지 못한다(헌재 2023. 2. 23. 2020헌마1736).

① ◯ 감염병의 유행은 일률적이고 광범위한 기본권 제한을 허용하는 면죄부가 될 수 없고, 감염병의 확산으로 인하여 의료자원이 부족할 수도 있다는 막연한 우려를 이유로 확진환자 등의 시험 응시를 일률적으로 금지하는 것은 청구인들의 기본권을 과도하게 제한한 것이라고 볼 수밖에 없다(헌재 2023. 2. 23. 2020헌마1736).

③ ◯ 헌법 제23조에서 보장하는 재산권은 사적 유용성 및 그에 대한 원칙적 처분권을 내포하는 재산가치 있는 구체적 권리이므로, 구체적인 권리가 아닌 단순한 이익이나 재화의 획득에 관한 기회 또는 기업활동의 사실적·법적 여건 등은 재산권보장의 대상에 포함되지 아니한다. 감염병예방법 제49조 제1항 제2호에 근거한 집합제한 조치로 인하여 청구인들의 일반음식점 영업이 제한되어 영업이익이 감소되었다 하더라도, 청구인들이 소유하는 영업 시설·장비 등에 대한 구체적인 사용·수익 및 처분 권한을 제한받는 것은 아니므로, 보상규정의 부재가 청구인들의 재산권을 제한한다고 볼 수 없다(헌재 2023. 6. 29. 2020헌마1669).

④ ◯ 헌재 2021. 12. 23. 2019헌바87

09
정답 ①

① ✗ 이 사건 서면사과조항은 가해학생에게 자신의 의사나 신념에 반하여 자신의 행동이 잘못되었다는 윤리적 판단의 형성을 강요하고 이를 서면으로 표명할 것을 강제하므로 양심의 자유를 제한한다. 또한, 사과의 의사를 외부에 표명하도록 강제함으로써 인격의 자유로운 발현을 위한 의사결정이나 행동을 자율적으로 결정할 수 있는 자유도 제한하므로, 인격권 제한도 인정된다. …… 이 사건 서면사과조항이 과잉금지원칙을 위반하여 가해학생의 양심의 자유와 인격권을 침해한다고 보기 어렵다(헌재 2023. 2. 23. 2019헌바93).

② ◯ 학교폭력은 대부분 학교라는 물리적 공간에서 발생하므로, 가해학생의 의도나 기분에 따라 언제든지 반복하여 행사될 수 있고, 그 피해가 피해학생뿐만 아니라 동급생들에게도 그대로 노출되어 피해학생이 입는 정신적, 심리적 고통이 매우 심각하다. 피해학생은 학교폭력의 영향으로 분노와 불안, 공포, 우울감과 소외감을 느끼고, 심한 경우 외상 후 스트레스 장애나 자살 충동까지 느낄 수 있으며, 학교생활과 대인관계에도 부정적인 영향을 미친다. 또한, 학교폭력은 그 사실이 쉽게 축소·은폐될 우려가 있으므로, 학교폭력을 신고·고발한 학생이 이후 가해학생으로부터 보복행위 등을 당할 우려가 있다면, 그렇지 않아도 적발하기 어려운 학교폭력이 더욱 은닉·은폐되기 쉽다. 따라서 학교폭력 사실이 드러난 경우 가해학생의 추가적인 학교폭력이나 보복행위 등을 금지하여 피해학생과 신고·고발한 학생의 안전한 학교생활을 보장할 필요가 있다. 이 사건 접촉 등 금지조항은 피해학생이나 신고·고발한 학생에 대한 가해학생의 접근을 막아 더 이상의 폭력이나 보복행위를 방지하여 피해학생과 신고·고발한 학생을 보호하기 위한 것이므로, 입법목적의 정당성과 수단의 적합성이 인정된다. 이 사건 접촉 등 금지조항은 과잉금지원칙을 위반하여 가해학생의 일반적 행동자유권을 침해한다고 보기 어렵다. …… 이 사건 접촉 등 금지조항은 과잉금지원칙을 위반하여 가해학생의 일반적 행동자유권을 침해한다고 보기 어렵다(헌재 2023. 2. 23. 2019헌바93).

③ ◯ 이 사건 학급교체조항은 가해학생과 피해학생을 격리시켜 피해학생을 학교폭력의 위험으로부터 보호하고 피해학생의 안전한 학교생활을 보장하기 위한 것이므로, 입법목적의 정당성이 인정된다. …… 그러므로 이 사건 학급교체조항은 과잉금지원칙을 위반하여 가해학생의 일반적 행동자유권을 침해한다고 보기 어렵다(헌재 2023. 2. 23. 2019헌바93).

④ ◯ 학교폭력은 개인적, 가정적, 사회적 요인 등 다양하고 복합적인 원인에 의하여 발생하고, 학교폭력의 태양이나 정도, 가해학생과 피해학생의 관계 등 또한 매우 다양하여 이를 획일적으로 규율하기가 어렵다. 따라서 가해학생에 대한 각 조치별 적용기준을 법률에서 획일적으로 규율하기보다는 학교폭력의 태양이나 심각성, 피해학생의 피해 정도나 가해학생에 미치는 교육적 효과 등 여러 가지 요소를 종합적으로 고려하여 대통령령에서 규율하도록 하는 것이 피해학생의 보호와 가해학생의 선도 및 교육에 보다 효과적인 방법이 될 수 있다. 그러므로 위임의 필요성이 인정된다. …… 따라서 위와 같은 규정들을 종합하여 보면, 이 사건 조치별 적용기준 위임규정에 따라 대통령령에 규정될 내용은 자치위원회가 가해학생에 대한 조치의 내용을 정함에 있어 고려하여야 할 학교폭력의 태양이나 정도, 피해학생의 피해 정도나 피해 회복 여부, 가해학생의 태도 등 세부적인 기준에 관한 내용이 규정될 것임을 충분히 예측할 수 있다. 따라서 이 사건 조치별 적용기준 위임규정은 포괄위임금지원칙에 위배되지 않는다(헌재 2023. 2. 23. 2019헌바93).

10
정답 ①

① ✗ 시신 자체의 제공과는 구별되는 장기나 인체조직에 있어서는 본인이 명시적으로 반대하는 경우 이식·채취될 수 없도록 규정하고 있음에도 불구하고, 이 사건 법률조항은 본인이 해부용 시체로 제공되는 것에 대해 반대하는 의사표시를 명시적으로 표시할 수 있는 절차도 마련하지 않고 본인의 의사와는 무관하게 해부용 시체로 제공될 수 있도록 규정하고 있다는 점에서 침해의 최소성 원칙을 충족했다고 보기 어렵고, 실제로 해부용 시체로 제공된 사례가 거의 없는 상황에서 이 사건 법률조항이 추구하는 공익이 사후 자신의 시체가 자신의 의사와는 무관하게 해부용 시체로 제공됨으로써 침해되는 사익보다 크다고 할 수 없으므로 이 사건 법률조항은 청구인의 시체 처분에 대한 자기결정권을 침해한다(헌재 2015. 11. 26. 2012헌마940).

② ◯ [1] 인간의 존엄과 가치, 행복추구권을 규정한 헌법 제10조 제1문에서 도출되는 일반적 인격권 및 헌법 제17조의 사생활의 비밀과 자유에 의하여 보장되는 개인정보자기결정권은 자신에 관한 정보가 언제 누구에게 어느 범위까지 알려지고 또 이용되도록 할 것인지를 정보주체가 스스로 결정할 수 있는 권리이다.

[2] 국회의원인 甲 등이 '각급학교 교원의 교원단체 및 교원노조 가입현황 실명자료'를 인터넷을 통하여 공개한 사안에서, 위 정보는 개인정보자기결정권의 보호대상이 되는 개인정보에 해당하므로 이를 일반 대중에게 공개하는 행위는 해당 교원들의 개인정보자기결정권과 전국교직원노동조합의 존속, 유지, 발전에 관한 권리를 침해한다고 본 사례(대판 2014. 7. 24. 2012다49933)

③ ◯ 형법 제304조 중 "혼인을 빙자하여 음행의 상습없는 부녀를 기망하여 간음한 자" 부분이 헌법 제37조 제2항의 과잉금지원칙을 위반하여 남성의 성적자기결정권 및 사생활의 비밀과 자유를 침해하는지 여부(적극) (헌재 2009. 11. 26. 2008헌바58)

④ ◯ 환자가 장차 죽음에 임박한 상태에 이를 경우에 대비하여 미리 의료인 등에게 연명치료 거부 또는 중단에 관한 의사를 밝히는 등의 방법으로 죽음에 임박한 상태에서 인간으로서의 존엄과 가치를 지키기 위하여 연명치료의 거부 또는 중단을 결정할 수 있다 할 것이고, 위 결정은 헌법상 기본권인 자기결정권의 한 내용으로서 보장된다 할 것이다(헌재 2009. 11. 26. 2008헌마385).

11

정답 ④

④ ✕ 조선시대 이래 현재에 이르기까지 존속살해죄에 대한 가중처벌은 계속되어 왔고, 그러한 입법의 배경에는 우리 사회의 효를 강조하는 유교적 관념 내지 전통사상이 자리 잡고 있는 점, 존속살해는 그 패륜성에 비추어 일반 살인죄에 비하여 고도의 사회적 비난을 받아야 할 이유가 충분한 점, 이 사건 법률조항의 법정형이 종래의 '사형 또는 무기징역'에서 '사형, 무기 또는 7년 이상의 징역'으로 개정되어 기존에 제기되었던 양형에 있어서의 구체적 불균형의 문제도 해소된 점을 고려할 때 이 사건 법률조항이 형벌체계상 균형을 잃은 자의적 입법으로서 평등원칙에 위반된다고 볼 수 없다(헌재 2013. 7. 25. 2011헌바267).

① ◯, ② ◯ 평등의 원칙은 일체의 차별적 대우를 부정하는 절대적 평등을 의미하는 것이 아니라 입법과 법의 적용에 있어서 합리적인 근거가 없는 차별을 하여서는 아니 된다는 상대적 평등을 뜻하고 따라서 합리적 근거가 있는 차별 또는 불평등은 평등의 원칙에 반하는 것이 아니다(헌재 1999. 5. 27. 98헌바26).

③ ◯ 헌법 제11조 제1항은 "모든 국민은 법 앞에 평등하다. 누구든지 성별·종교 또는 사회적 신분에 의하여 정치적·경제적·사회적·문화적 생활의 모든 영역에 있어서 차별을 받지 아니한다"라고 규정하고 있는바 여기서 사회적 신분이란 사회에서 장기간 점하는 지위로서 일정한 사회적 평가를 수반하는 것을 의미한다 할 것이므로 전과자도 사회적 신분에 해당된다고 할 것이며 누범을 가중처벌하는 것이 전과자라는 사회적 신분을 이유로 차별대우를 하는 것이 되어 헌법상의 평등의 원칙에 위배되는 것이 아닌가 하는 의문이 생길 수 있으므로 이에 대하여 살펴본다(헌재 1995. 2. 23. 93헌바43).

12

정답 ④

① ◯, ② ◯, ④ ✕

가족관계의 등록 등에 관한 법률 제46조 제2항 등 위헌확인
(헌재 2023. 3. 23. 2021헌마975)

○ 태어난 즉시 '출생등록될 권리'가 기본권인지 여부

태어난 즉시 '출생등록될 권리'는 '출생 후 아동이 보호를 받을 수 있을 최대한 빠른 시점'에 아동의 출생과 관련된 기본적인 정보를 국가가 관리할 수 있도록 등록할 권리로서, 아동이 사람으로서 인격을 자유로이 발현하고, 부모와 가족 등의 보호 하에 건강한 성장과 발달을 할 수 있도록 최소한의 보호장치를 마련하도록 요구할 수 있는 권리이다. 이는 헌법 제10조의 인간의 존엄과 가치 및 행복추구권으로부터 도출되는 일반적 인격권을 실현하기 위한 기본적인 전제로서 헌법 제10조뿐만 아니라, 헌법 제34조 제1항의 인간다운 생활을 할 권리, 헌법 제36조 제1항의 가족생활의 보장, 헌법 제34조 제4항의 국가의 청소년 복지향상을 위한 정책실시의무 등에도 근거가 있다. 이와 같은 태어난 즉시 '출생등록될 권리'는 앞서 언급한 기본권 등의 어느 하나에 완전히 포섭되지 않으며, 이들을 이념적 기초로 하는 헌법에 명시되지 아니한 독자적 기본권으로서, 자유로운 인격실현을 보장하는 자유권적 성격과 아동의 건강한 성장과 발달을 보장하는 사회적 기본권의 성격을 함께 지닌다.

○ 심판대상조항들이 혼인 외 출생자인 청구인들의 태어난 즉시 '출생등록될 권리'를 침해하는지 여부(적극)

○ 심판대상조항들이 생부인 청구인들의 평등권을 침해하는지 여부(소극)
심판대상조항들은 혼인 외 출생자에 대한 출생신고의무자와 적격자를 규정함에 있어서, 혼인 중인 여자와 남편 아닌 남자 사이에서 출생한 자녀의 경우, 남편 아닌 남자인 생부가 자신의 혼인 외 자녀에 대해서 출생신고를 허용하도록 규정하지 아니하였다. 특히 이 사건 출생신고의무조항이 혼인 외 출생자의 출생신고의무자를 모로 한정한 것은, 모는 출산으로 인하여 그 출생자와 혈연관계가 형성되는 반면에, 생부는 그 출생자와의 혈연관계에 대한 확인이 필요할 수도 있고, 그 출생자의 출생사실을 모를 수도 있다는 점에 있다. 이에 가족관계등록부는 모를 중심으로 출생신고를 규정하고, 모가 혼인 중일 경우에 그 출생자는 모의 남편의 자녀로 추정하도록 한 민법의 체계에 따르도록 규정하고 있다. 따라서 심판대상조항들이 혼인 외 출생자의 신고의무를 모에게만 부과하고, 남편 아닌 남자인 생부에게 자신의 혼인 외 자녀에 대해서 출생신고를 할 수 있도록 규정하지 아니한 것은 합리적인 이유가 있다. 그렇다면, 심판대상조항들은 생부인 청구인들의 평등권을 침해하지 않는다.

③ ◯ 입법자는 출생등록제도를 형성함에 있어 단지 출생등록의 이론적 가능성을 허용하는 것에 그쳐서는 아니 되며, 실효적으로 출생등록될 권리가 보장되도록 하여야 한다(헌재 2023. 3. 23. 2021헌마975).

13

정답 ③

③ ✕ 현행 헌법이 명문화하고 있는 적법절차의 원칙은 단순히 입법권의 유보제한이라는 한정적인 의미에 그치는 것이 아니라 모든 국가작용을 지배하는 독자적인 헌법의 기본원리로서 해석되어야 할 원칙이라는 점에서 입법권의 유보적 한계를 선언하는 과잉입법금지의 원칙과는 구별된다고 할 것이다. 따라서 적법절차의 원칙은 헌법조항에 규정된 형사절차상의 제한된 범위내에서만 적용되는 것이 아니라 국가작용으로서 기본권제한과 관련되든 관련되지 않든 모든 입법작용 및 행정작용에도 광범위하게 적용된다고 해석하여야 할 것이다(헌재 1992. 12. 24. 92헌가8).

① ◯, ② ◯ 심판대상조항은 강제퇴거대상자를 대한민국 밖으로 송환할 수 있을 때까지 보호시설에 인치·수용하여 강제퇴거명령을 효율적으로 집행할 수 있도록 함으로써 외국인의 출입국과 체류를 적절하게 통제하고 조정하여 국가의 안전과 질서를 도모하고자 하는 것으로, 입법목적의 정당성과 수단의 적합성은 인정된다. 그러나 보호기간의 상한을 두지 아니함으로써 강제퇴거대상자를 무기한 보호하는 것을 가능하게 하는 것은 보호의 일시적·잠정적 강제조치로서의 한계를 벗어나는 것이라는 점, 보호기간의 상한을 법에 명시함으로써 보호기간의 비합리적인 장기화 내지 불확실성에서 야기되는 피해를 방지할 수 있어야 하는데, 단지 강제퇴거명령의 효율적 집행이라는 행정목적 때문에 기간의 제한이 없는 보호를 가능하게 하는 것은 행정의 편의성과 획일성만을 강조한 것으로 피보호자의 신체의 자유를 과도하게 제한하는 것인 점, 강제퇴거명령을 받은 사람을 보호함에 있어 그 기간의 상한을 두고 있는 국제적 기준이나 외국의 입법례에 비추어 볼 때 보호기간의 상한을 정하는 것이 불가능하다고 볼 수 없는 점, 강제퇴거명령의 집행 확보는 심판대상조항에 의한 보호 외에 주거지 제한이나 보고, 신원보증인의 지정, 적정한 보증금의 납부, 감독관 등을 통한 지속적인 관찰 등 다양한 수단으로도 가능한 점, 현행 보호일시해제제도나 보호명령에 대한 이의신청, 보호기간 연장에 대한 법무부장관의 승인제도만으로는 보호기간의 상한을 두지 않은 문제가 보완된다고 보기 어려운 점 등을 고려하면, 심판대상조항은 침해의 최소성과 법익균형성을 충족하지 못한다. 따라서 심판대상조항은 과잉금지원칙을 위반하여 피보호자의 신체의 자유를 침해한다(헌재 2023. 3. 23. 2020헌가1).

④ ◯ 법정형의 종류와 범위를 정하는 것이 기본적으로 입법자의 권한에 속하는 것이라고 하더라도, 형벌은 죄질과 책임에 상응하도록 적절한 비례성이 지켜져야 하는바, 군대 내 명령체계유지 및 국가방위라는 이유

만으로 가해자와 상관 사이에 명령복종관계가 있는지 여부를 불문하고 전시와 평시를 구분하지 아니한 채 다양한 동기와 행위태양의 범죄를 동일하게 평가하여 사형만을 유일한 법정형으로 규정하고 있는 이 사건 법률조항은, 범죄의 중대성 정도에 비하여 심각하게 불균형적인 과중한 형벌을 규정함으로써 죄질과 그에 따른 행위자의 책임 사이에 비례관계가 준수되지 않아 인간의 존엄과 가치를 존중하고 보호하려는 실질적 법치국가의 이념에 어긋나고, 형벌체계상 정당성을 상실한 것이다(헌재 2007. 11. 29. 2006헌가13).

14 정답 ④

④ ✗ 일반적으로 직업수행의 자유에 대하여는 직업선택의 자유와는 달리 공익 목적을 위하여 상대적으로 폭넓은 입법적 규제가 가능하지만, 직업수행의 자유를 제한할 때에도 헌법 제37조 제2항에 의거한 비례원칙에 위배되어서는 안 된다(헌재 2017. 12. 28. 2016헌바311).

① ◯ 헌법 제15조는 "모든 국민은 직업선택의 자유를 가진다"고 규정하고 있다. 여기서 규정하는 직업선택의 자유는 자신이 원하는 직업을 자유롭게 선택하는 좁은 의미의 '직업선택의 자유'와 그가 선택한 직업을 자기가 원하는 방식으로 자유롭게 수행할 수 있는 '직업수행의 자유'를 포함하는 "직업의 자유"를 뜻한다(헌재 2002. 4. 25. 2001헌마614).

② ◯ 헌법 제15조가 규정하는 직업선택의 자유라 함은 자신이 원하는 직업을 자유로이 선택하고 이에 종사하는 등 직업에 관한 종합적이고 포괄적인 자유를 말하고, 직업결정의 자유, 직업종사(직업수행)의 자유, 전직의 자유 등을 포함하는바, 법인의 설립은 그 자체가 간접적인 직업선택의 한 방법이다. 그런데 이 사건 심판대상조항에 의하여 청구인의 법인설립(축협법 제4조에 의하여 축협은 법인이다)이 제한됨으로써 헌법상의 직업의 자유가 제한된다고 할 것이다(헌재 1996. 4. 25. 92헌바47).

③ ◯ 이러한 직업의 선택 혹은 수행의 자유는 각자의 생활의 기본적 수요를 충족시키는 방편이 되고, 또한 개성신장의 바탕이 된다는 점에서 주관적 공권의 성격이 두드러지고, 한편으로는 국민 개개인이 선택한 직업의 수행에 의하여 국가의 사회질서와 경제질서가 형성된다는 점에서 사회적 시장경제질서라고 하는 객관적 법질서의 구성요소이기도 하다(헌재 2002. 4. 25. 2001헌마614).

15 정답 ③

③ ✗ 자유로운 의사소통은 통신내용의 비밀을 보장하는 것만으로는 충분하지 아니하고 구체적인 통신관계의 발생으로 야기된 모든 사실관계, 특히 통신관여자의 인적 동일성·통신장소·통신횟수·통신시간 등 통신의 외형을 구성하는 통신이용의 전반적 상황의 비밀까지도 보장한다(헌재 2018. 6. 28. 2012헌마538).

① ◯ 개인정보자기결정권은 자신에 관한 정보가 언제 누구에게 어느 범위까지 알려지고 또 이용되도록 할 것인지를 그 정보주체가 스스로 결정할 수 있는 권리, 즉 정보주체가 개인정보의 공개와 이용에 관하여 스스로 결정할 권리를 말하는바, 개인의 고유성, 동일성을 나타내는 지문은 그 정보주체를 타인으로부터 식별가능하게 하는 개인정보이므로, 시장·군수 또는 구청장이 개인의 지문정보를 수집하고, 경찰청장이 이를 보관·전산화하여 범죄수사목적에 이용하는 것은 모두 개인정보자기결정권을 제한하는 것이다(헌재 2005. 5. 26. 99헌마513).

② ◯ 헌법 제18조로 보장되는 기본권인 통신의 자유란 통신수단을 자유로이 이용하여 의사소통할 권리이다(헌재 2019. 9. 26. 2017헌마1209).

④ ◯ 통신의 비밀이란 서신·우편·전신의 통신수단을 통하여 개인 간에 의사나 정보의 전달과 교환(의사소통)이 이루어지는 경우, 통신의 내용과 통신이용의 상황이 개인의 의사에 반하여 공개되지 아니할 자유를 의미한다(헌재 2019. 9. 26. 2017헌마1209).

16 정답 ④

④ ✗ 현대 사회가 고도의 정보화사회로 이행해감에 따라 "알 권리"는 한편으로 생활권적 성질까지도 획득해 나가고 있다. 이러한 "알 권리"는 표현의 자유에 당연히 포함되는 것으로 보아야 하며 인권에 관한 세계선언 제19조도 "알 권리"를 명시적으로 보장하고 있다(헌재 1991. 5. 13. 90헌마133).

①◯, ③◯ 자유로운 의사의 형성은 정보에의 접근이 충분히 보장됨으로써 비로소 가능한 것이며, 그러한 의미에서 정보에의 접근·수집·처리의 자유, 즉 "알 권리"는 표현의 자유와 표리일체의 관계에 있으며 자유권적 성질과 청구권적 성질을 공유하는 것이다. 자유권적 성질은 일반적으로 정보에 접근하고 수집·처리함에 있어서 국가권력의 방해를 받지 아니한다는 것을 말하며, 청구권적 성질을 의사형성이나 여론 형성에 필요한 정보를 적극적으로 수집하고 수집을 방해하는 방해제거를 청구할 수 있다는 것을 의미하는 바 이는 정보수집권 또는 정보공개청구권으로 나타난다(헌재 1991. 5. 13. 90헌마133).

② ◯ 국민의 알 권리는 정보에의 접근·수집·처리의 자유를 뜻하며 그 자유권적 성질의 측면에서는 일반적으로 정보에 접근하고 수집·처리함에 있어서 국가권력의 방해를 받지 아니한다고 할 것이므로, 개인은 일반적으로 접근가능한 정보원, 특히 신문, 방송 등 매스미디어로부터 방해받음이 없이 알 권리를 보장받아야 할 것이다(헌재 1998. 10. 29. 98헌마4).

17 정답 ③

③ ✗ 집회의 자유는 집회의 시간, 장소, 방법과 목적을 스스로 결정할 권리를 보장한다. 집회의 자유에 의하여 구체적으로 보호되는 주요행위는 집회의 준비 및 조직, 지휘, 참가, 집회장소·시간의 선택이다. 그러나 집회를 방해할 의도로 집회에 참가하는 것은 보호되지 않는다(헌재 2003. 10. 30. 2000헌바67).

① ◯ 집회의 자유에 의하여 보호되는 것은 단지 '평화적' 또는 '비폭력적' 집회이다. 집회의 자유는 민주국가에서 정신적 대립과 논의의 수단으로서, 평화적 수단을 이용한 의견의 표명은 헌법적으로 보호되지만, 폭력을 사용한 의견의 강요는 헌법적으로 보호되지 않는다. 헌법은 집회의 자유를 국민의 기본권으로 보장함으로써, 평화적 집회 그 자체는 공공의 안녕질서에 대한 위험이나 침해로서 평가되어서는 아니 되며, 개인이 집회의 자유를 집단적으로 행사함으로써 불가피하게 발생하는 일반대중에 대한 불편함이나 법익에 대한 위험은 보호법익과 조화를 이루는 범위 내에서 국가와 제3자에 의하여 수인되어야 한다는 것을 헌법 스스로 규정하고 있는 것이다(헌재 2003. 10. 30. 2000헌바67).

② ◯ 집회의 자유는 개인의 인격발현의 요소이자 민주주의를 구성하는 요소라는 이중적 헌법적 기능을 가지고 있다(헌재 2003. 10. 30. 2000헌바67).

④ ◯ 집회의 목적·내용과 집회의 장소는 일반적으로 밀접한 내적인 연관관계에 있기 때문에, 집회의 장소에 대한 선택이 집회의 성과를 결정짓는 경우가 적지 않다. 집회장소가 바로 집회의 목적과 효과에 대하여 중요한 의미를 가지기 때문에, 누구나 '어떤 장소에서' 자신이 계획한 집회를 할 것인가를 원칙적으로 자유롭게 결정할 수 있어야만 집회의 자유가 비로소 효과적으로 보장되는 것이다. 따라서 집회의 자유는 다른 법익의 보호를 위하여 정당화되지 않는 한, 집회장소를 항의의 대상으로부터 분리시키는 것을 금지한다(헌재 2003. 10. 30. 2000헌바67).

18 정답 ①

① ✗ 헌법 제34조 제1항은 "모든 국민은 인간다운 생활을 할 권리를 가진다"고 하고, 제2항은 "국가는 사회보장·사회복지의 증진에 노력할 의

무를 진다"고 규정하고 있는바, 이 법상의 연금수급권과 같은 사회보장수급권은 이 규정들로부터 도출되는 사회적 기본권의 하나이다. 이와 같이 사회적 기본권의 성격을 가지는 연금수급권은 국가에 대하여 적극적으로 급부를 요구하는 것이므로 헌법규정만으로는 이를 실현할 수 없고, 법률에 의한 형성을 필요로 한다. 연금수급권의 구체적 내용, 즉 수급요건, 수급권자의 범위, 급여금액 등은 법률에 의하여 비로소 확정된다(헌재 1999. 4. 29. 97헌마333).

② ◉ 8촌 이내 혈족 사이의 혼인금지조항을 위반한 혼인을 전부 무효로 하는 심판대상 조항은 과잉금지원칙에 위배하여 혼인의 자유를 침해한다(헌재 2022. 10. 27. 2018헌바115). → 금혼조항은 혼인의 자유를 침해하지 않는다고 본 사례

③ ◉ 헌재 2022. 11. 24. 2019헌바108

④ ◉ 헌법 제34조 제1항이 보장하는 인간다운 생활을 할 권리는 인간의 존엄에 상응하는 최소한의 물질적인 생활의 유지에 필요한 급부를 요구할 수 있는 권리를 의미한다. 국민건강보험법에 따른 건강보험수급권은 국민의 질병·부상에 대한 예방·진단·치료·재활과 출산·사망 및 건강증진을 위하여 실시되는 보험급여를 지급받을 권리로서(법 제1조 참조), 인간의 존엄에 상응하는 최소한의 물질적인 생활의 유지에 필요한 급부를 요구할 수 있는 권리에 해당하므로, 인간다운 생활을 할 권리의 보호범위에 포함된다. 따라서 소득월액보험료 체납에 따른 건강보험급여의 제한을 규정한 심판대상조항은 청구인의 인간다운 생활을 할 권리를 제한한다. …… 보험료를 체납하는 것은 가입자가 자신의 의무를 이행하지 않는 것이므로, 그 반대급부에 해당하는 보험급여를 제한하는 것은 그러한 의무불이행에 대한 제재로서의 성격을 가진다. 보험급여는 건강보험의 가입자가 누릴 수 있는 가장 핵심적인 혜택이므로, 보험료를 체납한 사람에게 보험급여 자체를 제한하는 것은 보험료 납부를 보장하는 실효적인 수단이라고 할 수 있다. 만약 위와 같은 제재수단이 없다면, 가입자가 충분한 자력이 있음에도 보험료를 고의로 납부하지 않은 채 보험급여만을 받고자 하는 도덕적 해이가 만연하여 건강보험제도 자체의 존립이 위태로워질 수 있다. …… 이상의 내용을 종합하면, 심판대상조항은 청구인의 인간다운 생활을 할 권리나 재산권을 침해하지 아니한다(헌재 2020. 4. 23. 2017헌바244).

19
정답 ②

② ✗

> **청원법 제21조(청원의 처리 등)** ① 청원기관의 장은 청원심의회의 심의를 거쳐 청원을 처리하여야 한다. 다만, 청원심의회의 심의를 거칠 필요가 없는 사항에 대해서는 심의를 생략할 수 있다.
> ② 청원기관의 장은 청원을 접수한 때에는 특별한 사유가 없으면 90일 이내(제13조 제1항에 따른 공개청원의 공개 여부 결정기간 및 같은 조 제2항에 따른 국민의 의견을 듣는 기간을 제외한다)에 처리결과를 청원인(공동청원의 경우 대표자를 말한다)에게 알려야 한다. 이 경우 공개청원의 처리결과는 온라인청원시스템에 공개하여야 한다.

① ◉ 청원권의 행사는 자신이 직접 하든 아니면 제3자인 중개인이나 대리인을 통해서 하든 청원권으로서 보호된다. 우리 헌법은 문서로 청원을 하도록 한 것 이외에 그 형식을 제한하고 있지 않으며, 청원권의 행사방법이나 그 절차를 구체화하고 있는 청원법도 제3자를 통해 하는 방식의 청원을 금지하고 있지 않다. 따라서 국민이 여러 가지 이해관계 또는 국정에 관해서 자신의 의견이나 희망을 해당 기관에 직접 진술하는 외에 그 본인을 대리하거나 중개하는 제3자를 통해 진술하더라도 이는 청원권으로서 보호될 것이다(헌재 2005. 11. 24. 2003헌바108).

③ ◉ 헌법상 보장된 청원권은 공권력과의 관계에서 일어나는 여러 가지 이해관계, 의견, 희망 등에 관하여 적법한 청원을 한 모든 당사자에게 국가기관이 청원을 수리할 뿐만 아니라 이를 심사하여 청원자에게 그 처리결과를 통지할 것을 요구할 수 있는 권리를 말하나, 청원사항의 처리결과에 심판서나 재결서에 준하여 이유를 명시할 것까지를 요구하는 것은 청원권의 보호범위에 포함되지 아니하므로 청원 소관관서는 청원법이 정하는 절차와 범위내에서 청원사항을 성실·공정·신속히 심사하고 청원인에게 그 청원을 어떻게 처리하였거나 처리하려고 하는지를 알 수 있는 정도로 결과통지함으로써 충분하고, 비록 그 처리내용이 청원인이 기대하는 바에 미치지 않는다고 하더라도 헌법소원의 대상이 되는 공권력의 행사 내지 불행사라고는 볼 수 없다(헌재 1997. 7. 16. 93헌마239).

④ ◉

> **청원법 제5조(청원사항)** 국민은 다음 각 호의 어느 하나에 해당하는 사항에 대하여 청원기관에 청원할 수 있다.
> 1. 피해의 구제
> 2. 공무원의 위법·부당한 행위에 대한 시정이나 징계의 요구
> 3. 법률·명령·조례·규칙 등의 제정·개정 또는 폐지
> 4. 공공의 제도 또는 시설의 운영
> 5. 그 밖에 청원기관의 권한에 속하는 사항

20
정답 ④

④ ✗ 일정한 경우 국가는 사인인 제3자에 의한 국민의 환경권 침해에 대해서도 적극적으로 기본권 보호조치를 취할 의무를 지나, 헌법재판소가 이를 심사할 때에는 국가가 국민의 기본권적 법익 보호를 위하여 적어도 적절하고 효율적인 최소한의 보호조치를 취했는가 하는 이른바 "과소보호금지원칙"의 위반 여부를 기준으로 삼아야 한다(헌재 2008. 7. 31. 2006헌마711).

① ◉ 모든 국민은 건강하고 쾌적한 환경에서 생활할 권리, 즉 환경권을 가지고 있고, 국가와 국민은 환경보전을 위하여 노력하여야 한다(헌법 제35조 제1항). 환경권은 건강하고 쾌적한 생활을 유지하는 조건으로서 양호한 환경을 향유할 권리이고, 생명·신체의 자유를 보호하는 토대를 이루며, 궁극적으로 '삶의 질' 확보를 목표로 하는 권리이다(헌재 2008. 7. 31. 2006헌마711).

② ◉ 환경권을 행사함에 있어 국민은 국가로부터 건강하고 쾌적한 환경을 향유할 수 있는 자유를 침해당하지 않을 권리를 행사할 수 있고, 일정한 경우 국가에 대하여 건강하고 쾌적한 환경에서 생활할 수 있도록 요구할 수 있는 권리가 인정되기도 하는바, 환경권은 그 자체 종합적 기본권으로서의 성격을 지닌다(헌재 2019. 12. 27. 2018헌마730).

③ ◉ 헌법 제10조의 규정에 의하면, 국가는 개인이 가지는 불가침의 기본적 인권을 확인하고 이를 보장할 의무를 지고 기본권은 공동체의 객관적 가치질서로서의 성격을 가지므로, 적어도 생명·신체의 보호와 같은 중요한 기본권적 법익 침해에 대해서는 그것이 국가가 아닌 제3자로서의 사인에 의해서 유발된 것이라고 하더라도 국가가 적극적인 보호의 의무를 진다. 그렇다면 국가가 국민의 기본권을 적극적으로 보장하여야 할 의무가 인정된다는 점, 헌법 제35조 제1항이 국가와 국민에게 환경보전을 위하여 노력하여야 할 의무를 부여하고 있는 점, 환경침해는 사인에 의해서 빈번하게 유발되므로 입법자가 그 허용 범위에 관해 정할 필요가 있다는 점, 환경피해는 생명·신체의 보호와 같은 중요한 기본권적 법익 침해로 이어질 수 있다는 점 등을 고려할 때, 일정한 경우 국가는 사인인 제3자에 의한 국민의 환경권 침해에 대해서도 적극적으로 기본권 보호조치를 취할 의무를 진다(헌재 2019. 12. 27. 2018헌마730).

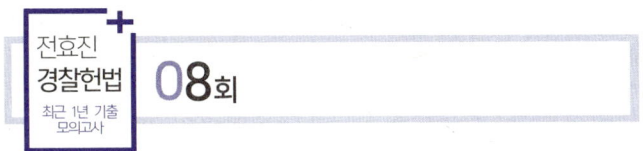

01 ① 02 ③ 03 ② 04 ④ 05 ② 06 ④ 07 ③ 08 ② 09 ② 10 ①
11 ③ 12 ④ 13 ① 14 ① 15 ② 16 ① 17 ③ 18 ③ 19 ② 20 ②

01

정답 ①

① ✗ 이 사건 채증규칙(경찰청 예규)은 법률로부터 구체적인 위임을 받아 제정한 것이 아니며, 집회·시위 현장에서 불법행위의 증거자료를 확보하기 위해 행정조직의 내부에서 상급행정기관이 하급행정기관에 대하여 발령한 내부기준으로 행정규칙이다. 청구인들을 포함한 이 사건 집회 참가자는 이 사건 채증규칙에 의해 직접 기본권을 제한받는 것이 아니라, 경찰의 이 사건 촬영행위에 의해 비로소 기본권을 제한받게 된다. 따라서 청구인들의 이 사건 채증규칙에 대한 심판청구는 헌법재판소법 제68조 제1항이 정한 기본권 침해의 직접성 요건을 충족하지 못하였으므로 부적법하다(헌재 2018. 8. 30. 2014헌마843).

② ⭕ 경찰의 촬영행위는 개인정보자기결정권의 보호대상이 되는 신체, 특정인의 집회·시위 참가 여부 및 그 일시·장소 등의 개인정보를 정보주체의 동의 없이 수집하였다는 점에서 개인정보자기결정권을 제한할 수 있다(헌재 2018. 8. 30. 2014헌마843).

③ ⭕ 근접촬영과 달리 먼 거리에서 집회·시위 현장을 전체적으로 촬영하는 소위 조망촬영이 기본권을 덜 침해하는 방법이라는 주장도 있으나, 최근 기술의 발달로 조망촬영과 근접촬영 사이에 기본권 침해라는 결과에 있어서 차이가 있다고 보기 어려우므로, 경찰이 이러한 집회·시위에 대해 조망촬영이 아닌 근접촬영을 하였다는 이유만으로 헌법에 위반되는 것은 아니다(헌재 2018. 8. 30. 2014헌마843).

④ ⭕ 옥외집회·시위에 대한 경찰의 촬영행위는 증거보전의 필요성 및 긴급성, 방법의 상당성이 인정되는 때에는 헌법에 위반된다고 할 수 없으나, 경찰이 옥외집회 및 시위 현장을 촬영하여 수집한 자료의 보관·사용 등은 엄격하게 제한하여, 옥외집회·시위 참가자 등의 기본권 제한을 최소화해야 한다. 옥외집회·시위에 대한 경찰의 촬영행위에 의해 취득한 자료는 '개인정보'의 보호에 관한 일반법인 '개인정보 보호법'이 적용될 수 있다(헌재 2018. 8. 30. 2014헌마843).

02

정답 ③

③ ✗ 국가공무원법조항 중 '그 밖의 정치단체'에 관한 부분은, '그 밖의 정치단체'가 무엇인가에 대하여 규범 내용을 확정할 수 없는 불명확한 개념을 사용하고 있어, 표현의 자유를 규제하는 법률조항, 형벌의 구성요건을 규정하는 법률에 대하여 헌법이 요구하는 명확성원칙의 엄격한 기준을 충족하지 못하였다(헌재 2020. 4. 23. 2018헌마551).

① ⭕ 전기통신사업법 제83조는 통신비밀을 보호하기 위한 조항으로 제1항과 제2항에서 전기통신사업자가 취급 중에 있는 통신의 비밀이나 전기통신업무에 종사하는 사람이 재직 중에 통신에 관하여 알게 된 타인의 비밀 등을 누설하여서는 아니 된다고 정하고 있는바, 통신의 비밀에 대한 엄격한 보호를 규정하고 있는 전기통신사업법 제83조의 취지에 비추어 볼 때 '국가안전보장에 대한 위해를 방지하기 위한 정보수집'은 국가의 존립이나 헌법의 기본질서에 대한 위험을 방지하기 위한 목적을 달성함에 있어 요구되는 최소한의 범위 내에서의 정보수집을 의미하는 것으로 해석된다. 그렇다면 이 사건 법률조항은 건전한 상식과 통상적인 법 감정을 가진 사람이라면 그 취지를 충분히 예측할 수 있다고 할 것인바, 명확성원칙에 위배되지 아니한다(헌재 2022. 7. 21. 2016헌마388).

② ⭕ 공직선거법 및 관련 법령이 구체적으로 '인터넷언론사'의 범위를 정하고 있고, 중앙선거관리위원회가 설치·운영하는 인터넷선거보도심의위원회가 심의대상인 인터넷언론사를 결정하여 공개하는 점 등을 종합하면 '인터넷언론사'는 불명확하다고 볼 수 없으며, '지지·반대'의 사전적 의미와 심판대상조항의 입법목적, 공직선거법 관련 조항의 규율내용을 종합하면, 건전한 상식과 통상적인 법 감정을 가진 사람이면 자신의 글이 정당·후보자에 대한 '지지·반대'의 정보를 게시하는 행위인지 충분히 알 수 있으므로, 실명확인 조항 중 "인터넷언론사" 및 "지지·반대" 부분은 명확성원칙에 반하지 않는다(헌재 2021. 1. 28. 2018헌마456).

④ ⭕ 의료법의 입법목적, 의료인의 사명에 관한 의료법상의 여러 규정 및 의료행위의 개념에 관한 대법원 판례 등을 종합적으로 고려해 보면, 심판대상조항 중 '의료행위'는, 의학적 전문지식을 기초로 하는 경험과 기능으로 진찰, 검안, 처방, 투약 또는 외과적 시술을 시행하여 하는 질병의 예방 또는 치료행위 이외에도 의료인이 행하지 아니하면 보건위생상 위해가 생길 우려가 있는 행위로 분명하게 해석된다. 따라서 심판대상조항 중 '의료행위' 부분은 명확성원칙에 위반되지 않는다(헌재 2022. 7. 21. 2022헌바3).

03

정답 ②

② ⭕

> **청원법 제4조(청원기관)** 이 법에 따라 국민이 청원을 제출할 수 있는 기관(이하 "청원기관"이라 한다)은 다음 각 호와 같다.
> 1. 국회·법원·헌법재판소·중앙선거관리위원회, 중앙행정기관(대통령 소속 기관과 국무총리 소속 기관을 포함한다)과 그 소속 기관
> 2. 지방자치단체와 그 소속 기관
> 3. 법령에 따라 행정권한을 가지고 있거나 행정권한을 위임 또는 위탁받은 법인·단체 또는 그 기관이나 개인

① ✗

> **헌법 제26조** ① 모든 국민은 법률이 정하는 바에 의하여 국가기관에 문서로 청원할 권리를 가진다.

③ ✗ 청원서가 일반인에게 공개되면 그로부터 30일 이내에 10만 명 이상의 동의를 받도록 한 것은 국회의 한정된 심의 역량과 자원의 효율적 배분을 고려함과 동시에, 일정 수준 이상의 인원에 해당하는 국민 다수가 관심을 갖고 동의하는 의제가 논의 대상이 되도록 하기 위한 것이다. 국회에 대한 청원은 법률안 등과 같이 의안에 준하여 위원회 심사를 거쳐 처리되고, 다른 행정부 등 국가기관과 달리 국회는 합의제 기관이라는 점에서 청원 심사의 실효성을 확보할 필요성 또한 크다. 이와 같은 점에서 국민동의법령조항들이 설정하고 있는 청원찬성·동의를 구하는 기간 및 그 인원수는 불합리하다고 보기 어렵다. 따라서 국민동의법령조항들은 입법재량을 일탈하여 청원권을 침해하였다고 볼 수 없다(헌재 2023. 3. 23. 2018헌마460).

④ ✗

> **청원법 제5조(청원사항)** 국민은 다음 각 호의 어느 하나에 해당하는 사항에 대하여 청원기관에 청원할 수 있다.
> 1. 피해의 구제
> 2. 공무원의 위법·부당한 행위에 대한 시정이나 징계의 요구
> 3. 법률·명령·조례·규칙 등의 제정·개정 또는 폐지
> 4. 공공의 제도 또는 시설의 운영
> 5. 그 밖에 청원기관의 권한에 속하는 사항

04

정답 ④

④ ❌ 지방자치단체의 자치사무에 대한 무분별한 감사권의 행사는 헌법상 보장된 지방자치권을 침해할 가능성이 크므로, 원칙적으로 감사 과정에서 사전에 감사대상으로 특정되지 아니한 사항에 관하여 위법사실이 발견되었다고 하더라도 감사대상을 확장하거나 추가하는 것은 허용되지 않는다. 다만, 자치사무의 합법성 통제라는 감사의 목적이나 감사의 효율성 측면을 고려할 때, 당초 특정된 감사대상과 관련성이 인정되는 것으로서 당해 절차에서 함께 감사를 진행하더라도 감사대상 지방자치단체가 절차적인 불이익을 받을 우려가 없고, 해당 감사대상을 적발하기 위한 목적으로 감사가 진행된 것으로 볼 수 없는 사항에 대하여는 감사대상의 확장 내지 추가가 허용된다(헌재 2023. 3. 23. 2020헌라5).

① ⭕ 국가기본도에 표시된 해상경계선은 그 자체로 불문법상 해상경계선으로 인정되는 것은 아니나, 관할 행정청이 국가기본도에 표시된 해상경계선을 기준으로 하여 과거부터 현재에 이르기까지 반복적으로 처분을 내리고, 지방자치단체가 허가, 면허 및 단속 등의 업무를 지속적으로 수행하여 왔다면 국가기본도상의 해상경계선은 여전히 지방자치단체 관할 경계에 관하여 불문법으로서 그 기준이 될 수 있다(헌재 2021. 2. 25. 2015헌라7).

② ⭕ 헌법이 감사원을 독립된 외부감사기관으로 정하고 있는 취지, 중앙정부와 지방자치단체는 서로 행정기능과 행정책임을 분담하면서 중앙행정의 효율성과 지방행정의 자주성을 조화시켜 국민과 주민의 복리증진이라는 공동목표를 추구하는 협력관계에 있다는 점을 고려하면 지방자치단체의 자치사무에 대한 합목적성 감사의 근거가 되는 이 사건 관련규정은 그 목적의 정당성과 합리성을 인정할 수 있다. 또한 감사원법에서 지방자치단체의 자치권을 존중할 수 있는 장치를 마련해두고 있는 점, 국가재정지원에 상당부분 의존하고 있는 우리 지방재정의 현실, 독립성이나 전문성이 보장되지 않은 지방자치단체 자체감사의 한계 등으로 인한 외부감사의 필요성까지 감안하면, 이 사건 관련규정이 지방자치단체의 고유한 권한을 유명무실하게 할 정도로 지나친 제한을 함으로써 지방자치권의 본질적 내용을 침해하였다고는 볼 수 없다(헌재 2008. 5. 29. 2005헌라3).

③ ⭕ 연간 감사계획에 포함되지 아니하고 사전조사가 수행되지 아니한 감사의 경우 지방자치법에 따른 감사의 절차와 방법 등에 관한 사항을 규정하는 '지방자치단체에 대한 행정감사규정' 등 관련 법령에서 감사대상이나 내용을 통보할 것을 요구하는 명시적인 규정이 없다. 광역지방자치단체가 자치사무에 대한 감사에 착수하기 위해서는 감사대상을 특정하여야 하나, 특정된 감사대상을 사전에 통보할 것까지 요구된다고 볼 수는 없다(헌재 2023. 3. 23. 2020헌라5).

05

정답 ②

② ❌ "문화의 영역에 있어서 각인의 기회를 균등히" 할 것에 대해서는 헌법 제9조가 아닌 **헌법전문**에서 선언하고 있다.

> **헌법 제9조** 국가는 전통문화의 계승·발전과 민족문화의 창달에 노력하여야 한다.

③ ⭕ '국가는 전통문화의 계승·발전과 민족문화의 창달에 노력하여야 한다'라고 규정한 우리 헌법 제9조에 근거하여 제정된 것으로서, 국가의 문화재에 관한 사무를 관장하던 관할 행정관청이 어떤 사찰을 전통사찰로 지정하는 행위는 해당 사찰을 국가의 '보존공물(保存公物)'로 지정하는 처분에 해당한다고 보아야 한다. 또한, 헌법 제9조의 규정취지와 민족문화유산의 본질에 비추어 볼 때, 국가가 민족문화유산을 보호하고자 하는 경우 이에 관한 헌법적 보호법익은 '민족문화유산의 존속' 그 자체를 보장하는 것이고, 원칙적으로 민족문화유산의 훼손등에 관한 가치보상(價値補償)이 있는지 여부는 이러한 헌법적 보호법익과 직접적인 관련이 없다(헌재 2003. 1. 30. 2001헌바64).

④ ⭕ 국가는 학교교육에 관한 한, 교육제도의 형성에 관한 폭넓은 권한을 가지고 있지만, 학교교육 밖의 사적인 교육영역에서는 원칙적으로 부모의 자녀교육권이 우위를 차지하고, 국가 또한 헌법이 지향하는 문화국가이념에 비추어, 학교교육과 같은 제도교육 외에 사적인 교육의 영역에서도 사인의 교육을 지원하고 장려해야 할 의무가 있으므로 사적인 교육영역에 대한 국가의 규율권한에는 한계가 있다(헌재 2009. 10. 29. 2008헌마635).

06

정답 ④

③ ⭕, ④ ❌ 심판대상조항은 '외국에 주소가 있는 경우'에 한해 국적이탈의 신고를 허용하므로 국적이탈의 자유를 제한하고 있는바, '외국에 주소가 있는 경우'라는 표현이 명확성원칙에 위배되는지, 그리고 심판대상조항이 과잉금지원칙에 위배되어 청구인의 국적이탈의 자유를 침해하는지 여부를 살펴본다. …… 심판대상조항을 통해 달성하고자 하는 공익은 국가공동체로서 대한민국의 존립·유지를 위해 외국에 생활근거 없이 대한민국 국민으로서의 권리와 이익을 향유하던 복수국적자가 국적이탈을 통해 대한민국 국민으로서의 의무를 면탈하지 못하도록 하려는 것이므로 중요성이 큰 반면, 심판대상조항으로 인해 제한되는 사익은 국적이탈을 신고하려는 자가 외국에 주소가 있을 것을 요구받는 것에 지나지 않는다. 따라서 심판대상조항은 법익의 균형성을 충족한다. 심판대상조항은 과잉금지원칙에 위배되지 아니하므로 국적이탈의 자유를 침해하지 아니한다(헌재 2023. 2. 23. 2020헌바603).

> **참고** 심판대상조항의 '외국에 주소가 있는 경우'라는 표현은 국적법 등 법률에서만 사용되는 표현이 아닌 일상적으로 사용되고 있는 표현으로, '주소'라 함은 실질적인 생활의 근거가 되는 장소를 뜻한다. …… 심판대상조항은 수범자의 예측가능성을 해하거나 법집행기관의 자의적 법집행을 초래할 정도로 불명확하지 않으므로 명확성원칙에 위배된다고 볼 수 없다(헌재 2023. 2. 23. 2020헌바603).

① ⭕ 법무부장관은 거짓이나 그 밖의 부정한 방법으로 귀화허가나 국적회복허가 또는 국적보유판정을 받은 자에 대하여 그 허가 또는 판정을 취소할 수 있다고 규정한 심판대상조항은 국적 취득에 있어 진실성을 담보하고 사회구성원 사이의 신뢰를 확보하며 나아가 국가질서를 유지하기 위한 것으로 입법목적의 정당성이 인정되며, 하자 있는 국적회복허가를 취소하도록 하는 것은 위와 같은 입법목적을 달성하기 위한 적합한 방법이다. …… 따라서 심판대상조항은 과잉금지원칙에 위배하여 거주·이전의 자유 및 행복추구권을 침해하지 아니한다(헌재 2020. 2. 27. 2017헌바434).

② ⭕ 심판대상조항은 특례의 적용을 받는 모계출생자가 그 권리를 조속히 행사하도록 하여 위 모계출생자의 국적·법률관계를 조속히 확정하고, 국가기관의 행정상 부담을 줄일 수 있도록 하며, 위 모계출생자가 권리를 남용할 가능성을 억제하기 위하여 특례기간을 2004. 12. 31.까지로 한정하고 있는바, 이를 불합리하다고 볼 수 없다. 또한 특례의 적용을 받는 모계출생자가 특례기간 내에 국적취득신고를 하지 못한 경우에도 그 사유가 천재지변 기타 불가항력적 사유에 의한 것이면 그 사유가 소멸한 때부터 3개월 내에 국적취득신고를 할 수 있고, 그 외에 다른 사정으로 국적취득신고를 하지 못한 경우에도 간이귀화 또는 특별귀화를 통하여 어렵지 않게 대한민국 국적을 취득할 수 있으므로, 심판대상조항은 특례의 적용을 받는 모계출생자와 출생으로 대한민국 국적을 취득하는 모계출생자를 합리적 사유 없이 차별하고 있다고 볼 수 없고, 따라서 평등원칙에 위배되지 않는다(헌재 2015. 11. 26. 2014헌바211).

07

정답 ③

③ ✗ 헌법재판소의 위헌정당 해산결정에 따라 해산된 정당 소속 비례대표 지방의회의원 갑이 공직선거법 제192조 제4항에 따라 지방의회의원직을 상실하는지가 문제된 사안에서, 공직선거법 제192조 제4항은 소속 정당이 헌법재판소의 정당해산결정에 따라 해산된 경우 비례대표 지방의회의원의 퇴직을 규정하는 조항이라고 할 수 없어 갑이 비례대표 지방의회의원의 지위를 상실하지 않았다고 본 원심판단을 정당하다고 한 사례(대판 2021. 4. 29. 2016두39825).

① ○

> **1980년 제7차 개정헌법 제7조** ③ 정당은 법률이 정하는 바에 의하여 국가의 보호를 받으며, 국가는 법률이 정하는 바에 의하여 정당의 운영에 필요한 자금을 보조할 수 있다.

② ○ 정당의 법적 지위는 적어도 그 소유재산의 귀속관계에 있어서는 법인격 없는 사단(社團)으로 보아야 하고, 중앙당과 지구당과의 복합적 구조에 비추어 정당의 지구당은 단순한 중앙당의 하부조직이 아니라 어느 정도의 독자성을 가진 단체로서 역시 법인격 없는 사단에 해당한다고 보아야 할 것이다(헌재 1993. 7. 29. 92헌마262).

④ ○ "누구든지 2 이상의 정당의 당원이 되지 못한다."라고 규정하고 있는 심판대상조항은 정당의 정체성을 보존하고 정당 간의 위법·부당한 간섭을 방지함으로써 정당정치를 보호·육성하기 위한 것으로 볼 수 있다. 이러한 입법목적은 국민의 정치적 의사형성에 중대한 영향을 미치는 정당의 헌법적 기능을 보호하기 위한 것으로 정당하고, 복수 당적 보유를 금지하는 것은 입법목적 달성을 위한 적합한 수단에 해당한다. …… 따라서 심판대상조항이 정당의 당원인 청구인들의 정당 가입·활동의 자유를 침해한다고 할 수 없다(헌재 2022. 3. 31. 2020헌마1729).

08

정답 ②

② ✗ 이 사건 심판의 대상이 된 대법원의 판결은 헌법재판소가 한정위헌결정을 하기 이전에 선고된 것으로서 헌법재판소가 위헌으로 결정한 법령을 적용하여 국민의 기본권을 침해한 재판에 해당하지 아니하므로 그 판결을 대상으로 한 이 사건 헌법소원 심판청구는 부적법하다(헌재 1998. 4. 30. 92헌마239).

① ○ 법 제75조 제7항은 "제68조 제2항에 따른 헌법소원이 인용된 경우에 해당 헌법소원과 관련된 소송사건이 이미 확정된 때에는 당사자는 재심을 청구할 수 있다."라고 규정함으로써 소송당사자가 재심을 청구할 권리를 부여하고 있고, 여기서 '헌법소원이 인용된 경우'에는 헌법재판소가 한정위헌결정을 한 경우도 포함된다. 또한 법 제47조 제3항 및 제4항은 '형벌에 관한 법률조항은 소급하여 그 효력을 상실하고 이 경우 위헌으로 결정된 법률조항에 근거한 유죄의 확정판결에 대하여는 재심을 청구할 수 있다'고 규정함으로써, 형벌에 관한 법률조항에 대하여 위헌 결정이 있는 경우 이미 유죄판결을 받은 사람에게도 재심청구를 허용하고 있고, 법 제75조 제6항은 '법 제68조 제2항에 따른 헌법소원을 인용하는 경우' 이를 준용하도록 정하고 있다. 여기서 '헌법소원을 인용하는 경우'에는 헌법재판소가 한정위헌결정을 한 경우도 포함된다. 따라서 이 사건 한정위헌결정의 기속력을 부인하여 재심사유로 받아들이지 아니한 이 사건 재심기각결정들은 청구인들의 재판청구권을 침해하는 것이다. 그러므로 이 사건 재심기각결정들은 모두 '법률에 대한 위헌결정의 기속력에 반하는 재판'으로 이에 대한 헌법소원은 허용되고 청구인들의 헌법상 보장된 재판청구권을 침해하였으므로, 법 제75조 제3항에 따라 취소되어야 한다(헌재 2022. 6. 30. 2014헌마760).

③ ○ 헌법재판소법 제68조 제1항의 헌법소원은 행정처분에 대하여도 청구할 수 있는 것이나 그것이 법원의 재판을 거쳐 확정된 행정처분인 경우에는 당해 행정처분을 심판의 대상으로 삼았던 법원의 재판이 헌법재판소가 위헌으로 결정한 법령을 적용하여 국민의 기본권을 침해한 결과 헌법소원심판에 의하여 그 재판 자체가 취소되는 경우에 한하여 당해 행정처분에 대한 심판청구가 가능한 것이고 이와 달리 법원의 재판이 취소될 수 없는 경우에는 당해 행정처분에 대한 헌법소원심판청구도 허용되지 아니하며, 이와 같은 법리는 법원의 재판이 소를 각하하는 판결인 경우에도 마찬가지라 할 것이다(헌재 1998. 8. 27. 97헌마150).

④ ○ 구체적 규범통제절차에서 제청법원이나 헌법소원 청구인이 심판대상 법률조항의 특정한 해석이나 적용 부분의 위헌성을 주장하는 한정위헌청구 역시 원칙적으로 적법한 것으로 보아야 할 것이다. 다만, 재판소원을 금지하고 있는 헌법재판소법 제68조 제1항의 취지에 비추어, 한정위헌청구의 형식을 취하고 있으면서도 실제로는 당해사건 재판의 기초가 되는 사실관계의 인정이나 평가 또는 개별적·구체적 사건에서의 법률조항의 단순한 포섭·적용에 관한 문제를 다투거나, 의미 있는 헌법문제를 주장하지 않으면서 법원의 법률해석이나 재판결과를 다투는 경우 등은 모두 현행의 규범통제제도에 어긋나는 것으로서 허용될 수 없다(헌재 2019. 6. 3. 2019헌마514).

09

정답 ②

② ✗ 제1차 개정헌법은 양원제를 규정하였다.

> **1952년 제1차 개정헌법**
> 제31조 입법권은 국회가 행한다.
> 국회는 민의원과 참의원으로써 구성한다.
> 제73조 행정각부의 장은 국무위원이어야 하며 국무총리의 제청에 의하여 대통령이 임면한다.

10

정답 ①

① ✗ 헌법 제65조에 규정된 탄핵사유를 구체적으로 살펴보면, '직무집행에 있어서'의 '직무'란, 법제상 소관 직무에 속하는 고유 업무 및 통념상 이와 관련된 업무를 말한다. 따라서 직무상의 행위란, 법령·조례 또는 행정관행·관례에 의하여 그 지위의 성질상 필요로 하거나 수반되는 모든 행위나 활동을 의미한다. 헌법은 탄핵사유를 "헌법이나 법률에 위배한 때"로 규정하고 있는데, '헌법'에는 명문의 헌법규정뿐만 아니라 헌법재판소의 결정에 의하여 형성되어 확립된 불문헌법도 포함된다. '법률'이란 단지 형식적 의미의 법률 및 그와 등등한 효력을 가지는 국제조약, 일반적으로 승인된 국제법규 등을 의미한다(헌재 2004. 5. 14. 2004헌나1).

② ○

> **헌법재판소법 제49조(소추위원)** ① 탄핵심판에서는 국회 법제사법위원회의 위원장이 소추위원이 된다.
> ② 소추위원은 헌법재판소에 소추의결서의 정본을 제출하여 탄핵심판을 청구하며, 심판의 변론에서 피청구인을 신문할 수 있다.

③ ○ 헌법 제65조 제1항은 '대통령…이 그 직무집행에 있어서'라고 하여, 탄핵사유의 요건을 '직무' 집행으로 한정하고 있으므로, 위 규정의 해석상 대통령의 직위를 보유하고 있는 상태에서 범한 법위반행위만이 소추사유가 될 수 있다(헌재 2004. 5. 14. 2004헌나1).

④ ○ 적법절차원칙이란, 국가공권력이 국민에 대하여 불이익한 결정을 하기에 앞서 국민은 자신의 견해를 진술할 기회를 가짐으로써 절차의 진행과 그 결과에 영향을 미칠 수 있어야 한다는 법원리를 말한다. 그런데 이 사건의 경우, 국회의 탄핵소추절차는 국회와 대통령이라는 헌법기

관 사이의 문제이고, 국회의 탄핵소추의결에 의하여 사인으로서의 대통령의 기본권이 침해되는 것이 아니라, 국가기관으로서의 대통령의 권한행사가 정지되는 것이다. 따라서 국가기관이 국민과의 관계에서 공권력을 행사함에 있어서 준수해야 할 법원칙으로서 형성된 적법절차의 원칙을 국가기관에 대하여 헌법을 수호하고자 하는 탄핵소추절차에는 직접 적용할 수 없다고 할 것이고, 그 외 달리 탄핵소추절차와 관련하여 피소추인에게 의견진술의 기회를 부여할 것을 요청하는 명문의 규정도 없으므로, 국회의 탄핵소추절차가 적법절차원칙에 위배되었다는 주장은 이유 없다(헌재 2004. 5. 14. 2004헌나1).

11 정답 ③

③ ◯

헌법 제68조 ① 대통령의 임기가 만료되는 때에는 임기만료 70일 내지 40일 전에 후임자를 선거한다.
② 대통령이 궐위된 때 또는 대통령 당선자가 사망하거나 판결 기타의 사유로 그 자격을 상실한 때에는 60일 이내에 후임자를 선거한다.

① ✗

헌법 제67조 ① 대통령은 국민의 보통·평등·직접·비밀선거에 의하여 선출한다.
② 제1항의 선거에 있어서 최고득표자가 2인 이상인 때에는 국회의 재적의원 과반수가 출석한 공개회의에서 다수표를 얻은 자를 당선자로 한다.
③ 대통령후보자가 1인일 때에는 그 득표수가 선거권자 총수의 3분의 1 이상이 아니면 대통령으로 당선될 수 없다.

② ✗ 예비후보자 기탁금제도는 예비후보자의 무분별한 난립을 막고 책임성과 성실성을 담보하기 위한 것인데, 선거권자 추천제도 역시 상당한 숫자의 선거권자로부터 추천을 받는 데에 적지 않은 노력과 비용이 소요될 것이므로 예비후보자의 수를 적정한 범위로 제한하는 방법으로서 덜 침해적인 것이라고 단정할 수 없다. 대통령선거는 가장 중요한 국가권력담당자를 선출하는 선거로서 후보난립의 유인이 다른 선거에 비해 훨씬 더 많으며, 본선거의 후보자로 등록하고자 하는 예비후보자에게 예비후보자 기탁금은 본선거 기탁금의 일부를 미리 납부하는 것에 불과하다는 점 등을 고려하면 기탁금 액수가 과다하다고도 할 수 없으므로 심판대상조항이 과잉금지원칙에 위배되어 공무담임권을 침해한다고 볼 수 없다(헌재 2015. 7. 30. 2012헌마402).

④ ✗

공직선거법 제14조(임기개시) ① 대통령의 임기는 전임대통령의 임기만료일의 다음날 0시부터 개시된다. 다만, 전임자의 임기가 만료된 후에 실시하는 선거와 궐위로 인한 선거에 의한 대통령의 임기는 당선이 결정된 때부터 개시된다.

12 정답 ④

④ ✗ 구 상증세법 제45조의3 제1항은 이처럼 일감 몰아주기를 통해 지배주주 등에게 발생한 이익을 과세대상으로 삼기 위하여, 수혜법인의 매출 중 일정비율을 초과하는 매출액이 특수관계법인과의 거래에서 발생한 경우, 수혜법인의 세후영업이익 중 일정 부분을 수혜법인의 지배주주 등이 증여받은 것으로 의제하는 조항이다. 위 조항은 일감 몰아주기로 수혜법인의 지배주주 등에게 발생한 이익에 대하여 증여세를 부과함으로써 적정한 소득의 재분배를 촉진하고, 시장의 지배와 경제력의 남용 우려가 있는 일감 몰아주기를 억제하려는 것인데(헌법 제119조 제2항 참조), 그 입법목적의 정당성과 수단의 적절성이 인정된다. …… 구 상증세법 제45조의3 제1항은 재산권을 침해하지 아니한다(헌재 2018. 6. 28. 2016헌바347).

① ◯ 헌법 제119조는 헌법상 경제질서에 관한 일반조항으로서 국가의 경제정책에 대한 하나의 헌법적 지침일 뿐, 그 자체가 기본권의 성질을 가진다거나 독자적인 위헌심사의 기준이 된다고 할 수 없다(헌재 2017. 7. 27. 2015헌바278).

② ◯ 헌법 제119조 제2항은 독과점규제라는 경제정책적 목표를 개인의 경제적 자유를 제한할 수 있는 정당한 공익의 하나로 명문화하고 있다. 독과점규제의 목적이 경쟁의 회복에 있다면 이 목적을 실현하는 수단 또한 자유롭고 공정한 경쟁을 가능하게 하는 방법이어야 한다(헌재 1996. 12. 26. 96헌가18).

③ ◯ 헌법 제126조는 국방상 또는 국민경제상 긴절한 필요로 인하여 법률이 정하는 경우를 제외하고는 사영기업을 국유 또는 공유로 이전하거나 그 경영을 통제 또는 관리할 수 없다고 규정하고 있다. 여기서 '사영기업의 국유 또는 공유로의 이전'은 일반적으로 공법적 수단에 의하여 사기업에 대한 소유권을 국가나 기타 공법인에 귀속시키고 사회정책적·국민경제적 목표를 실현할 수 있도록 그 재산권의 내용을 변형하는 것을 말하며, 또 사기업의 '경영에 대한 통제 또는 관리'라 함은 비록 기업에 대한 소유권의 보유주체에 대한 변경은 이루어지지 않지만 사기업 경영에 대한 국가의 광범위하고 강력한 감독과 통제 또는 관리의 체계를 의미한다(헌재 2021. 3. 25. 2017헌바378).

13 정답 ①

① ✗ 이 사건 법률조항의 위헌성은 환매권의 발생기간을 제한한 것 자체에 있다기보다는 그 기간을 10년 이내로 제한한 것에 있다. 이 사건 법률조항의 위헌성을 제거하는 다양한 방안이 있을 수 있고 이는 입법재량 영역에 속한다. 이 사건 법률조항의 적용을 중지하더라도 환매권 행사기간 등 제한이 있기 때문에 법적 혼란을 야기할 뚜렷한 사정이 있다고 보이지는 않는다. 이 사건 법률조항 적용을 중지하는 헌법불합치결정을 하고, 입법자는 가능한 한 빠른 시일 내에 이와 같은 결정 취지에 맞게 개선입법을 하여야 한다(헌재 2020. 11. 26. 2019헌바131).

② ◯ 우리 헌법의 재산권 보장은 사유재산의 처분과 그 상속을 포함하는 것인바, 유언자가 생전에 최종적으로 자신의 재산권에 대하여 처분할 수 있는 법적 가능성을 의미하는 유언의 자유는 생전증여에 의한 처분과 마찬가지로 헌법상 재산권의 보호를 받는다(헌재 2008. 12. 26. 2007헌바128).

③ ◯ 선출직 공무원으로서 받게 되는 보수가 기존의 연금에 미치지 못하는 경우에도 연금 전액의 지급을 정지하도록 정한 심판대상조항은 악화된 연금재정을 개선하여 공무원연금제도의 건실한 유지·존속을 도모하고 연금과 보수의 이중수혜를 방지하기 위한 것이다. 퇴직공무원의 적정한 생계 보장이라는 공무원연금제도의 취지에 비추어, 연금 지급을 정지하기 위해서는 '연금을 대체할 만한 소득'이 전제되어야 한다. 지방의회의원이 받는 의정비 중 의정활동비는 의정활동 경비 보전을 위한 것이므로, 연금을 대체할 만한 소득이 있는지 여부는 월정수당을 기준으로 판단하여야 하는데, 월정수당은 지방자치단체에 따라 편차가 크고 안정성이 낮음에도 불구하고 심판대상조항은 연금을 대체할 만한 적정한 소득이 있다고 할 수 없는 경우에도 일률적으로 연금전액의 지급을 정지하여 지급정지제도의 본질 및 취지와 어긋나는 결과를 초래한다. 심판대상조항과 같이 재취업소득액에 대한 고려 없이 퇴직연금 전액의 지급을 정지할 경우 재취업 유인을 제공하지 못하여 정책목적 달성에 실패할 가능성이 크다. 연금과 보수 중 일부를 감액하는 방식으로 선출직에 취임하여

보수를 받는 것이 생활보장에 더 유리하도록 하는 등 기본권을 덜 제한하면서 입법목적을 달성할 수 있는 다양한 방법이 있다. 따라서 심판대상조항은 과잉금지원칙에 위배되어 재산권을 침해한다(헌재 2022. 1. 27. 2019헌바161).

④ ◎ 이 사건 기탁금귀속조항은 후보자가 사망하거나 제1차 투표에서 유효투표수의 100분의 15 이상을 득표한 경우에는 기탁금 전액을, 제1차 투표에서 유효투표수의 100분의 10 이상 100분의 15 미만을 득표한 경우에는 기탁금 반액을 후보자에게 반환하고, 반환되지 않은 기탁금은 경북대학교 발전기금에 귀속되도록 하고 있다. 이하에서는 이 사건 기탁금귀속조항이 후보자의 재산권을 침해하는지 여부에 대하여 살핀다. …… 이 사건 기탁금귀속조항으로 인하여 청구인은 기탁금을 반환받지 못하게 되지만, 이로 인해 달성되는 후보자 난립 방지 및 후보자 성실성 확보라는 공익이 작지 않고 제1차 투표에서 유효투표수의 100분의 10 이상을 득표하면 기탁금의 전액 또는 반액을 반환받을 수 있는 길 또한 열려 있으므로, 제한되는 사익이 달성되는 공익보다 크다고 할 수 없다. 결국 이 사건 기탁금귀속조항은 법익의 균형성 또한 충족한다. 이 사건 기탁금귀속조항은 청구인의 재산권을 침해하지 않는다(헌재 2022. 5. 26. 2020헌마1219).

14 정답 ①

① ✗ 접견 제한에 따른 변호사의 직업수행의 자유 제한에 대한 심사에서는 변호사 자신의 직업 활동에 가해진 제한의 정도를 살펴보아야 할 뿐 아니라 그로 인해 접견의 상대방인 수용자의 재판청구권이 제한되는 효과도 함께 고려되어야 하나, 소송대리인이 되려는 변호사의 수용자 접견의 주된 목적은 소송대리인 선임 여부를 확정하는 것이고 소송준비와 소송대리 등 소송에 관한 직무활동은 소송대리인 선임 이후에 이루어지는 것이 일반적이므로 소송대리인 선임 여부를 확정하기 위한 단계에서는 접촉차단시설이 설치된 장소에서 접견하더라도 그 접견의 목적을 수행하는데 필요한 의사소통이 심각하게 저해될 것이라고 보기 어렵다. …… 따라서 심판대상조항은 변호사인 청구인의 업무를 원하는 방식으로 자유롭게 수행할 수 있는 자유를 침해한다고 할 수 없다(헌재 2022. 2. 24. 2018헌마1010).

② ◎ 변호인 선임을 위하여 피의자·피고인(이하 '피의자 등'이라 한다)이 가지는 '변호인이 되려는 자'와의 접견교통권은 헌법상 기본권으로 보호되어야 하고, '변호인이 되려는 자'의 접견교통권은 피의자 등이 변호인을 선임하여 그로부터 조력을 받을 권리를 공고히 하기 위한 것으로서, 그것이 보장되지 않으면 피의자 등이 변호인 선임을 통하여 변호인으로부터 충분한 조력을 받는다는 것이 유명무실하게 될 수밖에 없다. 이와 같이 '변호인이 되려는 자'의 접견교통권은 피의자 등을 조력하기 위한 핵심적인 부분으로서, 피의자 등이 가지는 헌법상의 기본권인 '변호인이 되려는 자'와의 접견교통권과 표리의 관계에 있다. 따라서 피의자 등이 가지는 '변호인이 되려는 자'의 조력을 받을 권리가 실질적으로 확보되기 위해서는 '변호인이 되려는 자'의 접견교통권 역시 헌법상 기본권으로서 보장되어야 한다(헌재 2019. 2. 28. 2015헌마1204).

③ ◎ 수사서류에 대한 법원의 열람·등사 허용 결정이 있음에도 검사가 열람·등사를 거부하는 경우 수사서류 각각에 대하여 검사가 열람·등사를 거부할 정당한 사유가 있는지를 심사할 필요 없이 그 거부행위 자체로써 청구인들의 기본권을 침해하는 것이 된다. 이는 이 사건과 같이 법원의 수사서류에 대한 열람·등사 허용 결정이 있음에도 검사가 해당 서류에 대한 열람만을 허용하고 등사를 거부하는 경우에도 마찬가지이다(헌재 2017. 12. 28. 2015헌마632).

④ ◎ 수용자에게 온 서신이 그의 변호인으로부터 발송된 것이라고 하더라도, 교도소장이 금지물품 동봉 여부를 확인하기 위하여 그 서신을 개봉하는 것은, 교정사고를 미연에 방지하고 교정시설의 안전과 질서 유지를 위하여 불가피한 측면이 있다. …… 미결수용자와 같은 지위에 있는 수형자는 접견, 전화통화에 의하여도 새로운 형사사건의 소송준비 또는 소송수행을 할 수 있는 등 그의 변호인접견권이 보장되므로, 이 사건 서신개봉행위와 같이 금지물품이 들어 있는지를 확인하기 위하여 서신을 개봉하는 것만으로는 미결수용자와 같은 지위에 있는 수형자의 변호인의 조력을 받을 권리를 지나치게 제한한 것이라고 보기 어렵다. …… 따라서 이 사건 서신개봉행위는 과잉금지원칙에 위반되지 아니하므로 청구인의 변호인의 조력을 받을 권리를 침해하지 아니한다(헌재 2021. 10. 28. 2019헌마973).

15 정답 ④

④ ✗ 이 사건 법률조항에 의한 통신자료 제공요청이 있는 경우 통신자료의 정보주체인 이용자에게는 통신자료 제공요청이 있었다는 점이 사전에 고지되지 아니하며, 전기통신사업자가 수사기관 등에게 통신자료를 제공한 경우에도 이러한 사실을 이용자에게 별도로 통지하지 아니하여 이용자로서는 별도로 '개인정보 보호법' 제35조 제1항에 따라 전기통신사업자에게 통신자료 제공내역에 대한 열람을 요구하지 아니하고는 자신의 통신자료가 수사기관 등에 제공되었는지 여부를 알 수 없다. 그런데 당사자에 대한 통지는 당사자가 기본권 제한 사실을 확인하고 그 정당성 여부를 다툴 수 있는 전제조건이 된다는 점에서 매우 중요하다. 따라서 수사나 정보수집 등의 활동에 신속성, 밀행성 확보가 필요하다고 하여 그러한 이유만으로 헌법상의 절차적 요청을 외면하는 것은 허용되지 않는다. …… 통신자료 취득에 대한 사후통지절차를 규정하고 있지 않은 것은 적법절차원칙에 위배하여 청구인들의 개인정보자기결정권을 침해한다(헌재 2022. 7. 21. 2016헌마388).

① ◎ 원래 국민의 생명·신체의 안전 등 기본권을 보호할 의무를 어떠한 절차를 통하여 실현할 것인가에 대하여도 국가에게 폭 넓은 형성의 자유가 인정된다 할 것이므로, 농림수산식품부장관 등 관련 국가기관이 국민의 생명·신체의 안전에 영향을 미치는 고시 등의 내용을 결정함에 있어서 이해관계인의 의견을 사전에 충분히 수렴하는 것이 바람직하기는 하지만, 그것이 헌법의 적법절차 원칙상 필수적으로 요구되는 것이라고 할 수는 없다(헌재 2008. 12. 26. 2008헌마419).

② ◎ 행정절차상 강제처분에 의해 신체의 자유가 제한되는 경우 강제처분의 집행기관으로부터 독립된 중립적인 기관이 이를 통제하도록 하는 것은 적법절차원칙의 중요한 내용에 해당한다. 심판대상조항에 의한 보호는 신체의 자유를 제한하는 정도가 박탈에 이르러 형사절차상 '체포 또는 구속'에 준하는 것으로 볼 수 있는 점을 고려하면, 보호의 개시 또는 연장 단계에서 그 집행기관인 출입국관리공무원으로부터 독립되고 중립적인 지위에 있는 기관이 보호의 타당성을 심사하여 이를 통제할 수 있어야 한다(헌재 2023. 3. 23. 2020헌가1).

③ ◎ 심판대상조항에 따른 출국금지결정은 성질상 신속성과 밀행성을 요하므로, 출국금지 대상자에게 사전통지를 하거나 청문을 실시하도록 한다면 국가 형벌권 확보라는 출국금지제도의 목적을 달성하는 데 지장을 초래할 우려가 있다. 나아가 출국금지 후 즉시 서면으로 통지하도록 하고 있고, 이의신청이나 행정소송을 통하여 출국금지결정에 대해 사후적으로 다툴 수 있는 기회를 제공하여 절차적 참여를 보장해 주고 있으므로 적법절차원칙에 위배된다고 보기 어렵다(헌재 2015. 9. 24. 2012헌바302).

16 정답 ①

① ✗ 국회가 제정한 경찰법에 의하여 비로소 설립된 청구인은 국회의 경찰법 개정행위에 의하여 존폐 및 권한범위 등이 좌우되므로, 헌법 제111조 제1항 제4호 소정의 헌법에 의하여 설치된 국가기관에 해당한다고

할 수 없다. 국가경찰위원회 제도를 채택하느냐의 문제는 우리나라 치안여건의 실정이나 경찰권에 대한 민주적 통제의 필요성 등과 관련하여 입법 정책적으로 결정되어야 할 사항이다. 정부조직법상 합의제 행정기관을 포함한 정부의 부분기관 사이의 권한에 관한 다툼은 정부조직법상의 상하 위계질서나 국무회의, 대통령에 의한 조정 등을 통하여 자체적으로 해결될 가능성이 있고 청구인의 경우도 정부 내의 상하관계에 의한 권한질서에 의하여 권한쟁의를 해결하는 것이 불가능하지 않다. 따라서 권한쟁의심판의 당사자능력은 헌법에 의하여 설치된 국가기관에 한정하여 인정하는 것이 타당하므로, 법률에 의하여 설치된 청구인에게는 권한쟁의심판의 당사자능력이 인정되지 아니한다(헌재 2022. 12. 22. 2022헌라5).

② ◯

> 헌법재판소법 제63조(청구기간) ① 권한쟁의의 심판은 그 사유가 있음을 안 날부터 60일 이내에, 그 사유가 있은 날부터 180일 이내에 청구하여야 한다.

③ ◯

> 헌법재판소법 제67조(결정의 효력) ① 헌법재판소의 권한쟁의심판의 결정은 모든 국가기관과 지방자치단체를 기속한다.

④ ◯

> 헌법재판소법 제65조(가처분) 헌법재판소가 권한쟁의심판의 청구를 받았을 때에는 직권 또는 청구인의 신청에 의하여 종국결정의 선고 시까지 심판 대상이 된 피청구인의 처분의 효력을 정지하는 결정을 할 수 있다.

17 정답 ③

③ ✗ 선거운동의 자유도 무제한일 수는 없는 것이고, 선거의 공정성이라는 또 다른 가치를 위하여 어느 정도 선거운동의 주체, 기간, 방법 등에 대한 규제가 행하여지지 않을 수 없다. 다만 선거운동은 국민주권 행사의 일환일 뿐 아니라 정치적 표현의 자유의 한 형태로서 민주사회를 구성하고 움직이게 하는 요소이므로 그 제한입법의 위헌여부에 대하여는 엄격한 심사기준이 적용되어야 할 것이다(헌재 2018. 2. 22. 2015헌바124).

① ◯ 선거권이 제대로 행사되기 위하여는 후보자에 대한 정보의 자유교환이 필연적으로 요청된다 할 것이므로, 선거운동의 자유는 선거권 행사의 전제 내지 선거권의 중요한 내용을 이룬다고 할 수 있고, 따라서 선거운동의 제한은 선거권의 제한으로도 파악될 수 있을 것이다(헌재 2018. 2. 22. 2015헌바124).

② ◯ 한국철도공사 상근직원의 지위와 권한에 비추어볼 때, 특정 개인이나 정당을 위한 선거운동을 한다고 하여 그로 인한 부작용과 폐해가 일반 사기업 직원의 경우보다 크다고 보기 어려우므로, 직급이나 직무의 성격에 대한 검토 없이 일률적으로 모든 상근직원에게 선거운동을 전면적으로 금지하고 이에 위반한 경우 처벌하는 것은 선거운동의 자유를 지나치게 제한하는 것이다. 또한, 한국철도공사의 상근직원은 공직선거법의 다른 조항에 의하여 직무상 행위를 이용하여 선거운동을 하거나 하도록 하는 행위를 할 수 없고, 선거에 영향을 미치는 전형적인 행위도 할 수 없다. 더욱이 그 직을 유지한 채 공직선거에 입후보할 수 없는 상근임원과 달리, 한국철도공사의 상근직원은 그 직을 유지한 채 공직선거에 입후보하여 자신을 위한 선거운동을 할 수 있음에도 타인을 위한 선거운동을 전면적으로 금지하는 것은 과도한 제한이다. 따라서 심판대상조항은 선거운동의 자유를 침해한다(헌재 2018. 2. 22. 2015헌바124).

④ ◯ 선거운동의 자유는 널리 선거과정에서 자유로이 의사를 표현할 자유의 일환이므로 표현의 자유의 한 태양이기도 한데, 이러한 정치적 표현의 자유는 선거과정에서의 선거운동을 통하여 국민이 정치적 의견을 자유로이 발표, 교환함으로써 비로소 그 기능을 다하게 된다 할 것이므로 선거운동의 자유는 헌법이 정한 언론·출판·집회·결사의 자유 및 보장규정에 의한 보호를 받는다(헌재 2018. 2. 22. 2015헌바124).

18 정답 ③

③ ✗ 정당해산심판은 원칙적으로 해당 정당에게만 그 효력이 미치며, 정당해산결정은 대체정당이나 유사정당의 설립까지 금지하는 효력을 가지므로 오류가 드러난 결정을 바로잡지 못한다면 장래 세대의 정치적 의사결정에까지 부당한 제약을 초래할 수 있다. 따라서 정당해산심판절차에서는 재심을 허용하지 아니함으로써 얻을 수 있는 법적 안정성의 이익보다 재심을 허용함으로써 얻을 수 있는 구체적 타당성의 이익이 더 크므로 재심을 허용하여야 한다(헌재 2016. 5. 26. 2015헌아20).

① ◯ 공권력의 작용에 대한 권리구제형 헌법소원심판절차에 있어서 '헌법재판소의 결정에 영향을 미칠 중대한 사항에 관하여 판단을 유탈한 때'를 재심사유로 허용하는 것이 헌법재판의 성질에 반한다고 볼 수는 없으므로, 민사소송법 제422조 제1항 제9호를 준용하여 "판단유탈"도 재심사유로 허용되어야 한다(헌재 2001. 9. 27. 2001헌아3).

② ◯ 헌법재판은 그 심판의 종류에 따라 그 절차의 내용과 결정의 효과가 한결 같지 아니하기 때문에 재심(再審)의 허용 여부 내지 허용 정도는 심판절차의 종류에 따라 개별적으로 판단되어야 한다(헌재 1995. 1. 20. 93헌아1).

④ ◯ 위헌법률심판을 구하는 헌법소원에 대한 헌법재판소의 결정에 대하여는 재심을 허용하지 아니함으로써 얻을 수 있는 법적 안정성의 이익이 재심을 허용함으로써 얻을 수 있는 구체적 타당성의 이익보다 훨씬 높을 것으로 쉽사리 예상할 수 있으므로, 헌법재판소의 이러한 결정에는 재심에 의한 불복방법이 그 성질상 허용될 수 없다고 보는 것이 상당하다고 할 것이다(헌재 2015. 3. 3. 2015헌아22).

19 정답 ②

② ✗

> 헌법재판소법 제30조(심리의 방식) ① 탄핵의 심판, 정당해산의 심판 및 권한쟁의의 심판은 **구두변론**에 의한다.
> ② 위헌법률의 심판과 헌법소원에 관한 심판은 **서면심리**에 의한다. 다만, 재판부는 필요하다고 인정하는 경우에는 변론을 열어 당사자, 이해관계인, 그 밖의 참고인의 진술을 들을 수 있다.

① ◯

> 헌법재판소법 제24조(제척·기피 및 회피) ④ 당사자는 동일한 사건에 대하여 2명 이상의 재판관을 기피할 수 없다.

③ ◯

> 헌법재판소법 제23조(심판정족수) ① 재판부는 재판관 7명 이상의 출석으로 사건을 심리한다.
> ② 재판부는 종국심리(終局審理)에 관여한 재판관 과반수의 찬성으로 사건에 관한 결정을 한다. 다만, 다음 각 호의 어느 하나에 해당하는 경우에는 재판관 6명 이상의 찬성이 있어야 한다.
>   1. 법률의 위헌결정, 탄핵의 결정, 정당해산의 결정 또는 헌법소원에 관한 인용결정(認容決定)을 하는 경우
>   2. 종전에 헌법재판소가 판시한 헌법 또는 법률의 해석 적용에 관한 의견을 변경하는 경우

④ ⭕

> **헌법재판소법 제40조(준용규정)** ① 헌법재판소의 심판절차에 관하여는 이 법에 특별한 규정이 있는 경우를 제외하고는 헌법재판의 성질에 반하지 아니하는 한도에서 민사소송에 관한 법령을 준용한다. 이 경우 탄핵심판의 경우에는 형사소송에 관한 법령을 준용하고, 권한쟁의심판 및 헌법소원심판의 경우에는 「행정소송법」을 함께 준용한다.
> ② 제1항 후단의 경우에 형사소송에 관한 법령 또는 「행정소송법」이 민사소송에 관한 법령에 저촉될 때에는 민사소송에 관한 법령은 준용하지 아니한다.

20 정답 ②

② ❌

> **헌법 제110조** ④ 비상계엄하의 군사재판은 군인·군무원의 범죄나 군사에 관한 간첩죄의 경우와 초병·초소·유독음식물공급·포로에 관한 죄 중 법률이 정한 경우에 한하여 단심으로 할 수 있다. 다만, 사형을 선고한 경우에는 그러하지 아니하다.

① ⭕

> **헌법 제64조** ① 국회는 법률에 저촉되지 아니하는 범위 안에서 의사와 내부규율에 관한 규칙을 제정할 수 있다.
> ② 국회는 의원의 자격을 심사하며, 의원을 징계할 수 있다.
> ③ 의원을 제명하려면 국회재적의원 3분의 2 이상의 찬성이 있어야 한다.
> ④ 제2항과 제3항의 처분에 대하여는 법원에 제소할 수 없다.

③ ⭕

> **지방자치법 제5조(지방자치단체의 명칭과 구역)** ④ 제1항 및 제2항에도 불구하고 다음 각 호의 지역이 속할 지방자치단체는 제5항부터 제8항까지의 규정에 따라 행정안전부장관이 결정한다.
> 1. 「공유수면 관리 및 매립에 관한 법률」에 따른 매립지
> 2. 「공간정보의 구축 및 관리 등에 관한 법률」 제2조 제19호의 지적공부(이하 "지적공부"라 한다)에 등록이 누락된 토지
> ⑨ 관계 지방자치단체의 장은 제4항부터 제7항까지의 규정에 따른 행정안전부장관의 결정에 이의가 있으면 그 결과를 통보받은 날부터 15일 이내에 대법원에 소송을 제기할 수 있다.

④ ⭕

> **법원조직법 제8조(상급심 재판의 기속력)** 상급법원 재판에서의 판단은 해당 사건에 관하여 하급심(下級審)을 기속(羈束)한다.

01 ② 02 ② 03 ③ 04 ② 05 ① 06 ④ 07 ③ 08 ④ 09 ① 10 ①
11 ③ 12 ④ 13 ② 14 ③ 15 ④ 16 ② 17 ② 18 ③ 19 ④ 20 ④

01 정답 ①

① ❌ 심판대상조항은 강제퇴거대상자를 대한민국 밖으로 송환할 수 있을 때까지 보호시설에 인치·수용하여 강제퇴거명령을 효율적으로 집행할 수 있도록 함으로써 외국인의 출입국과 체류를 적절하게 통제하고 조정하여 국가의 안전과 질서를 도모하고자 하는 것으로, **입법목적의 정당성과 수단의 적합성은 인정된다**. 그러나 보호기간의 상한을 두지 아니함으로써 강제퇴거대상자를 무기한 보호하는 것을 가능하게 하는 것은 보호의 일시적·잠정적 강제조치로서의 한계를 벗어나는 것이라는 점, 보호기간의 상한을 법에 명시함으로써 보호기간의 비합리적인 장기화 내지 불확실성에서 야기되는 피해를 방지할 수 있어야 하는데, 단지 강제퇴거명령의 효율적 집행이라는 행정목적 때문에 기간의 제한이 없는 보호를 가능하게 하는 것은 행정의 편의성과 획일성만을 강조한 것으로 피보호자의 신체의 자유를 과도하게 제한하는 것인 점, 강제퇴거명령을 받은 사람을 보호함에 있어 그 기간의 상한을 두고 있는 국제적 기준이나 외국의 입법례에 비추어 볼 때 보호기간의 상한을 정하는 것이 불가능하다고 볼 수 없는 점, 강제퇴거명령의 집행 확보는 심판대상조항에 의한 보호 외에 주거지 제한이나 보고, 신원보증인의 지정, 적정한 보증금의 납부, 감독관 등을 통한 지속적인 관찰 등 다양한 수단으로도 가능한 점, 현행 보호일시해제제도나 보호명령에 대한 이의신청, 보호기간 연장에 대한 법무부장관의 승인제도만으로는 보호기간의 상한을 두지 않은 문제가 보완된다고 보기 어려운 점 등을 고려하면, 심판대상조항은 침해의 최소성과 법익균형성을 충족하지 못한다. 따라서 심판대상조항은 과잉금지원칙을 위반하여 피보호자의 신체의 자유를 침해한다(헌재 2023. 3. 23. 2020헌가1).

② ⭕ 심판대상조항은 체포영장을 발부받아 피의자를 체포하는 경우에 필요한 때에는 영장 없이 타인의 주거 등 내에서 피의자 수사를 할 수 있다고 규정함으로써, 앞서 본 바와 같이 별도로 영장을 발부받기 어려운 긴급한 사정이 있는지 여부를 구별하지 아니하고 피의자가 소재할 개연성만 소명되면 영장 없이 타인의 주거 등을 수색할 수 있도록 허용하고 있다. 이는 체포영장이 발부된 피의자가 타인의 주거 등에 소재할 개연성은 소명되나, 수색에 앞서 영장을 발부받기 어려운 긴급한 사정이 인정되지 않는 경우에도 영장 없이 피의자 수색을 할 수 있다는 것이므로, 위에서 본 헌법 제16조의 영장주의 예외 요건을 벗어나는 것으로서 영장주의에 위반된다(헌재 2018. 4. 26. 2015헌바370).

③ ⭕ 변호인이 피의자신문에 자유롭게 참여할 수 있는 권리는 피의자가 가지는 변호인의 조력을 받을 권리를 실현하는 수단이므로 헌법상 기본권인 변호인의 변호권으로서 보호되어야 한다(헌재 2017. 11. 30. 2016헌마503).

④ ⭕

> **헌법 제12조** ⑤ 누구든지 체포 또는 구속의 이유와 변호인의 조력을 받을 권리가 있음을 고지받지 아니하고는 체포 또는 구속을 당하지 아니한다. 체포 또는 구속을 당한 자의 가족등 법률이 정하는 자에게는 그 이유와 일시·장소가 지체없이 통지되어야 한다.

02

정답 ②

② ✘ 어떠한 법인이라도 위 조항이 정하는 중과세의 부담을 감수하기만 한다면 자유롭게 대도시내에서 설립 등 행위를 할 수 있고 또한 그에 필요한 부동산등기도 할 수 있는 것이므로, 위 조항이 법인의 대도시내 부동산등기에 대하여 통상세율의 5배를 규정하고 있다 하더라도 그것이 대도시내에서 업무용 부동산을 취득할 정도의 재정능력을 갖춘 법인의 담세능력을 일반적으로 또는 절대적으로 초과하는 것이어서 그 때문에 법인이 대도시내에서 향유하여야 할 직업수행의 자유나 거주·이전의 자유가 형해화할 정도에 이르러 그 본질적인 내용이 침해되었다고 볼 수 없다(헌재 1996. 3. 28. 94헌바42). → 과잉금지원칙, 포괄위임금지원칙에도 위반되지 않는다고 본 사례

① ○ 위 규정은 자경농민이 농지소재지로부터 거주를 이전하는 것을 직접적으로 제한하는 내용의 규정이라고 볼 수 없고, 다만 8년 이상 농지를 자경한 농민이 농지소재지에 거주하는 경우 양도소득세를 면제함으로써 농지소재지 거주자가 농지에서 이탈되는 것이 억제될 것을 기대하는 범위 내에서 간접적으로 제한되는 측면이 있을 뿐이며, 따라서 양도세의 부담을 감수하기만 한다면 자유롭게 거주를 이전할 수 있는 것이므로 거주·이전의 자유를 형해화할 정도로 침해하는 것은 아니라 할 것이다(헌재 2003. 11. 27. 2003헌바2).

③ ○ 누구든지 주민등록 여부와 무관하게 거주지를 자유롭게 이전할 수 있으므로 주민등록 여부가 거주·이전의 자유와 직접적인 관계가 있다고 보기 어려우며, 영내 기거하는 현역병은 병역법으로 인해 거주·이전의 자유를 제한받게 되므로 이 사건 법률조항은 영내 기거 현역병의 거주·이전의 자유를 제한하지 않는다(헌재 2011. 6. 30. 2009헌마59).

④ ○ 국적을 이탈하거나 변경하는 것은 헌법 제14조가 보장하는 거주·이전의 자유에 포함된다(헌재 2006. 11. 30. 2005헌마739).

03

정답 ③

③ ✘ 법원의 범죄인인도결정은 신체의 자유에 밀접하게 관련된 문제이므로 범죄인인도심사에 있어서 적법절차가 준수되어야 한다. 그런데 심급제도는 사법에 의한 권리보호에 관하여 한정된 법발견, 자원의 합리적인 분배의 문제인 동시에 재판의 적정과 신속이라는 서로 상반되는 두 가지의 요청을 어떻게 조화시키느냐의 문제이므로 기본적으로 입법자의 형성의 자유에 속하는 사항이다. 한편 법원에 의한 범죄인인도심사는 국가형벌권의 확정을 목적으로 하는 형사절차와 같은 전형적인 사법절차의 대상에 해당되는 것은 아니며, 법률(범죄인인도법)에 의하여 인정된 특별한 절차라 볼 것이다. 그렇다면 심급제도에 대한 입법재량의 범위와 범죄인인도심사의 법적 성격, 그리고 범죄인인도법에서의 심사절차에 관한 규정 등을 종합할 때, 이 사건 법률조항이 범죄인인도심사를 서울고등법원의 단심제로 하고 있다고 해서 적법절차원칙에서 요구되는 합리성과 정당성을 결여한 것이라 볼 수 없다(헌재 2003. 1. 30. 2001헌바95).

① ○ 헌법 제12조 제1항 후문은 "누구든지 법률에 의하지 아니하고는 체포·구속·압수·수색 또는 심문을 받지 아니하며, 법률과 적법한 절차에 의하지 아니하고는 처벌·보안처분 또는 강제노역을 받지 아니한다."고 규정하여 적법절차원칙을 헌법원리로 수용하고 있는데, 이 적법절차원칙은 법률이 정한 형식적 절차와 실체적 내용이 모두 합리성과 정당성을 갖춘 적정한 것이어야 한다는 실질적 의미를 지니고 있는 것으로 이해하여야 한다(헌재 2019. 2. 28. 2017헌바196).

② ○ 헌법 제12조 제1항에서 규정하고 있는 적법절차의 원칙은 형사소송절차에 국한되지 아니하고 모든 국가작용 전반에 대하여 적용된다(대판 2014. 6. 26. 2012두911).

④ ○ 우리 헌법은 제12조 제3항에서 "체포·구속·압수 또는 수색을 할 때에는 적법한 절차에 따라 검사의 신청에 의하여 법관이 발부한 영장을 제시하여야 한다"고 규정하고 있을 뿐, 압수·수색에 관한 통지절차 등을 따로 규정하고 있지 않으므로 압수·수색의 사전통지나 집행 당시의 참여권의 보장은 압수·수색에 있어 국민의 기본권을 보장하고 헌법상의 적법절차원칙의 실현을 위한 구체적인 방법의 하나일 뿐 헌법상 명문으로 규정된 권리는 아니다(헌재 2012. 12. 27. 2011헌바225).

04

정답 ④

④ ✘ 친일재산을 그 취득·증여 등 원인행위시에 국가의 소유로 하도록 규정한 이 사건 귀속조항은 진정소급입법에 해당하지만, 진정소급입법이라 할지라도 예외적으로 국민이 소급입법을 예상할 수 있었던 경우와 같이 소급입법이 정당화되는 경우에는 허용될 수 있다. 친일재산의 취득경위에 내포된 민족배반적 성격, 대한민국임시정부의 법통 계승을 선언한 헌법 전문 등에 비추어 친일반민족행위자측으로서는 친일재산의 소급적 박탈을 충분히 예상할 수 있었고, 친일재산 환수 문제는 그 시대적 배경에 비추어 역사적으로 매우 이례적인 공동체적 과업이므로 이러한 소급입법의 합헌성을 인정한다고 하더라도 이를 계기로 진정소급입법이 빈번하게 발생할 것이라는 우려는 충분히 불식될 수 있다. 따라서 이 사건 귀속조항은 진정소급입법에 해당하나 헌법 제13조 제2항에 반하지 않는다(헌재 2011. 3. 31. 2008헌바141).

① ○, ② ○ 소급입법은 새로운 입법으로 이미 종료된 사실관계 또는 법률관계에 작용케 하는 진정소급입법과 현재 진행중인 사실관계 또는 법률관계에 작용케 하는 부진정소급입법으로 나눌 수 있는바, 부진정소급입법은 원칙적으로 허용되지만 소급효를 요구하는 공익상의 사유와 신뢰보호의 요청 사이의 교량과정에서 신뢰보호의 관점이 입법자의 형성권에 제한을 가하게 되는데 반하여, 기존의 법에 의하여 형성되어 이미 굳어진 개인의 법적 지위를 사후입법을 통하여 박탈하는 것 등을 내용으로 하는 진정소급입법은 개인의 신뢰보호와 법적 안정성을 내용으로 하는 법치국가원리에 의하여 특단의 사정이 없는 한 헌법적으로 허용되지 아니하는 것이 원칙이고 다만 일반적으로 국민이 소급입법을 예상할 수 있었거나 법적 상태가 불확실하고 혼란스러워 보호할 만한 신뢰이익이 적은 경우와 소급입법에 의한 당사자의 손실이 없거나 아주 경미한 경우 그리고 신뢰보호의 요청에 우선하는 심히 중대한 공익상의 사유가 소급입법을 정당화하는 경우 등에는 예외적으로 진정소급입법이 허용된다(헌재 1999. 7. 22. 97헌바76).

③ ○

> **헌법 제13조** ② 모든 국민은 소급입법에 의하여 참정권의 제한을 받거나 재산권을 박탈당하지 아니한다.

05

정답 ①

① ✘ 헌법 제12조 제3항이 정한 영장주의가 수사기관이 강제처분을 함에 있어 중립적 기관인 법원의 허가를 얻어야 함을 의미하는 것 외에 법원에 의한 사후 통제까지 마련되어야 함을 의미한다고 보기 어렵다(헌재 2018. 8. 30. 2016헌마263).

② ○ 이 사건 법률조항은 앞에서 본바와 같이 급박한 상황에 대처하기 위한 것으로서 그 불가피성과 정당성이 충분히 인정되는 경우이므로, 이 사건 법률조항이 영장 없는 수거를 인정한다고 하더라도 이를 두고 헌법상 영장주의에 위배되는 것으로는 볼 수 없다(헌재 2002. 10. 31. 2000헌가12).

③ ○ 법원이 피고인의 구속 또는 그 유지 여부의 필요성에 관하여 한 재판의 효력이 검사나 다른 기관의 이견이나 불복이 있다 하여 좌우되거나 제한받는다면 이는 영장주의에 위반된다고 할 것인바, 구속집행정지결

정에 대한 검사의 즉시항고를 인정하는 이 사건 법률조항은 검사의 불복을 그 피고인에 대한 구속집행을 정지할 필요가 있다는 법원의 판단보다 우선시킬 뿐만 아니라, 사실상 법원의 구속집행정지결정을 무의미하게 할 수 있는 권한을 검사에게 부여한 것이라는 점에서 헌법 제12조 제3항의 영장주의원칙에 위배된다(헌재 2012. 6. 27. 2011헌가36).

④ ○ 이 사건 사실조회행위는 강제력이 개입되지 아니한 임의수사에 해당하므로, 이에 응하여 이루어진 이 사건 정보제공행위에도 영장주의가 적용되지 않는다. 그러므로 이 사건 정보제공행위가 영장주의에 위배되어 청구인들의 개인정보자기결정권을 침해한다고 볼 수 없다(헌재 2018. 8. 30. 2016헌마483).

06
정답 ④

④ ○ 재산목록을 제출하고 그 진실함을 법관 앞에서 선서하는 것은 개인의 인격형성에 관계되는 내심의 가치적·윤리적 판단에 해당하지 않아 양심의 자유의 보호대상이 아니고, 감치의 제재를 통해 이를 강제하는 것이 형사상 불이익한 진술을 강요하는 것이라고 할 수 없으므로, 심판대상조항은 청구인의 양심의 자유 및 진술거부권을 침해하지 아니한다(헌재 2014. 9. 25. 2013헌마11).

① ✕ 양심이란 인간의 윤리적·도덕적 내심영역의 문제이고, 헌법이 보호하려는 양심은 어떤 일의 옳고 그름을 판단함에 있어서 그렇게 행동하지 아니하고는 자신의 인격적인 존재가치가 허물어지고 말 것이라는 강력하고 진지한 마음의 소리이지, 막연하고 추상적인 개념으로서의 양심이 아니다. 음주측정에 응해야 할 것인지, 거부해야 할 것인지 그 상황에서 고민에 빠질 수는 있겠으나 그러한 고민은 선과 악의 범주에 관한 진지한 윤리적 결정을 위한 고민이라 할 수 없으므로 그 고민 끝에 어쩔 수 없이 음주측정에 응하였다 하여 내면적으로 구축된 인간양심이 왜곡 굴절된다고 할 수도 없다. 따라서 음주측정요구와 그 거부는 양심의 자유의 보호영역에 포괄되지 아니하므로 이 사건 법률조항을 두고 헌법 제19조에서 보장하는 양심의 자유를 침해하는 것이라고 할 수 없다(헌재 1997. 3. 27. 96헌가11).

② ✕ 양심은 시대적·문화적 맥락에 따라 달리 취급되기도 하며 개인에 있어서도 고정불변한 것이 아니라 변할 수 있는 것이므로, 지극히 개인적·주관적일 뿐만 아니라 가변적이라고 할 수 있다. 개인의 양심은 그 대상이나 내용 또는 동기에 의하여 판단될 수 없고, 양심상의 결정이 이성적·합리적인지 또는 법질서나 도덕률과 일치하는지 여부는 양심의 존재를 판단하는 기준이 될 수 없다. 반면으로 민주적 다수는 법과 사회의 질서를 그들의 정치적 의사와 도덕적 기준에 따라 형성하기 때문에, 국가의 법질서나 사회의 도덕률과 갈등을 일으키는 양심은 현실적으로 이러한 법질서나 도덕률에서 벗어나려는 소수의 양심이다(헌재 2018. 6. 28. 2011헌바379).

③ ✕ 헌법 제19조가 보호하고 있는 양심의 자유는 양심형성의 자유와 양심적 결정의 자유를 포함하는 내심적 자유(forum internum)뿐만 아니라, 양심적 결정을 외부로 표현하고 실현할 수 있는 양심실현의 자유(forum externum)를 포함한다고 할 수 있다. 내심적 자유, 즉 양심형성의 자유와 양심적 결정의 자유는 내심에 머무르는 한 절대적 자유라고 할 수 있지만, 양심실현의 자유는 타인의 기본권이나 다른 헌법적 질서와 저촉되는 경우 헌법 제37조 제2항에 따라 국가안전보장 질서유지 또는 공공복리를 위하여 법률에 의하여 제한될 수 있는 상대적 자유라고 할 수 있다(헌재 1998. 7. 16. 96헌바35).

07
정답 ③

③ ✕ 보안관찰해당범죄를 범한 자의 재범의 위험성을 예방하고 건전한 사회복귀를 촉진하는 보안관찰법의 목적 달성 및 보안관찰처분의 실효성 확보를 위하여 신고의무를 부과하는 입법목적의 정당성이 인정되고, 보안관찰처분의 취소, 갱신 및 피보안관찰자의 지도, 보호를 위하여 피보안관찰자가 자신의 주거지 등 현황을 신고할 필요가 있으며, 공부상 기재만으로 피보안관찰자의 실제 주거지나 직장 등의 정보를 정확하게 알 수 없고, 신고할 사항의 내용, 신고사항 작성의 난이도 등에 비추어 피보안관찰자에게 과도한 의무를 부과한다고 볼 수 없으며, 신고의무 위반행위에 대한 형벌이 상대적으로 과중하지 아니한 점을 고려하면 이 사건 처벌조항은 사생활의 비밀과 자유를 침해하지 아니한다(헌재 2015. 11. 26. 2014헌바475).

① ○ 헌법 제17조가 보장하는 '사생활의 비밀'은 사생활과 관련된 사사로운 자신만의 영역이 본인의 의사에 반해서 타인에게 알려지지 않도록 할 수 있는 권리로서 국가가 사생활영역을 들여다보는 것에 대한 보호를 제공하는 기본권이고, '사생활의 자유'란 사회공동체의 일반적인 생활규범의 범위 내에서 사생활을 자유롭게 형성해 나가고 그 설계 및 내용에 대해서 외부로부터의 간섭을 받지 아니할 권리로서 국가가 사생활의 자유로운 형성을 방해하거나 금지하는 것에 대한 보호를 의미한다(헌재 2014. 6. 26. 2012헌마331).

② ○ 헌법 제10조는 "모든 국민은 인간으로서의 존엄과 가치를 가지며, 행복을 추구할 권리를 가진다. 국가는 개인이 가지는 불가침의 기본적 인권을 확인하고 이를 보장할 의무를 진다."고 규정하고, 헌법 제17조는 "모든 국민은 사생활의 비밀과 자유를 침해받지 아니한다."라고 규정하고 있는바, 이들 헌법 규정은 개인의 사생활 활동이 타인으로부터 침해되거나 사생활이 함부로 공개되지 아니할 소극적인 권리는 물론, 오늘날 고도로 정보화된 현대사회에서 자신에 대한 정보를 자율적으로 통제할 수 있는 적극적인 권리까지도 보장하려는 데에 그 취지가 있는 것으로 해석된다(대판 1998. 7. 24. 96다42789).

④ ○ 흡연자들이 자유롭게 흡연할 권리를 흡연권이라고 한다면, 이러한 흡연권은 인간의 존엄과 행복추구권을 규정한 헌법 제10조와 사생활의 자유를 규정한 헌법 제17조에 의하여 뒷받침된다(헌재 2004. 8. 26. 2003헌마457).

08
정답 ④

④ ✕ 성범죄의 재범을 억제하고 수사의 효율성을 제고하기 위하여, 법무부장관이 등록대상자의 재범 위험성이 상존하는 20년 동안 그의 신상정보를 보존·관리하는 것은 정당한 목적을 위한 적합한 수단이다. 그런데 재범의 위험성은 등록대상 성범죄의 종류, 등록대상자의 특성에 따라 다르게 나타날 수 있고, 입법자는 이에 따라 등록기간을 차등화함으로써 등록대상자의 개인정보자기결정권에 대한 제한을 최소화하는 것이 바람직함에도, 이 사건 관리조항은 모든 등록대상 성범죄자에 대하여 일률적으로 20년의 등록기간을 적용하고 있으며, 이 사건 관리조항에 따라 등록기간이 정해지고 나면, 등록의무를 면하거나 등록기간을 단축하기 위해 심사를 받을 수 있는 여지도 없으므로 지나치게 가혹하다. 그리고 이 사건 관리조항이 추구하는 공익이 중요하더라도, 모든 등록대상자에게 20년 동안 신상정보를 등록하게 하고 위 기간 동안 각종 의무를 부과하는 것은 비교적 경미한 등록대상 성범죄를 저지르고 재범의 위험성도 많지 않은 자들에 대해서는 달성되는 공익과 침해되는 사익 사이의 불균형이 발생할 수 있으므로 이 사건 관리조항은 개인정보자기결정권을 침해한다(헌재 2015. 7. 30. 2014헌마340).

① ○ 주민등록표 열람 및 그 등·초본 교부에 따른 수수료는 특정인의 신원증명 등의 편익을 위하여 행정기관의 인적·물적 시설에 드는 비용을 조달하려는 목적에서 부과되는 것으로서 수수료 부과 자체의 정당성이 인정되고, 소요되는 비용에 비하여 그 수수료 액수가 지나치게 고액이라든가 부당하게 책정되었다고 볼 수 없으므로, 이 사건 심판대상조항으

로 인하여 청구인들의 개인정보자기결정권 및 재산권이 침해된다고 할 수 없다(헌재 2013. 7. 25. 2011헌마364).

② ⭕ 이 사건 법률조항이 불완전·불충분하게 규정되어, 직계혈족이 가정폭력의 가해자로 판명된 경우 주민등록법 제29조 제6항 및 제7항과 같이 가정폭력 피해자가 가정폭력 가해자를 지정하여 가족관계증명서 및 기본증명서의 교부를 제한하는 등의 가정폭력 피해자의 개인정보를 보호하기 위한 구체적 방안을 마련하지 아니한 부진정입법부작위가 과잉금지원칙을 위반하여 청구인의 개인정보자기결정권을 침해한다(헌재 2020. 8. 28. 2018헌마927).

③ ⭕ 주민등록번호는 표준식별번호로 기능함으로써 개인정보를 통합하는 연결자로 사용되고 있어, 불법 유출 또는 오·남용될 경우 개인의 사생활뿐만 아니라 생명·신체·재산까지 침해될 소지가 크므로 이를 관리하는 국가는 이러한 사례가 발생하지 않도록 철저히 관리하여야 하고, 이러한 문제가 발생한 경우 그로 인한 피해가 최소화되도록 제도를 정비하고 보완하여야 할 의무가 있다. 그럼에도 불구하고 주민등록번호 유출 또는 오·남용으로 인하여 발생할 수 있는 피해 등에 대한 아무런 고려 없이 주민등록번호 변경을 일체 허용하지 않는 것은 그 자체로 개인정보자기결정권에 대한 과도한 침해가 될 수 있다(헌재 2015. 12. 23. 2013헌바68).

09　　　　　　　　　　　　　　　　　　　정답 ①

① ❌ 이 사건 지침은 신병교육훈련을 받고 있는 군인의 통신의 자유를 제한하고 있으나, 신병들을 군인으로 육성하고 교육훈련과 병영생활에 조속히 적응시키기 위하여 신병교육기간에 한하여 신병의 외부 전화통화를 통제한 것이다. 또한 신병훈련기간이 5주의 기간으로서 상대적으로 단기의 기간이라는 점, 긴급한 전화통화의 경우는 지휘관의 통제 하에 허용될 수 있다는 점, 신병들이 부모 및 가족에 대한 편지를 작성하여 우편으로 송부하도록 하고 있는 점 등을 종합하여 고려하여 보면, 이 사건 지침에서 신병교육훈련기간 동안 전화사용을 하지 못하도록 정하고 있는 규율이 청구인을 포함한 신병교육훈련생들의 통신의 자유 등 기본권을 필요한 정도를 넘어 과도하게 제한하는 것이라고 보기 어렵다(헌재 2010. 10. 28. 2007헌마890).

② ⭕ 헌법 제18조로 보장되는 기본권인 통신의 자유란 통신수단을 자유로이 이용하여 의사소통할 권리이다. '통신수단의 자유로운 이용'에는 자신의 인적 사항을 누구에게도 밝히지 않는 상태로 통신수단을 이용할 자유, 즉 통신수단의 익명성 보장도 포함된다(헌재 2019. 9. 26. 2017헌마1209).

③ ⭕ 헌재 2018. 6. 28. 2012헌마538

④ ⭕ 헌재 2016. 4. 28. 2012헌마549

10　　　　　　　　　　　　　　　　　　　정답 ①

① ❌ 금융지주회사의 영업은 국민경제와 금융 산업 전반에 영향을 미치는 사회·경제적 기능을 수행한다는 면에서 공공적 측면이 있다. 금융지주회사는 은행·증권회사·보험회사 등 다양한 금융 관련 자회사와 함께 금융업을 수행한다. 금융지주그룹 전체의 업무 범위를 고려할 때 그 업무 과정에서 생성되는 정보는 다양하고 광범위하며, 이러한 정보 또는 자료의 부정한 사용이나 왜곡된 공개는 금융지주그룹은 물론 금융소비자 등 다수 이해관계인과 금융 산업 전반에 부정적 영향을 줄 가능성이 크다. 이런 특성을 고려하여 심판대상조항은 금융지주회사의 영업 관련 정보 및 자료에 대한 배타적 권리를 보호하고 정확한 정보의 공개를 보장함으로써, 금융지주회사의 경영·재무 건전성과 금융 산업의 공정성 및 안정성 확보를 도모하고 있다. 금융지주회사의 전직 또는 현직 임·직원이 업무상 알게 된 공개되지 아니한 정보 또는 자료를 다른 사람에게 누설하는 것을 금지하고 이를 위반할 경우 형벌을 부과하는 것은, 이러한 목적 달성을 확보하기 위한 것이다. 이런 사정을 종합하여 보면 심판대상조항의 입법목적은 정당하고 수단의 적합성도 갖추었다고 인정된다. …… 심판대상조항은 과잉금지원칙에 위배되어 금융지주회사의 전직 또는 현직 임·직원의 표현의 자유를 침해한다고 할 수 없다(헌재 2017. 8. 31. 2016헌가11).

② ⭕ 헌재 2018. 8. 30. 2017헌바158

③ ⭕ 헌재 2019. 11. 28. 2016헌마90

④ ⭕ 표현이 어떤 내용에 해당한다는 이유만으로 표현의 자유의 보호영역에서 애당초 배제된다고는 볼 수 없으므로, '허위사실의 표현'도 헌법 제21조가 규정하는 언론·출판의 자유의 보호영역에는 해당하되, 다만 헌법 제37조 제2항에 따라 제한될 수 있는 것이다(헌재 2010. 12. 28. 2008헌바157).

11　　　　　　　　　　　　　　　　　　　정답 ③

③ ❌ 교도소에 수용된 때에는 국민건강보험급여를 정지하도록 한 조항에 의하여 수용자에게 보험급여가 정지되는 경우 보험료 납부의무도 면제되므로, 수급자의 자기기여가 없는 상태에서 수용자가 위 조항을 재산권 침해로 다툴 수는 없다(헌재 2005. 2. 24. 2003헌마31).

① ⭕ 이 사건의 경우 청구인이 잠수기어업허가를 받아 키조개 등을 채취하는 직업에 종사한다고 하더라도 이는 원칙적으로 자신의 계획과 책임하에 행동하면서 법제도에 의하여 반사적으로 부여되는 기회를 활용하는 것에 불과하므로 잠수기어업허가를 받지 못하여 상실된 이익 등 청구인 주장의 재산권은 헌법 제23조에서 규정하는 재산권의 보호범위에 포함된다고 볼 수 없다(헌재 2008. 6. 26. 2005헌마173).

② ⭕ 공무원연금제도는 공무원의 퇴직 또는 사망과 공무로 인한 부상, 질병, 폐질에 대하여 적절한 급여를 지급함으로써, 공무원이나 그 유족의 생활안정과 복리향상에 기여함을 목적으로 하는 사회보장제도이다. 한편, 공무원연금은 연금 운용에 필요한 재원 형성에 국가나 지방자치단체뿐만 아니라 수급권자인 공무원도 참여하는 등 지급사유 발생 시 부담을 나누어 구제를 도모한다는 점에서 사회보험제도의 일종이기도 하다. 공무원연금은 기여금 납부를 통해 공무원 자신도 재원의 형성에 일부 기여한다는 점에서 후불임금의 성격도 가지고 있다. 그러므로 공무원연금법상 연금수급권은 사회적 기본권의 하나인 사회보장수급권의 성격과 재산권의 성격을 아울러 지니고 있다(헌재 2016. 3. 31. 2015헌바18).

④ ⭕ 헌법상의 재산권은 토지소유자가 이용가능한 모든 용도로 토지를 자유로이 최대한 사용할 권리나 가장 경제적 또는 효율적으로 사용할 수 있는 권리를 보장하는 것을 의미하지는 않는다. 입법자는 중요한 공익상의 이유로 토지를 일정 용도로 사용하는 권리를 제한할 수 있다. 따라서 토지의 개발이나 건축은 합헌적 법률로 정한 재산권의 내용과 한계내에서만 가능한 것일 뿐만 아니라 토지재산권의 강한 사회성 내지는 공공성으로 말미암아 이에 대하여는 다른 재산권에 비하여 보다 강한 제한과 의무가 부과될 수 있다(헌재 1998. 12. 24. 89헌마214).

12　　　　　　　　　　　　　　　　　　　정답 ④

④ ❌ 국가의 신체와 생명에 대한 보호의무는 교통과실범의 경우 발생한 침해에 대한 사후처벌뿐이 아니라, 무엇보다도 우선적으로 운전면허 취득에 관한 법규 등 전반적인 교통관련법규의 정비, 운전자와 일반국민에 대한 지속적인 계몽과 교육, 교통안전에 관한 시설의 유지 및 확충, 교통사고 피해자에 대한 보상제도 등 여러 가지 사전적·사후적 조치를 함께 취함으로써 이행된다. 그렇다면 이 사건에서는 교통사고를 방지하는 다른 보호조치에도 불구하고 국가가 형벌권이란 최종적인 수단을 사용하여야만 가장 효율적으로 국민의 생명과 신체권을 보호할 수 있는가가

문제된다. 이를 위하여는 무엇보다도 우선적으로 형벌권의 행사가 곧 법익의 보호로 직결된다는 양자간의 확연하고도 직접적인 인과관계와 긴밀한 내적인 연관관계가 요구되고, 형벌이 법익을 가장 효율적으로 보호할 수 있는 유일한 방법인 경우, 국가가 형벌권을 포기한다면 국가는 그의 보호의무를 위반하게 된다. 그러나 교통과실범에 대한 국가형벌권의 범위를 확대한다고 해서 형벌권의 행사가 곧 확실하고도 효율적인 법익의 보호로 이어지는 것은 아니다. 형벌의 일반예방효과와 범죄억제기능을 어느 정도 감안한다 하더라도 형벌을 통한 국민의 생명·신체의 안전이라는 법익의 보호효과는 그다지 확실한 것이 아니며, 결국 이 경우 형벌은 국가가 취할 수 있는 유효적절한 수많은 수단 중의 하나일 뿐이지, 결코 형벌까지 동원해야만 보호법익을 유효적절하게 보호할 수 있다는 의미의 최종적인 유일한 수단이 될 수는 없는 것이다. 그러므로 이 사건 법률조항을 두고 국가가 일정한 교통사고범죄에 대하여 형벌권을 행사하지 않음으로써 도로교통의 전반적인 위험으로부터 국민의 생명과 신체를 적절하고 유효하게 보호하는 아무런 조치를 취하지 않았다든지, 아니면 국가가 취한 현재의 제반 조치가 명백하게 부적합하거나 부족하여 그 보호의무를 명백히 위반한 것이라고 할 수 없다(헌재 2009. 2. 26. 2005헌마764).

구분	상해	중상해
평등권	침해 ×	침해 ○(비례심사)
재판절차진술권	침해 ×	침해 ○
국가의 보호의무	위반 ×	위반 ×

① ○ 헌재 2008. 12. 26. 2008헌마419
② ○ 헌재 2008. 7. 31. 2004헌바81
③ ○ 국가의 기본권보호의무의 이행은 입법자의 입법을 통하여 비로소 구체화되는 것이고, 국가가 그 보호의무를 어떻게 어느 정도로 이행할 것인지는 원칙적으로 한 나라의 정치·경제·사회·문화적인 제반여건과 재정사정 등을 감안하여 입법정책으로 판단하여야 하는 입법재량의 범위에 속하는 것이다(헌재 1997. 1. 16. 90헌마110).

13 정답 ②

② × 오늘날 법률유보원칙은 단순히 행정작용이 법률에 근거를 두기만 하면 충분한 것이 아니라, 국가공동체와 그 구성원에게 기본적이고도 중요한 의미를 갖는 영역, 특히 국민의 기본권실현과 관련된 영역에 있어서는 국민의 대표자인 입법자가 그 본질적 사항에 대해서 스스로 결정하여야 한다는 요구까지 내포하고 있다(의회유보원칙). 그런데 텔레비전방송수신료는 대다수 국민의 재산권 보장의 측면이나 한국방송공사에게 보장된 방송자유의 측면에서 국민의 기본권실현에 관련된 영역에 속하고, 수신료금액의 결정은 납부의무자의 범위 등과 함께 수신료에 관한 본질적인 중요한 사항이므로 국회가 스스로 행하여야 하는 사항에 속하는 것임에도 불구하고 한국방송공사법 제36조 제1항에서 국회의 결정이나 관여를 배제한 채 한국방송공사로 하여금 수신료금액을 결정해서 문화관광부장관의 승인을 얻도록 한 것은 법률유보원칙에 위반된다(헌재 1999. 5. 27. 98헌바70).
① ○ 국민의 기본권은 헌법 제37조 제2항에 의하여 국가안전보장, 질서유지 또는 공공복리를 위하여 필요한 경우에 한하여 이를 제한할 수 있으나 그 제한은 원칙적으로 법률로써만 가능하며, 제한하는 경우에도 기본권의 본질적 내용을 침해할 수 없고 필요한 최소한도에 그쳐야 한다. 이러한 법률유보의 원칙은 '법률에 의한' 규율만을 뜻하는 것이 아니라 '법률에 근거한' 규율을 요청하는 것이므로 기본권 제한의 형식이 반드시 법률의 형식일 필요는 없고, 법률에 근거를 두면서 헌법 제75조가 요구하는 위임의 구체성과 명확성을 구비하면 위임입법에 의하여도 기본권 제한을 할 수 있다 할 것이다(헌재 2016. 10. 27. 2014헌마626).

③ ○ 대판 2005. 2. 17. 2003두14765
④ ○ 사법시험령 제15조 제2항은 사법시험의 제2차시험의 합격결정에 있어서는 매과목 4할 이상 득점한 자 중에서 합격자를 결정한다는 취지의 과락제도를 규정하고 있는바, 이는 그 규정내용에서 알 수 있다시피 사법시험 제2차시험의 합격자를 결정하는 방법을 규정하고 있을 뿐이어서 사법시험의 실시를 집행하기 위한 시행과 절차에 관한 것이지, 새로운 법률사항을 정한 것이라고 보기 어렵다. 따라서 사법시험령 제15조 제2항에서 규정하고 있는 사항이 국민의 기본권을 제한하는 것임에도 불구하고, 모법의 수권 없이 규정하였다거나 새로운 법률사항에 해당하는 것을 규정하여 집행명령의 한계를 일탈하였다고 볼 수 없으므로, 헌법 제37조 제2항, 제75조, 행정규제기본법 제4조 등을 위반하여 무효라 할 수 없다(대판 2007. 1. 11. 2004두10432).

14 정답 ③

③ ○ 헌재 2017. 5. 25. 2016헌마292
① × 지역구국회의원은 국민의 대표임과 동시에 소속지역구의 이해관계를 대변하는 역할을 하고 있다. 전국을 단위로 선거를 실시하는 대통령선거와 비례대표국회의원선거에 투표하기 위해서는 국민이라는 자격만으로 충분한 데 반해, 특정한 지역구의 국회의원선거에 투표하기 위해서는 '해당 지역과의 관련성'이 인정되어야 한다. 주민등록과 국내거소신고를 기준으로 지역구국회의원선거권을 인정하는 것은 해당 국민의 지역적 관련성을 확인하는 합리적인 방법이다(헌재 2014. 7. 24. 2009헌마256).
② × 헌법 제24조는 모든 국민은 '법률이 정하는 바에 의하여' 선거권을 가진다고 규정함으로써 법률유보의 형식을 취하고 있지만, 이것은 국민의 선거권이 '법률이 정하는 바에 따라서만 인정될 수 있다'는 포괄적인 입법권의 유보하에 있음을 의미하는 것이 아니다. 국민의 기본권을 법률에 의하여 구체화하라는 뜻이며 선거권을 법률을 통해 구체적으로 실현하라는 의미이다(헌재 2007. 6. 28. 2004헌마644).
④ × 사법인적인 성격을 지니는 농협·축협의 조합장선거에서 조합장을 선출하거나 선거운동을 하는 것은 헌법에 의하여 보호되는 선거권의 범위에 포함되지 아니한다(헌재 2012. 2. 23. 2011헌바154).

15 정답 ②

② × 청원권의 구체적 내용은 입법활동에 의하여 형성되며, 입법형성에는 폭넓은 재량권이 있으므로 입법자는 청원의 내용과 절차는 물론 청원의 심사·처리를 공정하고 효율적으로 행할 수 있게 하는 합리적인 수단을 선택할 수 있는바, 의회에 대한 청원에 국회의원의 소개를 얻도록 한 것은 청원 심사의 효율성을 확보하기 위한 적절한 수단이다. 또한 청원은 일반의안과 같이 처리되므로 청원서 제출단계부터 의원의 관여가 필요하고, 의원의 소개가 없는 민원의 경우에는 진정으로 접수하여 처리하고 있으며, 청원의 소개의원은 1인으로 족한 점 등을 감안할 때 이 사건 법률조항이 국회에 청원을 하려는 자의 청원권을 침해한다고 볼 수 없다(헌재 2006. 6. 29. 2005헌마604).
① ○

> 헌법 제26조 ① 모든 국민은 법률이 정하는 바에 의하여 국가기관에 문서로 청원할 권리를 가진다.

③ ○ 헌법상 보장된 청원권은 공권력과의 관계에서 일어나는 여러 가지 이해관계, 의견, 희망 등에 관하여 적법한 청원을 한 모든 당사자에게 국가기관이 청원을 수리할 뿐만 아니라 이를 심사하여 청원자에게 그 처

리결과를 통지할 것을 요구할 수 있는 권리를 말하나, 청원사항의 처리결과에 심판서나 재결서에 준하여 이유를 명시할 것까지를 요구하는 것은 청원권의 보호범위에 포함되지 아니하므로 청원 소관관서는 청원법이 정하는 절차와 범위내에서 청원사항을 성실·공정·신속히 심사하고 청원인에게 그 청원을 어떻게 처리하였거나 처리하려고 하는지를 알 수 있는 정도로 결과통지함으로써 충분하고, 비록 그 처리내용이 청원인이 기대하는 바에 미치지 않는다고 하더라도 헌법소원의 대상이 되는 공권력의 행사 내지 불행사라고는 볼 수 없다(헌재 1997. 7. 16. 93헌마239).
④ ○

청원법 제11조(청원서의 제출) ③ 다수 청원인이 공동으로 청원(이하 "공동청원"이라 한다)을 하는 경우에는 그 처리결과를 통지받을 3명 이하의 대표자를 선정하여 이를 청원서에 표시하여야 한다.

16   정답 ②

② ○ 환경권은 명문의 법률규정이나 관계 법령의 규정 취지 및 조리에 비추어 권리의 주체, 대상, 내용, 행사 방법 등이 구체적으로 정립될 수 있어야만 인정되는 것이므로, 사법상의 권리로서의 환경권을 인정하는 명문의 규정이 없는데도 환경권에 기하여 직접 방해배제청구권을 인정할 수 없다(대판 1997. 7. 22. 96다56153).
① ✗

헌법 제35조 ① 모든 국민은 건강하고 쾌적한 환경에서 생활할 권리를 가지며, 국가와 국민은 환경보전을 위하여 노력하여야 한다.

③ ✗ 환경권에 대하여 국가의 보호의무를 인정한 것은, 환경피해는 생명·신체의 보호와 같은 중요한 기본권적 법익 침해로 이어질 수 있다는 점 등을 고려한 것이므로, 환경권 침해 내지 환경권에 대한 국가의 보호의무위반도 궁극적으로는 생명·신체의 안전에 대한 침해로 귀결된다(헌재 2015. 9. 24. 2013헌마384).
④ ✗ '건강하고 쾌적한 환경에서 생활할 권리'를 보장하는 환경권의 보호대상이 되는 환경에는 자연환경뿐만 아니라 인공적 환경과 같은 생활환경도 포함되므로(환경정책기본법 제3조), 일상생활에서 소음을 제거·방지하여 '정온한 환경에서 생활할 권리'는 환경권의 한 내용을 구성한다(헌재 2019. 12. 27. 2018헌마730).

17   정답 ②

② ○ 민법상의 소멸시효제도의 존재이유는 그대로 국가배상청구권의 경우에도 적용되는 것이다. 즉, 국가배상청구에 있어서도 오랜 기간의 경과로 인한 과거사실에 대한 증명의 곤란으로부터 채무자를 구제하고 또 권리행사를 게을리 한 자에 대한 제재 및 장기간 불안정한 상태에 놓이게 되는 가해자의 보호를 위하여 소멸시효제도의 적용은 필요하므로 그대로 인정되어야 하기 때문이다(헌재 1997. 2. 20. 96헌바24).
① ✗ 헌법상의 국가배상청구권에 관한 규정은 국가배상청구권을 청구권적 기본권으로 보장하며, 국가배상청구권은 그 요건에 해당하는 사유가 발생한 개별 국민에게는 금전청구권으로서의 재산권으로 보장된다(헌재 2020. 3. 26. 2016헌바55).
③ ✗

국가배상법 제4조(양도 등 금지) 생명·신체의 침해로 인한 국가배상을 받을 권리는 양도하거나 압류하지 못한다.

④ ✗

국가배상법 제9조(소송과 배상신청의 관계) 이 법에 따른 손해배상의 소송은 배상심의회(이하 "심의회"라 한다)에 배상신청을 하지 아니하고도 제기할 수 있다.

18   정답 ③

③ ✗ 헌법의 기본원리는 헌법의 이념적 기초인 동시에 헌법을 지배하는 지도원리로서 입법이나 정책결정의 방향을 제시하며 공무원을 비롯한 모든 국민·국가기관이 헌법을 존중하고 수호하도록 하는 지침이 되며, 구체적 기본권을 도출하는 근거로 될 수는 없으나 기본권의 해석 및 기본권제한입법의 합헌성 심사에 있어 해석기준의 하나로서 작용한다(헌재 1996. 4. 25. 92헌바47).
① ○ 이 사건 시행령조항은 규율 위반자에 대해 불이익을 가한다는 면만을 강조하여 금치처분을 받은 자에 대하여 집필의 목적과 내용 등을 묻지 않고, 또 대상자에 대한 교화 또는 처우상 필요한 경우까지도 예외 없이 일체의 집필행위를 금지하고 있음은 입법목적 달성을 위한 필요최소한의 제한이라는 한계를 벗어난 것으로서 과잉금지의 원칙에 위반된다(헌재 2005. 2. 24. 2003헌마289).
② ○ 입법자는 공익실현을 위하여 기본권을 제한하는 경우에도 입법목적을 실현하기에 적합한 여러 수단 중에서 되도록 국민의 기본권을 가장 존중하고 기본권을 최소로 침해하는 수단을 선택해야 한다. 기본권을 제한하는 규정은 기본권행사의 '방법'에 관한 규정과 기본권행사의 '여부'에 관한 규정으로 구분할 수 있다. 침해의 최소성의 관점에서, 입법자는 그가 의도하는 공익을 달성하기 위하여 우선 기본권을 보다 적게 제한하는 단계인 기본권행사의 '방법'에 관한 규제로써 공익을 실현할 수 있는가를 시도하고 이러한 방법으로는 공익달성이 어렵다고 판단되는 경우에 비로소 그 다음 단계인 기본권행사의 '여부'에 관한 규제를 선택해야 한다(헌재 1998. 5. 28. 96헌가5).
④ ○ 개별사건법률은 개별사건에만 적용되는 것이므로 원칙적으로 평등원칙에 위배되는 자의적인 규정이라는 강한 의심을 불러일으킨다. 그러나 개별사건법률금지의 원칙이 법률제정에 있어서 입법자가 평등원칙을 준수할 것을 요구하는 것이기 때문에, 특정규범이 개별사건법률에 해당한다 하여 곧바로 위헌을 뜻하는 것은 아니다. 비록 특정법률 또는 법률조항이 단지 하나의 사건만을 규율하려고 한다 하더라도 이러한 차별적 규율이 합리적인 이유로 정당화될 수 있는 경우에는 합헌적일 수 있다(헌재 1996. 2. 16. 96헌가2).

19   정답 ④

㉠ ○ 헌법 제32조 제1항이 규정하는 근로의 권리는 사회적 기본권으로서 국가에 대하여 직접 일자리를 청구하거나 일자리에 갈음하는 생계비의 지급청구권을 의미하는 것이 아니라 고용증진을 위한 사회적·경제적 정책을 요구할 수 있는 권리에 그치며, 근로의 권리로부터 국가에 대한 직접적인 직장존속청구권이 도출되는 것도 아니다(헌재 2011. 7. 28. 2009헌마408).
㉡ ✗ 근로의 권리란 "일할 자리에 관한 권리"와 "일할 환경에 관한 권리"를 말하며, 후자는 건강한 작업환경, 일에 대한 정당한 보수, 합리적인 근로조건의 보장 등을 요구할 수 있는 권리 등을 의미한다(헌재 2011. 9. 29. 2009헌마351).
㉢ ✗ 헌법 제33조 제1항은 "근로자는 근로조건의 향상을 위하여 자주적인 단결권·단체교섭권 및 단체행동권을 가진다."고 규정하고 있다. 여기서 헌법상 보장된 근로자의 단결권은 단결할 자유만을 가리킬 뿐이고,

단결하지 아니할 자유 이른바 소극적 단결권은 이에 포함되지 않는다고 보는 것이 우리 재판소의 선례라고 할 것이다(헌재 2005. 11. 24. 2002헌바95).

㉣ ✕ 근로기준법 제24조 제1항에 따르면 사용자가 경영상 이유로 근로자를 해고하려면 긴박한 경영상 필요가 있어야 한다. 긴박한 경영상 필요란 반드시 기업의 도산을 회피하기 위한 경우에 한정되지 않고, 장래에 올 수도 있는 위기에 미리 대처하기 위하여 인원 감축이 필요한 경우도 포함되지만, 그러한 인원 감축은 객관적으로 보아 합리성이 있다고 인정되어야 한다. 이와 같은 긴박한 경영상 필요가 있는지는 정리해고를 할 당시의 사정을 기준으로 판단해야 한다(대판 2022. 6. 9. 2017두71604).

20
정답 ④

④ ✕ 형사보상의 청구는 무죄재판이 확정된 때로부터 1년 이내에 하도록 규정하고 있는 형사보상법 제7조(이하 '이 사건 법률조항'이라 한다)가 헌법 제28조에 위반되는지 여부(적극) 권리의 행사가 용이하고 일상 빈번히 발생하는 것이거나 권리의 행사로 인하여 상대방의 지위가 불안정해지는 경우 또는 법률관계를 보다 신속히 확정하여 분쟁을 방지할 필요가 있는 경우에는 특별히 짧은 소멸시효나 제척기간을 인정할 필요가 있으나, 이 사건 법률조항은 위의 어떠한 사유에도 해당하지 아니하는 등 달리 합리적인 이유를 찾기 어렵고, 일반적인 사법상의 권리보다 더 확실하게 보호되어야 할 권리인 형사보상청구권의 보호를 저해하고 있다. 또한, 이 사건 법률조항은 형사소송법상 형사피고인이 재정하지 아니한 가운데 재판할 수 있는 예외적인 경우를 상정하고 있는 등 형사피고인은 당사자가 책임질 수 없는 사유에 의하여 무죄재판의 확정사실을 모를 수 있는 가능성이 있으므로, 형사피고인이 책임질 수 없는 사유에 의하여 제척기간을 도과할 가능성이 있는바, 이는 국가의 잘못된 형사사법작용에 의하여 신체의 자유라는 중대한 법익을 침해받은 국민의 기본권을 사법상의 권리보다도 가볍게 보호하는 것으로서 부당하다(헌재 2010. 7. 29. 2008헌가4).

① ◯

> **헌법 제28조** 형사피의자 또는 형사피고인으로서 구금되었던 자가 법률이 정하는 불기소처분을 받거나 무죄판결을 받은 때에는 법률이 정하는 바에 의하여 국가에 정당한 보상을 청구할 수 있다.

② ◯ 보상액의 산정에 기초되는 사실인정이나 보상액에 관한 판단에서 오류나 불합리성이 발견되는 경우에도 그 시정을 구하는 불복신청을 할 수 없도록 하는 것은 형사보상청구권 및 그 실현을 위한 기본권으로서의 재판청구권의 본질적 내용을 침해하는 것이라 할 것이고, 나아가 법적 안정성만을 지나치게 강조함으로써 재판의 적정성과 정의를 추구하는 사법제도의 본질에 부합하지 아니하는 것이다. 또한, 불복을 허용하더라도 즉시항고는 절차가 신속히 진행될 수 있고 사건수도 과다하지 아니한 데다 그 재판내용도 비교적 단순하므로 불복을 허용한다고 하여 상급심에 과도한 부담을 줄 가능성은 별로 없다고 할 것이어서, 이 사건 불복금지조항은 형사보상청구권 및 재판청구권을 침해한다고 할 것이다(헌재 2010. 10. 28. 2008헌마514).

③ ◯

> **형사보상 및 명예회복에 관한 법률 제26조(면소 등의 경우)** ① 다음 각 호의 어느 하나에 해당하는 경우에도 국가에 대하여 구금에 대한 보상을 청구할 수 있다. 다만, 제3호의 경우 재심 절차에서 선고된 형을 초과하여 집행된 구금일수를 제5조 제1항에 따른 구금일수로 본다.
> 1. 「형사소송법」에 따라 면소(免訴) 또는 공소기각(公訴棄却)의 재판을 받아 확정된 피고인이 면소 또는 공소기각의 재판을 할 만한 사유가 없었더라면 무죄재판을 받을 만한 현저한 사유가 있었을 경우
> 2. 「치료감호법」 제7조에 따라 치료감호의 독립 청구를 받은 피치료감호청구인의 치료감호사건이 범죄로 되지 아니하거나 범죄사실의 증명이 없는 때에 해당되어 청구기각의 판결을 받아 확정된 경우
> 3. 「헌법재판소법」에 따른 재심 절차에서 원판결보다 가벼운 형으로 확정됨에 따라 원판결에 의한 형 집행이 재심 절차에서 선고된 형을 초과한 경우
>
> ② 제1항에 따른 보상에 대하여는 무죄재판을 받아 확정된 사건의 피고인에 대한 보상에 관한 규정을 준용한다. 보상결정의 공시에 대하여도 또한 같다.
>
> ③ 제1항 제3호에 따른 보상청구의 경우에 법원은 재량으로 보상청구의 전부 또는 일부를 기각할 수 있다.

01 ① 02 ② 03 ④ 04 ① 05 ② 06 ② 07 ③ 08 ① 09 ① 10 ④
11 ② 12 ④ 13 ③ 14 ① 15 ④ 16 ② 17 ③ 18 ④ 19 ② 20 ④

01
정답 ①

① ✗ 어느 법규범이 관습헌법으로 인정된다면 그 개정가능성을 가지게 된다. 관습헌법도 헌법의 일부로서 성문헌법의 경우와 동일한 효력을 가지기 때문에 그 법규범은 최소한 헌법 제130조에 의거한 헌법개정의 방법에 의하여만 개정될 수 있다. 따라서 재적의원 3분의 2 이상의 찬성에 의한 국회의 의결을 얻은 다음(헌법 제130조 제1항) 국민투표에 붙여 국회의원 선거권자 과반수의 투표와 투표자 과반수의 찬성을 얻어야 한다(헌법 제130조 제3항). 다만 이 경우 관습헌법규범은 헌법전에 그에 상반하는 법규범을 첨가함에 의하여 폐지하게 되는 점에서, 헌법전으로부터 관계되는 헌법조항을 삭제함으로써 폐지되는 성문헌법규범과는 구분된다. 한편 이러한 형식적인 헌법개정 외에도, 관습헌법은 그것을 지탱하고 있는 국민적 합의성을 상실함에 의하여 법적 효력을 상실할 수 있다(헌재 2004. 10. 21. 2004헌마554).

② ⭕ 관습헌법도 성문헌법과 마찬가지로 주권자인 국민의 헌법적 결단의 의사의 표현이며 성문헌법과 동등한 효력을 가진다고 보아야 한다(헌재 2004. 10. 21. 2004헌마554).

③ ⭕ 우리나라는 성문헌법을 가진 나라로서 기본적으로 우리 헌법전(憲法典)이 헌법의 법원(法源)이 된다. 그러나 성문헌법이라고 하여도 그 속에 모든 헌법사항을 빠짐없이 완전히 규율하는 것은 불가능하고 또한 헌법은 국가의 기본법으로서 간결성과 함축성을 추구하기 때문에 형식적 헌법전에는 기재되지 아니한 사항이라도 이를 불문헌법(不文憲法) 내지 관습헌법으로 인정할 소지가 있다(헌재 2004. 10. 21. 2004헌마554).

④ ⭕ 우리 헌법의 경우 헌법 제10장 제128조 내지 제130조는 일반법률의 개정절차와는 다른 엄격한 헌법개정절차를 정하고 있으며, 동 헌법개정절차의 대상을 단지 '헌법'이라고만 하고 있다. 따라서 관습헌법도 헌법에 해당하는 이상 여기서 말하는 헌법개정의 대상인 헌법에 포함된다고 보아야 한다. …… 그렇다면 우리나라의 수도가 서울이라는 점에 대한 관습헌법을 폐지하기 위해서는 헌법이 정한 절차에 따른 헌법개정이 이루어져야만 한다(헌재 2004. 10. 21. 2004헌마554).

02
정답 ②

② ✗ 헌법 제8조 제4항은 정당해산심판의 사유를 "정당의 목적이나 활동이 민주적 기본질서에 위배될 때"로 규정하고 있는데, 여기서 말하는 민주적 기본질서의 '위배'란, 민주적 기본질서에 대한 단순한 위반이나 저촉을 의미하는 것이 아니라, 민주사회의 불가결한 요소인 정당의 존립을 제약해야 할 만큼 그 정당의 목적이나 활동이 우리 사회의 민주적 기본질서에 대하여 실질적인 해악을 끼칠 수 있는 구체적 위험성을 초래하는 경우를 가리킨다(헌재 2014. 12. 19. 2013헌다1).

① ⭕

> **헌법 제8조** ④ 정당의 목적이나 활동이 민주적 기본질서에 위배될 때에는 정부는 헌법재판소에 그 해산을 제소할 수 있고, 정당은 헌법재판소의 심판에 의하여 해산된다.

③ ⭕ 자유민주적 기본질서에 위해를 준다 함은 모든 폭력적 지배와 자의적 지배 즉 반국가단체의 일인독재 내지 일당독재를 배제하고 다수의 의사에 의한 국민의 자치, 자유·평등의 기본 원칙에 의한 법치주의적 통치질서의 유지를 어렵게 만드는 것이고, 이를 보다 구체적으로 말하면 기본적 인권의 존중, 권력분립, 의회제도, 복수정당제도, 선거제도, 사유재산과 시장경제를 골간으로 한 경제질서 및 사법권의 독립 등 우리의 내부체제를 파괴·변혁시키려는 것으로 풀이할 수 있을 것이다(헌재 1990. 4. 2. 89헌가113).

④ ⭕ 민주주의 원리는 개인의 자율적 판단능력을 존중하고 사회의 자율적인 의사결정이 궁극적으로 올바른 방향으로 전개될 것이라는 신뢰를 바탕으로 하고 있다(헌재 2014. 12. 19. 2013헌다1).

03
정답 ④

④ ⭕ 국적법 제4조 제1항은 "외국인은 법무부장관의 귀화허가를 받아 대한민국의 국적을 취득할 수 있다."라고 규정하고, 그 제2항은 "법무부장관은 귀화 요건을 갖추었는지를 심사한 후 그 요건을 갖춘 자에게만 귀화를 허가한다."라고 정하고 있다. 국적은 국민의 자격을 결정짓는 것이고, 이를 취득한 사람은 국가의 주권자가 되는 동시에 국가의 속인적 통치권의 대상이 되므로, 귀화허가는 외국인에게 대한민국 국적을 부여함으로써 국민으로서의 법적 지위를 포괄적으로 설정하는 행위에 해당한다. 한편, 국적법 등 관계 법령 어디에도 외국인에게 대한민국의 국적을 취득할 권리를 부여하였다고 볼 만한 규정이 없다. 이와 같은 귀화허가의 근거 규정의 형식과 문언, 귀화허가의 내용과 특성 등을 고려해 보면, 법무부장관은 귀화신청인이 귀화 요건을 갖추었다 하더라도 귀화를 허가할 것인지 여부에 관하여 재량권을 가진다고 보는 것이 타당하다(대판 2010. 10. 28. 2010두6496).

① ✗

> **국적법 제10조(국적 취득자의 외국 국적 포기 의무)** ① 대한민국 국적을 취득한 외국인으로서 외국 국적을 가지고 있는 자는 대한민국 국적을 취득한 날부터 1년 내에 그 외국 국적을 포기하여야 한다.

② ✗

> **국적법 제15조(외국 국적 취득에 따른 국적 상실)** ① 대한민국의 국민으로서 자진하여 외국 국적을 취득한 자는 그 외국 국적을 취득한 때에 대한민국 국적을 상실한다.

③ ✗

> **국적법 제8조(수반 취득)** ① 외국인의 자(子)로서 대한민국의 「민법」상 미성년인 사람은 부 또는 모가 귀화허가를 신청할 때 함께 국적 취득을 신청할 수 있다

04
정답 ①

① ✗ 국회의원과 지방의회의원은 선거에서의 정치적 중립의무가 요구되지 않으므로 선거운동이 금지되는 주체에서도 제외되나, 지방자치단체장은 선거에서의 정치적 중립성이 엄격히 요구됨에 따라 선거운동이 금지된다. 이 사건 법률조항에서 국회의원과 지방의회의원을 선거에 영향을 미치는 행위가 금지되는 주체에서 제외하면서 지방자치단체장을 제외하지 않은 것은 선거에서 정치적 중립의무가 요구되는 정도에 따른 것이므로 합리적인 근거 없는 차별로서 평등원칙에 위배된다고 볼 수 없다(헌재 2005. 6. 30. 2004헌바33).

② ⭕ 헌재 1995. 12. 28. 95헌바3

③ ◉ 헌재 2002. 8. 29. 2001헌바82
④ ◉ 헌재 2010. 7. 29. 2009헌가13

05
정답 ②

② ✕ 우리 헌법이 "대한민국의 영토는 한반도와 그 부속도서로 한다"는 영토조항(제3조)을 두고 있는 이상 대한민국의 헌법은 북한지역을 포함한 한반도 전체에 그 효력이 미치고 따라서 북한지역은 당연히 대한민국의 영토가 되므로, 북한을 법 소정의 "외국"으로, 북한의 주민 또는 법인 등을 "비거주자"로 바로 인정하기는 어렵지만, 개별 법률의 적용 내지 준용에 있어서는 남북한의 특수관계적 성격을 고려하여 북한지역을 외국에 준하는 지역으로, 북한주민 등을 외국인에 준하는 지위에 있는 자로 규정할 수 있다고 할 것이다(헌재 2005. 6. 30. 2003헌바114).

① ◉ 북한은 조국의 평화적 통일을 위한 대화와 협력의 동반자임과 동시에 적화통일노선을 고수하면서 우리의 자유민주주의 체제를 전복하고자 획책하는 반국가단체의 성격도 아울러 가지고 있다(대판 2008. 4. 17. 2003도758 전합).

③ ◉ 헌재 2006. 11. 30. 2006헌마679

④ ◉ 북한 지역 역시 대한민국의 영토에 속하는 한반도의 일부를 이루는 것이어서 대한민국의 주권이 미치므로 그러한 사정은 망인이 대한민국 국적을 취득하고 이를 유지하는 데 영향을 미칠 수 없다(대판 2016. 1. 28. 2011두24675).

06
정답 ②

② ✕ 직업의 자유 중 이 사건에서 문제되는 직장선택의 자유는 인간의 존엄과 가치 및 행복추구권과도 밀접한 관련을 가지는 만큼 단순히 국민의 권리가 아닌 인간의 권리로 보아야 할 것이므로 외국인도 제한적으로라도 직장선택의 자유를 향유할 수 있다고 보아야 한다(헌재 2011. 9. 29. 2009헌마351).

① ◉ 대통령도 국민의 한사람으로서 제한적으로나마 기본권의 주체가 될 수 있는바, 대통령은 소속 정당을 위하여 정당활동을 할 수 있는 사인으로서의 지위와 국민 모두에 대한 봉사자로서 공익실현의 의무가 있는 헌법기관으로서의 지위를 동시에 갖는데 최소한 전자의 지위와 관련하여는 기본권 주체성을 갖는다고 할 수 있다(헌재 2008. 1. 17. 2007헌마700).

③ ◉ 선거에 있어서 입후보자의 기회균등의 기본원칙은 각 정당 및 각 선거 후보자에게 선거운동과 선거절차에 있어서 가능한 한 평등하게 보장하고, 그렇게 함으로써 득표를 위한 경쟁에 있어서 평등한 기회와 자유를 보장할 것을 요구하고 있다(헌재 1989. 9. 8. 88헌가6).

④ ◉ 국가나 국가기관 또는 국가조직의 일부나 공법인은 기본권의 '수범자(Adressat)'이지 기본권의 주체로서 그 '소지자(Trager)'가 아니고 오히려 국민의 기본권을 보호 내지 실현해야 할 '책임'과 '의무'를 지니고 있는 지위에 있을 뿐이다. 그런데 청구인은 국회의 노동위원회로 그 일부조직인 상임위원회 가운데 하나에 해당하는 것으로 국가기관인 국회의 일부조직이므로 기본권의 주체가 될 수 없고 따라서 헌법소원을 제기할 수 있는 적격이 없다고 할 것이다(헌재 1994. 12. 29. 93헌마120).

07
정답 ③

③ ✕ 사할린 지역 강제동원 희생자의 범위를 1990. 9. 30.까지 사망 또는 행방불명된 사람으로 제한하고, 대한민국 국적을 갖고 있지 않은 유족을 위로금 지급대상에서 제외한 것은 합리적 이유가 있어 입법재량의 범위를 벗어난 것으로 볼 수 없으므로, 심판대상조항이 '정의·인도와 동포애로써 민족의 단결을 공고히' 할 것을 규정한 헌법전문의 정신에 위반된다고 볼 수 없다(헌재 2015. 12. 23. 2013헌바11).

① ◉ 헌법은 그 전문에서 "정치, 경제, 사회, 문화의 모든 영역에 있어서 각인의 기회를 균등히 하고"라고 규정하고, 제11조 제1항에서 "모든 국민은 법 앞에 평등하다"라고 규정하여 기회균등 또는 평등의 원칙을 선언하고 있는바, 평등의 원칙은 국민의 기본권 보장에 관한 우리 헌법의 최고원리로서 국가가 입법을 하거나 법을 해석 및 집행함에 있어 따라야 할 기준인 동시에, 국가에 대하여 합리적 이유 없이 불평등한 대우를 하지 말 것과 평등한 대우를 요구할 수 있는 모든 국민의 권리이다(헌재 2001. 8. 30. 99헌바92).

② ◉ "헌법전문에 기재된 3.1정신"은 우리나라 헌법의 연혁적·이념적 기초로서 헌법이나 법률해석에서의 해석기준으로 작용한다고 할 수 있지만, 그에 기하여 곧바로 국민의 개별적 기본권성을 도출해낼 수는 없다(헌재 2001. 3. 21. 99헌마139).

④ ◉ 헌법은 국가유공자 인정에 관하여 명문 규정을 두고 있지 않으나 전문(前文)에서 "3.1운동으로 건립된 대한민국임시정부의 법통을 계승"한다고 선언하고 있다. 이는 대한민국이 일제에 항거한 독립운동가의 공헌과 희생을 바탕으로 이룩된 것임을 선언한 것이고, 그렇다면 국가는 일제로부터 조국의 자주독립을 위하여 공헌한 독립유공자와 그 유족에 대하여는 응분의 예우를 하여야 할 헌법적 의무를 지닌다(헌재 2005. 6. 30. 2004헌마859).

08
정답 ①

① ✕ 사람은 자신의 의사에 반하여 얼굴을 비롯하여 일반적으로 특정인임을 식별할 수 있는 신체적 특징에 관하여 함부로 촬영당하지 아니할 권리를 가지고 있으므로, 촬영허용행위는 헌법 제10조로부터 도출되는 초상권을 포함한 일반적 인격권을 제한한다고 할 것이다. 원칙적으로 '범죄사실' 자체가 아닌 그 범죄를 저지른 자에 관한 부분은 일반 국민에게 널리 알려야 할 공공성을 지닌다고 할 수 없고, 이에 대한 예외는 공개수배의 필요성이 있는 경우 등에 극히 제한적으로 인정될 수 있을 뿐이다. 피청구인은 기자들에게 청구인이 경찰서 내에서 수갑을 차고 얼굴을 드러낸 상태에서 조사받는 모습을 촬영할 수 있도록 허용하였는데, 청구인에 대한 이러한 수사 장면을 공개 및 촬영하게 할 어떠한 공익 목적도 인정하기 어려우므로 촬영허용행위는 목적의 정당성이 인정되지 아니한다. 피의자의 얼굴을 공개하더라도 그로 인한 피해의 심각성을 고려하여 모자, 마스크 등으로 피의자의 얼굴을 가리는 등 피의자의 신원이 노출되지 않도록 침해를 최소화하기 위한 조치를 취하여야 하는데, 피청구인은 그러한 조치를 전혀 취하지 아니하였으므로 침해의 최소성 원칙도 충족하였다고 볼 수 없다. 또한 촬영허용행위는 언론 보도를 보다 실감나게 하기 위한 목적 외에 어떠한 공익도 인정할 수 없는 반면, 청구인은 피의자로서 얼굴이 공개되어 초상권을 비롯한 인격권에 대한 중대한 제한을 받았고, 촬영한 것이 언론에 보도될 경우 범인으로서의 낙인 효과와 그 파급효는 매우 가혹하여 법익균형성도 인정되지 아니하므로, 촬영허용행위는 과잉금지원칙에 위반되어 청구인의 인격권을 침해하였다(헌재 2014. 3. 27. 2012헌마652).

② ◉ 헌재 2011. 2. 24. 2009헌마209

③ ◉ 성명은 개인의 정체성과 개별성을 나타내는 인격의 상징으로서 개인이 사회 속에서 자신의 생활영역을 형성하고 발현하는 기초가 되는 것이라 할 것이므로 자유로운 성의 사용 역시 헌법상 인격권으로부터 보호된다고 할 수 있다(헌재 2005. 12. 22. 2003헌가5).

④ ◉ 전자장치 부착은 위치와 이동경로를 실시간으로 파악하여 피부착자를 24시간 감시할 수 있도록 하고 있으므로 피부착자의 사생활의 비밀과 자유를 제한하고, 피부착자의 위치 정보를 수집·보관·이용할 수 있도록 한다는 측면에서 개인정보자기결정권도 제한하며, 24시간 전자장치 부착에 의한 위치 감시로 모욕감과 수치심을 느낄 수 있게 하므로 인

격권을 제한한다. 이하에서는 범죄행위 당시에 부착명령의 대상자가 아니었던 '출소예정자'에게도 소급적으로 전자장치 부착명령을 적용할 수 있도록 한 부칙경과조항이 과잉금지원칙에 반하여 피부착자의 인격권 등을 침해하는지 여부를 살핀다. …… 부칙경과조항은 과잉금지원칙에 반하여 청구인의 사생활의 비밀과 자유, 인격권 등을 침해하지 않는다(헌재 2015. 9. 24. 2015헌바35).

09 정답 ①

① ○ 헌법 제72조의 중요정책 국민투표와 헌법 제130조의 헌법개정안 국민투표는 대의기관인 국회와 대통령의 의사결정에 대한 국민의 승인절차에 해당한다. 대의기관의 선출주체가 곧 대의기관의 의사결정에 대한 승인주체가 되는 것은 당연한 논리적 귀결이다. 재외선거인은 대의기관을 선출할 권리가 있는 국민으로서 대의기관의 의사결정에 대해 승인할 권리가 있으므로, 국민투표권자에는 재외선거인이 포함된다고 보아야 한다. 또한, 국민투표는 선거와 달리 국민이 직접 국가의 정치에 참여하는 절차이므로, 국민투표권은 대한민국 국민의 자격이 있는 사람에게 반드시 인정되어야 하는 권리이다(헌재 2014. 7. 24. 2009헌마256).

② ✕ 헌법 제72조의 중요정책 국민투표와 헌법 제130조의 헌법개정안 국민투표는 대의기관인 국회와 대통령의 의사결정에 대한 국민의 승인절차에 해당한다. 대의기관의 선출주체가 곧 대의기관의 의사결정에 대한 승인주체가 되는 것은 당연한 논리적 귀결이므로, 국민투표권자의 범위는 대통령선거권자·국회의원선거권자와 일치되어야 한다(헌재 2014. 7. 24. 2009헌마256).

③ ✕ 헌법 제72조는 국민투표에 부쳐질 중요정책인지 여부를 대통령이 재량에 의하여 결정하도록 명문으로 규정하고 있고, 헌법재판소 역시 위 규정은 대통령에게 국민투표의 실시 여부, 시기, 구체적 부의사항, 설문내용 등을 결정할 수 있는 임의적인 국민투표발의권을 독점적으로 부여하였다고 하여 이를 확인하고 있다. 따라서 특정의 국가정책에 대하여 다수의 국민들이 국민투표를 원하고 있음에도 불구하고 대통령이 이러한 희망과는 달리 국민투표에 회부하지 아니한다고 하여도 이를 헌법에 위반된다고 할 수 없으며, 국민에게 특정의 국가정책에 관하여 국민투표에 회부할 것을 요구할 권리가 인정된다고 할 수도 없다(헌재 2016. 3. 15. 2016헌마115).

④ ✕ 대통령은 헌법상 국민에게 자신에 대한 신임을 국민투표의 형식으로 물을 수 없을 뿐만 아니라, 특정 정책을 국민투표에 붙이면서 이에 자신의 신임을 결부시키는 대통령의 행위도 위헌적인 행위로서 헌법적으로 허용되지 않는다(헌재 2004. 5. 14. 2004헌나1).

10 정답 ④

㉠ ✕ 헌법에서 지방자치제를 제도적으로 보장하고 있고, 지방자치는 지방자치단체가 독자적인 자치기구를 설치해서 그 자치단체의 고유사무를 국가기관의 간섭 없이 스스로의 책임 아래 처리하는 것이라는 점에서 지방자치단체의 대표인 단체장은 지방의회의원과 마찬가지로 주민의 자발적 지지에 기초를 둔 선거를 통해 선출되어야 한다. 공직선거 관련법상 지방자치단체의 장 선임방법은 '선거'로 규정되어 왔고, 지방자치단체의 장을 선거로 선출하여 온 우리 지방자치제의 역사에 비추어 볼 때, 지방자치단체의 장에 대한 주민직선제 이외의 다른 선출방법을 허용할 수 없다는 관행과 이에 대한 국민적 인식이 광범위하게 존재한다고 볼 수 있다. 주민자치제를 본질로 하는 민주적 지방자치제도가 안정적으로 뿌리내린 현 시점에서 지방자치단체의 장 선거권을 지방의회의원 선거권, 나아가 국회의원 선거권 및 대통령 선거권과 구별하여 하나는 법률상의 권리로, 나머지는 헌법상의 권리로 이원화하는 것은 허용될 수 없다. 그러므로 지방자치단체의 장 선거권 역시 다른 선거권과 마찬가지로 헌법 제24조에 의해 보호되는 기본권으로 인정하여야 한다(헌재 2016. 10. 27. 2014헌마797).

㉡ ✕ 지문을 날인할 것인지 여부의 결정이 선악의 기준에 따른 개인의 진지한 윤리적 결정에 해당한다고 보기는 어려워, 열 손가락 지문날인의 의무를 부과하는 이 사건 시행령조항에 대하여 국가가 개인의 윤리적 판단에 개입한다거나 그 윤리적 판단을 표명하도록 강제하는 것으로 볼 여지는 없다고 할 것이므로, 이 사건 시행령조항에 의한 양심의 자유의 침해가능성 또한 없는 것으로 보인다(헌재 2005. 5. 26. 99헌마513).

㉢ ○ 헌법상의 여러 통일관련 조항들은 국가의 통일의무를 선언한 것이기는 하지만, 그로부터 국민 개개인의 통일에 대한 기본권, 특히 국가기관에 대하여 통일과 관련된 구체적인 행동을 요구하거나 일정한 행동을 할 수 있는 권리가 도출된다고 볼 수 없다(헌재 2000. 7. 20. 98헌바63).

㉣ ○ 인터넷언론사의 공개된 게시판·대화방에서 스스로의 의사에 의하여 정당·후보자에 대한 지지·반대의 글을 게시하는 행위가 양심의 자유나 사생활 비밀의 자유에 의하여 보호되는 영역이라고 할 수 없다(헌재 2010. 2. 25. 2008헌마324).

11 정답 ②

② ✕ 아동과 청소년은 부모와 국가에 의한 단순한 보호의 대상이 아닌 독자적인 인격체이며, 그의 인격권은 성인과 마찬가지로 인간의 존엄성 및 행복추구권을 보장하는 헌법 제10조에 의하여 보호된다. 따라서 헌법이 보장하는 인간의 존엄성 및 행복추구권은 국가의 교육권한과 부모의 교육권의 범주 내에서 아동에게도 자신의 교육환경에 관하여 스스로 결정할 권리, 그리고 자유롭게 문화를 향유할 권리를 부여한다고 할 것이다. 이 사건 법률조항은 아동·청소년의 문화향유에 관한 권리 등 인격의 자유로운 발현과 형성을 충분히 고려하고 있지 아니하므로 아동·청소년의 자유로운 문화향유에 관한 권리 등 행복추구권을 침해하고 있다(헌재 2004. 5. 27. 2003헌가1).

① ○ 문화국가원리의 이러한 특성은 문화의 개방성 내지 다원성의 표지와 연결되는데, 국가의 문화육성의 대상에는 원칙적으로 모든 사람에게 문화창조의 기회를 부여한다는 의미에서 모든 문화가 포함된다. 따라서 엘리트문화뿐만 아니라 서민문화, 대중문화도 그 가치를 인정하고 정책적인 배려의 대상으로 하여야 한다(헌재 2004. 5. 27. 2003헌가1).

③ ○ 일부 지나친 고액과외교습을 방지하기 위하여 모든 학생으로 하여금 오로지 학원에서만 사적으로 배울 수 있도록 규율한다는 것은 어디에도 그 예를 찾아볼 수 없는 것일 뿐만 아니라 자기결정과 자기책임을 생활의 기본원칙으로 하는 헌법의 인간상이나 개성과 창의성, 다양성을 지향하는 문화국가원리에도 위반되는 것이다(헌재 2000. 4. 27. 98헌가16).

④ ○ 헌법전문과 헌법 제9조에서 말하는 '전통', '전통문화'란 역사성과 시대성을 띤 개념으로서 헌법의 가치질서, 인류의 보편가치, 정의와 인도정신 등을 고려하여 오늘날의 의미로 포착하여야 하며, 가족제도에 관한 전통·전통문화란 적어도 그것이 가족제도에 관한 헌법이념인 개인의 존엄과 양성의 평등에 반하는 것이어서는 안 된다는 한계가 도출되므로, 전래의 어떤 가족제도가 헌법 제36조 제1항이 요구하는 개인의 존엄과 양성평등에 반한다면 헌법 제9조를 근거로 그 헌법적 정당성을 주장할 수는 없다(헌재 2005. 2. 3. 2001헌가9).

12 정답 ④

④ ✕ 위임의 구체성·명확성의 요구 정도는 규제대상의 종류와 성격에 따라서 달라진다. 기본권침해영역에서는 급부행정영역에서보다는 구체성의 요구가 강화되고, 다양한 사실관계를 규율하거나 사실관계가 수

시로 변화될 것이 예상될 때에는 위임의 명확성의 요건이 완화되어야 한다(헌재 2008. 4. 24. 2004헌바48).

① ⓞ 위임조항인 같은 법 제10조 제2항 자체에서 위임의 구체적 범위를 명확히 규정하고 있지 않다고 하더라도 당해 법률의 전반적 체계와 관련규정에 비추어 이 사건 위임조항의 내재적인 위임의 범위나 한계를 객관적으로 분명히 확정할 수 있다면 이를 일반적이고 포괄적인 백지위임에 해당하는 것으로 볼 수는 없다(헌재 1996. 10. 31. 93헌바14).

② ⓞ 전기통신사업법 제53조 제2항은 "제1항의 규정에 의한 공공의 안녕질서 또는 미풍양속을 해하는 것으로 인정되는 통신의 대상 등은 대통령령으로 정한다"고 규정하고 있는바 이는 포괄위임입법금지원칙에 위배된다. 왜냐하면, 위에서 본 바와 같이 "공공의 안녕질서"나 "미풍양속"의 개념은 대단히 추상적이고 불명확하여, 수범자인 국민으로 하여금 어떤 내용들이 대통령령에 정하여질지 그 기준과 대강을 예측할 수도 없게 되어 있고, 행정입법자에게도 적정한 지침을 제공하지 못함으로써 그로 인한 행정입법을 제대로 통제하는 기능을 수행하지 못한다(헌재 2002. 6. 27. 99헌마480).

③ ⓞ 안전하고 원활한 교통의 확보와 자동차 이용 범죄의 예방이라는 심판대상조항의 입법목적, 필요적 운전면허취소 대상범죄를 자동차등을 이용하여 살인·강간 및 이에 준하는 정도의 흉악 범죄나 법익에 중대한 침해를 야기하는 범죄로 한정하고 있는 점, 자동차 운행으로 인한 범죄에 대한 처벌의 특례를 규정한 관련 법조항 등을 유기적·체계적으로 종합하여 보면, 결국 심판대상조항에 의하여 하위법령에 규정될 자동차 등을 이용한 범죄행위의 유형은 '범죄의 실행행위 수단으로 자동차등을 이용하여 살인 또는 강간 등과 같이 고의로 국민의 생명과 재산에 큰 위협을 초래할 수 있는 중대한 범죄'가 될 것임을 충분히 예측할 수 있으므로, 심판대상조항은 포괄위임금지원칙에 위배되지 아니한다(헌재 2015. 5. 28. 2013헌가6).

13 정답 ③

③ ⓧ '체계정당성(Systemgerechtigkeit)'의 원리라는 것은 동일 규범 내에서 또는 상이한 규범간에 (수평적 관계이건 수직적 관계이건) 그 규범의 구조나 내용 또는 규범의 근거가 되는 원칙면에서 상호 배치되거나 모순되어서는 안 된다는 하나의 헌법적 요청(Verfassungspostulat)이다. 즉 이는 규범 상호간의 구조와 내용 등이 모순됨이 없이 체계와 균형을 유지하도록 입법자를 기속하는 헌법적 원리라고 볼 수 있다(헌재 2004. 11. 25. 2002헌바66).

① ⓞ 근대의 입헌적 민주주의 체제는 사회의 공적 자율성에 기한 정치적 의사결정을 추구하는 민주주의원리와, 국가권력이나 다수의 정치적 의사로부터 개인의 권리, 즉 개인의 사적 자율성을 보호해 줄 수 있는 법치주의원리라는 두 가지 주요한 원리에 따라 구성되고 운영된다(헌재 2014. 12. 19. 2013헌다1).

② ⓞ 국가의 존립과 기능은 국민의 국법질서에 대한 순종의무를 그 당연한 이념적 기초로 하고 있다. 특히 자유민주석 법치국가는 모든 국민에게 사상의 자유와 법질서에 대하여 비판할 수 있는 자유를 보장하고 정당한 절차에 의하여 헌법과 법률을 개정할 수 있는 장치를 마련하고 있는 만큼 그에 상응하여 다른 한편으로 국민의 국법질서에 대한 자발적인 참여와 복종을 그 존립의 전제로 하고 있다(헌재 2002. 4. 25. 98헌마425).

④ ⓞ 법정형벌에 의한 기본권의 제한은 범죄행위의 무게 및 그 범행자의 부책에 상응하는 정당한 비례성을 감안하여 기본권의 제한은 필요한 최소한에 그쳐야 한다는 헌법상의 법치국가의 원리에서 나오는 과잉입법금지의 원칙에도 반하는 것이라고 아니할 수 없어 이는 기본권의 본질적 내용을 침해할 수 없다는 헌법 제37조 제2항에 위반되는 것이라고 할 것이다(헌재 1992. 4. 28. 90헌바24).

14 정답 ①

① ⓧ 주택건설촉진법 제3조 제9호가 지역조합과 직장조합의 조합원 자격에서 유주택자를 배제하였다고 해서 그것이 인간의 존엄성 존중이라는 헌법이념에 반하는 것도 아니고, 우선 무주택자를 해소하겠다는 주택건설촉진법의 목적달성을 위하여 적정한 수단이기도 하므로 이는 합리적 근거 있는 차별인 것이어서 헌법의 평등이념에 반하지 아니하고 오히려 그에 합치된 것이며 헌법 제37조 제2항의 기본권제한 과잉금지원칙에도 저촉되지 아니한다(헌재 1994. 2. 24. 92헌바43).

② ⓞ 우리 헌법은 사회국가원리를 명문으로 규정하고 있지는 않지만, 헌법의 전문, 사회적 기본권의 보장(헌법 제31조 내지 제36조), 경제 영역에서 적극적으로 계획하고 유도하고 재분배하여야 할 국가의 의무를 규정하는 경제에 관한 조항(헌법 제119조 제2항 이하) 등과 같이 사회국가원리의 구체화된 여러 표현을 통하여 사회국가원리를 수용하였다(헌재 2002. 12. 18. 2002헌마52).

③ ⓞ 사회국가란 한마디로, 사회정의의 이념을 헌법에 수용한 국가, 사회현상에 대하여 방관적인 국가가 아니라 경제·사회·문화의 모든 영역에서 정의로운 사회질서의 형성을 위하여 사회현상에 관여하고 간섭하고 분배하고 조정하는 국가이며, 궁극적으로는 국민 각자가 실제로 자유를 행사할 수 있는 그 실질적 조건을 마련해 줄 의무가 있는 국가이다(헌재 2002. 12. 18. 2002헌마52).

④ ⓞ 사회적 기본권은 입법과정이나 정책결정과정에서 사회적 기본권에 규정된 국가목표의 무조건적인 최우선적 배려가 아니라 단지 적절한 고려를 요청하는 것이다(헌재 2002. 12. 18. 2002헌마52).

15 정답 ④

④ ⓧ 헌법 제119조 제2항은 국가가 경제영역에서 실현하여야 할 목표의 하나로서 "적정한 소득의 분배"를 들고 있지만, 이로부터 반드시 소득에 대하여 누진세율에 따른 종합과세를 시행하여야 할 구체적인 헌법적 의무가 조세입법자에게 부과되는 것이라고 할 수 없다(헌재 1999. 11. 25. 98헌마55).

① ⓞ …… 질병구조의 질적 변화에 따른 의료의 전문화와 기술화는 한편으로 의료정보의 원활한 유통을 더욱 필요로 하게 되었다. 또한 비약적으로 증가되는 의료인 수를 고려할 때, 이 사건 조항에 의한 의료광고의 금지는 새로운 의료인들에게 자신의 기능이나 기술 혹은 진단 및 치료방법에 관한 광고와 선전을 할 기회를 배제함으로써, 기존의 의료인과의 경쟁에서 불리한 결과를 초래할 수 있는데, 이는 자유롭고 공정한 경쟁을 추구하는 헌법상의 시장경제질서에 부합되지 않는다(헌재 2005. 10. 27. 2003헌가3).

② ⓞ 헌법 제119조 제2항에 규정된 '경제주체간의 조화를 통한 경제민주화'의 이념도 경제영역에서 정의로운 사회질서를 형성하기 위하여 추구할 수 있는 국가목표로서 개인의 기본권을 제한하는 국가행위를 정당화하는 헌법규범이다(헌재 2004. 10. 28. 99헌바91).

③ ⓞ 헌법 제119조 제2항은 독과점규제라는 경제정책적 목표를 개인의 경제적 자유를 제한할 수 있는 정당한 공익의 하나로 명문화하고 있다. 독과점규제의 목적이 경쟁의 회복에 있다면 이 목적을 실현하는 수단 또한 자유롭고 공정한 경쟁을 가능하게 하는 방법이어야 한다(헌재 1996. 12. 26. 96헌가18).

16 정답 ②

② ⓧ 이 사건 공동성명은 한국과 미합중국이 상대방의 입장을 존중한다는 내용만 담고 있을 뿐, 구체적인 법적 권리·의무를 창설하는 내용을 전혀 포함하고 있지 아니하므로, 조약에 해당한다고 볼 수 없다(헌재 2008. 3. 27. 2006헌라4).

① ○ 마라케쉬협정도 적법하게 체결되어 공포된 조약이므로 국내법과 같은 효력을 갖는 것이어서 그로 인하여 새로운 범죄를 구성하거나 범죄자에 대한 처벌이 가중된다고 하더라도 이것은 국내법에 의하여 형사처벌을 가중한 것과 같은 효력을 갖게 되는 것이다. 따라서 마라케쉬협정에 의하여 관세법위반자의 처벌이 가중된다고 하더라도 이를 들어 법률에 의하지 아니한 형사처벌이라거나 행위시의 법률에 의하지 아니한 형사처벌이라고 할 수 없다(헌재 1998. 11. 26. 97헌바65).

③ ○ 헌법 제107조 제1항, 제2항은 법원의 재판에 적용되는 규범의 위헌 여부를 심사할 때, '법률'의 위헌 여부는 헌법재판소가, 법률의 하위 규범인 '명령·규칙 또는 처분' 등의 위헌 또는 위법 여부는 대법원이 그 심사권한을 갖는 것으로 권한을 분배하고 있다. 이 조항에 규정된 '법률'인지 여부는 그 제정 형식이나 명칭이 아니라 규범의 효력을 기준으로 판단하여야 하고, '법률'에는 국회의 의결을 거친 이른바 형식적 의미의 법률은 물론이고 그 밖에 조약 등 '형식적 의미의 법률과 동일한 효력'을 갖는 규범들도 모두 포함된다(헌재 2013. 3. 21. 2010헌바70).

④ ○ 국제법적으로, 조약은 국제법 주체들이 일정한 법률효과를 발생시키기 위하여 체결한 국제법의 규율을 받는 국제적 합의를 말하며 서면에 의한 경우가 대부분이지만 예외적으로 구두합의도 조약의 성격을 가질 수 있다(헌재 2019. 12. 27. 2016헌마253).

17 정답 ③

③ ✗ 배심원으로서의 권한을 수행하고 의무를 부담할 능력과 민법상 행위능력, 선거권 행사능력, 군 복무능력, 연소자 보호와 연계된 취업능력 등이 동일한 연령기준에 따라 판단될 수 없고, 각 법률들의 입법취지와 해당 영역에서 고려하여야 할 제반사정, 대립되는 관련 이익들을 교량하여 입법자가 각 영역마다 그에 상응하는 연령기준을 달리 정할 수 있다. 심판대상조항이 우리나라 국민참여재판제도의 취지와 배심원의 권한 및 의무 등 여러 사정을 종합적으로 고려하여 만 20세에 이르기까지 교육 및 경험을 쌓은 자로 하여금 배심원의 책무를 담당하도록 정한 것은 입법형성권의 한계 내의 것으로 자의적인 차별이라고 볼 수 없다(헌재 2021. 5. 27. 2019헌가19).

① ○ 비속의 직계존속에 대한 존경과 사랑은 봉건적 가족제도의 유산이라기 보다는 우리 사회윤리의 본질적 구성부분을 이루고 있는 가치질서로서, 특히 유교적 사상을 기반으로 전통적 문화를 계승·발전시켜 온 우리나라의 경우는 더욱 그러한 것이 현실인 이상, '비속'이라는 지위에 의한 가중처벌의 이유와 그 정도의 타당성 등에 비추어 그 차별적 취급에는 합리적 근거가 있으므로, 이 사건 법률조항은 헌법 제11조 제1항의 평등원칙에 반한다고 할 수 없다(헌재 2002. 3. 28. 2000헌바53).

② ○ 평등위반 여부를 심사함에 있어 엄격한 심사척도에 의할 것인지, 완화된 심사척도에 의할 것인지는 입법자에게 인정되는 입법형성권의 정도에 따라 달라지게 될 것이나, 헌법에서 특별히 평등을 요구하고 있는 경우와 차별적 취급으로 인하여 관련 기본권에 대한 중대한 제한을 초래하게 된다면 입법형성권은 축소되어 보다 엄격한 심사척도가 적용되어야 할 것인바, 가산점제도는 헌법 제25조에 의하여 보장된 공무담임권이라는 기본권의 행사에 중대한 제약을 초래하는 것이기 때문에 엄격한 심사척도가 적용된다(헌재 1999. 12. 23. 98헌바33).

④ ○ 헌재 1995. 2. 23. 93헌바43

18 정답 ④

④ ✗

범죄피해자 보호법 제19조(구조금을 지급하지 아니할 수 있는 경우) ① 범죄행위 당시 구조피해자와 가해자 사이에 다음 각 호의 어느 하나에 해당하는 친족관계가 있는 경우에는 구조금을 지급하지 아니한다.
  1. 부부(사실상의 혼인관계를 포함한다)

① ○

헌법 제30조 타인의 범죄행위로 인하여 생명·신체에 대한 피해를 받은 국민은 법률이 정하는 바에 의하여 국가로부터 구조를 받을 수 있다.

② ○

범죄피해자 보호법 제23조(외국인에 대한 구조) 이 법은 외국인이 구조피해자이거나 유족인 경우에는 해당 국가의 상호보증이 있는 경우에만 적용한다.

③ ○ 헌재 2011. 12. 29. 2009헌마354

19 정답 ②

② ✗ 건설업자가 명의대여행위를 한 경우 그 건설업 등록을 필요적으로 말소하도록 한 이 사건 법률조항은 건설업등록제도의 근간을 유지하고 부실공사를 방지하여 국민의 생명과 재산을 보호하려는 것으로 그 목적의 정당성이 인정되고, 명의대여행위가 국민의 생명과 재산에 미치는 위험과 그 위험방지의 긴절성을 고려할 때 반드시 필요하며, 또한 등록이 말소된 후에도 5년이 경과하면 다시 건설업등록을 할 수 있도록 하는 등 기본권 제한을 완화하는 규정을 두고 있음을 고려하면 피해최소성의 원칙에도 부합될 뿐 아니라, 유기적 일체로서의 건설공사의 특성으로 말미암아 경미한 부분의 명의대여행위라도 건축물 전체의 부실로 이어진다는 점을 고려할 때 이로 인해 명의대여행위를 한 건설업자가 더 이상 건설업을 영위하지 못하는 등 손해를 입는다고 하더라도 이를 두고 침해되는 사익이 더 중대하다고 할 수는 없으므로 청구인의 직업수행의 자유 및 재산권을 침해한다고 할 수 없다(헌재 2001. 3. 21. 2000헌바27).

① ○ 심판대상조항은 청원경찰이 저지른 범죄의 종류나 내용을 불문하고 금고 이상의 형의 선고유예를 받게 되면 당연히 퇴직되도록 규정함으로써 청원경찰에게 공무원보다 더 가혹한 제재를 가하고 있으므로, 침해의 최소성 원칙에 위배된다. 심판대상조항은 청원경찰이 저지른 범죄의 종류나 내용을 불문하고 범죄행위로 금고 이상의 형의 선고유예를 받게 되면 당연히 퇴직되도록 규정함으로써 그것이 달성하려는 공익의 비중에도 불구하고 청원경찰의 직업의 자유를 과도하게 제한하고 있어 법익의 균형성 원칙에도 위배된다. 따라서, 심판대상조항은 과잉금지원칙에 반하여 직업의 자유를 침해한다(헌재 2018. 1. 25. 2017헌가26).

③ ○ 헌재 2018. 1. 25. 2016헌바201

④ ○ 헌재 2017. 12. 28. 2015헌마1000

20 정답 ④

㉠ ✗ 국가의 적정임금보장에 대해 규정한 것은 제8차 개정헌법이다. 제9차 개정헌법은 최저임금에 대해 규정하고 있다.

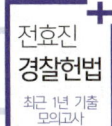

01 ① 02 ① 03 ① 04 ④ 05 ② 06 ③ 07 ④ 08 ② 09 ② 10 ③
11 ③ 12 ③ 13 ① 14 ③ 15 ② 16 ① 17 ④ 18 ① 19 ② 20 ③

01
정답 ①

① ✘

국적법 제13조(대한민국 국적의 선택 절차) ① 복수국적자로서 제12조 제1항 본문에 규정된 기간 내에 대한민국 국적을 선택하려는 자는 외국 국적을 포기하거나 법무부장관이 정하는 바에 따라 대한민국에서 외국 국적을 행사하지 아니하겠다는 뜻을 서약하고 법무부장관에게 대한민국 국적을 선택한다는 뜻을 신고할 수 있다.
② 복수국적자로서 제12조 제1항 본문에 규정된 기간 후에 대한민국 국적을 선택하려는 자는 외국 국적을 포기한 경우에만 법무부장관에게 대한민국 국적을 선택한다는 뜻을 신고할 수 있다. 다만, 제12조 제3항 제1호의 경우에 해당하는 자는 그 경우에 해당하는 때부터 2년 이내에는 제1항에서 정한 방식으로 대한민국 국적을 선택한다는 뜻을 신고할 수 있다.
③ 제1항 및 제2항 단서에도 불구하고 출생 당시에 모가 자녀에게 외국 국적을 취득하게 할 목적으로 외국에서 체류 중이었던 사실이 인정되는 자는 외국 국적을 포기한 경우에만 대한민국 국적을 선택한다는 뜻을 신고할 수 있다.

② ○

국적법 제3조(인지에 의한 국적 취득) ① 대한민국의 국민이 아닌 자(이하 "외국인"이라 한다)로서 대한민국의 국민인 부 또는 모에 의하여 인지(認知)된 자가 다음 각 호의 요건을 모두 갖추면 법무부장관에게 신고함으로써 대한민국 국적을 취득할 수 있다.
1. 대한민국의 「민법」상 미성년일 것
2. 출생 당시에 부 또는 모가 대한민국의 국민이었을 것

③ ○ 이 사건 심판대상규정이 청구인들과 같은 정부수립이전이주동포를 재외동포법의 적용대상에서 제외하는 차별취급은 그 차별의 기준이 목적의 실현을 위하여 실질적인 관계가 있다고 할 수 없고, 차별의 정도 또한 적정한 것이라고는 도저히 볼 수 없으므로, 이 사건 심판대상규정은 합리적 이유없이 정부수립이전이주동포를 차별하는 자의적인 입법이어서 헌법 제11조의 평등원칙에 위배되고, 이로 인하여 청구인들의 평등권을 침해하는 것이다(헌재 2001. 11. 29. 99헌마494).

④ ○ 헌재 2016. 7. 28. 2014헌바421

02
정답 ①

① ○ 인간의 존엄과 가치, 행복추구권, 생명권, 신체의 자유, 혼인의 자유, 양심의 자유 등 자연인인 사람을 전제로 하는 기본권이나 사람의 감성과 관련한 기본권과 같이 자연인으로서 누리는 기본권은 기본권의 성질상 법인에게 적용될 수 없다(헌재 2012. 8. 23. 2009헌가27).

② ✘ 인간의 생명은 고귀하고, 이 세상에서 무엇과도 바꿀 수 없는 존엄한 인간 존재의 근원이다. 이러한 생명에 대한 권리, 즉 생명권은 비록 헌법에 명문의 규정이 없다 하더라도 인간의 생존본능과 존재목적에 바탕을 둔 선험적이고 자연법적인 권리로서 헌법에 규정된 모든 기본권의 전제로서 기능하는 기본권 중의 기본권이다. 모든 인간은 헌법상 생명권의 주체가 되며, 형성 중의 생명인 태아에게도 생명에 대한 권리가 인정되어야 한다. 따라서 태아도 헌법상생명권의 주체가 되며, 국가는 헌법 제10조에 따라 태아의 생명을 보호할 의무가 있다(헌재 2008. 7. 31. 2004헌바81).

③ ✘ 헌법은 절대적 기본권을 명문으로 인정하고 있지 아니하며, 헌법 제37조 제2항에서는 국민의 모든 자유와 권리는 국가안전보장·질서유지 또는 공공복리를 위하여 필요한 경우에 한하여 법률로써 제한할 수 있도록 규정하고 있어, 비록 생명이 이념적으로 절대적 가치를 지닌 것이라 하더라도 생명에 대한 법적 평가가 예외적으로 허용될 수 있다고 할 것이므로, 생명권 역시 헌법 제37조 제2항에 의한 일반적 법률유보의 대상이 될 수밖에 없다(헌재 2010. 2. 25. 2008헌가23).

④ ✘ 사형은 무기징역형이나 가석방이 불가능한 종신형보다도 범죄자에 대한 법익침해의 정도가 큰 형벌로서, 인간의 생존본능과 죽음에 대한 근원적인 공포까지 고려하면, 무기징역형 등 자유형보다 더 큰 위하력을 발휘함으로써 가장 강력한 범죄억지력을 가지고 있다고 보아야 하고, 극악한 범죄의 경우에는 무기징역형 등 자유형의 선고만으로는 범죄자의 책임에 미치지 못하게 될 뿐만 아니라 피해자들의 가족 및 일반국민의 정의관념에도 부합하지 못하며, 입법목적의 달성에 있어서 사형과 동일한 효과를 나타내면서도 사형보다 범죄자에 대한 법익침해 정도가 작은 다른 형벌이 명백히 존재한다고 보기 어려우므로 사형제도가 침해최소성원칙에 어긋난다고 할 수 없다(헌재 2010. 2. 25. 2008헌가23).

03
정답 ①

① ✘ 심판대상조항은 형사재판에 계속 중인 사람이 국가의 형벌권을 피하기 위하여 해외로 도피할 우려가 있는 경우 법무부장관으로 하여금 출국을 금지할 수 있도록 하는 것일 뿐으로, 무죄추정의 원칙에서 금지하는 유죄 인정의 효과로서의 불이익 즉, 유죄를 근거로 형사재판에 계속 중인 사람에게 사회적 비난 내지 응보적 의미의 제재를 가하려는 것이라고 보기 어렵다. 따라서 심판대상조항은 무죄추정의 원칙에 위배된다고 볼 수 없다(헌재 2015. 9. 24. 2012헌바302).

② ○ 헌재 1999. 5. 27. 97헌마137

③ ○ 피의자의 인격권도 헌법 제37조 제2항에 따라 제한이 가능하므로, 국가안전보장·질서유지 또는 공공복리를 위하여 필요한 경우에 한하여 법률로써 제한할 수 있으나, 이 경우에도 자유와 권리의 본질적인 내용을 침해할 수 없다. 헌법 제27조 제4항은 무죄추정원칙을 천명하고 있는바, 아직 공소제기가 없는 피의자는 물론 공소가 제기된 피고인이라도 유죄의 확정판결이 있기까지는 원칙적으로 죄가 없는 자에 준하여 취급하여야 하고 불이익을 입혀서는 안 되며 가사 그 불이익을 입는다 하여도 필요한 최소한도에 그쳐야 한다(헌재 2014. 3. 27. 2012헌마652).

④ ○ 헌재 2006. 5. 25. 2004헌바12

04
정답 ④

④ ✘ 위법건축물에 대하여 종전처럼 과태료만이 부과될 것이라고 기대한 신뢰는 제도상의 공백에 따른 반사적인 이익에 불과하여 그 보호가치가 그리 크지 않은데다가, 이미 이행강제금 도입으로 인한 국민의 혼란이나 부담도 많이 줄어든 상태인 반면, 이행강제금제도 도입 전의 위법건축물이라 하더라도 이행강제금을 부과함으로써 위법상태를 치유하여 건축물의 안전, 기능, 미관을 증진하여야 한다는 공익적 필요는 중대하다 할 것이다. 따라서 이 사건 부칙조항은 신뢰보호원칙에 위배된다고 볼 수 없다(헌재 2015. 10. 21. 2013헌바248).

① ○ 지방의회의원에 대하여 2006. 1.부터 월정수당이 지급됨에 따라

지방의회의원이 받는 금원은 보수로서의 성격을 보다 강하게 가지게 되었고, 이러한 보수의 현실화로 과거의 법 상태에 대한 신뢰는 보호의 필요성이 적어졌다. 따라서 청구인들이 '지방의회의원에 취임할 당시의 연금제도가 그대로 유지되어 그 임기동안 퇴직연금을 계속 지급받을 수 있을 것'이라고 신뢰하였다 하더라도 이러한 신뢰는 보호가치가 크다고 보기 어렵다. 또한 선출직 공무원에 대한 연금 지급정지제도는 종전에도 몇 차례에 걸쳐 시행된 바 있으므로 청구인들의 신뢰는 그다지 확고한 법질서에 기반한 것이었다고 보기도 어렵다. 반면, 연금재정의 안정성과 건전성을 확보하는 것은 공무원연금제도의 장기적 운영과 지속가능성을 위하여 반드시 필요한 요소이므로, 심판대상조항이 추구하는 공익적 가치는 매우 중대하다. 이러한 점들을 종합하면, 심판대상조항은 신뢰보호원칙에 반하여 청구인들의 재산권을 침해한다고 볼 수 없다(헌재 2017. 7. 27. 2015헌마1052). → 과잉금지원칙에 반하여 재산권을 침해하는 경우로도 볼 수 없다고 한 사례

② ⭕ 헌재 2011. 7. 28. 2009헌바311

③ ⭕ 개인의 신뢰이익에 대한 보호가치는 ① 법령에 따른 개인의 행위가 국가에 의하여 일정방향으로 유인된 신뢰의 행사인지, ② 아니면 단지 법률이 부여한 기회를 활용한 것으로서 원칙적으로 사적 위험부담의 범위에 속하는 것인지 여부에 따라 달라진다. 만일 법률에 따른 개인의 행위가 단지 법률이 반사적으로 부여하는 기회의 활용을 넘어서 국가에 의하여 일정 방향으로 유인된 것이라면 특별히 보호가치가 있는 신뢰이익이 인정될 수 있고, 원칙적으로 개인의 신뢰보호가 국가의 법률개정이익에 우선된다고 볼 여지가 있다(헌재 2002. 11. 28. 2002헌바45).

05
정답 ②

② ❌ 우리나라 헌법상의 경제질서는 사유재산제를 바탕으로 하고 자유경쟁을 존중하는 자유시장경제질서를 기본으로 하면서도 이에 수반되는 갖가지 모순을 제거하고 사회복지·사회정의를 실현하기 위하여 국가적 규제와 조정을 용인하는 사회적 시장경제질서로서의 성격을 띠고 있다(헌재 1996. 4. 25. 92헌바47).

① ⭕

> 헌법 제126조 국방상 또는 국민경제상 긴절한 필요로 인하여 법률이 정하는 경우를 제외하고는, 사영기업을 국유 또는 공유로 이전하거나 그 경영을 통제 또는 관리할 수 없다.

③ ⭕

> 헌법 제121조 ① 국가는 농지에 관하여 경자유전의 원칙이 달성될 수 있도록 노력하여야 하며, 농지의 소작제도는 금지된다.

④ ⭕

> 헌법 제124조 국가는 건전한 소비행위를 계도하고 생산품의 품질향상을 촉구하기 위한 소비자보호운동을 법률이 정하는 바에 의하여 보장한다.

06
정답 ③

③ ❌ 청구인들이 평화적 생존권이란 이름으로 주장하고 있는 평화란 헌법의 이념 내지 목적으로서 추상적인 개념에 지나지 아니하고, 평화적 생존권은 이를 헌법에 열거되지 아니한 기본권으로서 특별히 새롭게 인정할 필요성이 있다거나 그 권리내용이 비교적 명확하여 구체적 권리로서의 실질에 부합한다고 보기 어려워 헌법상 보장된 기본권이라고 할 수 없다(헌재 2009. 5. 28. 2007헌마369).

① ⭕ 헌법 제6조 제1항의 국제법 존중주의는 우리나라가 가입한 조약과 일반적으로 승인된 국제법규가 국내법과 같은 효력을 가진다는 것으로서 조약이나 국제법규가 국내법에 우선한다는 것이 아니다(대결 2005. 5. 13. 2005초기189).

② ⭕ 헌재 1999. 4. 29. 97헌가14

④ ⭕ 헌재 1991. 7. 22. 89헌가106

07
정답 ④

④ ⭕ 변호인의 조력을 받을 권리는 변호인과의 자유로운 접견교통권에 그치지 아니하고 더 나아가 변호인을 통하여 수사서류를 포함한 소송관계 서류를 열람·등사하고 이에 대한 검토결과를 토대로 공격과 방어의 준비를 할 수 있는 권리도 포함된다고 보아야 할 것이므로 변호인의 수사기록 열람·등사에 대한 지나친 제한은 결국 피고인에게 보장된 변호인의 조력을 받을 권리를 침해하는 것이다(헌재 1997. 11. 27. 94헌마60).

① ❌ 형사소송법 제266조의4 제5항은 검사가 수사서류의 열람·등사에 관한 법원의 허용 결정을 지체 없이 이행하지 아니하는 때에는 해당 증인 및 서류 등에 대한 증거신청을 할 수 없도록 규정하고 있다. 그런데 이는 검사가 그와 같은 불이익을 감수하기만 하면 법원의 열람·등사 결정을 따르지 않을 수도 있다는 의미가 아니라, 피고인의 열람·등사권을 보장하기 위하여 검사로 하여금 법원의 열람·등사에 관한 결정을 신속히 이행하도록 강제하는 한편, 이를 이행하지 아니하는 경우에는 증거신청상의 불이익도 감수하여야 한다는 의미로 해석하여야 할 것이므로, 법원이 검사의 열람·등사 거부처분에 정당한 사유가 없다고 판단하고 그러한 거부처분이 피고인의 헌법상 기본권을 침해한다는 취지에서 수사서류의 열람·등사를 허용하도록 명한 이상, 법치국가와 권력분립의 원칙상 검사로서는 당연히 법원의 그러한 결정에 지체 없이 따라야 할 것이다. 그러므로 법원의 열람·등사 허용 결정에도 불구하고 검사가 이를 신속하게 이행하지 아니하는 경우에는 해당 증인 및 서류 등을 증거로 신청할 수 없는 불이익을 받는 것에 그치는 것이 아니라, 그러한 검사의 거부 행위는 피고인의 열람·등사권을 침해하고, 나아가 피고인의 신속·공정한 재판을 받을 권리 및 변호인의 조력을 받을 권리까지 침해하게 되는 것이다(헌재 2010. 6. 24. 2009헌마257).

② ❌ 헌법 제12조 제4항 본문의 문언 및 헌법 제12조의 조문 체계, 변호인 조력권의 속성, 헌법이 신체의 자유를 보장하는 취지를 종합하여 보면 헌법 제12조 제4항 본문에 규정된 "구속"은 사법절차에서 이루어진 구속뿐 아니라, 행정절차에서 이루어진 구속까지 포함하는 개념이다. 따라서 헌법 제12조 제4항 본문에 규정된 변호인의 조력을 받을 권리는 행정절차에서 구속을 당한 사람에게도 즉시 보장된다(헌재 2018. 5. 31. 2014헌마346).

③ ❌ 헌법 제12조 제4항의 변호인의 조력을 받을 권리는 신체의 자유에 관한 영역으로서 가사소송에서 당사자가 변호사를 대리인으로 선임하여 그 조력을 받는 것을 그 보호영역에 포함된다고 보기 어렵고, 이 사건 법률조항이 가사소송의 당사자가 변호사의 조력을 얻어 소송수행을 하는 데 제약을 가하는 것도 아니므로, 재판청구권을 침해하는 것이라 볼 수도 없다(헌재 2012. 10. 25. 2011헌마598).

08
정답 ②

② ⭕ 헌재 2016. 10. 27. 2013헌마450

① ❌ 아동·청소년 대상 성범죄자에게 1년마다 정기적으로 새로 촬영한 사진을 제출하도록 한 구 '아동·청소년의 성보호에 관한 법률' 제34조 제2항 단서와 정당한 사유 없이 사진제출의무를 위반한 경우 형사처벌

을 하도록 한 같은 법 제52조 제5항 제2호는 일반적 행동의 자유를 침해하지 않는다(헌재 2015. 7. 30. 2014헌바257).

③ ✕ 구 의료법 제19조의2 제2항이 태아의 성별에 대하여 이를 고지하는 것을 금지하는 것은 의료인의 직업수행의 자유와 부모의 태아성별정보에 대한 접근을 방해받지 않을 권리를 침해한다(헌재 2008. 7. 31. 2004헌마1010). → 법정의견(헌법불합치 의견)은 행복추구권의 침해여부를 판단하지 않았다.

④ ✕ 도로교통법 제63조 중 이륜자동차 운전자의 고속도로 통행을 금지하는 부분은 청구인들의 통행의 자유(일반적 행동의 자유)를 침해하지 않는다(헌재 2008. 7. 31. 2007헌바90).

09 정답 ②

② ○ 헌법 제19조에서 보호하는 양심은 옳고 그른 것에 대한 판단을 추구하는 가치적·도덕적 마음가짐으로, 개인의 소신에 따른 다양성이 보장되어야 하고 그 형성과 변경에 외부적 개입과 억압에 의한 강요가 있어서는 아니되는 인간의 윤리적 내심영역이다. 따라서 <u>단순한 사실관계의 확인과 같이 가치적·윤리적 판단이 개입될 여지가 없는 경우는 물론, 법률해석에 관하여 여러 견해가 갈리는 경우처럼 다소의 가치관련성을 가진다고 하더라도 개인의 인격형성과는 관계가 없는 사사로운 사유나 의견 등은 그 보호대상이 아니다.</u> 이 사건의 경우와 같이 경제규제법적 성격을 가진 공정거래법에 위반하였는지 여부에 있어서도 각 개인의 소신에 따라 어느 정도의 가치판단이 개입될 수 있는 소지가 있고 그 한도에서 다소의 윤리적 도덕적 관련성을 가질 수도 있겠으나, 이러한 법률판단의 문제는 개인의 인격형성과는 무관하며, 대화와 토론을 통하여 가장 합리적인 것으로 그 내용이 동화되거나 수렴될 수 있는 포용성을 가지는 분야에 속한다고 할 것이므로 헌법 제19조에 의하여 보장되는 양심의 영역에 포함되지 아니한다(헌재 2002. 1. 31. 2001헌바43).

① ✕ 헌법 제19조가 보호하고 있는 양심의 자유는 양심형성의 자유와 양심적 결정의 자유를 포함하는 <u>내심적 자유(forum internum) 뿐만 아니라, 양심적 결정을 외부로 표현하고 실현할 수 있는 양심실현의 자유(forum externum)를 포함한다고 할 수 있다. 내심적 자유, 즉 양심형성의 자유와 양심적 결정의 자유는 내심에 머무르는 한 절대적 자유라고 할 수 있지만, 양심실현의 자유는 타인의 기본권이나 다른 헌법적 질서와 저촉되는 경우 헌법 제37조 제2항에 따라 국가안전보장 질서유지 또는 공공복리를 위하여 법률에 의하여 제한될 수 있는 상대적 자유라고 할 수 있다</u>(헌재 1998. 7. 16. 96헌바35).

③ ✕ 양심의 자유는 내심에서 우러나오는 윤리적 확신과 이에 반하는 외부적 법질서의 요구가 서로 회피할 수 없는 상태로 충돌할 때에만 침해될 수 있다. 그러므로 당해 실정법이 특정의 행위를 금지하거나 명령하는 것이 아니라 단지 특별한 혜택을 부여하거나 권고 내지 허용하고 있는 데에 불과하다면, 수범자는 수혜를 스스로 포기하거나 권고를 거부함으로써 법질서와 충돌하지 아니한 채 자신의 양심을 유지, 보존할 수 있으므로 양심의 자유에 대한 침해가 된다 할 수 없다. …… 위 규칙조항은 내용상 당해 수형자에게 하등의 법적 의무를 부과하는 것이 아니며 이행강제나 처벌 또는 법적 불이익의 부과 등 방법에 의하여 준법서약을 강제하고 있는 것이 아니므로 당해 수형자의 양심의 자유를 침해하는 것이 아니다(헌재 2002. 4. 25. 98헌마425).

④ ✕ '양심의 자유'가 보장하고자 하는 '양심'은 민주적 다수의 사고나 가치관과 일치하는 것이 아니라, 개인적 현상으로서 지극히 주관적인 것이다. 양심은 그 대상이나 내용 또는 동기에 의하여 판단될 수 없으며, 특히 양심상의 결정이 이성적·합리적인가, 타당한가 또는 법질서나 사회규범, 도덕률과 일치하는가 하는 관점은 양심의 존재를 판단하는 기준이 될 수 없다(헌재 2002. 1. 31. 2001헌바43).

10 정답 ③

③ ✕ 행복추구권은 다른 기본권에 대한 보충적 기본권으로서의 성격을 지니므로, 공무담임권이라는 우선적으로 적용되는 기본권이 존재하여(청구인들이 주장하는 불행이란 결국 교원직 상실에서 연유하는 것에 불과하다)그 침해여부를 판단하는 이상, 행복추구권 침해 여부를 독자적으로 판단할 필요가 없다(헌재 2000. 12. 14. 99헌마112).

① ○ 대판 2018. 9. 13. 2017두62549
② ○ 헌재 2000. 12. 14. 99헌마112
④ ○ 헌재 2002. 4. 25. 2001헌마614

11 정답 ③

③ ✕ 헌법이 특정한 표현에 대해 예외적으로 검열을 허용하는 규정을 두지 않은 점, 이러한 상황에서 표현의 특성이나 규제의 필요성에 따라 언론·출판의 자유의 보호를 받는 표현 중에서 사전검열금지원칙의 적용이 배제되는 영역을 따로 설정할 경우 그 기준에 대한 객관성을 담보할 수 없다는 점 등을 고려하면, <u>헌법상 사전검열은 예외 없이 금지되는 것으로 보아야 하므로 의료광고 역시 사전검열금지원칙의 적용대상이 된다</u>(헌재 2015. 12. 23. 2015헌바75).

① ○ 헌재 2006. 6. 29. 2005헌마165

신문 등의 자유와 기능보장에 관한 법률 제16조등 위헌사건 간단정리

[1] <u>일간신문과 뉴스통신·방송사업의 겸영을 금지</u>하는 신문법 제15조 제2항이 신문사업자인 청구인들의 신문의 자유를 침해하는지 여부(소극)

[2] <u>일간신문사 지배주주의 뉴스통신사 또는 다른 일간신문 주식·지분의 소유·취득을 제한</u>하는 신문법 제15조 제3항이 신문사업자인 청구인들의 신문의 자유를 침해하는지 여부(한정적극)

[3] 일간신문의 전체 발행부수 등 <u>신문사의 경영자료를 신고·공개하도록 규정</u>한 신문법 제16조 제1항·제2항·제3항이 신문사업자인 청구인들의 신문의 자유와 평등권을 침해하는지 여부(소극)

[4] <u>1개 일간신문사의 시장점유율 30%, 3개 일간신문사의 시장점유율 60% 이상인 자를 시장지배적사업자로 추정</u>하는 신문법 제17조가 신문사업자인 청구인들의 신문의 자유와 평등권을 침해하는지 여부(적극)

[5] <u>시장지배적사업자를 신문발전기금의 지원대상에서 배제</u>한 신문법 제34조 제2항 제2호가 신문사업자인 청구인들의 평등권을 침해하는지 여부(적극)

[6] 일간신문사에 고충처리인을 두고 그 활동사항을 매년 공표하도록 규정한 언론중재법 제6조 제1항·제4항·제5항이 신문사업자인 청구인들의 신문의 자유를 침해하는지 여부(소극)

[7] <u>정정보도청구의 요건으로 언론사의 고의·과실이나 위법성을 요하지 않도록 규정</u>한 언론중재법 제14조 제2항, 제31조 후문이 신문사업자인 청구인들이 언론의 자유를 침해하는지 여부(소극)

[8] <u>정정보도청구의 소를 민사집행법상 가처분절차에 의하여 재판하도록 규정</u>한 언론중재법 제26조 제6항 본문 전단 중 '정정보도청구' 부분이 신문사업자인 청구인들의 공정한 재판을 받을 권리와 언론의 자유를 침해하는지 여부(적극)

[9] <u>언론중재법 시행 전의 언론보도로 인한 정정보도청구에 대하여도 언론중재법을 적용하도록 규정</u>한 언론중재법 부칙 제2조 중 '제14조 제2항, 제26조 제6항 본문 전단 중 정정보도청구 부분, 제31조 후문' 부분이 신뢰보호원칙에 어긋나 신문사업자인 청구인들의 언론의 자유를 침해하는지 여부(적극)

② ○ 헌재 1998. 2. 27. 96헌바2

④ ○ 헌재 1996. 10. 31. 94헌가6

12 정답 ③

③ ✗ 금고 이상의 실형을 선고받고 그 집행이 종료된 날부터 3년이 경과되지 않은 경우 중개사무소 개설등록을 취소하도록 하는 공인중개사법 제38조 제1항 제3호 본문 중 '제10조 제1항 제4호'에 관한 부분은 직업선택의 자유를 침해하지 않는다(헌재 2019. 2. 28. 2016헌바467).

① ○ 헌재 1996. 12. 26. 96헌가18

② ○ 일반적으로 직업수행의 자유에 대하여는 직업선택의 자유와는 달리 공익 목적을 위하여 상대적으로 폭넓은 입법적 규제가 가능하다. 다만 직업수행의 자유를 제한할 때에도 헌법 제37조 제2항에 의거한 과잉금지원칙에 위배되어서는 안 된다(헌재 2017. 7. 27. 2017헌가8).

④ ○ 헌재 2008. 12. 26. 2007헌마444

13 정답 ③

㉠ ✗

> 헌법 제8조 ① 정당의 설립은 자유이며, 복수정당제는 보장된다.

㉡ ○ 헌재 2004. 12. 16. 2004헌마456

㉢ ✗ 경찰청장으로 하여금 퇴직 후 2년간 정당의 설립과 가입을 금지하는 이 사건 법률조항은, '누구나 국가의 간섭을 받지 아니하고 자유롭게 정당을 설립하고 가입할 수 있는 자유'를 국민의 기본권으로서 보장하는 '정당의 자유'(헌법 제8조 제1항 및 제21조 제1항)를 제한하는 규정이다. …… 헌법은 정당의 자유에 대한 제한을 원칙적으로 허용하지 아니하므로 입법자가 이 사건 법률조항을 통하여 개입하지 않는다면 중대한 공익이 손상될 가능성이 매우 크다는 것이 어느 정도 명백하게 드러나는 경우에만, 비로소 민주주의 실현에 있어서 중요한 기본권인 정당설립 및 가입의 자유에 대한 제한은 정당화될 수 있다. 그러나 경찰청장에게 퇴직 후 정당의 설립과 가입을 허용하는 경우 재직시 직무의 정치적 중립성을 위협하는 부정적 효과가 어느 정도 발생할지 확실하지 아니하다. 따라서 이 사건 법률조항은 정당의 자유에 대한 제한과 이 사건 법률조항을 통하여 의도한 성과 사이에 연관관계가 객관적으로 납득할만큼 명백하지 않다고 할 것이므로 정당의 자유와 같은 원칙적으로 제한될 수 없는 기본권을 제한함에 있어서 수단의 적합성의 관점에서 요구되는 엄격한 요건을 갖추지 못하였다. 뿐만 아니라, 기본권을 보다 적게 침해하는 방법으로도 입법목적을 달성할 수 있다는 의미에서 최소침해성의 원칙에도 위반된다(헌재 1999. 12. 23. 99헌마135).

㉣ ○ 헌재 2006. 7. 27. 2004헌마655

14 정답 ④

④ ✗ "헌법과 법률이 정하는 법관에 의하여 법률에 의한 재판을 받을 권리"가 사건의 경중을 가리지 않고 모든 사건에 대하여 대법원을 구성하는 법관에 의한 균등한 재판을 받을 권리를 의미하는 것이라고 할 수 없다. 또한 심급제도는 한정된 법발견자원의 합리적인 분배의 문제인 동시에 재판의 적정과 신속이라는 서로 상반되는 두 가지의 요청을 어떻게 조화시키느냐의 문제로 돌아가므로, 원칙적으로 입법자의 형성의 자유에 속하는 사항이다(헌재 2012. 8. 23. 2012헌마367).

① ○ 헌법 제27조는 국민의 재판청구권을 보장하고 있는데, 여기에는 공정한 재판을 받을 권리가 포함되어 있다. 그런데 재판청구권에는 민사재판, 형사재판, 행정재판뿐만 아니라 헌법재판을 받을 권리도 포함되므로, 헌법상 보장되는 기본권인 '공정한 재판을 받을 권리'에는 '공정한 헌법재판을 받을 권리'도 포함된다(헌재 2016. 11. 24. 2015헌마902).

② ○ 입법자가 검사의 기소유예처분에 대하여 피의자가 불복하여 재판을 받을 수 있는 절차를 마련하는 입법을 하여야 할 헌법상 의무가 있는지에 관하여 살펴보면, 헌법상 이와 같은 입법의무를 명시한 규정은 없다. 헌법 제27조 제1항은 '모든 국민은 헌법과 법률이 정한 법관에 의하여 법률에 의한 재판을 받을 권리를 가진다.'고 규정하나, 이러한 규정만으로는 헌법이 기소유예처분에 대하여 피의자가 불복하여 재판을 받을 수 있는 절차를 마련하여야 할 명시적인 입법의무를 부여하였다고 볼 수 없다(헌재 2013. 9. 26. 2011헌마472).

③ ○ 헌재 2014. 1. 28. 2012헌바298

15 정답 ②

② ✗ 부모는 자녀의 교육에 관하여 전반적인 계획을 세우고 자신의 인생관·사회관·교육관에 따라 자녀의 교육을 자유롭게 형성할 권리를 가지고, 아직 성숙하지 못한 초·중·고등학생인 자녀의 교육과정에 참여할 권리를 가진다. 따라서 학교가 학생에 대해 불이익 조치를 할 경우 해당 학생의 학부모가 의견을 제시할 권리는 자녀교육권의 일환으로 보호된다. 학교폭력예방법 제17조 제5항이 학교폭력 가해학생에 대한 조치 전에 자녀교육권의 일환으로 그 보호자에게 의견 진술의 기회를 부여하는 것처럼, 가해학생에 대해 일정한 조치가 내려졌을 경우 그 조치가 적절하였는지 여부에 대해 의견을 제시 할 수 있는 권리 또한 그 연장선상에서 학부모의 자녀교육권의 내용에 포함된다(헌재 2013. 10. 24. 2012헌마832).

① ○ 법률이 교사의 학생교육권(수업권)을 인정하고 보장하는 것은 헌법상 당연히 허용된다 할 것이나, 초·중등학교에서의 학생교육은 교사 자신의 인격의 발현 또는 학문과 연구의 자유를 위한 것이라기보다는 교사의 직무에 기초하여 초·중등학교의 교육목표를 실현하기 위한 것이므로, 교사인 청구인들이 이 사건 교육과정에 따라 학생들을 가르치고 평가하여야 하는 법적인 부담이나 제한을 받는다고 하더라도 이는 헌법상 보장된 기본권에 대한 제한이라고 보기 어려워 기본권침해가능성이 인정되지 아니한다(헌재 2021. 5. 27. 2018헌마1108).

③ ○ 헌재 2010. 11. 25. 2010헌마144

④ ○ 헌재 1992. 11. 12. 89헌마88

16 정답 ①

과잉금지원칙은 기본권을 제한하는 데에 있어서 필요한 경우에 한하여 제한해야 한다는 원칙을 말하며 ㉠ 목적의 정당성, ㉡ 수단(방법)의 적합성, ㉢ 침해의 **최소성**, ㉣ 법익의 균형성을 그 내용으로 한다.

17 정답 ④

④ ✗ 헌법재판소에서 평등권 침해 여부를 심사함에 있어서는, 헌법에서 특별히 평등을 요구하고 있는 경우나 차별적 취급으로 인하여 관련 기본권에 중대한 제한을 초래하는 경우 이외에는 완화된 심사척도인 자의금지원칙에 의하여 심사하면 족하다(헌재 2016. 6. 30. 2014헌마192).

① ○ 헌재 1999. 5. 27. 98헌바26

② ○, ③ ○

> 헌법 제11조 ① 모든 국민은 법 앞에 평등하다. 누구든지 성별·종교 또는 사회적 신분에 의하여 정치적·경제적·사회적·문화적 생활의 모든 영역에 있어서 차별을 받지 아니한다.
> ② 사회적 특수계급의 제도는 인정되지 아니하며, 어떠한 형태로도 이를 창설할 수 없다.
> ③ 훈장등의 영전은 이를 받은 자에게만 효력이 있고, 어떠한 특권도 이에 따르지 아니한다.

18   정답 ①

① ❌ 이 사건 녹음행위는 교정시설 내의 안전과 질서유지에 기여하기 위한 것으로서 그 목적이 정당할 뿐 아니라 수단이 적절하다. 또한, 소장은 미리 접견내용의 녹음 사실 등을 고지하며, 접견기록물의 엄격한 관리를 위한 제도적 장치도 마련되어 있는 점 등을 고려할 때 침해의 최소성 요건도 갖추었고, 이 사건 녹음행위는 미리 고지되어 청구인의 접견내용은 사생활의 비밀로서의 보호가치가 그리 크지 않다고 할 것이므로 법익의 불균형을 인정하기도 어려워, 과잉금지원칙에 위반하여 청구인의 사생활의 비밀과 자유를 침해하였다고 볼 수 없다(헌재 2012. 12. 27. 2010헌마153).

② ⭕ 헌재 2007. 5. 31. 2005헌마1139

③ ⭕ [1] 표현의 자유와 명예의 보호는 인간의 존엄과 가치, 행복을 추구하는 기초가 되고 민주주의의 근간이 되는 기본권이므로, 이 두 기본권을 비교형량하여 어느 쪽이 우위에 서는지를 가리는 것은 헌법적 평가 문제에 속한다. 명예훼손적 표현의 피해자가 공적 인물인지 아니면 사인인지, 그 표현이 공적인 관심 사안에 관한 것인지 순수한 사적인 영역에 속하는 사안인지의 여부에 따라 헌법적 심사기준에는 차이가 있어야 하고, 공적 인물의 공적 활동에 대한 명예훼손적 표현은 그 제한이 더 완화되어야 한다. 다만, 공인 내지 공적인 관심 사안에 관한 표현이라 할지라도 일상적인 수준으로 허용되는 과장의 범위를 넘어서는 명백한 허위사실로서 개인에 대한 악의적이거나 현저히 상당성을 잃은 공격은 제한될 수 있어야 한다.

[2] 공직자의 공무집행과 직접적인 관련이 없는 개인적인 사생활에 관한 사실이라도 일정한 경우 공적인 관심 사안에 해당할 수 있다. 공직자의 자질·도덕성·청렴성에 관한 사실은 그 내용이 개인적인 사생활에 관한 것이라 할지라도 순수한 사생활의 영역에 있다고 보기 어렵다. 이러한 사실은 공직자 등의 사회적 활동에 대한 비판 내지 평가의 한 자료가 될 수 있고, 업무집행의 내용에 따라서는 업무와 관련이 있을 수도 있으므로, 이에 대한 문제제기 내지 비판은 허용되어야 한다(헌재 2013. 12. 26. 2009헌마747).

④ ⭕ 헌재 2008. 5. 29. 2005헌마137

19   정답 ②

② ❌ 법치국가원리의 한 표현인 명확성원칙은 기본적으로 모든 기본권 제한입법에 대하여 요구되지만, 모든 법률에 있어서 동일한 정도로 요구되는 것은 아니고, 개개의 법률이나 법조항의 성격에 따라 요구되는 정도에 차이가 있을 수 있다(헌재 2013. 5. 30. 2012헌바335).

① ⭕ 헌재 2012. 8. 23. 2009헌가27
③ ⭕ 헌재 2009. 5. 28. 2007헌마369
④ ⭕ 헌재 2000. 4. 27. 98헌가16

20   정답 ③

③ ❌ '형의 집행 및 수용자의 처우에 관한 법률' 제45조는 종교행사 등에의 참석 대상을 "수용자"로 규정하고 있어 수형자와 미결수용자를 구분하고 있지도 아니하고, 무죄추정의 원칙이 적용되는 미결수용자들에 대한 기본권 제한은 징역형 등의 선고를 받아 그 형이 확정된 수형자의 경우보다는 더 완화되어야 할 것임에도, 피청구인이 수용자 중 미결수용자에 대하여만 일률적으로 종교행사 등에의 참석을 불허한 것은 미결수용자의 종교의 자유를 나머지 수용자의 종교의 자유보다 더욱 엄격하게 제한한 것이다. 나아가 공범 등이 없는 경우 내지 공범 등이 있는 경우라도 공범이나 동일사건 관련자를 분리하여 종교행사 등에의 참석을 허용하는 등의 방법으로 미결수용자의 기본권을 덜 침해하는 수단이 존재함에도 불구하고 이를 전혀 고려하지 아니하였으므로 이 사건 종교행사 등 참석불허 처우는 침해의 최소성 요건을 충족하였다고 보기 어렵다. 그리고, 이 사건 종교행사 등 참석불허 처우로 얻어질 공익의 정도가 무죄추정의 원칙이 적용되는 미결수용자들이 종교행사 등에 참석을 하지 못함으로써 입게 되는 종교의 자유의 제한이라는 불이익에 비하여 결코 크다고 단정하기 어려우므로 법익의 균형성 요건 또한 충족하였다고 할 수 없다. 따라서, 이 사건 종교행사 등 참석불허 처우는 과잉금지원칙을 위반하여 청구인의 종교의 자유를 침해하였다(헌재 2011. 12. 29. 2009헌마527).

① ⭕ 헌재 2008. 6. 26. 2007헌마1366

② ⭕ 우리 헌법 제20조는 제1항에서 모든 국민은 종교의 자유를 가진다고 규정하고 제2항에서 국교는 인정되지 아니하며 종교와 정치는 분리된다고 규정하여 종교의 자유와 정교분리원칙을 선언하고 있다. 종교의 자유는 일반적으로 신앙의 자유, 종교적 행위의 자유 및 종교적 집회·결사의 자유의 3요소를 내용으로 한다. 종교의 자유는 무종교의 자유도 포함하는 것으로, 신앙을 가지지 않고 종교적 행위 및 종교적 집회에 참석하지 아니할 소극적 자유도 함께 보호한다(헌재 2022. 11. 24. 2019헌마941).

④ ⭕ 종교의 자유에서 종교에 대한 적극적인 우대조치를 요구할 권리가 직접 도출되거나 우대할 국가의 의무가 발생하지 아니한다. 종교시설의 건축행위에만 기반시설부담금을 면제한다면 국가가 종교를 지원하여 종교를 승인하거나 우대하는 것으로 비칠 소지가 있어 헌법 제20조 제2항의 국교금지·정교분리에 위배될 수도 있다고 할 것이므로 종교시설의 건축행위에 대하여 기반시설부담금 부과를 제외하거나 감경하지 아니하였더라도, 종교의 자유를 침해하는 것이 아니다(헌재 2010. 2. 25. 2007헌바131).